BAEDEKER

M
MADRID

Wenn Sie Madrid
kennenlernen, ist es die
spanischste aller Städte,
die beste zum Leben!

Ernest Hemingway

D1734965

baedeker.com

★★
TOP 15

Die Top-Sehenswürdigkeiten von Madrid

★★
ARANJUEZ
Die Sommerresidenz der Könige und die berühmten Palastgärten locken Madridbesucher auch nach Aranjuez.
S. 49

★★
CENTRO DE ARTE REINA SOFÍA
Picasso, Miró, Dalí – die großen Namen

der spanischen und europäischen Moderne in Madrids Museum für zeitgenössische Kunst
S. 59

★★
ERMITA DE SAN ANTONIO DE LA FLORIDA • PANTEÓN DE GOYA
In nur 120 Tagen malte Goya die Kuppel der Kapelle aus, in der sich

auch seine letzte Ruhestätte befindet.
S. 64

★★
EL ESCORIAL
Das Klosterschloss Phillips II. am Rand der Sierra de Guadarrama ist UNESCO-Welterbe.
S. 66

★★
MONASTERIO DE LAS DESCALZAS REALES
Verborgen hinter alten Klostermauern: eine der prächtigsten Kunstsammlungen Spaniens
S. 90

★★
MUSEO ARQUEOLÓGICO NACIONAL
Alle unter einem Dach: die schönsten Schätze der spanischen Kultur-geschichte
S. 93

★★
MUSEO DEL PRADO
Überwältigende Fülle an Meisterwerken vom 12. bis ins 19. Jahrhundert.
S. 100

■ DAS IST MADRID

■ TOUREN

LEGENDE

Baedeker Wissen
● Textspecial, Infografik & 3D

Baedeker-Sterneziele
★★ Top-Sehenswürdigkeiten
★ Herausragende Sehenswürdigkeiten

◼ SEHENSWERTES VON A BIS Z

■ HINTERGRUND

■ ERLEBEN UND GENIESSEN

PREISKATEGORIEN

Restaurants
Preiskategorien
für ein Hauptgericht
€€€€ über 40 €
€€€   25 – 40 €
€€   15 – 25 €
€   bis 15 €

Hotels
Preiskategorien für ein Doppelzimmer
€€€€ über 200 €
€€€   100 – 200 €
€€   70 – 100 €
€   bis 70 €

■ PRAKTISCHE INFORMATIONEN

■ ANHANG

MAGISCHE MOMENTE

ÜBERRASCHENDES

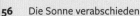

D
DAS IST ...

Madrid

Die großen Themen
rund um Spaniens Hauptstadt.
Lassen Sie sich inspirieren!

GESICH-TER DER KUNST

Prado, Thyssen-Bornemis-za, Reina Sofía – das sind die drei berühmten Kunst-tempel von Madrid. Geografisch bilden die nah beieinander gelegenen Museen ein »Dreieck der Kunst«, das »Triángulo del Arte«, ein Begriff, den je-der Spanier kennt. Die Meisterwerke in ihren Sä-len sind weltbekannt und trotzdem sind sie nur ein Teil der Kunst, die Madrid heute zu bieten hat.

◄ Das ehemalige Elektrizitätswerk ist heute Sitz des CaixaForum. Eine besondere Attrak-tion ist der vertikale Garten auf dem Vorplatz.

WÄHREND des »Siglo de Oro«, des Goldenen Zeitalters, und noch im 18. Jh. besaß Spanien eine ungeheure Anziehungskraft auf bekannte Künstler aus aller Welt. Aber auch als die Blütezeit vorbei war, zog Madrid noch schöpferische Kräfte an. Das gilt bis in die Gegenwart. So verbrachte der britische Künstler **Francis Bacon** (1909 bis 1992) seine letzten Lebensjahre in Madrid. In vielen seiner berühmten Papst-Studien würdigte er Velázquez, von dessen berühmtem Papstporträt »Innozenz X« er nach eigenen Aussagen geradezu besessen war. Auch **Günter Grass** (1927–2015) war vom künstlerischen Erbe der Stadt fasziniert. Der Literaturnobelpreisträger und Liebhaber der Malerei wohnte zwischen 2005 und 2006 in einer Dachkammer in der Nähe der Plaza Mayor, von wo aus er zu Fuß zum **Prado** gehen konnte, um dort die »Pinturas Negras«, die »Schwarzen Gemälde« von Goya zu studieren, einem seiner meistverehrten Maler.

▌Berühmtes Kunstdreieck

Die Sammlung des **Centro de Arte Reina Sofía** beginnt da, wo der **Prado** mit seinem königlichen Bilderschatz aufhört, im 20. Jahrhundert. Auch hier muss man beim Museumsbesuch den Mut zum Auslassen mitbringen. Es ist schlicht unmöglich, an einem Tag alles anzuschauen. Bis 1965 diente das Gebäude aus der 2. Hälfte des 18. Jh.s als Krankenhaus. 1988 eröffnete es nach einem Umbau als Museum. Damals erhielt es die gläsernen Aufzugstürme an der Hauptfassade. 2005 ist es nochmal »gewachsen«. Nach Plänen des französischen Architekten Jean Nouvel entstanden ein beeindruckender Anbau aus Stahl, schimmerndem Aluminium und vor allem Glas sowie ein beliebter öffentlicher Platz. Meistbesuchter Raum ist der Saal 206. Hier hängt Pablo Picassos Monumentalgemälde »Guernica« von 1937. Auch sehr interessant und deutlich weniger umlagert sind Picassos Vorstudien zu dem berühmten Bild und Fotografien von Dora Maar, die Picasso beim Malen zeigen (in einem Nebenraum). Mit Werkstätten, Kunstläden, Bibliotheken und Lokalen ist das Reina Sofía auch ein Treffpunkt für Kunstbegeisterte.

1992 eröffnete das dritte im Bund, das **Museum Thyssen-Bornemisza**. Fast tausend Kunstwerke laden zu einem Spaziergang durch die Geschichte der Malerei vom 13. bis ins 20. Jh. ein. Das Museum geht auf die Privatsammlung von Hans Heinrich Thyssen-Bornemisza (1921–2002) zurück, und seiner spanischen Frau Carmen ist es zu verdanken, dass diese Kunstschätze nun in Madrid zu Hause sind.

▌Weitere Magneten der Kunst

Madrid hat noch mehr als diese drei berühmten Museen. Anfang des 21. Jh.s entstanden in kurzer Zeit verschiedene Einrichtungen für Installationen, digitale oder experimentelle Kunst. Dazu gehören La Casa Encendida, Medialab Prado und **CaixaForum**. Letzteres beeindruckt schon von außen. Das von den Basler Architekten Herzog & De Meuron umgebaute ehemalige Elektrizitätswerk vom Ende des 19. Jahrhunderts scheint zu schweben. Ein echter Hingucker ist die bepflanzte Hauswand, der 24 m hohe vertikale Garten auf dem Vorplatz von dem französischen Gartenkünstler Patrick Blanc.

Die großen Kunstpaläste haben auch viele Galerien angezogen, u. a. in der nahen Calle del Doctor Fourquet. Auch **La Neomudéjar** ist einen Besuch wert. Dieses Zentrum im alten Eisenbahnlager im hinteren Teil des Atocha-Bahnhofs hat sich auf Avantgarde- und Videokunst spezialisiert und präsentiert die junge lateinamerikanische Kunstszene. Nicht weit entfernt und auch sehr bekannt ist die **Tabacalera**. Die ehemalige Tabakfabrik, heute ein Kunstzentrum, ist ein Beispiel für die beste Industriearchitektur des 19. Jahrhunderts. Die Fassaden in den Straßen Miguel Servet und Embajadores dienen einmal im Jahr als »Leinwand« für internationale Street-Art-Künstler. In Sachen Kunst unter freiem Himmel hat Madrid auch ein Museum, das nie schließt und keinen Eintritt kostet: Unter einer Brücke stehen 17 Skulpturen spanischer Künstler, unter anderen von Eduardo Chillida und Joan Miró. Das **Museo de Arte Público** liegt zwar nicht im Einzugsbereich des Triangolo d'Arte, man findet es jedoch am Paseo de la Castellana 40 ...

Im Lichthof des Centro de Arte Reina Sofía die Skulptur »Brushstroke« von Roy Lichtenstein

FÜR MODELIEBHABER

Madrid richtet sich nicht nur an die Liebhaber von Malerei und Skulptur. Das »Museo del Traje« ist ein ausgezeichnetes Kostümmuseum und ein Besuchermagnet für alle Modeinteressierte. Vorgestellt wird die Entwicklung von den ersten Stoffbändern über spanische Regionaltrachten bis zu Designern des 20. Jh.s wie Cristóbal Balenciaga, Fortuny und Paco Rabanne (Ciudad Universitaria, Avenida Juan de Herrera 2; Metro: Moncloa; ▶ S. 61)

MADRID RÍO - AUSZEIT AM FLUSS

Jeder weiß, dass Paris an der Seine oder London an der Themse liegt. Aber Madrid? Bis vor Kurzem hatten sogar die Madrilenen fast vergessen, dass ihre Stadt einen Fluss hat: den Manzanares.

◄ Brückenschlag: Die Pasarela de la Arganzuela ist ein Hingucker.

IM 17. Jh. wurde er von prominenten Zeitgenossen verspottet. Lope de Vega schrieb über ihn: **»Ihr** (Madrilenen) **besitzt eine herrliche Brücke, die auf einen Fluss hofft.«** Vor hundert Jahren wurde er begradigt und in einen Kanal gepresst. Im Rahmen der Stadtvergrößerung wuchsen später am Westufer des Manzanares Wohnblocks in die Höhe. In den 1970er-Jahren wurde er durch Spaniens meistbefahrene Verkehrsader in die Zange genommen: Auf beiden Seiten des Flussen entstand die drei- bis sechsspurige Ringstraße M-30. Im Jahr 2003 – noch vor Ausbruch der Finanz- und Immobilienkrise – beschloss die Stadtrat unter dem konservativen Bürgermeister Alberto Ruiz-Gallardón **Europas anspruchsvollstes urbanes Begrünungsprojekt**. Für mehr als vier Milliarden Euro wurde zwischen 2006 und 2011 der Autobahnring über mehrere Kilometer **unter die Erde verlegt** und trotz verlockender Angebote von großen Investoren auf der neu geschaffenen Fläche ein gigantischer Uferpark angelegt. Planerisch verantwortlich waren die Architektur-

büros Burgos & Garrido, Porras & La Casta, Rubio & Álvarez Sala. Seit 2011 liegt Madrid nun wieder am Wasser und ist »zusammengewachsen«. Da die M-30 eine regelrechte Barriere zwischen dem Zentrum und dem Südwesten gebildet hatte.

Die Zeit des Umbaus war eine Zumutung für die Bewohner Madrids. Die Untertunnelung begann 2003 und führte zu Staus, einer riesigen Baustelle, Lärm und Dreck. Das Projekt ist immer noch nicht ganz abgeschlossen. Das Fußballstadion Vicente Calderón von Atlético Madrid unterbrach noch lange die Parklandschaft – aber 2017 hat der Verein seinen neuen Sitz im Osten der Stadt bezogen. Und auch wenn Madrids Steuerzahler noch über Jahrzehnte die Baukosten abbezahlen müssen, die Entscheidung zu diesem radikalen Rückbau war das Beste, was Madrid passieren konnte. Städtebaulich haben vor allem die Bewohner rund um Legazpi profitiert. Einst verlief die Stadtautobahn nur ein paar Meter vor ihren Haustüren. Jetzt finden ihre Sozialbauten ein ganz neues Ambiente vor.

MIT DEM FAHRRAD

In dem Park selbst, im Matadero, gibt es praktischerweise einen Fahrradverleih (▶ S. 89). Ein guter Ausgangspunkt für eine Radtour ist die Plaza de España beim Königspalast (Räder verleiht »Mi Bike Río«, ▶ S. 318). Von hier geht es am Bahnhof Príncipe Pío vorbei Richtung Madrid Río. Eine Alternative für die Rückfahrt ist die gelbe Metrolinie ab Legazpi. Am schönsten ist der Ausflug am Wochenende, dann kommen die Madrilenen in den Park. Außerdem ist der Radverleih durchgehend offen und die Beförderung des Rads in der U-Bahn uneingeschränkt erlaubt.

▌ Eine Stadt wird grüner

Madrid ist zwar eine der am dichtesten bevölkerten Städte Europas, trotzdem sind öffentliche Debatten über Luftverschmutzung oder Nachhaltigkeit genauso neu wie die Fahrradfahrer auf den Straßen. Madrid Río spiegelt ein **steigendes Umweltbewusstsein** wider, die Veränderung ist überall spürbar. Seit 2014 gibt es einen städtischen E-Bike-Verleih. Ein Fahrradweg verläuft rund um die Stadt und im Zentrum haben immer mehr Straßen eine mit Tempo 30 km/h markierte Radspur. Diese Entwicklung hat auch die Politik beeinflusst. 2015 gab es nach 24 Jahren konservativer Regierung einen Wechsel im Rathaus. Vier Jahre lang wurde die Stadt von einem Linksbündnis regiert. Bei den Wahlen 2019 bekamen sie zwar wieder die meisten Stimmen, aber nicht genug gegen eine Koaltion der Konservativen (PP) und Liberalen (Ciudadanos). Seitdem ist José Luis Martínez-Almeida (von der konservativen Partei PP) der Bürgermeister. Madrid Río ist ein gelungenes Beispiel für Dynamik und auch architektonisch gibt es auf dem Gelände einiges zu sehen (► S. 87). Also, bequeme Schuhe anziehen oder ein Fahrrad mieten und schon ist man mitten im angesagten Freizeitvergnügen der Madrilenen …

Noch ein Hingucker: die Puente del Matadero; im Hintergrund das angesagte gleichnamige Kulturzentrum

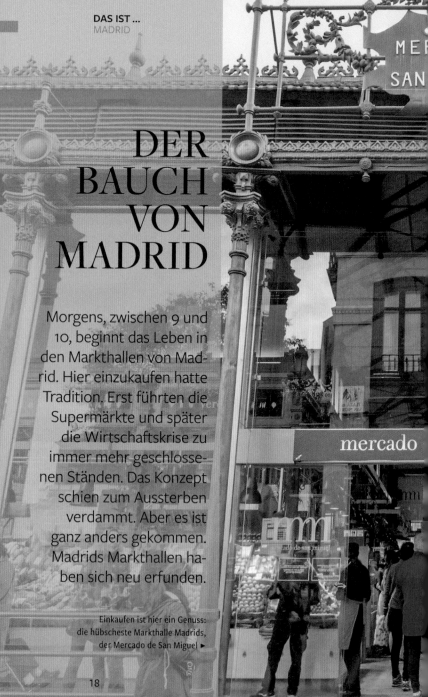

DER BAUCH VON MADRID

Morgens, zwischen 9 und 10, beginnt das Leben in den Markthallen von Madrid. Hier einzukaufen hatte Tradition. Erst führten die Supermärkte und später die Wirtschaftskrise zu immer mehr geschlossenen Ständen. Das Konzept schien zum Aussterben verdammt. Aber es ist ganz anders gekommen. Madrids Markthallen haben sich neu erfunden.

Einkaufen ist hier ein Genuss: die hübscheste Markthalle Madrids, der Mercado de San Miguel ►

NACH LADENSCHLUSS

Eine ganz eigene Atmosphäre erlebt man abends in den Markthallen. Wenn die Lebensmittelstände längst geschlossen haben, füllen sich vor allem donnerstags, freitags und samstags in den Mercados Antón Martín (Santa Isabel 5) und Chamberí (La Chispería, Alonso Cano 10) die kleinen Restaurants und Bars mit Einheimischen – eine gute Gelegenheit für ein spontanes Abendessen ...

DAS berühmteste Beispiel, der **Mercado de San Miguel** (▶ S. 170), war schon im Mittelalter ein populärer Treff- und Handelspunkt, allerdings unter freiem Himmel. 1809 verwandelte er sich in den ersten auf Fisch spezialisierten Markt. Zwischen 1913 und 1916 bekam er seine mit Glas kombinierte Eisenstruktur. Die Jugendstilkonstruktion des Architekten Alfonso Dudé Díaz wurde 2009 von Privatinvestoren in einen Gourmettempel verwandelt. Den Ständen merkt man das Lifting von Designern und Innenarchitekten an, das kulinarische Angebot dominieren außergewöhnliche Leckerbissen – der Mercado ist heute ein Anziehungspunkt für Feinschmecker mit dem nötigen Kleingeld.

Das Konzept funktionierte, und zwei Jahre später eröffnete ganz in der Nähe der Gran Vía, im Viertel Chueca, der dreistöckige **Mercado San Antón** (▶ S. 314). Er ist einer der 46 Märkte, die der Stadtverwaltung unterstehen. Sie vergibt die Konzessionen, und wer eine bekommt, behält sie ein Leben lang. Über die Geschicke der jeweiligen Markthalle entscheiden die Standinhaber dann gemeinsam.

So hat sich zum Beispiel der eher alternative **Mercado de San Fernando** (▶ S. 315) in der Calle de Embajadores 41 zu einem Zentrum für verschiedene kulturelle Aktivitäten entwickelt. Zwischen Obst, Gemüse, Fleisch und Fisch gibt es Kunsthandwerk, Textilien, ökologische Kosmetik oder Stände, an denen Möbel restauriert werden. Essen kann man natürlich auch.

▌ Geschichte der Märkte

Dass aus Märkten unter freiem Himmel Markthallen wurden, hatte hygienische und logistische Gründe. 1835 ordnete die Stadtverwaltung erstmals den Bau von festen Holzständen an. Die ersten Mercados, die ein Dach bekamen, waren San Ildefonso (▶ S. 314) und **La Cebada** (▶ S. 315). Letzterer ist einer der größten Märkte und hat sich bis heute viel von seiner Ursprünglichkeit bewahrt. **San Ildefonso** dagegen wurde 1970 abgerissen und 2014 ein paar Meter entfernt neu erbaut, nun aber als avantgardistischer »street food market«, wie man sie aus New York, London, Singapur oder Bangkok kennt.

Neben der wirtschaftlichen Funktion haben Märkte seit ihrem Bestehen auch eine gesellschaftliche Bedeutung. Sie sind ein Treffpunkt – nicht nur zum Austausch von Waren, sondern auch von Neuigkeiten und Ansichten. Der

In den Mercado San Ildefonso kommt man nicht nur zum Einkaufen ...

Professor für Anthropologie an der Madrider Universität Autónoma, Julio Ignacio Robles Picón, beschäftigt sich seit Jahren mit diesem soziokulturellen Aspekt. »Vor allem für Alleinstehende sind die Mercados eine Möglichkeit, zumindest für die Zeit des Einkaufs aus der Isolation der eigenen Wohnung herauszutreten und am Nachbarschaftsleben teilzuhaben.« Das scheint auch im Fall der Immigranten zu funktionieren. Bestes Beispiel ist der **Mercado de los Mostenses** (▸ S. 315). Er besteht seit 1875 und ist bis heute alles andere als chic. Im Erdgeschoss des roten Backsteingebäudes vereint er asiatische, lateinamerikanische und spanische Produkte und spiegelt damit die Vielfalt der Zuwanderer wider, die in diesem Viertel ganz in Nähe der Plaza España leben. Wer Lust hat, kann im Restaurant Lily-Xu zu günstigen Preisen die exotische Mischung einer peruanisch-chinesischen Küche ausprobieren. Sie heißt »chifa« und kommt ursprünglich von den in Peru lebenden Chinesen.

Einkaufen ist zur Nebensache geworden. Genießen und geselliges Beisammensein sind die neuen Stichwörter. Und der Trend scheint unaufhaltbar. Im 2014 eröffneten **Mercado de Barceló** (▸ S. 315), ein Projekt des Architekturbüros Nieto Sobejano, findet man eine Bibliothek, Sporteinrichtungen, Dachterrasse und Kunstausstellungen. Niemand würde vermuten, dass man hinter seiner modernen Fassade auch Kartoffeln und Möhren kaufen kann.

GROSSE GEFÜHLE – DAS KLISCHEE LEBT

Seine Wurzeln liegen in Andalusien, aber einige der bekanntesten Bühnen, Tablaos, sind in Madrid. Marlene Dietrich, Ava Gardner, Ernest Hemingway, Gary Cooper, John F. Kennedy, Nicole Kidman, Richard Gere, Lady Diana oder Bill Clinton – alle haben die Mischung aus Tanz, Gesang und Rhythmus in Madrid im Original erlebt und sich mit einheimischen Künstlern auf Fotos verewigt.

Lebendige Flamenco-Szene im
Teatro Flamenco ►

DAS heißt aber nicht, dass die Tablaos nur von Berühmtheiten oder Touristen leben, sie gehören zur spanischen Kultur. Eine Bühne mit Holzfußboden, der mindestens einmal im Jahr erneuert werden muss, Schuhe mit Nägeln in Absätzen und Spitzen, Kastagnetten, Gitarren, das alles verbindet man mit Flamenco. Der Name, Oberbegriff für Musik, Tanz und Gesang, bedeutet nicht Folklore, sondern Kunst. 2010 wurde der **Flamenco** von der UNESCO als **immaterielles Kulturerbe** der Menschheit anerkannt.

Seine historischen Wurzeln sind jahrhundertealt. Sie liegen im Milieu sozialer Randgruppen und sind untrennbar mit dem umherziehenden Volk der Gitanos verbunden. Das stammte wohl aus Nordindien. Von dort zogen die Sinti und Roma im 10. Jh. als Musiker erst an den persischen Hof und dann immer weiter Richtung Westen. In Südspanien fassten sie schließlich Ende des 15. Jh.s Fuß. Dort gehörten die Gitanos, wie andernorts auch, zu den Ausgegrenzten, den Fremdkörpern in der Gesellschaft. Die Musik, der im Laufe der Zeit aufkeimende Flamenco, spendete Trost und gab Mut. Er ließ der Wehmut freien Lauf und stärkte das Gefühl der Zusammengehörigkeit.

Heute ist der Flamenco eine Wissenschaft mit verschiedenen Stilrichtungen und in ständiger Entwicklung. Seine Grundelemente sind Gesang (cante), Gitarrenspiel (toque) und Tanz (baile). Der dominante Rhythmus wird durch das Aufstampfen, Klatschen, Fingerschnalzen oder den Einsatz von Kastagnetten unterstützt. Versuchen Sie mal, die atemberaubend schnellen Fußbewegungen der Bailaoras zu beobachten.

▌ Hauptstadt des Flamenco

Anfang des 20. Jh.s wurde Madrid Hauptstadt des Flamenco, weil alle, die Rang und Namen hatten, in der Hauptstadt ihre Kunst zur Schau stellen wollten. Noch heute wohnen viele herausragende Flamenco-Künstler in Madrid. **Blanca del Rey** ist eine von ihnen. 1946 im andalusischen Córdoba geboren, hatte sie ihren ersten Auftritt in Madrid mit gerade einmal 14 Jahren. Und zwar im **Tablao Corral de la Morería** (▸ S. 272), vielleicht eine der berühmtesten Flamencobühnen überhaupt. Ihn gibt es seit 1956, und auf seinen Holzbrettern traten alle herausragenden Flamenco-Künstler auf. Die international bekannte Bailaora ist mittlerweile seine

SELBER PROBIEREN

Wer herausfinden will, wie man sich im klassischen Flamenco-Outfit fühlt, sollte Don Flamenco in der Calle de Santa Isabel 7 einen Besuch abstatten. Vor allem die Schuhauswahl ist riesig. Hier können Sie sich sogar Ihr persönliches Modell anfertigen lassen (www.donflamenco.com). Denn nicht nur zum Tanzen, auch zum normalen Laufen sind die Schuhe geeignet!

Direktorin. Seit 1983 leitet sie außerdem das Ballett Flamenco Blanca del Rey.

Eine weitere Institution in Sachen Flamenco ist die **Torres Bermejas** (▸ S. 272). Wie im Corral de Morería kann man hier die Flamenco-Aufführung mit einem Abendessen verbinden. An einem außergewöhnlichen Ort, nämlich in den ehemaligen Kohlekellern des Klosters Victoria, das 1836 abgerissen wurde, findet man den **Tablao Flamenco La Carmela** (▸ S. 270).

Dass der Flamenco in Madrid auch heute sein Publikum hat, zeigt der Erfolg des **Festivals Suma Flamenca**. »Madrid hat ein solches Festival seit Langem verdient«, meinte die berühmte Sängerin Carmen Linares, als sie das Event 2006 vorstellte. Seitdem ist die Teilnehmerliste jedes Jahr das Who is who der Szene, und die Eintrittskarten, zu durchaus moderaten Preisen, sind im Nu ausverkauft. Tomatito, Enrique Morente, José Mercé, El Güito, El Cigala, Farruquito, Eva Yerbabuena, die übrigens in Frankfurt geboren ist, Blanca del Rey und natürlich Carmen Linares selbst – sie alle waren schon mindestens einmal dabei. Und für den Nachwuchs ist das Festival die Chance, sich einen Namen zu machen.

Die Arbeit junger Talente fördert auch das **Tablao Las Carboneras** (▸ S. 270) mit einem Tanzwettbewerb. Drei Bailaoras haben das Untergeschoss des Conde-de-Miranda-Palastes in einen Flamenco-Treffpunkt verwandelt, in dem auch Kunstausstellungen stattfinden.

Seit Oktober 2017 gibt es noch eine Bühne: das **Teatro Flamenco** (▸ S. 272). Ein neues Konzept, denn hier wird erstmals ein Theater zum Tablao. Mit Getränken, aber ohne Essen und mit zwei Aufführungen am Tag. Die künstlerische Leitung haben die Bailaora Úrsula Morena und der Gitarrist Antonio Andrade. Sein Bruder Javier ist der Direktor – und beide können alles auf Deutsch erzählen, denn sie sind im Schwabenland aufgewachsen. Auf ihrer Webseite liest man: »Flamenco ist ein Gefühl der Seele, das getanzt, gesungen und gespielt wird.« Das Zitat ist anonym, aber die Flamenco-Liebhaber unterschreiben es sicher.

Die spanische Tänzerin und Choreografin Aída Gómez beim Suma Flamenca Festival

BUNTE HÄPP- CHEN

In Madrid isst man nicht nur später als in anderen europäischen Hauptstädten, es gibt auch eine kulinarische Besonderheit: Tapas. Das Wort hat zwar verschiedene Bedeutungen, doch wenn es ums Essen geht, kommt der Name von »tapar«, »zudecken«. Ursprünglich handelte es sich wohl um ein Deckelchen auf dem Glas, damit keine Insekten im Wein, Sherry oder Bier ertrinken.

LAUT einer Legende war ein spanischer Monarch unterwegs in Andalusien, entweder Alfonso VII. oder Alfonso XII., hier widersprechen sich die Quellen. In einer bescheidenen Taverne wurde er zu einem Glas Wein eingeladen. Aus Angst, dass eine der vielen Fliegen im Getränk des berühmten Besuchers landen könnte, schnitt der Kellner eine Scheibe Schinken ab und legte sie auf das Glas – ein improvisiertes Deckelchen, spanisch »tapa«. Heute versteht man unter Tapa einen Appetithappen, der als Begleitung zu einem Getränk serviert wird.

Fingerfood in Vollendung

Die Tapas-Varianten sind endlos. Sie reichen von Chips, eingelegten Oliven, Käsestreifen oder luftgetrocknetem Schinken bis zu kleinen kulinarischen Kunstwerken mit raffinierten Zutaten. Egal ob bodenständig, rustikal oder ganz aufwendig zubereitet, ob auf einer Scheibe Brot, am Spieß oder wie auch immer serviert, die sehr bedingt saugfähige Papierserviette – meistens findet man sie in einer Box auf dem Tresen oder dem Tisch – gehört zu dieser Tradition dazu. Unbedingt gleich mehrere nehmen! Noch in den 1990er-Jahren war es üblich, alle Reste, einschließlich der Servietten, einfach auf den Boden fallen zu lassen. Heute ist das eher selten – sicher zur Freude der Kellner.

Vamos al tapeo

Geselliges Beisammensein, mittags oder abends, ist für die Madrilenen fast ein Synonym für Tapas – am liebsten in Verbindung mit **Bier**, »cerveza«. Das Getränk erfreut sich in der Hauptstadt großer Beliebtheit. Die häufigsten **einheimischen Marken** sind Mahou, Estrella Galicia, Alhambra und Cruzcampo. Allein in Madrid gibt es über zehn **kleine Brauereien,** darunter La Cibeles, La Virgen, Mad Brewing, Enigma und Freaks Brauen.

Für Nichteinheimische besteht die Kunst darin, das gezapfte Bier zu bestellen. Sehr populär ist die kleinste Variante, in der Regel 20 cl: »la caña«. Etwas größer ist der »tubo«, Röhre, in Anlehnung an das lange, hohe Glas, in dem das Getränk serviert wird. Einen halben Liter bestellt man als »jarra«. Die Tapas dazu kommen von selbst …

Das Konzept der kleinen Köstlichkeiten aber hat sich geändert. Es ist längst mehr als nur ein Häppchen zum Getränk. Immer mehr Lokale, und nicht nur in Madrid, konzentrieren sich auf Tapas, aber nicht als Gratiszugaben, sondern zu unterschiedlichen Preisen und in ständig neuen Kreationen. Das gilt sowohl für traditionelle Lokale wie zum Beispiel die **Bodega de la Ardosa** (▶Abb. rechts), die seit 1892 in der Calle Colón 13 zu finden ist, als auch für moderne Gourmettempel, wie das **Platea** in der Calle Goya 5–7.

Seit 2010 hat das Phänomen sogar sein **eigenes Festival**: »Tapapiés« – Namensgeber ist der Veranstaltungsort im multikulturellen Stadtviertel Lavapiés. Im Oktober konkurrieren hier zehn Tage lang die ansässigen Restaurants um eine Auszeichnung für ihre Tapas. Und natürlich kann jeder, der vorbeikommt, probieren …

Angeblich hat Madrid in Europa die höchste Dichte an Lokalen pro Einwohner. Ob das stimmt, ist nicht bewiesen, aber das Ausprobieren dieser kleinen Häppchen – im Stehen oder auf einem Barhocker, sprich eine Tapastour zu machen, ist überall in der Stadt möglich.

DIE TAPAS-STRASSE

Die Calle Ponzano im Stadtviertel Chamberí ist ein beliebter Treffpunkt für Tapas-Liebhaber. Hier findet man alteingesessene Lokale mit traditionellen Kachelbildern an der Wand, darunter »El Doble« (Nr. 15), gleich neben avantgardistischen Konzepten wie »Sala de Despiece« (Nr. 11), wo per iPad bestellt wird und die Dekoration an eine Metzgerei erinnert. Einige Lokale haben durchgehend offen. Abends empfiehlt es sich, vor 21 Uhr zu kommen, um einen Platz zu erwischen (Metro: Iglesia).

T
TOUREN

Durchdacht, inspirierend, entspannt

Mit unseren Tourenvorschlägen
lernen Sie Madrids beste Seiten kennen.

Zweisprachig ans Ziel in Madrid ▶

 **Museo del Prado**
Prado Museum

 Plaza de Cánovas del Castillo
Plaza de Cánovas del Castillo

 **Fundación Thyssen**
Thyssen Foundation

UNTERWEGS IN MADRID

Ob Frühling, Sommer, Herbst oder Winter: Madrid ist zu jeder Jahreszeit eine Reise wert. In der spanischen Hauptstadt gibt es unend-

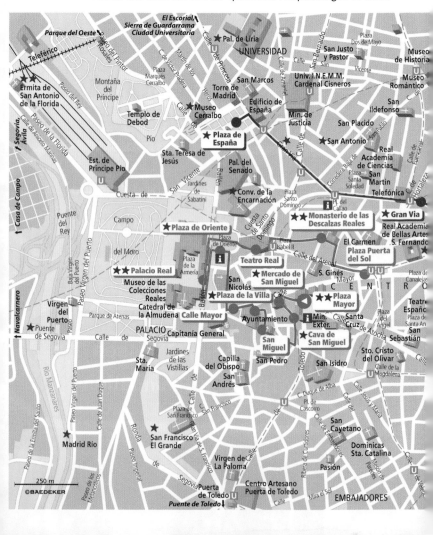

lich viel zu entdecken, sodass man für einen Kennenlerntrip schon drei bis vier Tage veranschlagen sollte. Wer allerdings die weltberühmte Madrider Museenlandschaft und/oder die aristokratische Pracht und die Schauplätze großer Geschichte im Umland von Madrid erkunden möchte, dazu gehören das Escorial oder die Städte Segovia, Toledo, Alcalá de Henares und Aranjuez – alles UNESCO–Welterbestätten –, der sollte schon etwas mehr Zeit mitbringen und für jeden Ausflug einen Tag einplanen.

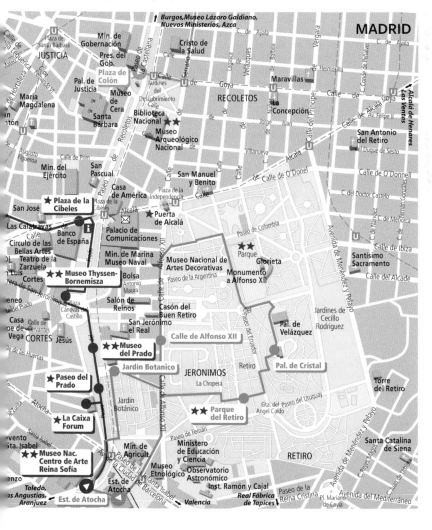

Madrid ist Ziel von Kunstfreaks aus aller Welt, die im »Kunstdreieck« zwischen den Museen Prado, Centro de Arte Reina Sofía und Thyssen-Bornemisza Stunden und Tage verbringen. Aber auch Opern- und Musicalfans kommen auf ihre Kosten. Sie alle vereint der Genuss der spanischen Küche und des typisch spanischen Lebensgefühls, das die Stadt durchweht.

Fortbewegungsmittel

Madrid ist riesengroß und auch die Highlights in der City liegen nicht immer nur einen Spaziergang weit auseinander. Die bequemste Art, sich von einem Ort zum anderen zu bewegen, ist die **Metro**. Das U–Bahn–Netz ist dicht geknüpft, die Züge sind schnell, zuverlässig und sauber, die Tickets billig. Die für eine systematische Stadterkundung strategisch günstigsten Unterkünfte liegen deshalb alle in der Nähe von Metro-Stationen. Zwar fahren in Madrid auch Busse, doch sind die Fahrpläne und die Streckenführung unübersichtlich. Auf Fahrten mit dem Auto sollte man alleine wegen des hohen Verkehrsaufkommens und der chronischen Parkplatznot ganz verzichten. Für Ausflüge nach Toledo und ins Escorial-Städtchen San Lorenzo de El Escorial nimmt man am besten den Zug, nach Segovia kommt man mit Linienbussen.

IM HISTORISCHEN ZENTRUM

Start und Ziel: Plaza Mayor | **Dauer:** mind. 3 Std.

Tour 1 *Bei gutem Wetter lässt sich das pulsierende Zentrum Madrids zwischen der Puerta del Sol und dem Palacio Real gut zu Fuß erkunden.*

Von der Plaza Mayor zur Puerta de Sol

Es geht los an der ❶ ★★ **Plaza Mayor**, seit dem 17. Jh. der zentrale und für viele Spaniens schönster Platz. Über die Calle de Ciudad Rodrigo erreicht man den ❷ ★ **Mercado de San Miguel**. Hier kommen Gourmets und solche, die es zumindest gerne für einen Tag wären, auf ihre Kosten. Eine Einkehr ist ein Muss! Nun folgt man der ❸ ★ **Cava de San Miguel** und ihrer Fortsetzung Calle de Cuchilleros. Die »Gasse der Messerschmiede« mündet in die Puerta Cerrada (»verschlossenes Tor«), einst stand hier ein gleichnamiges Stadttor. Nun geht es hügelauf durch die Calle de San Justo, an der gewölbten Fassade der Kirche ❹ **San Miguel** vorbei und durch die Calle Puñonrostro. Die

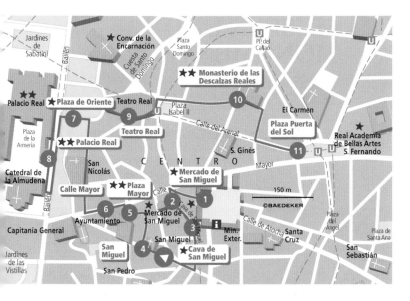

Nonnen des Convento de las Jerónimas del Corpus Christi (17. Jh.), auch Las Carboneras genannt, stellen köstliches Gebäck her (Calle del Codo; tgl. 9.30 – 13, 16 – 18.30 Uhr, am Schild »Monjas« klingeln).

Nach ein paar Metern steht man auf Madrids stimmungsvollem Rathausplatz, der ❺ ★ **Plaza de la Villa**. Der Stadtpalast Torre de los Lujanes ist der älteste Profanbau Madrids! Auf der geschäftigen ❻ **Calle Mayor** geht es ein Stück abwärts. An ihrem Ende führt die Calle de San Nicolás auf die Plaza de Ramales. Ein Stück weiter geradeaus öffnet sich die weit ausladende ❼ ★ **Plaza de Oriente** mit dem grandiosen Königspalast, dem ❽ ★★ **Palacio Real**. Zwar weilt der König hier selten, königliche Pracht gibt es jedoch reichlich. Wer all die prunkvollen Säle besuchen möchte, sollte mindestens zwei Stunden mehr einplanen. Gleich neben dem Palast liegt die **Catedral de la Almudena**, an der von 1883 bis 1995 gebaut wurde. Kronprinz Felipe und die Fernsehjournalistin Letizia Ortiz schlossen hier 2004 den Bund fürs Leben.

Ab der Plaza de Oriente geht es am ❾ **Teatro Real** vorbei auf die Plaza de Isabel II, dahinter führt ein kleiner Abstecher zum ❿ ★★ **Real Monasterio de las Descalzas Reales**, einem Kloster, das wegen seiner zahlreichen Kunstschätze einen Besuch lohnt (auch das verlangt zusätzliche Zeit). Von hier aus sind es nur wenige Minuten bis zur ⓫ ★ **Puerta del Sol**, einem vitalen Eckpfeiler des städtischen Lebens. Dann geht es durch die Calle Mayor zurück zur Plaza Mayor, wo man sich in einem der Cafés dort stärken kann.

MUSEEN UND MONUMENTE

Start: Centro de Arte Reina Sofía
Ziel: Plaza de España | **Dauer:** mind. 2 Std. (ohne Museumsbesuche)

Tour 2   *Ein Spaziergang durch das Madrid der Monumentalbauten erfordert eine gute Kondition – doch es lohnt sich! Am Paseo de Prado verlocken gleich drei Museen von Weltrang zu einer Unterbrechung der Tour, an der Gran Vía verführen noble Geschäfte zum Schauen und Shoppen.*

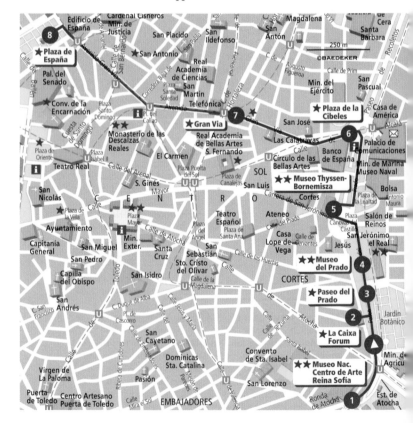

Ausgangspunkt der Tour ist das ❶ ★★ **Centro de Arte Reina Sofía** nahe des Atocha-Bahnhofs, das eine einzigartige Sammlung spanischer Kunst des 20. Jh.s und der Gegenwart beherbergt. Hauptsehenswürdigkeit ist Picassos kolossales Gemälde »Guernica«. Das Reina Sofía hat, im Unterschied zu den meisten Museen Madrids, übrigens montags geöffnet. Das ❷ ★ **Caixa Forum** liegt bereits am ❸ ★ **Paseo del Prado**, der zum weltberühmten ❹ ★★ **Museo del Prado** führt und auf die Plaza Cánovas del Castillo mit dem Neptunbrunnen (Fuente de Neptuno) mündet. Gleich dahinter wartet mit dem im Palacio Villahermosa untergebrachten ❺ ★★ **Museo Thyssen-Bornemisza** ein weiteres Highlight. Auf dem Paseo del Prado geht es weiter auf die schöne, aber verkehrsreiche ❻ ★ **Plaza de Cibeles** mit dem sehenswerten Cibeles-Brunnen (Fuente de la Cibeles) und dem monumentalen Palacio de Cibeles, auch Palacio de Comunicaciones genannt. Das ehemalige Hauptpostamt beherbergt heute das Kulturzentrum CentroCentro. Ab der Plaza de Cibeles folgt man zunächst der Calle de Alcalá in Richtung Westen und dann der vor dem Edificio Metrópolis rechts abzweigenden ❼ ★ **Gran Vía** mit ihren vielen Geschäften, Cafés, Theatern und Kinos. Den Schlusspunkt des Streifzugs setzt die mit viel Grün und einem Cervantes-Monumet aufgelockerte ❽ ★ **Plaza de España**. Hier nehmen die Mitte des 20. Jh.s emporgeschossenen Hochhäuser Torre de Madrid und Edificio de España den Blick gefangen. Seit Ende 2021 komplett umgestaltet. lädt der riesige Platz mit viel Grün und wenig Verkehslärm zu einer Pause ein. Mit der Metro gelangt man zurück zum Atocha-Bahnhof und Metro-Station.

Vom Museo Reina Sofía zur Plaza de España

DURCH DIE GRÜNEN OASEN MADRIDS

Start und Ziel: Atocha-Bahnhof | **Dauer:** mind. 2 Std.

Madrid bietet erstaunlich viele Parks. Selbst im Atocha-Bahnhof grünt und blüht es! Der nahe gelegene Parque del Retiro ist die grüne Lunge der City.

Tour 3

Ausgangspunkt der Tour ist die alte Bahnhofshalle der ❶ **Estación de Atocha**, die in ein Palmenhaus verwandelt wurde. Vom Bahnhof geht es auf dem Paseo del Prado zum Museo del Prado (► Tour 2). Gegenüber dem Museum (Puerta de Morillo) befindet sich der Ein-

Zwischen Atocha und Retiro

gang zum schönen Botanischen Garten ❷ **Jardín Botánico** (gegen Gebühr). Hier fühlt man sich mitten in der Stadt in eine andere Welt versetzt. Ähnliches gilt für den riesigen ❸ ★★**Parque del Retiro**, der gleich gegenüber auf der anderen Seite der Calle de Alfonso XII beginnt. Hier begeistern häufig Gaukler, Musikanten und Puppenspieler das Publikum. Ein lohnender Spaziergang führt am zentralen großen See, dem Estanque del Retiro, vorbei zum ❹ **Palacio de Cristal** (mit weiterem See) und zum Palacio de Velázquez. Durch die ❺ **Calle de Alfonso XII** gelangt man zur Estación de Atocha zurück.

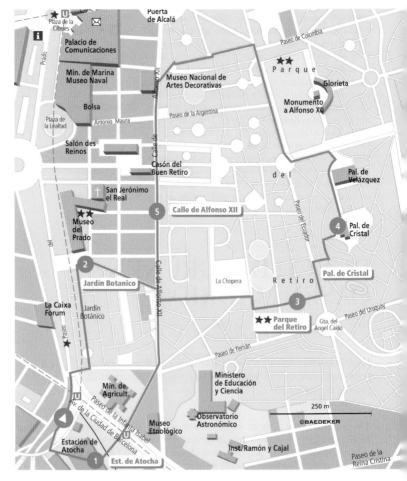

SALAMANCA-VIERTEL – SHOPPINGFREUDEN

Start: Metro Serrano | **Ziel:** Metro Núñez de Balboa |
Dauer: mind. 1 Std.

Salamanca, der Stadtteil nördlich vom Retiro-Park, ist das exklu- Tour 4
sivste Einkaufsviertel der Stadt. Die Straßen Serrano, Goya,
Velázquez und Hermosilla zählen zu den beliebtesten Shopping-
meilen Madrids. Strategisch günstige Einstiege bieten die Metro-
stationen Colón oder Serrano.

Die Calle de Serrano ist für feudale Juwelierläden (z. B. Suárez, Calle   Von der Pla-
de Serrano/Ecke Calle de Don Ramón de la Cruz), exklusive Boutiquen   za de Colón
(Loewe, Serrano 26–28) und Geschenkshops (Lladró, Serrano 68)   zur Calle
bekannt. Zu Beginn des Bummels lohnt ein Blick auf die ❶ **Plaza de**   Juan Bravo
Colón mit den Jardínes del
Descubrimiento. Geht man die
❷ **Calle de Serrano** hinauf,
so gelangt man, an der Ecke
Serrano/Calle de José Ortega
y Gasset, zu einem der großen
Kaufhäuser der bekannten El
Corte Inglés-Kette. Ein Abstecher über die ❸ **Calle de José
Ortega y Gasset** führt zur
❹ **Plaza Marqués de Salamanca**, wo sich der Markgraf
von Salamanca in bescheide-
ner Größe auf einem Denkmal
erhebt. Auf dem Rückweg zur
Calle de Serrano ist dieser kleine Schlenker gut kombinier-
bar mit einem Besuch der
❺ **Fundación March** (Eingang Calle Castelló 77), die
bekannt ist für anspruchsvolle
Kunstausstellungen.
Lassen Sie den Streifzug wieder an der Calle de Serrano
ausklingen; in der abzweigen-
den Calle Juan Bravo liegt die Metrostation ❻ **Núñez de Balboa**, von
dort geht es mit der Linie 5 zurück ins Zentrum.

AUSFLÜGE

Bei einem längeren Madrid-Aufenthalt lohnen sich Ausflüge ins Umland der Millionenmetropole. Dort warten eine herrliche Gebirgsnatur und einige besuchenswerte historische Städte. Da die Madrilenen selbst begeisterte Ausflügler sind, findet man überall Unterkunft und hervorragende gastronomische Angebote.

Lohnende Ziele

Wohl niemand, der sich länger als 4 Tage in Madrid aufhält, lässt sich eine Besichtigung der berühmten Schloss- und Klosteranlage ★★ **El Escorial** 50 km nordwestlich der Stadt entgehen. Andere sehenswerte Ausflugsziele sind die ehemalige königliche Sommerresidenz in ★★ **Aranjuez** (47 km südlich), die altehrwürdige Universitätsstadt ★ **Alcalá de Henares** (30 km östlich), das mittelalterliche Chinchón (▶ unten; 45 km südöstlich), die Paläste von ★ **La Granja** am Nordhang der Sierra de Guadarrama (78 km nördlich), ★★ **Segovia** (90 km nordwestlich) und ★★ **Toledo** (70 km südlich), das reich an Zeugnissen römischer, westgotischer, islamischer, jüdischer und christlicher Kultur ist. Toledo, der Escorial, Segovia, Aranjuez und Alcalá de Henares stehen auf der UNESCO-Liste des Weltkulturerbes.

Kleinstadtflair

Wer mit dem eigenen Fahrzeug unterwegs ist, kann einen Ausflug nach Aranjuez gut mit einem Abstecher in das malerische **Chinchón** kombinieren. Dieses kastilische Städtchen (4000 Einw.; Anfahrt über die M 5) hat einen der schönsten Plätze Zentralspaniens zu bieten: Die Plaza Mayor ist von drei- bis viergeschossigen Häusern mit offenen Galeriegängen umschlossen, die kleine Cafés, Restaurants und Läden beherbergen. Seit dem 16 Jh. finden hier im Sommer Stierkämpfe sowie Theatervorführungen und andere Veranstaltungen statt. Von der hoch gelegenen Iglesia de la Asunción (1537 – 1626) genießt man einen schönen Blick über das Dorf. Goya, dessen Bruder hier Pfarrer war, vermachte der Kirche das Gemälde »Maria Himmelfahrt«. Das oberhalb des Städtchens gelegene Kastell geht auf das 15. Jh. zurück und war Sitz der Grafen von Chinchón. 1706, während des Spanischen Erbfolgekriegs, wurde es schwer beschädigt. Chinchón ist übrigens für seinen köstlichen **Anislikör** bekannt.

Reise nach Arabien

Die Provinzhauptstadt **Guadalajara** (70 000 Einw.) liegt 55 km nordöstlich von Madrid über dem linken Ufer des Río Henares (Anreise mit dem Auto über die N II sowie mit Bahn oder Bus). Ihr Name geht auf das maurische Quad al-Hadschara zurück (= Fluss der Steine). Das mächtige Geschlecht der Mendoza, in deren Besitz die Stadt im 14. Jh. gelangte, prägte die Entwicklung Guadalajaras nachhaltig. In der Umgebung bei Brihuega tobte im März 1937 die »Schlacht von Guadalajara« zwischen spanischen republikanischen und italieni-

MADRID UMGEBUNG

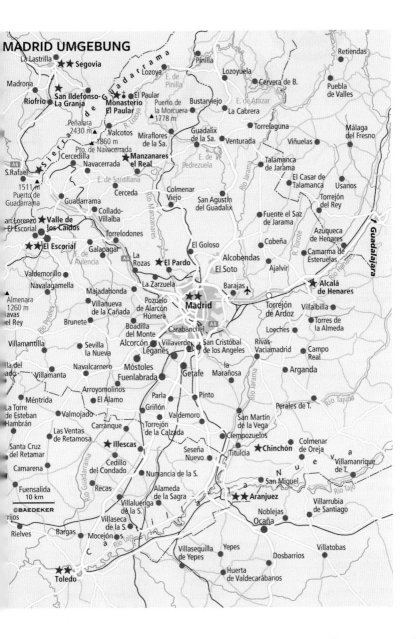

La Lastrilla
★★ Segovia
Pinilla
Retiendas
Madrona
Lozoya
E. de Pinilla
Lozoyuela
Cervera de B.
Puebla de Valles
San Ildefonso-
La Granja
El Paular
Bustarviejo
E. de Atazar
Riofrío
Monasterio
El Paular
Puerto de la Morcuera
1778 m
La Cabrera
Peñalara 2430 m
Valcotos
Miraflores de la Sa.
Guadalix de la Sa.
Venturada
Talamanca de Jarama
Málaga del Fresno
1860 m
Pto. de Navacerrada
Torrelaguna
Viñuelas
Cercedilla
Manzanares el Real
E. de Pedrezuela
El Casar de Talamanca
Usanos
S.Rafael
Navacerrada
A6
E. de Santillana
Colmenar Viejo
Talamanca de Jarama
Torrejón del Rey
1511 m
Puerto de Guadarrama
Guadarrama
Cerceda
San Agustín del Guadalix
Fuente el Saz de Jarama
Azuqueca de Henares
an Lorenzo
El Escorial
Collado-Villalba
★ Valle de los Caídos
Torrelodones
El Goloso
Cobeña
Camarma de Esteruelas
R. Torote
R. Henares
Guadalajara
★★ El Escorial
Galapagar
E. de Valencia
A6
La Rozas
★ El Pardo
Alcobendas
El Soto
Ajalvir
Valdemorillo
Navalagamella
Majadahonda
La Zarzuela
Barajas
★★ Alcalá de Henares
Almenara 1260 m
avas el Rey
Villanueva de la Cañada
Pozuelo de Alarcón
Húmera
★★ Madrid
Torrejón de Ardoz
Villalbilla
Brunete
Boadilla del Monte
Carabanchel
A6
Loeches
Torres de la Almeda
Villamantilla
Sevilla la Nueva
Alcorcón
Villaverde
Leganés
San Cristóbal de los Angeles
Rivas-Vaciamadrid
Campo Real
la del ado
Villamanta
Navalcarnero
Móstoles
Fuenlabrada
Getafe
la Marañosa
Arganda
Méntrida
Arroyomolinos
El Alamo
Parla
Pinto
R. Jarama
Perales de T.
Río Tajuña
La Torre de Esteban Hambrán
Valmojado
Griñón
Valdemoro
San Martín de la Vega
Carranque
Torrejón de la Calzada
Ciempozuelos
Colmenar de Oreja
Santa Cruz del Retamar
Las Ventas de Retamosa
★ Illescas
Seseña Nuevo
Titulcia
★ Chinchón
Villamanrique de T.
Camarena
Cedillo del Condado
Numancia de la S.
San Miguel
Río Tajo
Fuensalida
10 km
Recas
Alameda de la Sagra
★★ Aranjuez
Villarrubia de Santiago
©BAEDEKER
rijos
Villaluenga de la S.
Noblejas
Ocaña
Rielves
Bargas
Villaseca de la S.
Mocejón
Yepes
Villatobas
Villasequilla de Yepes
Dosbarrios
★★ Toledo
Huerta de Valdecarábanos

6x
UNTERSCHÄTZT

Genau hinsehen, nicht daran vorbeigehen, einfach probieren!

1.
LITTLE CHINA
Auch Madrid hat ein **Chinatown**. Es ist nicht berühmt, aber **authentisch** und liegt im Viertel Usera im Süden Madrids. Neujahr feiern die Chinesen laut und bunt, nicht nur hier, auch im Zentrum. (Metro: Usera)

2.
MERCA-MADRID
Madrids Groß-markt ist der größte Lebensmittel-Umschlagplatz in Europa und nach Tokio der zweitgrößte weltweit für Seafood. Dabei liegt die Stadt 400 km vom Meer entfernt. (www.mercamadrid.es)

3.
MADRIDER VOGELSCHAU
Touren für **Vogelfreunde** in Madrid? Das gibt es wirklich! In der Casa del Campo werden Führungen angeboten, und wer Madrid Río besucht, hat gute Chancen, einen Kormoran zu sehen. (**▸ S. 54, 87**)

4.
TRAUMWAGEN
Selber mal einen Ferrari oder Lamborghini steuern? Auf der **Rennstrecke Jarama** im Norden Madrids muss man sich nur anmelden – und bezahlen. (www.jaramaexperience.com)

5.
SCHNEE
Süden, Sonne und dennoch das ganze Jahr Schnee: Auf der **Skipiste** des Einkaufszentrums Xanadú ist das Realität. Wer die Natur vorzieht, kann im Winter zwischen Puerto de Navacerrada und Valdesqui in der Sierra de Guadarrama wählen. (**▸ S. 41**)

6.
DREI STERNE FÜR MADRID
Mit Kreativität, Mut zu neuen Konzepten und natürlich Talent hat es David Muñoz geschafft: Sein Restaurant DiverXo hat als Einziges in Madrid **3 Michelin-Sterne**. (**▸ S. 292**)

schen Truppen. Sehenswert ist der **Palacio del Duque del Infanta-do**, den sich die Familie Mendoza 1461 – 1480 von Juan Guas errichten ließ. Der Palast ist aufgrund der gelungenen Verschmelzung spätgotischer und mudejarer Stilelemente ein Meisterwerk dieses Architekten. Seine Fassade ist mit spitz facettierten Steinen übersät. Den Abschluss bildet eine Erkergalerie mit fein gearbeitetem Säulenschmuck. Das Gebäude umschließt einen herrlichen zweistöckigen Patio im isabellinischen Stil. In die prächtig ausgestatteten Innenräume ist das **Museo de Bellas Artes** eingezogen, das vor allem Gemälde aus dem 15. bis 17. Jh. zeigt. Die Kirche Santa María de la Fuente wurde im 14. Jh. an der Stelle einer Moschee errichtet. Der Bau besitzt zwei Portale im reinsten arabischen Stil und einen Turm in Minarettform. Im Inneren sind Grabmäler aus dem 15. Jh. zu besichtigen.

Rund 50 km nordwestlich von Madrid liegt die **Sierra de Guadarrama**, die zu einem Bergmassiv gehört, das Alt- und Neukastilien trennt. In der Peñalara erreicht sie eine Höhe von 2430 m, in den **Cabezas de Hierro** 2383 m. Der Gebirgszug ist im Sommer wie im Winter (u. a. die Skistationen Puerto de Navacerrada, www.puertonava cerrada.com, oder Valdesqui, www.valdesqui.es) ein beliebtes Wochenendziel der Hauptstädter (viele Infos zu Sehenswürdigkeiten, Hotels und Gastronomie: www.sierraguadarramamanzanares.org). Wer mit dem eigenen Fahrzeug unterwegs ist, kann einen Ausflug nach Segovia und **La Granja de San Ildefonso** gut mit der Fahrt durch die Sierra de Guadarrama kombinieren. Einen Abstecher wert ist auch das ab 1754 errichtete **Schloss Riofrío**, Witwensitz von Isabella Farnese, der Ehefrau Philipps V. (www.patrimonionacional.es/real-sitio). Ein kulturelles Highlight ist das **Schloss von Manzanares el Real** (908 m), das im 15. Jh. im weiten Tal des hier zur Embalse de Santilla gestauten Manzanares in gotisch-mudejarem Stil erbaut wurde (geöffnet: im Sommer Di. –Fr. 10–18, Sa. bis 19.30, So. bis 18.30 Uhr). Sehenswert ist auch das bei Rascafría gelegene **Monasterio Santa María de El Paular** (1153 m hoch gelegen; 2 km westlich von Rascafría), 1390 als Kartäuserkloster gegründet. Heute wird es von Benediktinermönchen bewohnt. Die Pläne stammen vom Mauren Abd ar-Rahman aus Segovia. Juan Guas beaufsichtigte die Fertigstellung. Die Gebäude um den Kreuzgang beherbergen ein Hotel und ein Restaurant. In einem Laden bieten die Mönche Käse und Honig zum Kauf an. In der nach dem Erdbeben von 1755 barock wieder aufgebauten Kirche findet man die Capilla del Tabernáculo von 1724 sowie einen niederländischen Marmorhochaltar des 15. Jahrhunderts.

Bergland

S
SEHENS-
WERTES

*Magisch, aufregend,
einfach schön*

Unsere Hintergrundinformationen
beantworten (fast) alle Ihre
Fragen zu Madrid.

★ ALCALÁ DE HENARES

Lage: 35 km östlich | **Höhe:** 587 m ü. d. M. | **Einwohnerzahl:** 204 000

AUSSERHALB

Eine der ältesten Universitäten des Landes, eine von der UNESCO geadelte Altstadt mit prächtigen Renaissance- und Barockbauten und jede Menge Miguel de Cervantes, Verfasser des »Don Quijote« und Spaniens genialster Literat, – das alles verspricht ein Besuch von Alcalá de Henares.

Alte
Universität

Die alte Stadt Alcalá de Henares am gleichnamigen Fluss wurde von den Römern Complutum und von den Mauren Al-Kal'a genannt. 1496 gründete Kardinal Cisneros hier eine Universität, an der u.a. Ignatius von Loyola, Thomas von Villanueva, Calderón, Lope de Vega, Quevedo und Tirso de Molina studierten. 1515–1520 erschien an der Universität die erste mehrsprachige Bibel, die »Biblio Complutensis« (das Neue Testament in Lateinisch, Griechisch, Hebräisch und Chaldäisch). Mit der Verlegung der Universität nach Madrid im Jahr 1836 verlor Alcalá de Henares viel von seiner einstigen Bedeutung. 1973 erhielt die Stadt wieder eine Universität und erlebt seither einen wirtschaftlichen und kulturellen Aufschwung.

▌ Wohin in Alcalá de Henares?

Dichterdenkmal

Plaza de
Cervantes

Mittelpunkt der Stadt ist die rechteckige Plaza de Cervantes mit einem Denkmal (1879), das den großen Dichter (▶ Interessante Menschen) zeigt – allerdings ohne die Verstümmelung seiner rechten Hand, die der Bildhauer wohl absichtlich übersehen hat. Vom Platz führt die Calle Pedro Gumiel direkt zur alten Universität an der Plaza de San Diego.

Eine Fassade mit Stil

★

Colegio
Mayor
de San
Ildefonso

Vom Hauptkolleg der 1496 von Cisneros gegründeten Universität, für deren Bau bis 1514 Pedro Gumiel verantwortlich zeichnete, hat nur die Aula den Bürgerkrieg überstanden. Die **platereske Hauptfassade** an der Plaza de San Diego, 1543 von Rodrigo Gil de Hontañon gestaltet, ist eine der schönsten Fassaden Spaniens. Die drei Innenhöfe wurden 1557–1662 ausgebaut. Vom ersten Innenhof, dem von einer doppelten Galerie gesäumten Patio de Santo Tomás de Villanueva mit einem Brunnen mit Schwanenmotiven, dem Wappenvogel des Kardinals Cisneros, und einer Statue des Gründers von 1670, gelangt man in das Museum zur Geschichte der Universität im ersten Stockwerk. Durch den 1960 wieder aufgebauten Patio de Filósofos erreicht man

Lernen und durch sonnendurchflutete Gänge wandeln: Im Colegio Mayor de San Ildefonso mit dem Patio de Santo Tomás de Villanueva ist's möglich.

den Patio Trilingüe, so benannt nach den klassischen Gelehrtensprachen Griechisch, Hebräisch und Latein. Hier befindet sich der Zugang zum Paraninfo, der historischen Aula, die zu den wenigen unverändert gebliebenen, restaurierten Gebäudeteilen gehört. An den Innenhof schließt die **Hostería del Estudiante** an, die ihrem Namen zum Trotz keine Mensa, sondern ein gutes Restaurant ist (Zugang nur über die Calle Colegios 3; Tel. 918880330). Das Universitätsgebäude kann montags bis samstags vormittags und nachmittags im Rahmen einer Führung besucht werden. Alljährlich am 23. April überreicht der spanische König in der alten Aula der Universität den Premio Cervantes, einen begehrten Literaturpreis. Sehenswert ist außerdem die der Universität benachbarte, in einem Mischstil aus spätgotischen, mudejaren und Renaissance-Elementen errichtete **Capilla de San Ildefonso**. Hier befindet sich das von den Bildhauern Domenico Fancelli und Bartolomé Ordóñez geschaffene **Marmorgrabmal** des Kardinals Cisneros († 1517).

ALCALÁ DE HENARES ERLEBEN

ALCALÁ TURISMO
Plaza de los Santos Niños s/n
28800 Alcalá de Henares
Tel. 91 8 89 26 94
www.turismoalcala.com

ANREISE

AUTO
über die A 2

BAHN
Mit den Nahverkehrszügen Cercanías C-1 und C-7 kommt man mehrmals täglich von den Madrider Bahnhöfen Atocha, Recoletos, Nuevos Ministerios und Chamartín nach Alcalá de Henares.
Der »Cervantes-Zug«, Tren de Cervantes, verkehrt vom 20. April bis 23. Juni und vom 28. September bis 1. Dezember zwischen Madrid (Atocha) und Alcalá de Henares. Sa., So. Abfahrt 11 Uhr ab Atocha, Rückfahrt um 19 Uhr; Ticket: Erwachsene 14 €, Kinder 9 €. Die Zugbegleiterinnen haben Trachten aus Cervantes' Zeiten an und verteilen Produkte der Region, professionelle Guides führen durch Alcalá. Es bleibt auch Zeit zur freien Verfügung. Aktuelle Infos über die Fremdenverkehrsämter oder direkt am Bahnhof.
www.renfe.com

BUS
Das Busunternehmen Continental Auto fährt mehrmals täglich ab Avenida de América (Metrostation Avenida de América).
Tel. 91 3 56 23 07

PARADOR DE ALCALÁ DE HENARES €€€
Das Hotel ist in den Gemäuern eines Klosters aus dem 17. Jh. untergebracht. Für den gelungenen Umbau gab es Architekturpreise; mit Spa-Bereich.
Calle Colegios 8
Tel. 91 8 88 03 30
123 Zimmer, 11 Suiten

Sehenswert: das Colegio de Málaga

Colegios · Im Stadtgebiet sind weitere Kollegiengebäude der Universität verteilt, von denen das Colegio de Málaga unweit südlich in der Calle de los Colegios durch seine **wunderschönen Innenhöfe und das Backsteinmauerwerk** herausragt. Als Colegios bezeichnete man Wohnstätten für landsmannschaftlich zusammengefasste Studenten oder aber sogenannte Lateinschulen, in denen die zukünftigen Studenten auf den Universitätsbesuch vorbereitet wurden.

Spaniens großer Dichter – wurde er hier geboren?

Museo Casa de Cervantes · An der Plaza de Cervantes, einem atmosphärischen Platz mit kleiner Parkanlage und Musikpavillon, beginnt die arkadengesäumte Calle Mayor. Das Haus Nr. 48 wurde im Stil des 16. Jh.s gebaut, und zwar an der Stelle, an der Cervantes' Geburtshaus vermutet wird. Hier ist

das Museo Casa de Cervantes eingerichtet worden, in dem Erinnerungsstücke an den Autor des »Don Quijote« ausgestellt werden.
Di – So. 10 – 17.30 Uhr | www.museo-casa-natal-cervantes.org | Eintritt frei

Ensemble sakraler Gebäude

Mit dem Bau des festungsähnlichen **erzbischöflichen Palastes** an der Plaza del Palacio wurde im 13. Jh. begonnen, die wesentlichen Umbauten fanden jedoch im 14. und 16. Jh. statt. Die Seitenfassaden sind gotisch, die Hauptfassade plateresk ausgeführt. Vom wuchtigen Torreón de Tenorio führt die Befestigungsmauer zum Stadttor Puerta de Madrid und weiter zur Puerta de Burgos. Hier, an den Palast anschließend, liegen **Kirche und Konvent Las Bernardas**. Kloster und Kirche wurden zwischen 1617 und 1626 von Sebastián de la Plaza erbaut. Schön sind die Statue des hl. Bernhard über dem Portal, die auf ovalem Grundriss errichtete Kirche mit sechs Kapellen und die mit Gemälden von Angelo Nardi ausgestattete Capilla Mayor.

Das Ensemble sakraler Gebäude um die Plaza wird vervollständigt durch den östlich liegenden Backsteinbau des Convento de la Madre de Dios von 1576 und jenseits der Plaza durch das Oratorio de San Felipe Neri (1698–1704 errichtet). Unweit südlich ragt der Glockenturm der Hauptkirche Iglesia Magistral aus dem 16. Jh. auf.

Plaza del Palacio

★★ ARANJUEZ

Lage: 47 km südlich | **Höhe:** 492 m ü. d. M. | **Einwohnerzahl:** 60 000

Die Gärten von Aranjuez, in denen Schiller seinen »Don Carlos« agieren lässt, sind zu Recht berühmt. Sie umgeben den Sommerpalast der Könige und säumen mit ihren uralten Bäumen das Ufer des Río Tajo. Die Palastanlage inspirierte Joaquín Rodrigo zu seinem populären Gitarrenkonzert und war Grund für die UNESCO, das gesamte Städtchen unter Schutz zu stellen.

AUSSER-HALB

Kaum angekommen, versteht man sofort, warum die spanischen Könige hier ihre Sommer verbrachten – Aranjuez am Río Tajo ist der Obst- und Gemüsegarten von Madrid. Im Königspalast und seinen Gärten fällt es nicht schwer, sich das Leben am Hof vorzustellen. Aber auch wenn man hier ewig bleiben könnte, lohnt es sich, noch etwas Zeit für die Innenstadt mit ihren sternförmig angelegten Prachtstraßen, Alleen, Brücken und Häusern aus rotem Backstein und weißem Naturstein aufzuheben.

Sommersitz der Könige

Palacio Real

Viele Könige, viele Stile

Im Auftag Philipps II. Der Königliche Palast wurde 1560 im Auftrag von Philipp II. nach Plänen von Juan Bautista de Toledo, dem Erbauer des ▶ Escorial, begonnen. Juan de Herrera führte die Bauarbeiten nach dessen Tod 1567 fort und drückte ihnen sein unverwechselbares Siegel auf: klassische Strenge. Zwei Brände in den Jahren 1660 und 1665 zerstörten das Schloss, doch Philipp V. ließ es nahezu unverändert wieder aufbauen. Unter dem Bourbonen-König Karl III., der die Residenz nach den rati-

Drei Könige ließen dieses Sommerschloss neu bauen, wiederaufbauen, erweitern – und Jahrhunderte später wurde der schöne Stilmix von der UNESCO gekürt.

onalistischen Prinzipien der Aufklärung erweiterte und ordnete, fügte Francesco Sabatini dem Gebäude zwei Seitenflügel hinzu, die einen weiten Paradeplatz bilden. Die Hauptfassade des Palastes ist vom Renaissancestil Herreras bestimmt, doch ist der barocke Einfluss seiner Nachfolger deutlich zu spüren.

Die Innenräume sind mit wertvollen Teppichen, Möbeln, Porzellan, Uhren und Gemälden, wie sie dem Rang der einstigen Bewohner entsprachen, ausgestattet. Beachtenswert sind die großzügige, von Giacomo Bonavia angelegte Treppe, die Königliche Kapelle von Sabatini, der mit Samt ausgekleidete Thronsaal und als Höhepunkt der **Porzellansaal** (Sala de China). Er ist das erste Werk der vom König aus

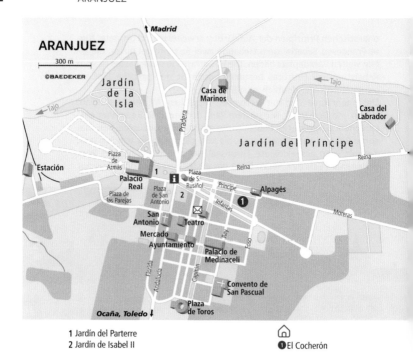

1 Jardín del Parterre
2 Jardín de Isabel II

❶ El Cocherón

Capodimonte (Neapel) nach Madrid (Buen Retiro) überführten Manufaktur in Spanien und üppig mit Porzellantafeln geschmückt, auf denen in feiner Malerei chinesische Szenen dargestellt sind. Weitere schöne Räume sind der Arabische Salon, dem Saal der Zwei Schwestern in der Alhambra von Granada nachempfunden, und der mit zarten Reispapiermalereien ausgestattete Salon der Infanten (Sala de Papeles Chinos). Die künstlerische Ausschmückung der Räume oblag den Malern Giordano, Mengs, Bayeu und Maella.

Apr.–Sept. Di. – So. 10 – 19, Okt.–März Di. – So. 10 – 18 Uhr | Eintr.: 9 €

⭐ Palastgärten

Eine »Lieblingspromenade« für die Königin

Jardín de Isabel II, Jardín del Parterre Südlich der Plaza de San Rusiñol erstreckt sich der Jardín de Isabel II., die Lieblingspromenade der Bourbonen-Königin. An der Ostseite des Schlosses ließ Philipp V. mit dem Jardín del Parterre 1726 eine Gartenanlage im französischen Stil anlegen mit Blumenrabatten, Brunnen und Götter- und Heldenfiguren.

ARANJUEZ ERLEBEN

Plaza de San Antonio s/n
28300 Aranjuez
Tel. 918 91 04 27
www.arannet.com

❶ EL COCHERÓN €€€
Calle Montesinos 22
Tel. 918 75 43 50
www.elcocheron1919.com
18 Zimmer
Kleines und rustikales Landhotel im Herzen von Aranjuez mit modernen Ausstattungselementen

ANREISE

AUTO
Über die N IV

BAHN
ab Atocha

Ein besonderes Erlebnis für Eisenbahnfreunde ist die Fahrt mit dem **»Erdbeerzug«** ab Madrid-Atocha. Er fährt an den meisten Wochenenden im April, Mai, Juni, September und Oktober. Das Besondere ist die Verkostung von Erdbeeren, die von Begleitern in historischen Trachten an Bord serviert werden.
Tren de la Fresa
Ticket 29,90 €/Kinder ab 4 Jahre 14,90 €
Tel. 915 06 80 53
www.museodelferrocarril.org/trendelafresa

BUS
Mit dem Busunternehmen Aisa kommt man ab der Estación Sur nach Aranjuez (Metrostation Avenida Méndez-Alvaro).
Tel. 915 30 96 03
www.aisa-grupo.com

Garten im Fluss
Der Jardín de la Isla auf einer künstlichen Insel im Tajo ist der älteste Garten. Isabella die Katholische ließ hier einen Gemüsegarten in einen Park umwandeln, der unter Philipp II. erweitert wurde. Am Tajo führt eine Allee mit herrlichen alten Platanen entlang.

Jardín de la Isla

Exotisches – Antikes
Der größte und schönste der Gärten ist der Jardín del Príncipe nordöstlich vom Palast. Er wurde 1763 auf Veranlassung Karls III. vom französischen Gartenbaumeister Boutelou gestaltet, der auch schon den Jardín del Parterre geschaffen hatte. Außer einigen Brunnen und den teilweise exotischen Pflanzen ist hier besonders die **Casa del Labrador** (Haus des Landmanns; Besichtigung im Rahmen von halbstündigen Führungen, geschlossen bis Anfang 2023) im östlichen Zipfel des Gartens sehenswert. Dieses von einem Hauptkörper und zwei Seitenflügeln gebildete Schlösschen wurde 1803 von Isidro González Velázquez für Karl IV. erbaut. Die Fassade ist mit Statuen antiker Helden geschmückt.

Jardín del Príncipe

CASA DE CAMPO · PARQUE DEL OESTE

Lage: westlich der Innenstadt | **Metro:** Lago, Batán, Moncloa, Argüelles, Príncipe Pío, Plaza de España, Ventura Rodríguez | **Seilbahn:** 12 – 20 Uhr (Betriebstage unregelmäßig) | **Ticket:** 4,50 €, hin und zurück 6 € | https://telefericomadrid.es

A–C 5–8

Madrids große grüne Lunge liegt westlich der Innenstadt. Mit dem Teleférico gondelt man bequem vom Parque del Oeste in die Höhen der Casa de Campo, dem traditionellen Ausflugspark der Hauptstädter und ihrem bevorzugten Ziel für schöne Stadtfluchten an Wochenenden.

Der Paseo del Pintor Rosales kann ein guter Einstieg sein. Mit dieser beliebten Promenade endet völlig überraschend das Häusermeer der Innenstadt und das viele Grün mehrerer Parks liegt vor einem. Auf kleinen Caféterrassen sitzt man unter Schatten spendenden Bäumen, mit Blick ins Grüne und auf die ferne Sierra de Guadarrama – ein Segen für die Bewohner der nahen Wohnviertel und ein schönes Ziel für alle anderen Madrilenen. Vom Paseo ist man schnell an der Talstation des **Teleférico**, von der die Seilbahn eine 2,5 km lange Strecke hinauf zur Casa de Campo schaukelt – mit schönem Blick über den Park und auf Madrid, mit 3 m pro Sekunde Geschwindigkeit und bis zu 40 m hoch über dem Grün.

Auf ins Grüne!

▌ Casa de Campo

Grüne Freizeitoase

Wo sich die Madrilenen erholen

Pinien, Platanen, Pappeln und Steineichen machen dieses Naherholungsgebiet zu einem grünen Paradies. Mit 17 km² Fläche ist es größer als die vier Innenstadtviertel Centro, Retiro, Chamberí und Salamanca zusammen. Diese immense Grünzone bietet Platz für Freizeit- und Sportmöglichkeiten aller Art: Es gibt einen künstlichen See zum Paddeln, ein Schwimmbad, Tennis-, Reit-, Basketball- und Fußballplätze. Der Vergnügungspark mit Karussells (Parque de Atracciones) und der Zoo sind gute Ziele für Familien mit Kindern. Regelmäßig werden kostenlose Führungen durch den Park veranstaltet. Die Touren finden zu Fuß oder mit dem Rad statt, mal bekommt man eine Einführung in die Vogelwelt (Descubre las aves de invierno), mal wird ein Fotoausflug veranstaltet (Itinerario Fotográfico). Telefonische Anmeldung erforderlich: Tel. 91 479 60 02 | www.actividadesambientalescasadecampo.com

Vom Jagdrevier zum Bürgerpark

Die Gründung der Casa de Campo geht auf Philipp II. zurück, der in der Nähe des Alcázar ein großes königliches Jagdrevier anlegen und ein Casa de Campo genanntes Jagdschlösschen errichten ließ (im Osten des Parks). Geländekäufe für den königlichen Besitz fanden noch im 19. Jh. statt. Erst 1931 wurde der Park für die Bürger geöffnet und war von da an ein beliebtes Ausflugsziel, wurde wenige Jahre später als Frontlinie im Bürgerkrieg allerdings stark verwüstet. Nach diesen Zerstörungen pflanzte man vor allem Pinien an. Dank einer Aufforstungsaktion haben inzwischen Steineichen und andere einheimische Pflanzen an Boden gewonnen, wiewohl die sandigen Hügel und die Vegetation heute mehr und mehr unter Abgasen und den vielen Ausflüglern und Mountainbikern leiden.

Geschichte

Parque del Oeste

Studentisches Flair

Dem englischen Garten ist die Nähe der Universität anzumerken. Das wohltuende Grün zieht Studenten aus der ▶ Ciudad Universitaria, aus dem Studentenviertel Argüelles und aus den Studentenheimen an der Avenida de Séneca an. Um 1900 wurde der Parque del Oeste nach Plänen des Madrider Gartenarchitekten Cecilio Rodríguez angelegt, während des Bürgerkriegs lag er, wie auch die Casa de Campo, in der Feuerzone und wurde stark beschädigt. 1945 gab Cecilio Rodríguez ihm mit neuen Grünflächen, Bäumen und Denkmälern sein altes Aussehen zurück. Eine wunderbar duftende Attraktion ist der 1958 eröffnete Rosengarten, der im Frühling in voller Pracht steht.

Englischer Park

Parque de la Montaña

Ein Park und seine unfriedliche Geschichte

Aus der Montaña del Príncipe Pío, einem Landgut, das sich bis zum Prado ausdehnte und 1792 in königlichen Besitz überging, wurde der Parque de la Montaña auf einem Hügel am Rand von Argüelles. Auf der Anhöhe stand ein Palast, der im Unabhängigkeitskrieg 1808 bis 1813 stark beschädigt wurde. In seiner Nähe fanden die **Erschießungen des 3. Mai 1808** statt, die Goya in seinem berühmten Gemälde (▶ Museo del Prado, Abb. S. 238) festhielt. Um 1860 entstand die Kaserne, die als Cuartel de la Montaña bei Ausbruch des Bürgerkriegs 1936 eine wichtige Rolle spielte. Der Kampf um die Kaserne am 18. Juli 1936, bei dem die Madrilenen die von den aufständischen Militärs verteidigte Kaserne stürmten, leitete die dreijährige Verteidigung und Belagerung der republikanischen Hauptstadt ein und ist als **»Schlacht um Madrid«** in die Geschichte eingegangen. Heute hat

Schöne Parkanlage

man von hier eine **herrliche Aussicht** auf das Schloss und auf ▶ San Francisco el Grande, auf die Casa de Campo, den Rosengarten Rosaleda, den Parque del Oeste und die Sierra de Guadarrama.

Vom Nil an den Manzanares

Templo de Debod

Der Templo de Debod stammt ursprünglich aus dem nubischen Dorf Debod, das dem Assuan-Stausee weichen musste. Wie andere Kulturdenkmäler auch wurde er abgetragen. 1968 schenkte die ägyptische Regierung Spanien den Tempel als Dank für die dabei geleistete Unterstützung. Der vom Ufer des Nils an den Manzanares versetzte Tempel entstand im 4. Jh. v. Chr. und war dem Gott Amun geweiht. Zwei von seinen drei hintereinanderliegenden Tortürmen sowie Reliefs im Inneren und auf der Rückseite des rechteckigen Baus sind erhalten. Im Tempel sind archäologische Exponate zu sehen.
Di. – Fr. 10 – 14, 18 – 20, Sa., So. 9.30 – 20 Uhr | Eintritt frei

BAEDEKER MAGISCHE MOMENTE ★

DIE SONNE VERABSCHIEDEN

Wenn der Tag zu Ende geht, laden die Bänke am Templo de Debod zum Verweilen ein. Der richtige Moment, um sich von dem orange gefärbten Himmel über Madrid begeistern zu lassen. (▶ S. 57)

CENTRO CULTURAL CONDE DUQUE

Lage: Calle Conde-Duque 9 | **Metro:** Ventura Rodriguez, San Bernardo, Noviciado, Plaza de España | Di. – Sa. 10.30 – 14, 17.30 – 21, So., Fei. 10.30 – 14 Uhr | **www.condeduquemadrid.es**

Immense Räume für Ausstellungen, für Theater- und Tanzveranstaltungen, Lesungen, Kino und Konzerte, für Archive und eine Bibliothek – wer in's Kulturzentrum Conde Duque geht, betritt eine alte Kaserne. Und kann eines der Kulturangebote gleich selbst nutzen: eine Führung durch das beeindruckende Gebäude.

E 6

Das Centro Cultural Conde Duque ist heute ein wichtiger Bestandteil der Madrider Kunst- und Kulturszene. Hier zeigt das Museo de Arte Contemporáneo Werke aus dem Besitz der Stadt Madrid, Kurse und Workshops finden statt, Diskussionsveranstaltungen, Büchertage, in den Innenhöfen Open-Air-Konzerte – aus der früheren Conde-Duque-Kaserne ist ein vitales Zentrum für kulturelle Events aller Art geworden. Bevor die Künste hier einzogen, wurde die Kaserne einmal komplett restauriert und mit gelungenen innenarchitektonischen Effekten vom jahrhundertealten Staub des Militärs befreit.

Kultur in der Kaserne

Imponierende Ausmaße

Der Cuartel del Conde-Duque stammt aus dem Jahr 1720. Er wurde nach Plänen von Pedro, dem Architekten Philipps V., errichtet und entsprach den Forderungen der neuen militärischen Politik der Bourbonen, die stehende Truppen in der Hauptstadt wünschten. Die Anlage ist um drei große Innenhöfe angeordnet und bildet eine Einheit mit den Gärten und dem Palacio de Liria. Das Gebäude nahm zuerst die königliche Leibwache, dann die Kavallerie und schließlich die Militärschule auf. 150 Jahre lang verteidigte diese Kaserne den nordwestlichen Zugang zur Hauptstadt.

Backsteingebäude

Die langen Fassaden des Backsteingebäudes machen einen strengen Eindruck. Nur der schöne barocke Haupteingang erinnert an den Baumeister des ehemaligen Hospicio de San Fernando (▶ Museo de Historia de Madrid) und der Toledo-Brücke (▶ Madrid Río).

Palacio de Liria

Gerettete Kunst

Der Palacio de Liria mit seinen Gärten ist die einstige Residenz der Herzöge von Alba. Er wurde zur Zeit Karls III. nach Plänen des franzö-

Palast mit reicher Kunstsammlung

sischen Architekten Guilbert 1762 begonnen und von Ventura Rodríguez 1780 fertiggestellt. Nach dem Vorbild des Königlichen Schlosses erhielt das Gebäude strenge Barockfassaden, die durch Pfeiler und Säulen gegliedert sind. Während des Spanischen Bürgerkriegs von 1936 bis 1939 brannte der Alba-Palast bis auf die Grundmauern ab. Die von der republikanischen Regierung in die Keller der Banco de España (▶ Plaza de Cibeles) überführten Kunstschätze aus dem Besitz Alba entgingen der Zerstörung. Nach dem Bürgerkrieg wurde der Palacio de Liria wieder aufgebaut.

Zu seiner reichen **Kunstsammlung** gehört eine Pinakothek mit einzigartigen Gemälden von Tizian, Rubens, Ruysdael und Rembrandt. Die spanische Schule ist mit Werken von El Greco, Zurbarán, Velázquez, Murillo und vor allem Goya vertreten.

Calle de la Princesa 20 | nur mit Sondergenehmigung zugänglich (visitas@fundacioncasadealba.com oder Tel. 915 48 15 50); genehmigte Besuche finden meist Fr. 10, 11 und 12 Uhr statt.

Ein erschütterndes Gemälde und Publikumsmagnet im Centro de Arte Reina Sofia: »Guernica«, Picassos Anklage gegen Kriegsterror und Faschismus

★★ CENTRO DE ARTE REINA SOFÍA

Lage: Calle Santa Isabel 52 | **Innenstadtplan:** d IV | **Metro:** Atocha | Mo., Mi. – Sa. 10 - 21, So. 10 - 14.30 Uhr, geschl.: Di., 1. u. 6. Jan., 1. u. 15. Mai, 9. Nov., 24., 25. u. 31 Dez. | **Eintritt:** 12 €; Freier Eintritt für Besucher unter 18 und über 65 Jahren: Mo., Mi. – Sa. ab 19, So. 12.30 - 14.30 Uhr; ganztägig am 18. Apr., 18. Mai, 12. Okt. Der Besuch der Ausstellungen im Palacio de Cristal und Palacio de Velázquez (im Retiro-Park) ist gratis. | **www.museoreinasofia.es**

Vor »Guernica« zu stehen, vor dem fast acht Meter langen Anti-kriegsgemälde von Pablo Picasso, ist ein beeindruckendes Erlebnis, das man so schnell nicht vergessen wird. Eines der Mobiles von Alexander Calder in Bewegung zu sehen oder Joan Mirós Satz »Ich will die Malerei töten« in seinen Bildern zu suchen, ist sicher weniger aufwühlend, wird sich einem aber ebenfalls als Erinnerung einprägen.

*Picasso,
Miró, Dalí*

Das Centro de Arte Reina Sofía ist Madrids Museum für zeitgenössische Kunst. Besonders gut vertreten sind die drei großen Genies der spanischen Avantgarde: Picasso, Miró und Dalí. Aber bei mehr als 21 000 Werken zeitgenössischer Kunst auf 85 000 Quadratmetern sind auch noch ein paar andere Größen dabei. Die Exponate geben einen guten Überblick über die spanische Kunstentwicklung vom Ende des 19. Jh.s bis zur Gegenwart.

Antikriegsgemälde

»Guernica«

Hauptanziehungspunkt ist das in Schwarz- und Weißtönen gehaltene, das berühmte »Guernica«-Gemälde des in Málaga geborenen Malers **Pablo Picasso** (1881–1973, ▶ Interessante Menschen). Es entstand unter dem Eindruck des Bombenangriffs der Flugstaffel der deutschen Legion Condor auf das baskische Städtchen Guernica, den diese am 26. April 1937 auf der Seite Francos im spanischen Bürgerkrieg unternahm. Das Bild ist eine eindringliche Anklage gegen Kriegsterror und Faschismus und war Picassos Beitrag für den spanischen Pavillon der Pariser Weltausstellung 1937. Bis zu seiner Verlegung 1981 hing es im New Yorker Museum of Modern Art. Per Verfügung hatte es der Künstler nur einem demokratisch regierten Spanien vermacht – diese Bedingung war nach dem Ende der Franco-Diktatur erfüllt. In einem weiteren Raum vermitteln Aufnahmen von Dora Maar die verschiedenen Entwicklungsstadien des berühmten Bildes.

Europäische Moderne

Sammlung

Zu sehen sind außer Picasso, Miró und Dalí Arbeiten von Juan Gris, Martín Chirino, Isidro Nonell, Eduardo Chillida, Pancho Cossío, Gargallo, Palazuelo, Antoni Tàpies, Manuel Millares, Equipo 57, Equipo Crónica, Zuloaga, Gutiérrez, Solana und Rafael Canogar. Die nichtspanische Moderne ist präsent mit Werken von Bacon, Alechinsky, Fontana, Dubuffet, Magritte, Kounellis, Pistoletto, Flavin, Newman, Judd und Schnabel.

Ein Krankenhaus wird Museum

Bau-
geschichte

Untergebracht ist das Museum im ehemaligen **Hospital General de San Carlos**, einem spätbarocken Vierflügelbau, der von José de Hermosilla und dem Italiener Francesco Sabatini, Erbauer des ▶ Palacio Real, entworfen wurde. Bis 1965 war das Gebäude Krankenhaus, nach sechsjähriger Renovierung wurde es 1986 zunächst als Kunstzentrum, 1990 dann als Nationalmuseum (Museo Nacional Centro de Arte Reina Sofía, MNCARS) eröffnet. Gläserne Aufzüge an der Hauptfassade bringen Besucher in die gewünschten Stockwerke. 2005 wurde ein vom französischen Architekten Jean Nouvel entworfener Erweiterungsbau mit einem Saal für Wechselausstellungen, Auditorium, Bibliothek und Restaurant eingeweiht.

CIUDAD UNIVERSITARIA

Lage: nordwestlich vom Zentrum | **Metro:** Ciudad Universitaria, Moncloa

Die Madrider Universitätsstadt wurde 1927 von Alfons XIII. auf das königliche Gartengelände La Moncloa verlegt. Damit löste sie die erst 1836 gegründete Madrider Universidad Central in der Calle San Bernardo ab.

B–D 3

Während des Bürgerkriegs waren die Universitätsstadt und der nahe Parque del Oeste Schauplatz heftiger Kämpfe zwischen Putschisten und Republikanern, in deren Verlauf zahlreiche Gebäude zerstört wurden. Nach 1940 wurde mit dem Wiederaufbau und mit Erweiterungen begonnen, entsprechend vielfältig ist die Architektur zwischen dem Cuartel del Ejército del Aire, dem klobigen Luftfahrtministerium an der südlichen Plaza de la Moncloa, und der Puerta de Hierro im Norden der Universitätsstadt.

Umkämpft

▌ Rund um die Ciudad Universitaria

Königinnenresidenz

Am Nordwestrand der Ciudad Universitaria erstreckt sich der große Komplex um den Palast La Moncloa (ursprünglich 18. Jh.), in dem die Regentin Maria Christina 1833–1840 und die Königin Isabella II. 1843–1868 lebten.

Palast
La Moncloa

Victoria – Concordia

Nach dem Sieg über die Republikaner ließ Generalísimo Franco 1956 den Arco de la Victoria errichten – nach Plänen von Modesto López Otero, der auch die Bauleitung für die Universitätsstadt gehabt hatte. Über den Namen des Triumphbogens an der Avenida de la Victoria wurde 2004 heftig debattiert, man erwog, ihn in »Bogen der Eintracht« (Arco de la Concordia), umzunennen, hat diese Idee aber nie umgesetzt.

Arco de la
Victoria

Fernsicht aus 92 m Höhe

Jenseits des Arco de la Victoria erhebt sich der 1992 nach Plänen von Salvador Pérez Arroyo erbaute Telekommunikations- und Aussichtsturm Faro de Moncloa. Ein Außenaufzug bringt die Besucher auf die komplett verglaste Aussichtsplattform in 92 m Höhe.

Faro de
Moncloa

Di. – So. 9.30 – 19.30 Uhr (letzte Fahrt zur Aussichtsplattform) | 4 €

Zu Unrecht vom Faro de Moncloa in den Schatten gestellt: das Museo de América

Die Schätze von Mayas, Azteken und Inkas

Museo de
América

Das Amerika-Museum beschäftigt sich mit dem Kontinent, den Christoph Kolumbus 1492 entdeckte und der in den folgenden Jahrhunderten zum spanischen Kolonialreich gehörte. Seit 1965 hat es seine Räume im Kreuzgang der früheren Kirche Santo Tomás de Aquino am Südrand der Ciudad Universitaria.

Mit dem Aufbau der Sammlung hatte bereits Karl III. begonnen. Schwerpunkte sind Kunstsammlungen der alten Kulturen Kolumbiens, Mexikos und Perus, und auch die Entwicklung der spanischen Kolonien wird vorgestellt. Zu den Höhepunkten gehört der »**Schatz der Quimbayas**«. Die 62 Objekte aus purem Gold (insgesamt 16 kg) sind ein Geschenk der kolumbianischen Regierung von 1892. Der »**Tro Cortesianische Kodex**«, eines von drei erhaltenen Faltbüchern (Zickzackbüchern) der Mayas, ein Kalender für das 260 Tage umfassende Jahr der Maya-Kultur (um 1200), stammt aus dem Besitz des Eroberers Hernán Cortés (1485 – 1547). Zu sehen sind außerdem Steinplastiken der Azteken, Mayas und Inkas sowie sogenannte Obsidian-Masken aus Mexiko, Tongefäße und Vasen.

Av. Reyes Católicos 6 | Di. – Sa. 9.30 – 15, Do. bis 19, So. u. Fei. 10 – 15 Uhr | Eintritt: 3 € | museodeamerica.mcu.es

★ CONVENTO DE LA ENCARNACIÓN

Lage: Plaza de la Encarnación 1 | **Innenstadtplan:** a I | **Metro:** Ópera, Santo Domingo | Di. -Sa. 10 – 14, 16 – 18.30, So. 10 – 15 Uhr, die Kasse schließt 1 Std. früher | **Eintritt:** 6 €

Das Augustinerinnen-Kloster steht in einem stillen Winkel in der Nähe des Königspalasts. Seit 1965 ist ein Teil des Konvents als Museum der Öffentlichkeit zugänglich, neben Gemälden des 17. Jahrhunderts, Möbeln und Wohnaccessoires ist auch die Reliquiensammlung von Bedeutung.

● E 7/8

Und die hat ein Wunder parat: Zu der Reliquiensammlung des Convento de la Encarnación bzw. **Real Monasterio de la Encernación** gehört nämlich eine Ampulle mit dem Blut des heiligen Pantaleón, das sich alljährlich am 27. Juli, seinem Namenstag, verflüssigt. Auch das grausame Martyrium des Heiligen war von Wundern begleitet und als der Schutzpatron der Ärzte schließlich geköpft wurde, ergoss sich kein Blut aus seinem Körper, sondern Milch.

Mysteriös

Doppelhochzeit

Museum

Schon im ersten Saal wirkt die strenge und doch anmutige Atmosphäre eines Klosters aus dem 17. Jh. auf die Besucher. Kassettentüren, Holzbalken an den Decken und Porträts der Habsburger Könige erinnern an die Welt der Comedias von »Lope de Vega. Ein Landschaftsbild von Peter van der Meulen, »Entrega en el Bidasoa«, hält die Doppelhochzeit zwischen den Königshäusern Spaniens und Frankreichs fest: Ana, Tochter Philipps III., wird mit dem französischen König Ludwig XIII. vermählt, Isabella, Tochter des französischen Königs Heinrich IV., heiratet Philipp IV.

Madrider Meister

Sammlung

Unter den ausgestellten Gemälden ragen Werke von Madrider Meistern des 17. Jh.s hervor: Juan Carreño, Bartolomé Román, Carducho und Antonio de Pereda. Werke von erstrangigen Vertretern der religiösen Bildhauerei des 17. Jh.s wie Gregorio Hernández (Fernández), José de Mora und Pedro de Mena vermitteln einen Eindruck dieser typisch spanischen Kunst. Der **Chor** mit einem Gestühl aus der Zeit der Gründung des Klosters ist mit Gemälden von Bartolomé Roldán geschmückt. Die Wände sind mit Talavera-Kacheln verkleidet.

Von schlicht bis überladen

Bau-
geschichte

Juan Gómez de Mora, Herrera-Schüler und Architekt der ▶ Plaza Mayor, baute das Kloster 1611–1616 im Auftrag von Margareta von Österreich, der Gemahlin Philipps III. Ursprünglich war es ein Nebengebäude des königlichen Alcázar, mit dem es durch einen langen Gang verbunden war. Nach einem Brand wurde die Kirche 1767 von Ventura Rodríguez wieder errichtet und vor allem innen neu gestaltet. Heute überrascht der Gegensatz zwischen der schlichten Fassade, die an den Escorial erinnert und für die Bauweise unter den Habsburgern charakteristisch ist, und dem überladenen barocken Inneren der Kirche.

★★ ERMITA DE SAN ANTONIO DE LA FLORIDA · PANTEÓN DE GOYA

Lage: Paseo de San Antonio de la Florida 5 | **Metro:** Príncipe Pío | Di. – So. 9.30 – 20, im Sommer (15. Juni – 15. Sept.):Di. – Fr. bis 14, Sa., So. bis 19 Uhr | **Eintritt:** frei

B/C 6

Die Kapelle birgt ein wunderbares Fresko von Goya und ist die letzte Ruhestätte des Malers. Aber am 13. Juni achtet niemand auf den großen Meister. Dann dreht sich alles um ein seltsames Ritual, das darin besteht, 13 Stecknadeln in das Weihwasserbecken zu werfen. Denn der Volksbrauch sagt, dass man sich so einen zukünftigen Verehrer sichert.

Verehrer
gesucht

Die Kapelle am Ufer des Manzanares war immer ein beliebter Wallfahrtsort und ist noch heute alljährlich am 13. Juni Schauplatz des Volksfestes zu Ehren des Heiligen von Padua, des Heiligen also, der für die Liebenden zuständig ist und daher um einen Bräutigam gebeten werden kann. Und warum mit Stecknadeln? Ursprünglich waren es junge unverheiratete Schneiderinnen, die hierherkamen und mit ihren Mitteln das Eheglück beschleunigen wollten.

Wunder des heiligen Antonius

An allen anderen Tagen des Jahres steht Goya im Zentrum der Aufmerksamkeit. Zwischen August und Dezember 1798, in nicht mehr als 120 Tagen, schmückte der damals bereits angesehene Hofmaler (▸ Interessante Menschen) im Auftrag Karls IV. die Kuppel des bescheidenen klassizistischen Baus mit Fresken aus. Ein Wunder des hl. Antonius – dargestellt wird der Heilige bei der Gerichtsverhandlung seines unschuldigen Vaters – gab ihm Gelegenheit, Madrider Volksszenen in kühner Komposition und revolutionärer Maltechnik zu beschwören. Diese Fresken, die zur selben Zeit wie die berühmten Radierungen der »Caprichos« entstanden, markieren einen Wendepunkt im Schaffen des Künstlers, der als Wegbereiter der modernen Malerei gilt. Um die Goya-Fresken zu schützen, wurde 1928 neben der San-Antonio-Kapelle eine exakte Kopie der kleinen Kirche für Gottesdienste errichtet.

Goyas Fresko

Kopflos – ein merkwürdiger Diebstahl

Die Ermita ist auch Goyas letzte Ruhestätte und als solche Nationaldenkmal. Goya wurde zunächst neben dem Freund und Schwieger-

Goya-Pantheon

Über 50 Personen bevölkern die von Goya ausgemalte Kuppel.

vater seines Sohnes, Martín Miguel de Goicochea, in Bordeaux begraben. Bei der Überführung der Überreste von beiden – so sollten Identifikationsprobleme vermieden werden – kam auch Goyas originale Sandsteinplatte mit in die Ermita de San Antonio de la Florida in Madrid. In dem Grab fehlte nur Goyas Kopf, er war gestohlen worden!

★★ EL ESCORIAL

Lage: 56 km nordwestlich | **Höhe:** 1028 m. ü. d. M. |
Einwohnerzahl: 18 000

AUSSER-
HALB

Niemand würde nach San Lorenzo de El Escorial fahren, gäbe es dort nicht das berühmte Klosterschloss. Ganz gerecht ist das nicht, denn der kleine Ort mit seinen steilen Gassen und alten Häusern hat durchaus Charme. Nur gut also, dass das UNESCO-Weltkulturerbe, das zu den meistbesuchten Sehenswürdigkeiten Spaniens zählt, ihn bekannt gemacht hat.

Zu Ehren
des San
Lorenzo

Durch den Bau des Klosterschlosses wurde das damals völlig unbedeutende Dorf königliche Residenz und war von heute auf morgen während der Sommermonate Mittelpunkt des spanischen Imperiums. Doch warum ausgerechnet dieses kleine San Lorenzo? Vermutlich war ein Datum »schuld«: Am 10. August 1557 besiegte das spanische Heer die französischen Truppen – ein wichtiger Sieg für die Spanier –, und Philipp II. gelobte, ein Kloster zu Ehren des San Lorenzo zu bauen, dessen Gedenktag der 10. August ist. Nicht nur ein Kloster sollte entstehen, sondern zudem eine Königsresidenz als Regierungssitz für Philipps Weltreich und ein königliches Pantheon. Der Ort war gut gewählt: San Lorenzo de El Escorial liegt wunderschön am Südhang der Sierra de Guadarrama.

★★ Monasterio de San Lorenzo de El Escorial

Okt. – März Di. – So. 10 – 18, April – Sept. 10 –19 Uhr | Eintritt 12 €
(freier Eintritt 18.5. u. 12.10. sowie für EU-Bürger derzeit Apr.–Sept.
Mi. u. Do. 15–19, Okt.–März Mi. u. Do. 15–18 Uhr, Vorlage des Personalausweises), Audioguide: 4 €, Führungen (2,5 Std.) 4 €

Gebäudebegehung

Superlative

Was für Zahlen! Wer einmal durch alle Gänge des Klosterschlosses spaziert ist, hat einen Weg von nicht weniger als 16 Kilometern zu-

Alles superlativ! Die Anzahl der Fenster, die Anzahl der Türen, der Treppen und der Kilometer, die man im Innern des Escorial zurücklegen kann.

rückgelegt, ist an 2673 Fenstern und 1250 Türen vorbeigekommen, über 86 Treppen gestiegen und hat 16 Innenhöfe umrundet. Und wahrscheinlich hat er nicht mal die 88 Brunnen gesehen, die die Bewohner des immensen Gebäudes mit Wasser versorgten. Kein Zweifel – der riesige Komplex sollte ein **monumentales Denkmal der Habsburger Herrschaft** sein und war alles in einem: Palast, Kloster, Kirche, Grabstätte für Karl V. und seine Nachkommen, Bibliothek und Museum.

Schnell gebaut

Die Bauarbeiten begannen am 23. April 1563 und wurden in Gegenwart Philipps II. am 13. September 1584 nach nur 21-jähriger Bauzeit beendet. Juan Bautista de Toledo und Juan de Herrera waren die Baumeister, die die Pläne geliefert hatten. Entstanden in Anlehnung an den italienischen Klassizismus des 16. Jh.s, stellt die Architektur zugleich den **Auftakt der spanischen Barockbaukunst** dar. Die Ausschmückung besorgten neben zahlreichen einheimischen Malern vor allem italienische Meister, u.a. Pellegrino Tibaldi und Luca Giordano sowie die Bildhauer Pompeo und Leone Leoni.

Baugeschichte

Kaserne oder Kloster?

Anlage

Von außen erinnert die Anlage aus weißgrauem Granit eher an eine Festung oder eine Kaserne als an ein Kloster oder gar an eine Königsresidenz. Der Grundriss ist ein immenses Rechteck von 161 x 204 m. Den Kern des Komplexes bildet die Kirche mit ihren beiden Türmen und der 90 m hohen Kuppel. Seit 1885 wird das Kloster von Augustinermönchen bewohnt.

Gegenüber der Nordfassade des Escorial stehen die Casas de Oficios, Diensthäuser (16. Jh.; Juan de Herrera), das Haus des Staatsministers und das Infantenschlösschen (beide 18. Jh., Juan de Villanueva) sowie die Casa de Compaña (Ende 16. Jh.; Francisco de Mora).

Empfang durch San Lorenzo und die Habsburger

Puerta Principal

Über dem Hauptportal, der Puerta Principal in der Mitte der Westfassade, prangen der Laurentius-Rost – der Heilige starb nach einem grausamen Martyrium auf einem glühenden Rost –, das Wappen der Habsburger und ein Standbild des hl. Laurentius von Juan Bautista Monegro.

Mit Blick auf die Basilika

Patio de los Reyes

Vom heutigen Besuchereingang an der Nordseite geht man in den Patio de los Reyes, den Hof der Könige, der von der Fassade der Basilika mit den zwei massiven Glockentürmen beherrscht wird. Die Standbilder der biblischen Könige in der Fassade gaben dem Patio seinen Namen.

Kostbare Fresken, wertvolle Büchersammlung

Bibliothek

Im zweiten Stock des Patio de los Reyes wurde die Bibliothek eingerichtet. Der Saal ist mit herrlichen Fresken von Tibaldi ausgeschmückt, die die **»Fundamente des Wissens«** darstellen. 40 000 Bände sind hier untergebracht. In Vitrinen werden einige der wertvollsten Handschriften und Inkunabeln ausgestellt, so der dem deutschen Kaiser Konrad II. zugeschriebene Codex Aureus (1093), eine Handschrift der Marienlieder Alfons' des Weisen, Handschriften der hl. Teresa de Ávila, hebräische und arabische Schriften.

Königlich aufwärts

Escalera Principal

Die imperiale Haupttreppe (Escalera Principal) steigt zweiläufig symmetrisch in das obere Stockwerk hinauf. Sie ist vermutlich ein Entwurf von Gian Battista Castello, genannt Bergamasco. Die Fresken im Gewölbe des Treppenhauses, »Die Glorie der spanischen Monarchie«, malte Luca Giordano (1692). Karl II., in der Mitte der Westwand platziert, zeigt diese Apotheose seiner Mutter und seiner Gemahlin. An den Wänden hängen Porträts, die u.a. Juan Bautista de Toledo und Juan de Herrera zeigen.

Geschmückter Kreuzgang

Der Untere Kreuzgang mit Fresken von Tibaldi umschließt den Patio de los Evangelistas (Hof der Evangelisten). Er hat seinen Namen vom Brunnenhaus von Herrera, das vier Evangelisten zeigt.

Patio de los Evangelistas

Die Basilika im Zentrum des Escorial

Die mit Fresken von Luca Giordano ausgemalte Kirche wirkt streng und monumental. Durch die Vierungskuppel fällt kaltes Licht ins Kircheninnere und lässt die kostbaren Materialien des 30 m hohen Retabels erglänzen. 17 Stufen führen zu dem von Herrera entworfenen vierstöckigen Altaraufbau aus Jaspis und rotem Marmor, geschmückt mit Gemälden der Italiener Zucaro und Tibaldi sowie Statuen von Kirchenvätern und Evangelisten von Pompeo und Leone Leoni.

★
Kirche

Diese Künstler schufen auch die **bronzenen Grabdenkmäler** der beiden bedeutendsten Herrscher Spaniens in den Nischen des Presbyteriums: Von der Evangelienseite (rechts) blickt die vergoldete Bronzestatue **Karls V.**, hinter dem seine Gemahlin Isabella, seine Tochter María und seine Schwestern Eleonora und María knien, auf den Hochaltar. Auf der Epistelseite (links) kniet **Philipp II.** mit seinen

EL ESCORIAL

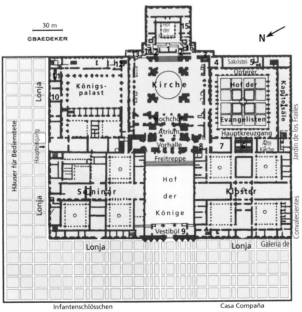

30 m
©BAEDEKER

N

1 Hochaltar im Presbyterium
2 Königliche Oratorien
3 Treppe zum Chor, Zugang zum Pantheon
4 Antesacristía
5 Altar de la Sagrada Forma
6 Haupttreppe
7 Saal der Dreieinigkeit
8 Saal der Geheimnisse
9 Aufgang zur Bibliothek
10 Eingang zum Palast
11 Palasttreppe (zum Bourbonentrakt)
12 Aufgang zu den Räumen des 16. Jh.s
13 Saal der Schlachten
14 Gemächer der Infantin Isabel Clara Eugenia
15 Thronsaal
16 Gemach, Alkoven und Oratorium Philipps II.

SYMBOLTRÄCHTIGES MONUMENT

Das Klosterschloss El Escorial war Kloster für Hieronymitenmönche, Grablege für Kaiser Karl V., seinen Sohn Philipp II. sowie deren Angehörige und Nachkommen, Symbol für Philipps Sieg über Heinrich II. von Frankreich und für die Macht der Habsburger. Sein Grundriss bildet ein Eisenrost: Mit diesem Werkzeug war Laurentius von den Römern zu Tode gefoltert worden.

❶ Puerta Principal
Nur das Hauptportal in der festungsartigen Mauerflucht ist verziert. Von hier gelangt man in das Kloster und in die Basilika.

❷ Besuchereingang
Besucher betreten den Escorial durch den ehemaligen Zugang zu den Palastküchen (Öffnungszeiten ▶ S. 66).

❸ Sala de Batallas
Ein 55 m langes »Bilderbuch« mit wichtigen Schlachten aus Spaniens Geschichte; hier unterrichtete Philipp II. seinen Sohn in Militärkunde.

❹ Grabdenkmäler
In den beiden Wandnischen rechts und links vom Hochaltar knien die vergoldeten Bronzefiguren Philipps II. und Karls V. mit ihren Angehörigen »in ewiger Anbetung«. Unter dem Altarraum befindet sich das Pantheon, die königliche Grablege.

❺ Escalera Principal
Luca Giordano malte das Fresko »Die Glorie der spanischen Monarchie« über der Haupttreppe.

❻ Kloster
Seit 1885 leben hier Augustinermönche.

❼ Bibliothek
Die Bibliothek verbindet Kloster und Kolleg. Philipp maß ihr große Bedeutung bei, das erklärt ihre reiche Ausstattung.

❽ Galerie der Rekonvaleszenten
Zwischen den Bögen dieser der Sonne zugewandten Galerie erholten sich kranke Mönche.

©BAEDEKER

EL ESCORIAL ERLEBEN

Calle Grimaldi 4
(gegenüber vom Kloster)
28200 San Lorenzo de El Escorial
Tel. 918905313
www.sanlorenzoturismo.org

ANREISE

AUTO
Mit dem Pkw über die A 6 bis Las
Rozas, dann weiter über die M 505
der Ausschilderung folgen

BAHN
Mit dem Nahverkehrszug (Cercanías)
der Linie C 8 ab Bahnhof Atocha bis
El Escorial. Zumindest eine Richtung
sollte man mit dem Nahverkehrszug
zurücklegen, denn er fährt durch den
zum großen Teil der Öffentlichkeit
nicht zugänglichen Naturpark Monte

de El Pardo. Vom Bahnhof in der Un-
terstadt geht man ca. 20 Minuten
bergauf zum Kloster; es gibt auch
Busse.

BUS
Mit dem Bus der Gesellschaft Auto-
cares Herranz (Linien 661 und 664)
ab dem Madrider Busterminal
(Intercambiador) Moncloa. Ankunft
am Busbahnhof in der Ortsmitte,
Estacion de Autobus, Calle Juan de
Toledo 5.

Nach der Besichtigung des Klosters
und vor der Rückfahrt nach Madrid
lohnt sich ein Bummel durch das
Städtchen. In einem der vielen Lokale
kann man nach dem Escorial-Besuch
gut auftanken.

---

drei Frauen – Isabella von Valois, Maria von Portugal (Mutter von Don
Carlos) und Anna von Österreich – und seinem Sohn Don Carlos.
Ein Hauptwerk der italienischen Kunst des 16. Jh.s befindet sich in
einer der Kapellen im Nordwesten der Kirche. Das Marmorkruzifix
»Christus am Kreuz« schuf Benvenuto Cellini 1556 – 1562 ursprüng-
lich für sein eigenes Grabmal in Florenz.

Versammlungsräume der Klostergemeinschaft

Salas
Capitulares

An der Südseite des unteren Kreuzgangs liegen die mit schönen Deckenfresken versehenen Kapitelsäle, in denen die Klosterbewohner
zusammenkamen. Die gewölbten Decken sind mit Fresken von Fabri-
zio Castello und Nicolás Granello bemalt. An den Wänden des Vikar-
saals hängen **bedeutende Gemälde** von Tizian, Ribera, Velázquez
und El Greco, im Priorsaal Werke von Tizian, Tintoretto, Veronese
und Moretto da Brescia, in der Priorzelle Tafeln von Hieronymus
Bosch, genannt El Bosco. Außerdem sind Messgewänder, ein tragba-
rer Altar von Karl V. und liturgisches Gerät zu sehen.

Den Nachkommen der Könige gewidmet

Panteón de
los Infantes

Unter der Sakristei und den Kapitelsälen erstreckt sich der Panteón
de los Infantes, die Grablege der spanischen Prinzen und Prinzessin-

nen und der Königinnen, deren Kinder nicht Herrscher wurden, darunter in der fünften Grabkammer das Grab des Don Juan de Austria (von Giuseppe Galeotti nach einem Entwurf von Ponzano); in der sechsten Kammer steht die Tarta de Comuniones, das **zwanzigeckige Mausoleum** der Infanten, die vor Erreichen der Pubertät verstarben.

Barocke Pracht für Spaniens Herrscher

Unmittelbar unter dem Kirchenchor sind im Panteón de los Reyes viele spanische Könige bestattet – die Habsburgerkönige seit Karl V. und die Bourbonen, die im Jahr 1700 die Herrschaft übernahmen. Der achteckige Kuppelbau von Herrera wurde von Juan Gomez de Mora erweitert und 1654 vollendet. Der barocke Geschmack der Zeit setzte sich in der Ausstattung mit schwarzem Marmor und vergoldeter Bronze durch, ein Entwurf von Giovanni Batista Crescenti. Mit wenigen Ausnahmen ruhen hier links **alle Könige seit Karl V. sowie Isabella II.** in identischen Granitsarkophagen. Rechts liegen die Königsmütter und der Gemahl von Isabella II., Francisco de Asís.

Panteón de
los Reyes

Die königliche Residenz

Der Königspalast erstreckt sich über zwei Flügel im Nordteil. Über eine im 18. Jh. von Villanueva umgebaute Treppe kommt man in den Bourbonentrakt im dritten Stock mit den Repräsentationsräumen von Karl IV. und María Luisa von Parma, die mit kostbaren Möbeln und Porzellanen des 18. Jh.s bestückt sind. Überaus eindrucksvoll sind die **Wandteppiche**, die aus der Madrider Santa-Bárbara-Manufaktur und aus flämischen Teppichknüpfereien stammen. Dargestellt sind volkstümliche Szenen – einige nach Kartons von Goya gearbeitet –, außerdem Allegorien und Jagdszenen, entworfen von Teniers, Wouwerman, Bayeu und Maella.

Bourbonen-
palast

In der 55 m langen und 7 m hohen **Sala de las Batallas**, dem Schlachtensaal, ließ Philipp II. die wichtigsten Schlachten der Reconquista verewigen, außerdem die Siege, die während seiner Herrschaft errungen wurden.

Wo Philipp II. residierte

Der Schlachtensaal bildet den Übergang zu den einfach gehaltenen **Privaträumen Philipps II.**, die an den Chor der Kirche anschließen und den Patio de los Mascarones (Hof der Masken) umgeben. Der interessanteste Raum ist das Schlafgemach Philipps II., von dem er direkten Zugang zur Kirche hatte und wo er am 13. September 1598 starb. Dank der Ausrichtung seines Bettes konnte er durch zwei Balkone die Landschaft und auf der anderen Seite seine Kapelle und den Hauptaltar der Basilika sehen. Auch die »Zelle Philipps II.« mit dem »Heuwagen« (möglicherweise Kopie) von Hieronymus

Palacio de
los Austrias

Bosch und elf Albrecht Dürer zugeschriebenen Aquarellen sowie Thronsaal und Räume der Infantin Isabel Clara Eugenia sind beeindruckend.

Vor allem aber ist in den Palasträumen **eine Fülle von Gemälden bedeutender Künstler** zu sehen, darunter Werke von Hieronymus Bosch (»Dornenkrönung«), Gerard David, Quentin Metsys, Marinus van Reymerswaele (»Geldwechsler«), Albrecht Dürer, Tizian (»Abendmahl«, »Hl. Hieronymus im Gebet«), Reni, Tintoretto, Veronese, José de Riberas und Diego Velázquez (»Der Rock Josephs«). Auch wichtige Werke von El Greco hängen hier, so auch »Das Martyrium des hl. Mauritius«, das Philipp II. wegen der Darstellung des Martyriums allerdings missfiel.

Kleine Oasen

Gärten und weitere Gebäude

Nach dem Besuch des Escorial lohnen sich noch die Gärten und andere Gebäude außerhalb des Komplexes. Die Galerie der Rekonvaleszenten, ein Bau von Juan Bautista de Toledo, war der »Sonnenkorridor« für kranke Mönche. Darüber hinaus schmückt sie die Stützmauer, die den Höhenunterschied zwischen Lonja und dem Garten der Klosterbrüder ausgleicht. Von hier hat man einen schönen Ausblick. Der Teich ist ein Werk von Francisco de Mora. Südöstlich der Klosteranlage erstrecken sich die mit hübschen Alleen und uralten Mammutbäumen bewachsenen **Jardines del Príncipe** (Prinzengärten), in deren unterem Teil der Prinz von Asturien und spätere König Karl IV. 1773 ein Schloss, die **Casita del Príncipe**, errichten ließ. Die im Stil der Zeit eingerichteten Innenräume können besichtigt werden. Ein kleineres Pendant zur Casita del Príncipe ist die **Casita del Infante** südwestlich vom Escorial, die dem Bruder Karls IV., dem Infanten Gabriel, als Rückzugsort diente (beide Gebäude sind nur im Sommer zugänglich).

>>

Wir spazierten in der Herrería. Sonniger und ruhiger Nachmittag. Kalte Gebirgsluft. Auf dem Rückweg, bei anbrechender Dunkelheit, hielten wir einen Augenblick an der Brüstung der Alamillos, über der Herta. Rosaroter, dichter Sonnenuntergang, ohne Durchsichtigkeit; blaues Himmelsgewölbe. Das Kloster drang in den Garten wie ein Koloß vor, in eindrucksvoller Nacktheit.

<<

Aus den Memoiren von Manuel Azaña y Díaz (1880–1940)

Beste Aussicht auf den Escorial

Silla de Felipe II

Auf einer Anhöhe 3 km südlich der Klosteranlage liegen Felsblöcke in der Landschaft, von denen Philipp II. die Bauarbeiten beobachtet haben soll, die sogenannte Silla de Felipe II (Sessel Philipps II.). Man

OBEN: Kloster, Kirche, Palast, Grabstätte, Bibliothek, Bildergalerie – der Escorial ist alles in einem.

UNTEN: Großes Schlachtengetümmel: Die wichtigsten Kämpfe der Reconquista und die bedeutendsten Siege Phillips II. hängen in der Sala de las Batallas an den Wänden.

genießt einen ausgezeichneten Blick auf den Escorial vor dem Panorama der Sierra de Guadarrama.

Anfahrt: Vorbei am westlich außerhalb des Ortes gelegenen Golfplatz, ab da ist der Weg beschildert.

▌ Valle de los Caídos

Di. – So. 10 – 18, im Sommer bis 19 Uhr | Bus ab San Lorenzo de El Escorial Di. – So. 15.15, Rückfahrt 17.30 Uhr; mit dem Auto über die M 600

Umstrittenes Monument und ehemaliges Grab Francos

Tal der Gefallenen
12 km nördlich von San Lorenzo de El Escorial kommt man in das Valle de los Caídos, das »Tal der Gefallenen«, das auf beklemmende Art an den Spanischen Bürgerkrieg 1936 – 1939 und die Franco-Diktatur erinnert. Diese »Gedenkstätte« entstand nämlich 1940 – 1958 im Auftrag General Francos, der dafür ca. 20 000 politische Gefangene als Zwangsarbeiter einsetzen ließ. Der Eingang zum Gelände liegt einige Kilometer unterhalb der Gedenkstätte, die man mit dem Auto erreicht. Schon auf halber Strecke erblickt man den von einem 150 m hohen und 56 m breiten Kreuz überragten Eingangsbereich der Basilika. Die gesamte Anlage ist in ihrer erdrückenden Monumentalität immer noch ein Paradebeispiel für die **architektonische Gigantomanie des Franquismo**, der Ära Francos.

Vor dem Eingang der Basilika wurde ein 30 600 m² großer Vorplatz angelegt. Über dem Eingang zu der 260 m tief in den Fels gesprengten **Basilika** sieht man eine riesige Pietà von Juan de Ávalos. Dann betritt man eine kleinere, aber immer noch riesige Halle, deren Tonnengewölbe selbst das geflüsterte Wort als Echo zurückwirft, was den Besucher zum Verstummen bringt. Es schließt sich das immense, 262 m lange Hauptschiff an. Herz der Felsenkirche ist der Altar unter der 42 m hohen, mit Mosaiken geschmückten Vierungskuppel. Unter einer davor eingelassenen Grabplatte ruht José Antonio Primo de Rivera, der Gründer der faschistischen Falange, hinter dem Altar lagen bis Oktober 2019 die sterblichen Überreste Francos – die einzigen der fast 34 000 hier begrabenen Toten, deren Namen zu lesen sind. Seine Reste wurden auf den Friedhof Mingorrubio-El Pardo verlegt. Unter den Zehntausenden Toten sind auch zahlreiche Republikaner, da man Ende der 1950er-Jahre aus der franquistischen Gedenkstätte ein nationales Monument machen wollte. Für **Spaniens Ultrarechte** ist dies immer noch eine **Pilgerstätte** – die Frage, wie mit solchen Monumenten verfahren werden soll, ist nicht einfach zu beantworten. Im April 2018 erwirkten Angehörige von Opfern des Franco-Regimes, die hier namenlos in einem Massengrab liegen, die Suche nach ihren toten Verwandten, um ihnen ein würdiges Begräbnis im Familiengrab zu ermöglichen.

ESTACIÓN DE ATOCHA

Lage: Glorieta de Carlos V | **Innenstadtplan:** d IV | **Metro:** Atocha, Atocha-Renfe, Menéndez Pelayo | **Gepäckaufbewahrung (Consigna):** tgl. 5.45 – 22.20 Uhr

»Eines Tages, am 9. Februar 1851, erschien neben dem Kloster Atocha ein Monster, das Rauch spuckte, Feuer säte und dessen Pfeifen halb Madrid hörte ...«, so beschrieb ein Madrider Reiseführer die Einweihung der Eisenbahnlinie von der Hauptstadt ins nahe gelegene Aranjuez.

H 10/11

Jeder Reisende, der nach Andalusien, in die Extremadura oder nur in die südlichen Vororte Madrids wollte, musste seinen Weg hier beginnen – an der Estación del Mediodía, am Bahnhof des Südens, wie er genannt wurde. Dieser erste Madrider Bahnhof fiel einem Feuer zum Opfer und wurde durch den heutigen Backsteinbau mit großer Metall- und Glaskuppel ersetzt. Vorbild für den repräsentativen Kopfbahnhof war die 1866 eröffnete Londoner St.-Pancras-Station. Die Pläne für den 1889 – 1891 errichteten Madrider Neubau mit dem fantastischen Gusseisen-Glas-Gewölbe stammten von Alberto del Palacio Elissague, der in Barcelona, aber auch in Paris bei Gustave Eiffel studiert hatte.

Madrids erster Bahnhof

Warten unter Palmen

1992 wurde der Bahnhof zu seinem hundertjährigen Jubiläum ein zweites Mal eingeweiht, als der AVE, der spanische Hochgeschwindigkeitszug, seine Fahrten zur Weltausstellung in Sevilla aufnahm.

Neuer Bahnhof

Im alten Bahnhof lässt man sich das Warten auf verspätete Züge gerne gefallen.

Unter der Regie des spanischen Architekten und Pritzker-Preisträgers Rafael Moneo ist die ehemalige Bahnhofshalle zu einem **postmodernen Vestibül** geworden. Wo einst die Gleise endeten, befindet sich heute ein tropischer Palmengarten, der aus Tausenden von Düsen mit Wasserdampf besprüht wird. Im Schatten von Palmen sitzen und warten Reisende mit Blick auf einen Seerosenteich. Die Züge halten in einem neuen Bahnhofsbereich. Der Zugang zur Cercanias (Stadtbahn) und zur Metro liegt etwas nordöstlich.

Am 11. März 2004 wurde der Bahnhof während der morgendlichen Rushhour von einem Terroranschlag erschüttert, bei dem 191 Menschen umkamen und fast 2000 verletzt wurden. Das **»Mahnmal 11. März«** (2007; Schlaich, Bergermann und Partner), ein 11 m hoher Zylinder aus Glasbausteinen, erinnert an die Toten.

▌ Jardín Botánico

Plaza de Murillo | tgl. ab 10, Nov. – Feb. bis 18, März, Okt. bis 19, Sept., April bis 20, Mai – Aug. bis 21 Uhr | Eintritt: 4 € | www.rjb.csic.es

Für die Wissenschaften

Botanischer
Garten

Der Botanische Garten unmittelbar neben dem Prado-Museum ist eine Gründung von Karl III. und war Teil seines ehrgeizigen **Urbanisierungsplans für den östlichen Stadtteil**. Zusammen mit dem Naturwissenschaftlichen Museum, dem Prado und dem Observatorium im ▶ Parque del Retiro sollte er der Verbreitung und dem Studium der Wissenschaften dienen. Der Architekt Juan de Villanueva entwarf den Park. Drei Terrassen zeigen jeweils den romantischen, den isabellinischen und den klassizistischen Stil. Der von dem Botaniker Gómez de Ortega angelegte Garten wurde 1781 eröffnet und erlangte durch seine aus Amerika und von den Philippinen importierten Pflanzen und Samen internationale Bedeutung.

▌ Panteón de Hombres Ilustres

Calle Julián Gayarre 3 | Di. – Sa. 10 – 14, 16 – 18.30, So. 10 – 15 Uhr | Eintritt: frei

Ein Ehrentempel für nationale Größen

National-
pantheon

Dazu zählen die ermordeten Politiker Antonio Cánovas del Castillo (1828 –1897), José Canalejas Méndez (1854 – 1912) und Eduardo Dato (1856 – 1921). Den von zwei Kuppeln gekrönten Bau empfand Fernando Arbós Ende des 19. Jh.s der byzantinischen Kunst nach. Er sollte einer Basilika als Kreuzgang dienen, die allerdings nie errichtet wurde. Die drei zugänglichen Flügel ziehen sich um einen mit Rosen bepflanzten Innenhof und bergen prachtvolle, zum Teil von Mariano Benlliure und Agustín Querol gestaltete Marmorgrabmäler.

6X

EINFACH UNBEZAHLBAR

Erlebnisse, die für Geld nicht zu bekommen sind

1.
GRAN VÍA DOPPELT

Es gibt zwei »Gran Vías« in Madrid. Die berühmte und **eine Miniaturversion**, die häufig übersehen wird. Das liegt sicher daran, dass sie nahe beim Metrópolis-Gebäude liegt, das alle Blicke auf sich zieht. (▶ S. 84)

2.
MIT DEN HÄNDEN SEHEN

Madrid erfühlen und ertasten: Das kann man – sogar kostenlos – im **Museum für Blinde**. Dabei erfährt man, wie schwierig es ist, Architektur mit den Händen zu erfassen. (▶ S. 309)

3.
UNTER PALMEN

Der **Bahnhof Atocha** überrascht mit einem ausgefallenen Wartesaal: Unter der gusseisernen Gewölbedecke der alten Bahnhofshalle gedeihen 7000 **tropische Pflanzen**. (▶ S. 77)

4.
AUSGEFALLENE IDEE

Café mit Katzen. In der »Gatoteca« kann man herrenlosen Vierbeinern mit Streicheleinheiten und dem Erlös aus einem Getränk helfen. Vielleicht, weil die Madrilenen »Katzen« genannt werden. (▶ S. 315)

5.
EINE IDYLLE

Der **Huerto de las Monjas** (Garten der Nonnen) liegt versteckt hinter den modernen Gebäuden der Calle del Sacramento 7 nahe der Almudena-Kathedrale. Das Kloster selber wurde abgerissen. (▶ S. 135)

6.
SAGENHAFT

In der Casa de las siete Chimeneas (**Haus der sieben Schornsteine**) soll der Geist einer unehelichen Tochter Philipps II. spuken. Sicher ist, dass es eines der wenigen Beispiele für die Profanarchitektur des 16. Jh.s in Madrid ist (Plaza del Rey 1).

MALEN MIT FARBIGEN FÄDEN

Nicht viele kennen die Real Fábrica de Tapices, die Königliche Teppichmanufaktur, obwohl sie ein Juwel am Rande des Großstadtgeschehens und eine der traditionsreichsten Einrichtungen Madrids ist.

Das Anfertigen der Teppichvorlagen gehörte ursprünglich zu den eher lästigen Pflichten der Hofmaler, die hierfür Bilder flämischer Maler oder ältere Teppiche auf **Kartons** kopierten. Dies änderte sich, als **Anton Raphael Mengs**, der deutsche Hofmaler Karls III., die Leitung der Manufaktur übernahm. Er stellte junge, bislang unbekannte Künstler eigens dafür ein, Kartons zu malen, und diese sahen darin eine Aufstiegsmöglichkeit. Unter ihnen befand sich auch der 26-jährige, bis dahin erfolglose **Francisco de Goya**., dessen Talent Mengs ins Auge fiel. Für die Manufaktur begann eine schöpferische Phase, zwischen 1776 und 1780 entstanden über 120 Kartons. Auch die Themen änderten sich: Hatten bislang christliche und höfische Szenen die Kartons beherrscht, traten nun **Alltagsszenen** in den Vordergrund. Sie zeigten Feste, Hochzeiten, Stierkämpfe, Ball- und Kartenspiele und Picknicks und vermittelten Lebensfreude in sinnenfroher Rokoko-Atmosphäre. Unter Ferdinand VII., Isabella II. und Alfons XIII. trat das Weben von Teppichen in den Hintergrund, stattdessen wurden neue Teppiche geknüpft und alte Exemplare restauriert. Im 20. Jh. erlebte die Manufaktur nochmals einen Aufschwung, als **Künstler wie Picasso und Dalí** Teppichvorlagen schufen. Auch heute werden in der Manufaktur noch Wandteppiche hergestellt.

Arbeitsweise

Gearbeitet wird meist im Stehen an meterhohen, bespannten Holzgerüsten. Die Originalvorlagen werden auf die Kettfäden gepaust, eine verkleinerte Kopie dient als Muster für die Farbtöne. Die Handwerker färben ihre Wolle selbst. Allein das **Zusammenstellen der Farben** und die **Wahl der Garne** ist eine Kunst. Ein einzelner Seidenfaden, der aus feineren Fäden besteht, enthält bis zu 15 verschiedene Farbtöne. Faden für Faden und Knoten für Knoten entstehen dann die Wandteppiche. Für einen Quadratmeter benötigt man zwischen einem und vier Monaten, je nachdem ob er geknüpft oder gewebt wird. Hauptauftraggeber sind das Königshaus, Privatsammler sowie finanzkräftige Unternehmen.

Konzentriert bei der Restaurierung der Teppiche

Real Fábrica de Tapices
Calle Fuenterrabía 2 | Mo. – Fr. 10 – 14 Uhr, im Aug. geschl. |
Eintritt: 4 € | www.realfabricadetapices.com

Kunstwerke vom Webstuhl

In dem unscheinbaren Backsteingebäude befindet sich seit 1889 die Madrider Teppichmanufaktur, Nachfolgerin der 1721 von Philipp V. gegründeten Real Fábrica de Tapices. Die bereits 1744 von der Krone unabhängig gewordene Einrichtung wird noch von einem Nachfahren des ersten Besitzers Jakob van der Goten geleitet. Auch wenn die meisten der hier hergestellten Kunstwerke im Palacio Real oder im Escorial hängen und die schönsten Tapisseriekartons, die von Künstlern gemalten Vorlagen, im ▶ Museo del Prado zu sehen sind, lohnt sich ein Besuch. Im Ausstellungsraum sind die Wände mit Teppichen und Gobelins geschmückt, das eigentlich Interessante sind aber die Werkstätten, in denen **an Webstühlen, an denen schon zu Lebzeiten Goyas gearbeitet wurde**, immer noch Teppiche und Gobelins hergestellt werden (▶ Baedeker Wissen S. 80). An der Arbeitsweise hat sich in den letzten 300 Jahren wenig geändert. Lediglich die Pflanzenfarben, deren Zusammenstellung über Generationen ein Familiengeheimnis war, wurden Mitte des 20. Jh.s durch lichtbeständige chemische Farben ersetzt. Neben der Herstellung von neuen ist die Restaurierung alter Teppiche eine wichtige Einnahmequelle.

Madrider Teppichmanufaktur

★ LA GRANJA DE SAN ILDEFONSO

Lage: 78 km nördlich von Madrid | 11 km südöstlich von Segovia

AUSSERHALB

In nicht weniger als elf Stufen führt die »Große Kaskade« auf die Schauseite des Schlosses La Granja zu. 28 Brunnen, 496 Wasserspeier und zahllose Skulpturen schmücken die Palastgärten – der 47 m hohe Strahl der Fontäne La Fama ist sogar von Segovia aus zu sehen! Ein herrliches Vergnügen, die grandiosen Wasserspiele im Barockgarten von La Granja zu erleben!

Ein spanisches Versailles schwebte Philipp V. vor, ein Schloss, das ihn an die Gefilde seiner Kindheit erinnerte – Phillip V., der erste spanische König aus dem Haus Bourbon, war in Versailles aufgewachsen. Für seinen Palast mit Schlosskirche und Grablege wählte er das kleine

Ein spanisches Versailles

La Granja de San Ildefonso am Fuß der Peñalara, des höchsten Gipfels der Sierra de Guadarrama. Der Ort, der sich aus einem von Mönchen betriebenen Bauernhof (»granja«) entwickelt hatte, lag in 1200 m Höhe und gefiel dem König wegen der guten Luft.

 Schloss La Granja

Okt. – März Di. – So. 10 – 18, sonst bis 20 Uhr | Eintritt 9 €

Die Schauseite des Schlosses

Fassade Man nähert sich dem Schloss von der Rückseite, die von der Schlosskirche beherrscht wird. Darin befindet sich das rotmarmorne Grabmal Philipps V. und seiner Gemahlin Isabella Farnese. Die eigentliche Schauseite des Schlosses blickt auf den Garten. Sie wurde 1734 nach Entwürfen von Filippo Juvara und Giovanni Battista Sacchetti, den Architekten des Madrider ▶ Palacio Real, errichtet. Mit hohen Türfenstern, Rundsäulen, Pilastern, Karyatiden, Wappen und dekorativen Rüstungen aus Marmor, Granit und rosarotem Sandstein strahlt die 155 m lange Repräsentationsfassade französisch-italienischen Charakter aus.

Wie der Palastkomplex entstand

Baugeschichte 1721 wurde mit dem Bau der **Vierflügelanlage** mit Ecktürmen nach den Plänen des Madrider Architekten Teodoro Ardemans begonnen. In einer zweiten Bauphase, 1727 – 1734, wurde das Schloss nach Plänen der Italiener Andrea Procaccini und Sempronio Subisati um zwei große, zu den Gärten geöffnete **Dreiflügelanbauten** erweitert. Im Jahr 1762 entstanden unter Karl III. die Hofstadt mit Neben- und Verwaltungsgebäuden sowie die Real Fábrica de Cristales de La Granja, die königliche Glasfabrik.

Tour durchs Bourbonenschloss

Schloss-
führung Auf einer Führung durch das Schloss kommt man u. a. in ein Japanisches Kabinett, den Empfangsraum des Königs sowie den Thronsaal, eingerichtet mit Möbeln und Erinnerungsstücken an die Bourbonen. In einem Teppichmuseum sind hervorragende flämische, spanische und französische Wandteppiche ausgestellt.

Akkurate Hecken, begeisternde Wasserspiele

Gärten Überwältigend schön sind die Palastgärten mit ihrer Blumenvielfalt, den sorgfältig gestutzten Büschen, Hecken und Zieralleen, beeindruckend auch die vielen Brunnenfiguren und Gartenplastiken, viele davon **Figuren aus der Mythologie** und der bildhauerischen Fantasie von René Fremin und Jean Fermy entsprungen. Die Pläne für die Gestaltung der 140 ha großen Gartenanlage stammten von einem französischen Gartenarchitekten namens Marchand.

Ein sanftes Plätschern: Das Wasser fließt in flachen Kaskaden durch die Palastgärten von La Granja.

Die Brunnen werden nicht mit Umwälzpumpen betrieben, sodass sich die Figuren normalerweise still im Wasser spiegeln. Um die Fontänen sprudeln zu lassen, muss das im 18. Jh. verlegte Rohrsystem aus einem **Stausee** geflutet werden, der über dem Park am Fuß der Sierra liegt. Wer die grandiosen Wasserspiele sehen möchte, muss ab Anfang Mai mittwochs, samstags oder sonntags um 17.30 Uhr in den Schlosspark kommen, dann werden einige der spektakulären Brunnen angestellt. In ihrer ganzen Schönheit sind sie im Rahmen der Feste zu Ehren des Stadtheiligen San Luis am 25. August zu sehen, außerdem in der Osterwoche, am 30. Mai und am 25. Juli. Aber Achtung: Bei großer Trockenheit fallen die Termine ersatzlos ins Wasser!
tgl. 10 – 18.30, im Sommer bis 21 Uhr

Frühe Industriearchitektur

Die Ende des 18. Jh.s nach Plänen von José Díaz Gamones erbaute Glasfabrik, ein Granitbau, dessen Gewölbe und Kuppeln aus Ziegelstein gemauert wurden, ist ein schönes Beispiel früher europäischer Industriearchitektur. Heute beherbergt das Gebäude eine Glasfachschule und ein Museum. Letzteres führt in die Geschichte der Glasherstellung und -kunst ein.
Paseo del Pocillo 1, zu Fuß ca. 8 Min. vom Schloss entfernt | Mitte Sept. – Mitte Juni Di. – Sa. 10 – 18, So., Fei. bis 15, im Sommer Di. – Fr. 10 – 18, Sa., So., Fei. bis 19 Uhr | www.fcnv.es/museo

Centro Nacional del Vidrio

★ GRAN VÍA

Innenstadtplan: a–c I | **Metro:** Banco de España, Gran Vía, Callao, Santo Domíngo, Plaza de España

E–G 7/8

Pulsierende Meile

Promenade und Aushängeschild, Schaufenster und Treffpunkt – alles das ist dieser Boulevard, ohne den Madrid nicht Madrid wäre. Er ist beliebt und immer voll, halb Madrid und Ströme von Touristen flanieren tagtäglich zwischen Plaza España und Plaza de Cibeles hin und her.

Die Gran Vía ist der Inbegriff der Madrider Urbanität. Mit ihren Bürogebäuden, Banken, Kaufhäusern, Cafés, Kinopalästen, Metro-Stationen und Tiefgaragen ist sie der Mittelpunkt des Geschäftslebens und wichtige Verkehrsader. Sie ist die größte Ost-West-Verbindung im Zentrum, und genau das ist das Problem der Gran Vía. Durch den Verkehr hat sie ihre Originalität verloren, aber auch die gesichtslosen internationalen Modeketten und Fast-Food-Läden haben ihr viel vom früheren Flair genommen. Das einst pulsierende Nachtleben hat sich mehr und mehr in die umliegenden Viertel verlagert. Nun will die Stadtregierung Abhilfe schaffen – die Gran Vía soll verkehrsberuhigt werden und ist für den Privatverkehr gesperrt worden.

> »
> Die Männer und Frauen, die zu jenen Stunden nach Madrid ziehen, sind die echten Nachtvögel, die ausgehen um auszugehen, die bereits die Trägheit des Nachtlebens haben: die begüterten Kunden der Bars und Cafés der Gran Vía, mit ihren parfümierten, provozierenden Frauen, die das Haar gefärbt tragen, schwarz mit einem oder zwei weißen Fäden, und umwerfende Pelzmäntel zeigen …
> «
>
> *La Colmena, Camilo José Cela (1916–2002)*

Ein französisch-amerikanischer Boulevard

Baugeschichte

Das ehrgeizige Projekt einer breiten Durchgangsstraße, die den Westen und den Osten der Stadt verbinden sollte, stammt bereits aus dem 19. Jahrhundert. Aber erst am 4. April 1910 wurde damit begonnen: 14 Straßen und unzählige Gassen der winkeligen Altstadt sowie über 300 Häuser mussten für die 1,5 km lange Straße abgerissen werden.

Die barocke Iglesia de San José aus dem 18. Jh. markiert den Eingang zur Gran Vía. Dieser erste Abschnitt entstand zwischen 1910 und 1920. Er bewahrt noch die Atmosphäre des 19. Jh.s und erinnert mit Gebäuden wie dem kuppelgekrönten **Edificio Metrópolis** mit seiner

OBEN: Früher Abend auf der Gran Vía. Die ersten Lichter sind angegangen, die Kinos öffnen ihre Pforten und die Schweppes-Reklame leuchtet bunt vom Carrión-Gebäude.

UNTEN: Verspricht ein rauschhaftes Flaniererlebnis: Das Edificio Metrópolis, eine der Boulevard-Ikonen, markiert den Anfang der Gran Vía.

monumentalen Engelsstatue an der Ecke zur Calle de Alcalá vage an Paris. Eine ähnliche Ausstrahlung haben der Edificio Piaget bzw. Edificio Grassy (ein stadtbekannter Juwelier) gegenüber, La Gran Peña (Gran Vía 2), das Ybarra-Haus (Nr. 8) oder das Eckhaus an der Calle Clavel.

Das massige Gebäude der Telefónica, 1929 **Europas erster Wolkenkratzer**, kündigt einen anderen architektonischen Stil an. Von der Red de San Luis bis zur Plaza del Callao und von dort bis zur ▶ Plaza de España wird die Gran Vía entschieden amerikanisch. Im Westen hebt sich die Silhouette des Carrión-Gebäudes mit dem Capitol-Kino wie ein Schiffsbug gegen das Lichtermeer der Madrider Sonnenuntergänge ab. Die Bauten der 1920er- und 1930er-Jahre verleihen dem Madrider »Broadway« ihren unverwechselbaren Charakter.

Spektakuläre Architektur

Herausragende Gebäude

Als langjähriger Sitz der Telefongesellschaft war die **Torre Telefónica**, 1925–1929 nach Plänen von Ignacio de Cárdenas und Louis S. Weeks fertiggestellt, lange Zeit das populärste und höchste Gebäude der Stadt. Es ist 81 m hoch. Gleich daneben (Gran Vía 32) steht das einstige Kaufhaus Madrid-Paris, ein Werk französischer Architekten. Nahebei grenzt der **Palacio de la Música** (1924–1929 von Secundino Zuazo; Gran Vía 35) an die Plaza del Callao.

Die Plaza wird von der mächtigen Fassade des **Palacio de la Prensa** beherrscht, ein Werk aus dem Jahr 1924 (Architekt: Pedro Muguruza; Gran Vía 46). Das **Carrión**-Gebäude (Nr. 41), das die spitze Ecke zur Calle de Jacometrezo dominiert, birgt mit dem **Capitol** ein bildschönes Jugendstilkino. Es wurde 1931–1933 von Louis Martínez Feduchi und Vicente Eced erbaut.

Im weiteren Verlauf bestimmt der Geist der architektonischen Avantgarde der 1930er-Jahre die Gran Vía und so mutet ihr letzter Teil am »amerikanischsten« an. Gebäude wie das Lichtspieltheater **Rialto**, das die Roxy- und Paramount-Paläste in New York nachahmt, der ehemalige Sitz der **Banco Hispano de Edificación** (Gran Vía 60), das von einer eigentümlichen Riesenstatue von Victorio Macho gekrönt ist, sowie das Eckhaus zur Calle San Bernardo oder das **Coliseum** mit seiner rationalistischen Fassade (1931–1933 von P. Muguruza und Casto Fernández Shaw; Gran Vía 78) zeugen vom Enthusiasmus der Zeitgenossen für die moderne amerikanische Bauweise.

Die Bauten an der ▶ Plaza de España mit den Hochhäusern Edificio España und Torre de Madrid, die in den 1950er-Jahren entstanden und bis in die 1980er-Jahre das moderne Madrid verkörperten, schließen die Gran Vía ab. Nun beginnt ein Stadtviertel, das sich um die Achse Princesa-Argüelles gruppiert und für welches die ehemalige Kaserne Conde-Duque (▶ Centro Cultural Conde Duque), der Palacio de Liria, Hotelriesen, Kinos und Studenten typisch sind.

▌ Oratorio del Caballero de Gracia

Überragt von hohen Häusern

Schräg gegenüber der Telefónica steht in einer stillen Nebenstraße das Oratorio del Caballero de Gracia, eine Säulenbasilika, die in den Jahren 1786–1795 von Juan de Villanueva gebaut wurde (die Fassade stammt von 1826). Der Architekt des ▶ Museo del Prado, des Botanischen Gartens und der Akademie für Geschichte folgte hier den Werken italienischer Meister, allen voran Andrea Palladio, dessen Bauten er auf seinen Reisen durch Italien kennengelernt hatte. Die Fresken im Innern malte Zacarías González Velázquez.

Ein Bau von Juan de Villanueva

Caballero de Gracia 5 | tgl. 10 – 13.45, 17 – 20.45, im Juli u. Aug. ab 18 Uhr | Eintritt: frei | www.caballerodegracia.org

★ MADRID RÍO

Metro: Legazpi (im Süden), Príncipe Pío (im Norden)

Erst im 21. Jh. entdeckte Madrid seinen kleinen Fluss Manzanares wieder (▶ Das ist Madrid, S. 14ff.). Seither säumen neue Grünanlagen mit Radwegen, Freiluftcafés und Spielplätzen die beiden Ufer im Südwesten Madrids. Auch das Matadero, ein riesiges städtisches Kulturzentrum mit breitem Angebot, wird bestens angenommen.

C–G 7–13

Puente del Matadero am Abend: unter Lichtkunst über den Manzanares

Es war das Glück des richtigen Augenblicks: Kurz vor der großen Finanzkrise investierte Madrid Milliarden, verbannte die Ringautobahn M-30 in einen Tunnel unter die Erde und ließ stattdessen einen Park der Superlative anlegen. Davon profitierte nicht nur die Anwohner des Manzanares, die jahrzehntelang mit dem Verkehrslärm und den Abgasen lebten. Heute zieht es Madrilenen und ihre Besucher aus aller Welt in den Süden der Stadt. Das ehemalige Industrie- und Arbeiterviertel Legazpi hat einen enormen Aufstieg erfahren.

Schöner neuer Süden

▌ Der Park

Das Glück des richtigen Augenblicks; ein paar Zahlen

Ein Mammutprojekt

Madrid Río verlängert die ▶ Casa de Campo in den Stadtraum hinein und stellt eine Verbindung her zum Parque de la Arganzuela. Die beiden Brücken Segovia und Toledo aus dem 16. und 18. Jh. wurden um neue Übergänge ergänzt, über 20 Brücken verbinden nun die beiden Flussufer des Manzanares, an denen 33 000 Bäume, vor allem Pinien, und 460 000 Büsche gepflanzt wurden. 8500 Lampen und Laternen sorgen für die Beleuchtung, 5500 neue Bänke bieten jede Menge Sitzgelegenheiten ... Mit über 120 ha ist der Park sogar größer als der alte Innenstadtpark und Touristenmagnet ▶ Parque Retiro. Wege für Fahrradfahrer und Skater, Sportplätze, Springbrunnen, Spielplätze für Kinder und Trimm-dich-Pfade für Erwachsene ziehen Jugendliche, Familien mit Hund und Kinderwagen und Senioren an. Wer den Grüngürtel erkunden will, leiht sich am besten ein Fahrrad (▶ Das ist Madrid S. 16).

Neue Kultur im Schlachthof

Matadero Madrid

Außer den beiden alten Brücken (▶ unten) gibt es weitere historische Bauwerke im Park, darunter das 100 Jahre alte Gewächshaus **Invernadero de Arganzuela** für tropische Pflanzen und Kakteen,

MONDSÜCHTIG

Etwas ganz Besonderes ist Madrid Río bei Vollmond. Dann steht die helle Scheibe zwischen dem Königspalast und der Almudena-Kathedrale am Himmel und taucht beide Gebäude in ein unwirkliches weißes Licht.

die Kapelle **Ermita Virgen del Puerto**, sie entstand 1718 nach Plänen von Pedro de Ribera, sowie der **Matadero Madrid** ganz im Süden des Parkgeländes. Das bis 1928 im neomaurischen Stil aus Backstein erbaute ehemalige Schlachthaus, ein riesiger Komplex aus
Dutzenden Gebäuden (Naves), ist heute ein **Zentrum für zeitgenössische Kunst und Kultur.** Hier finden Theater- und Tanzveranstaltungen, Musicals, wechselnde Ausstellungen zu Architektur,
Mode und Literatur statt, außerdem gibt es verschiedene Künstler-
werkstätten, eine Bibliothek (Casa del Lector) und ein Filminstitut
(Cineteca). Für das leibliche Wohl sorgen im Matadero die Cantina
(Eingang: Plaza de Legazpi 8; bis 2 Uhr früh geöffnet) und das Café
del Teatro (Nave 12; Öffnungszeiten wie der Matadero).

Es gibt zwei Eingänge: Paseo de la Chopera 14 und Plaza de Legazpi
8 | Metro: Legazpi | tgl. 9 – 22 Uhr; Aktivitäten: Di. – Fr. 16 – 21, Sa.,
So. 11 – 21 Uhr | www.mataderomadrid.org | Es gibt auch einen
Fahrradverleih im Matadero, das ist praktisch, um Madrid Río zu erkunden: Di. – So. 11 – 14.30, 15 – 20.30 Uhr, ab 6 €/Stunde.

▌ Alte und neue Brücken von Nord nach Süd

Verbindung zwischen Hauptstadt und Escorial

Der Puente de Segovia ist Madrids älteste Brücke über den Manzanares. Philipp II. beauftragte 1582 den Architekten des ▶ Escorial, Juan
de Herrera, mit ihrem Bau. Auf diese Art sollte eine bequemere Verbindung zwischen der Hauptstadt und dem Escorial geschaffen werden. Die aus wuchtigen Granitquadern errichtete Brücke wurde 1935
zu den Zufahrtsstraßen hin verlängert und unter Bewahrung der Ori-
ginalbögen verbreitert. Sie verbindet heute die Stadtmitte mit den
südwestlich gelegenen Außenvierteln.
Puente de Segovia

Calle Segovia | Metro: Puerta del Ángel

Zwei Hingucker

Moderne Akzente setzen der begrünte Übergang **Puente Oblicuo**,
der den Manzanares auf 150 m Länge schräg überquert, sowie der
sich in zwei Arme gabelnde **Puente Verde en Y**.
Puente Oblicuo und Puente Verde en Y

Brücken-Kunst: zu Fuß über den Manzanares

Die zweite historische Brücke über den Manzanares gehört zu den
schönsten Monumenten aus der Zeit des ersten Bourbonen-Königs
Philipp V. Der Architekt Pedro de Ribera ersetzte durch ihren Bau
(1718 – 1732) den alten, baufälligen Puente Toledano. Die Brücke,
die in neun Bögen den Río Manzaneres überspannt, wird von Strebe-
pfeilern gestützt, die in Rundbalkonen auslaufen. In der Mitte der
Brüstung erheben sich auf beiden Seiten Tempelchen, welche die
Statuen der Stadtheiligen Isidro und seiner Frau María de la Cabeza
Puente de Toledo und ein hyper-moderner Kontrast

rahmen (1735; Juan Antonio Ron). Die Brücke bietet einen Ausblick auf die stadteinwärts gelegene Puerta de Toledo (▶ unten).

Hypermodern ist dagegen wieder die 274 m lange Fußgängerbrücke **Pasarela de la Arganzuela**. Die Pläne für die spiralförmige Röhrenkonstruktion lieferte der französische Architekt Dominique Perrault.

Puente de Toledo: Metro: Glorieta del Marqués de Vadillo, Pirámides

Symbol gegen Napoleon

★

Puerta de
Toledo

Die auf einem weiten Platz im letzten Drittel der Calle de Toledo (ein ganzes Stück stadteinwärts) platzierte Puerta de Toledo ist der letzte in Madrid errichtete Triumphbogen. Mit seinem Bau zu Ehren Napoleons und nach Plänen von Antonio López Aguado war während der kurzen Regierungszeit von Napoleons Bruder Joseph Bonaparte begonnen worden. Bei seiner Fertigstellung 1817 wurde die Puerta jedoch zum Symbol der Rückkehr des Bourbonen Ferdinand VII. auf den spanischen Thron und des Endes der Franzosenherrschaft.

Metro: Puerta de Toledo

★★ MONASTERIO DE LAS DESCALZAS REALES

Lage: Plaza de las Descalzas Reales 3 | **Innenstadtplan:** b I/II | **Metro:** Sol, Callao, Ópera | Di. - Sa. 10 – 14, 16 – 18.30, So. u. Fei. 10 – 15 Uhr (Besichtigung im Rahmen von ca. einstündigen Führungen auf Spanisch u. Englisch) | **Eintritt:** 6 € | www.patrimonionacional.es

E/F 8

Eine unscheinbare Eingangstür – dahinter Kunstschätze und Lebensgeschichten in Hülle und Fülle. Im Monasterio de las Descalzas Reales, im »Kloster der königlichen Barfüßerinnen«, leben heute noch 17 Nonnen abgeschieden von der Außenwelt in strenger Klausur.

Ohne die besondere Erlaubnis des Vatikans von 1960 wäre die Besichtigung des Klosters nicht möglich. Die scheuen Bewohnerinnen, die sonst Hand- oder Gartenarbeiten verrichten, sind während dieser Zeit unsichtbar. **Johanna**, die Tochter Karls des V., hat das Kloster gegründet als einen Rückzugsort für Witwen, unverheiratete Frauen und uneheliche Töchter wichtiger Familien. Johanna verlor ihren Mann, den Erbprinzen Juan Manuel de Portugal, mit 19 Jahren, als sie

Die
Kloster-
gründerin

Kunstwerk neben Kunstwerk – das Kloster birgt Kulturschätze en masse.

hochschwanger war. Auf Anweisung ihres Vaters kehrte sie aus Portugal nach Madrid zurück und übernahm die Regierungsgeschäfte. Dies bedeutete die Trennung von ihrem Sohn Sebastián, den sie nie wiedersehen sollte. Nicht nur als Regentin, sondern auch als vehemente Vertreterin der Inquisition und als einzige Frau, die im Jesuitenorden zugelassen wurde, ist sie in die spanische Geschichte eingegangen. 1557 hat sie in dem Renaissancepalast aus rotem Backstein und Granit, in dem sie 22 Jahre zuvor auf die Welt gekommen war, das Kloster mit eingebundener Kirche gegründet. Sowohl sie als auch ihre Schwester Maria, Kaiserin von Österreich, liegen hier begraben.

Kostbare Mitgift

Wie der Name schon verrät, nahm das Kloster Frauen aus adeligen Familien auf. Genau **33 Frauen** lebten hier – entsprechend dem Alter, in dem Christus starb. Ihre Mitgift, Altäre, Kapellen, Gemälde, Tapisserien, Reliquien und Skulpturen, bilden den Grundstock des heutigen Kunstschatzes, der den Geschmack der Bewohnerinnen widerspiegelt. So zeigt der ehemalige Schlafsaal der Nonnen die einstige **Bedeutung von Tapisserien**. Die Teppichserie »Triumph der Eucharistie« wurde auf Wunsch von Isabel Clara Eugenia, der Tochter Philipps II., nach Kartons von Peter Paul Rubens angefertigt. Genauso beeindruckend – wenn auch auf ganz andere Weise – ist die immer noch original eingerichtete »Casita«, Zelle und Sterbezimmer der Erzherzogin Margarita.

Kloster-
schatz

Höhepunkte auf dem Klosterrundgang

Besichtigung Der Eingang des Klosters liegt links neben der Kirche. Hier lohnt sogleich ein Blick nach oben auf die wunderbare **Holzdecke** von 1540. Weiter geht es durch eine platereske Tür, die in das Kloster führt. Der heute verglaste **Kreuzgang** ist der Innenhof des ehemaligen Stadtpalastes, die zahlreichen Altäre und Kapellen wurden allesamt von den einstigen Klosterinsassinnen gestiftet.

Die große **Treppe** im Norden des Kreuzganges gehört zum ältesten Teil des Klosters. Anna Dorothea, Tochter des deutschen Kaisers Rudolf II., ließ sie 1684 auf ihre Kosten mit barockem Prunk ausstatten. Ein **»Kalvarienberg«** von Antonio de Pereda nimmt eine der Wände ein, die gegenüberliegende Wand ist mit ornamentalen Fresken in italienischer Tradition ausgemalt. Auf einer Seitenwand schauen von einem gemalten Balkon Philipp IV., seine zweite Frau Maria Anna von Österreich, Prinzessin Margarita und Prinz Philipp Prosperus auf die Besucher herab. Diese **Porträts** werden Claudio Coello zugeschrieben.

Das Obergeschoss beherbergt, neben weiteren reich geschmückten Altären und Kapellen, die **hochverehrte liegende Christus-Figur** von Gaspar Becerra (16. Jh.). Im Nonnenchor befindet sich das Grabmal der Kaisergemahlin Maria von Österreich († 1603 im Kloster), ausgeführt von Giovanni Battista Crescenzi, dem **Architekten des Pantheon im Escorial**. Die Graburne ihrer Tochter Margarita († 1633) direkt darunter ist wesentlich schlichter. Beachtenswert ist außerdem die aus Holz geschnitzte Schmerzensmutter von Pedro de Mena (17. Jh.).

Die vielen Porträts von Habsburgern in den Sälen, Kammern und Klostergängen zeugen von der **engen Verbindung zwischen den Klosterbewohnerinnen und dem Königshaus**. Der Salon der Könige (Salón de los Reyes), einer der Wohnräume für »hohen« Besuch, oder das Candilón, wo einst die Verstorbenen aufbewahrt wurden, sind dabei keine Ausnahme.

In der **Capilla de la Dormición** sind das Deckengemälde Luca Giordanos, »Himmelfahrt Mariens«, zu beachten sowie ein Porträt von Anna Dorothea (Rubens zugeschrieben). Die **Capilla de Milagro**, benannt nach dem wundertätigen Madonnenbild, das heute auf dem Hauptaltar der Kirche verehrt wird, wurde im Auftrag von Juan José de Austria, dem unehelichen Sohn Philipps IV., für seine im Kloster lebende, ebenfalls uneheliche Tochter Margarita de la Cruz ausgestaltet. Die Fresken (Perspektivmalerei) stammen von Dionisio Mantovano und von Francesco Ricci, die vier Heiligenfiguren auf dem Altar von Luisa Roldán, der Hofbildhauerin Karls II. und der ersten Frau, die mit diesem Beruf in Spanien überhaupt bekannt wurde.

Weitere Schätze sind im **Museumssaal** zu sehen, **flämische Tabelbilder**, die Isabella, der Gemahlin Karls V., gehörten, Werke von Meistern wie Hans Memling, Adriaen Isenbrant, Dirk Bouts, Rogier van der

Weyden und Gemälde von spanischen Malern wie Francisco de Zurbarán, Bartolomé Esteban Murillo und Jusepe Ribera. **Herausragende Werke der Kloster-Pinakothek** sind der »Zinsgroschen« von Tizian und die »Anbetung der Heiligen Drei Könige« von Pieter Brueghel d. Älteren.

★★ MUSEO ARQUEOLÓGICO NACIONAL

Lage: Calle de Serrano 13 | **Metro:** Colón, Serrano, Retiro |
Di. – Sa. 9.30 – 20, So., Fei. bis 15 Uhr | **Eintritt:** 3 €, freier Eintritt:
Sa. ab 14.30 Uhr und So. Vormittag | **www.man.es**

Wie haben unsere Vorfahren gelebt und gedacht? Woran haben sie geglaubt, welche Kunst geschätzt, welche Bräuche befolgt? Antworten auf diese Fragen findet man im Archäologischen Nationalmuseum, das Isabel II. 1867 gegründet hat. Eine Reise in die Vergangenheit von der Steinzeit bis ins 19. Jahrhundert.

H 7

Das Archäologische Nationalmuseum, kurz MAN genannt, ist eines der wichtigsten Museen Madrids. 2015 wurde es nach sechsjähriger Schließung und nach Plänen von Juan Pablo Rodriguez Frade vollkommen neu gestaltet wiedereröffnet. Die Besichtigung beginnt seitdem bereits im Vorgarten – in der originalgetreuen **Nachbildung** der 1879 in der Nähe von Santander entdeckten **Altamira-Höhle** mit rund 15 000 Jahre alten Felsmalereien und Ritzzeichnungen aus der Altsteinzeit.

Altamira im MAN

▌ Erdgeschoss

Die Anfänge

Die »Estela de Solana de Cabañas«, eine 130 cm hohe Schieferplatte mit Gravuren, die zwischen 1000 und 850 v. Chr. datiert wird und in Cáceres gefunden wurde, ist ein Höhepunkt in der Sammlung der Säle 4 – 9 (Vorgeschichte bis Ende der Bronzezeit um 500 v. Chr.). Sie diente vermutlich als Grabstele. In den Sälen 1 bis 3 wird eine Einführung in die Methoden und Erkenntnisse der Archäologie und die Funde in Spanien gegeben.

Archäologische Forschung und Vorgeschichte

93

OBEN: Göttin oder Priesterin, Braut oder Aristokratin? Wer die Dame von Elche war, wird man wohl niemals wissen.

UNTEN: Dieses römische Bodenmosaik ist fast 2000 Jahre alt.

▎Erster Stock

Drei iberische Damen

Welche Gegenstände den Alltag der Iberer begleiteten, bevor die Römer 219 v. Chr. die Pyrenäenhalbinsel eroberten, ist in den Sälen 10 bis 17 zu sehen. Ausgestellt sind Kunstgegenstände, Goldschmuck, Keramik und Gebrauchsgegenstände (8. – 6. Jh. v. Chr.), darunter auch Funde von den Balearen und von den Kanaren. Zu den Hauptsehenswürdigkeiten gehören die Schätze von Sagrajas (Badajoz), Aliseda (Cáceres), Lebrija (Sevilla), Jávea (Alicante) und Abengibre (Albacete).

Iberische Kultur

Drei iberische Großplastiken aus Kalkstein fallen besonders auf: die sitzende »**Dame aus Baza**« (4. Jh. v. Chr.) sowie die »Große Opfernde« oder auch »**Dame aus Cerro de los Santos**« genannte Figur, die ins 4. Jh. v. Chr. datiert wird. Vermutlich aus dem 5. Jh. v. Chr. ist die berühmte »**Dame von Elche**« (Saal 13, ▶ Abb. S. 94). Ob sie eine Göttin, eine Priesterin, eine Braut oder eine Aristokratin darstellt, ist ungeklärt.

Livia, die Ehefrau von Kaiser Augustus

Fundstücke aus der römischen Epoche, aus der Provinz »Hispania«, werden in den Sälen 18 bis 22 gezeigt, u.a. Bronzeporträts, Sarkophage, Kaiser- und Götterstatuen, Porträtbüsten, Gebrauchsgegenstände aus Bronze, Keramik und Glas sowie schöne Mosaike. Im Saal 20 steht die Skulptur der »Livia«, der Ehefrau des römischen Kaisers Augustus.

Römische Kunst

Kronen und das Können der Goldschmiede

Im **Schatz von Guarrazar** (Toledo) gipfelt die westgotische Sammlung in Saal 23: sechs Weihekronen mit dazugehörigen Ketten und fünf Kreuzen aus Gold, Edelsteinen und Kristall. Das größte und am reichsten verzierte Exponat ist die Krone von Recesvinto. Der Schatz hing einst in der Königskirche von ▶ Toledo und zeugt vom Können der westgotischen Goldschmiede des 7. Jahrhunderts. Außerdem sind ausgestellt: Architekturfragmente, Modelle westgotischer Basiliken, Bronzegerät, Steingut und Schmuck.

Westgotische Kunst

Aus der Welt der Kalifen

Andalusiens islamische Kunst (8. – 15. Jh.) mit ihren geometrischen und floralen Motiven ist in den Sälen 24 bis 26 zu sehen. Ausgestellt sind Bronze-, Keramik- und Elfenbeinfunde sowie Architekturfragmente, darunter auch Keramik aus dem damaligen Medina az-Zahara (heute Córdoba), eine kostbare Elfenbeindose des Kalifen Al-Hakam (10. Jh.), Bauschmuck aus dem **Aljafería-Palast** (Zaragoza), Stuckarbeiten der Almoraviden und Almohaden und Metallarbeiten aus Granada.

Islamische Kunst

▌ Zweiter Stock

Spanische Romanik

Christliches
Mittelalter

Im zweiten Stockwerk wird Frühromanisches aus Nordspanien gezeigt. Ein handgeschnitztes **Elfenbeinkruzifix** von Don Fernando und Doña Sancha aus der Kirche San Isidoro in León (11. Jh.), der Sargdeckel des Anfus Perez aus Sahagún (León), eine Apostelsäule des Meisters Mateo von Santiago de Compostela (erste Hälfte des 12. Jh.s) und die Madonna mit Kind aus Sahagún sind Meisterstücke der spanischen Romanik. Diese Werke religiöser Kunst werden in Saal 27 ausgestellt.

Wohnaccessoires des iberischen Adels

Neuzeit

Die Säle 28 – 30 vermitteln einen Eindruck von der adligen Wohnkultur; zu sehen sind unter anderem religiöse Werke wie die Skulptur »Christus an eine Säule gebunden«, italienische Renaissancebronzen, darunter der »Reiter Hector«, Keramik, spanisches Glaswerk, Porzellan von El Buen Retiro und Silberarbeiten.
In Saal 28 ziehen ein von John Napier im 17. Jh. erfundenes Rechengerät, **Vorläufer einer Rechenmaschine**, und ein Kästchen mit Elfenbeineinlagen und 30 Schubladen die Aufmerksamkeit auf sich. Im Saal 31 wird die **Geschichte des Museums** erzählt.

Keramik aus Persien

Naher Osten

Der Geschichte des Nahen Ostens ist Saal 32 gewidmet. Ausgestellt sind u. a. Figuren und Gebrauchsgegenstände aus Ton, eine große persische Keramiksammlung und eindrucksvolle Bronzearbeiten aus der Nekropole Luristan.

Am Nil entlang

Ägypten und
Nubien

Kunst aus Ägypten und Nubien ist das Thema der Säle 33 bis 35. Gleich im ersten Saal geht es um den Nil, den grünen Faden dieser Sammlung. Ein Höhepunkt in Saal 34 ist die Skulptur des Priesters Harsomtus-Em-Hat.

Griechische Lebensart

Griechen-
land

In Saal 36 ist eine Sammlung attischer und großgriechischer Keramik ausgestellt. Außerdem werden Kunst, Mythologie und Gesellschaftsstrukturen erklärt.

Tauschwert: Faser mit Vogelfedern

Münz-
sammlung

Das erscheint heute fast unvorstellbar, aber sie war noch bis 1970 Zahlungsmittel auf den Salomon-Inseln: eine 10 m lange, aufgerollte und mit winzigen Vogelfedern verzierte, **Tevau** genannte Pflanzenfaser in Saal 38. Sie ist das ausgefallenste Exponat der Münzsammlung im Zwischengeschoss (Säle 37 – 40).

▍ Biblioteca Nacional

Eine der wichtigsten europäischen Bibliotheken
Die 1711 von Philipp V. gegründete Spanische Nationalbibliothek
(Eingang: Paseo de Recoletos 20) gehört zu den bedeutendsten Bibliotheken Europas. Sie besitzt rund 2,5 Mio. Bände, Gravuren und
Zeichnungen, Inkunabeln, Partituren, Handschriften, Landkarten und
die **vollständigste Cervantes-Sammlung** (mehr als 13 000 Titel).
Das Gebäude entstand 1866 – 1894 nach Plänen von Francisco Jare-
ño y Alarcón. Antonio Ruiz de Salces führte die Bauarbeiten zu Ende
und nahm einige Änderungen vor, u. a. versetzte er die Nationalbibliothek in den vorderen Teil, in den hinteren Teil des Gebäudes zog
1895 das archäologische Nationalmuseum ein.

National-
bibliothek

MUSEO DE HISTORIA DE MADRID

Lage: Fuencarral 78 | **Metro:** Tribunal | Di. – Sa. 10 – 20 Uhr |
Eintritt: frei | https://museomadrid.com/museo-de-historia

*Madrid in 3D: ein exzellentes Modell der Stadt von 1830, bis ins
Allerkleinste ausgearbeitet von León Gil de Palacio. Haus für
Haus, Fenster für Fenster, Sims für Sims hat der Ingenieur und
Militärkartograf die spanische Hauptstadt im Maßstab 1:432 zu-
sammengesetzt. Wer in Madrids Vergangenheit eintauchen will,
findet im Museo de Historia (Kurzfassung) exquisite Exponate.*

Die **Gebäudefassade** des ehemaligen Hospicio de San Fernando gehört zu den schönsten Barockwerken der Stadt, sie ist dem Architekten Pedro de Ribera (1683–1742) zu verdanken, der hier alle barocken Fantasien hat einfließen lassen. Der »Brunnen des Ruhmes«
(Fuente de la Fama, 1731) mit den Delfinen hinter dem Gebäude im
Jardín Arquitecto Ribera ist ebenfalls ein Werk von ihm.

*Eintauchen
in die
Stadt-
geschichte*

Von Mayrit bis Madrid
Zur Zeit der Westgoten und zur Zeit der Römer gab es an der Stelle
des heutigen Madrid gar keine feste Siedlung. Als Beginn der Stadtentwicklung kann man den Bau der Festung Mayrit über dem Flussufer ansehen, um 860 etwa dort errichtet, wo heute das Königsschloss steht. 400 Jahre später erhielt Madrid Stadtrechte. Auch aus
der Zeit vor der Stadtentwicklung zeigt das Museum Fundstücke.

Berühmtheit erlangte ein **Stadtplan aus dem Jahr 1656**. Er ist der älteste Madridplan und stammt von dem Kartografen Pedro Texeira. Viele Details, die auch im heutigen Stadtbild existieren, sind gut zu erkennen: die Plaza Mayor mit den umliegenden Straßen, der Palacio Real, die damals schon parkähnlich gestalteten Flächen östlich und westlich des Zentrums, aus denen sich die Parks am Flussufer und der Retiropark entwickelten. Weitere Ausstellungsstücke sind ein Modell des Alcázars zur Zeit von Juan Gómez de Mora, das besagte Stadtmodell von León Gil de Palacio von 1830, Pläne, Stiche und Stadtansichten. Darüber hinaus sind römische Keramik, mittelalterliche Manuskripte, Gobelins, Goldschmiedearbeiten und Porzellan zu sehen. Das Museum enthält auch die **Kunstsammlungen der Stadt**, zu denen Werke wie die berühmte »Allegorie des 3. Mai« von Goya gehören. Über die Elektrifizierung, die Gasversorgung und den Bau der Metro in der Stadt kann man ebenfalls Interessantes erfahren.

▎ Rund um das Museo de Historia de Madrid

Aristokratische Wohnkultur des 19. Jahrhunderts

Museo del Romanticismo

Den Kern des Museums der Romantik (früherer und teils noch heute gebräuchlicher Name: Museo Romántico) bildet die Kunstsammlung des Marqués de la Vega-Inclán (1858–1942). Untergebracht ist das Museum im Palast des Markgrafen von Matallana von 1776. Architektur, Einrichtung und Kunstwerke, u.a. Möbel, Porzellanpuppen und Klaviere oder Schmuck aus Naturhaar, lassen die Atmosphäre aristokratischen und großbürgerlichen Lebens unter Isabella II. lebendig werden, etwa in der Zeit von ihrer Krönung 1833 bis zu ihrem Sturz durch einen Militärputsch des Generals Prim 1868. Unter den Ausstellungsstücken befinden sich auch Gemälde von Murillo, Zurbarán und Goya sowie **zwei Pistolen**; mit einer davon soll sich der Schriftsteller Mariano José de Larra 1837 das Leben genommen haben.

Zum Museum gehört der nach einem Magnolienbaum benannte **Magnoliengarten**, nach französischem Vorbild aus dem 18. Jh. in vier Straßen gegliedert, die durch unterschiedlich große Blumenbeete mit jeweils einem anderen Baum voneinander getrennt sind.

Calle San Mateo 13 | Di. – Sa. 9.30 – 18.30, Mai – Okt. bis 20.30, So. 10 – 15 Uhr | Eintritt: 3 €, Sa. ab 14 Uhr und So. freier Eintritt | www.culturaydeporte.gob.es/mromanticismo/inicio.html

Die Kirche der Tiere

San Antón de los Escolapios

Die einschiffige, dem Schutzheiligen der Tiere gewidmete Kirche, Calle de Hortaleza 63, wurde, wie das Museu de Historia, von Pedro de Ribera gebaut, aber kaum etwas erinnert noch an den Meisterarchitekten des Barock: Unter Karl IV. wurde sie von Francisco de Rivas in klassizistischem Stil umgebaut. Nur ihr Innenraum verrät in seiner

6X ERSTAUNLICHES

Überraschen Sie Ihre Reisebegleitung: Hätten Sie das gewusst?

1.

NUR MUT

Die am besten **getarnte Cocktailbar** in Madrid verbirgt sich hinter einer schlichten Tür, auf der »Toiletten für Männer und Frauen« steht. Sie gehört zum Hotel NH Collection Madrid Suecia. (▶ **S. 321**)

2.

FILMKULISSE

Teile des Filmklassikers »Doktor Schiwago« wurden in Madrid gedreht. Dafür verwandelte man die Station Delicias, heute Sitz des **Eisenbahnmuseums**, in einen Moskauer Bahnhof. (▶ **S. 307**)

3.

HAUPTSACHE LEISE

Die Einfahrt der Calle San Marcos 7 in Chueca birgt ein Kuriosum: Sie ist mit **Kopfsteinpflaster-Imitaten** belegt. Offenbar wollten die Bewohner ihre Nachtruhe nicht durch Kutschenlärm gefährden. (▶ **S. 100**)

4.

GEISTER-STATION

Die Station »**Andén O**«, »**Bahnsteig Null**«, wurde 1966 stillgelegt. Werbung der 1920er-Jahre schmückt die Wände. Die Zeit scheint hier stehen geblieben zu sein. (**Plaza de Chamberí** | Fr. 11 – 19, Sa., So. bis 15 Uhr | Eintritt frei)

5.

KULTMUSEUM

Nach dem Fall der Franco-Diktatur erlebte Madrid eine Kulturrevolte, die »Movida Madrileña«. Beliebter Treffpunkt war die Bar »**Madrid me Mata**«, heute auch ein Museum. (▶ **S. 273**)

6.

BESTE AUSSICHT

Man klingelt am Eingang eines Bürohauses, fährt mit dem Aufzug in den 6. Stock und ist im **Restaurant** Casa Granada angekommen. Allein die tolle Aussicht lohnt den Besuch. (▶ **S. 293**)

Gliederung den **barocken Ursprung** – ein rechteckiger Grundriss mit halbrunden Seitenkapellen und kurzem Kreuzschiff. In der zweiten rechten Kapelle ist »Die letzte Kommunion des hl. Joseph von Calasanzio« zu sehen, 1819 von Goya gemalt. In der Kirche werden jedes Jahr am 17. Januar **Tiere gesegnet**.

Eine Rarität in Madrid: Jugendstilarchitektur

Casa Longoria

An der Ecke Calle Fernando VI/Calle Pelayo fällt die eigenwillige Fassade der Casa Longoria auf. Sie wurde 1902 von dem katalanischen Architekten José Grases Riera für einen Bankier erbaut und ist eines der seltenen Madrider Beispiele der Jugendstil-Architektur, deren bekanntester spanischer Vertreter Antoni Gaudí war.

Kloster im lebendigen Viertel

»Las Góngoras«

Das **Kloster Inmaculada Concepción de Mercedarias** (Descalzas Calle de Luis de Góngora 5) nach seinem Gründer Don Juan de Góngora auch nur kurz »Las Góngoras« genannt, ist ein typisches Beispiel Madrider Architektur der zweiten Hälfte des 17. Jahrhunderts. Die gut erhaltene Kirche mit Langschiff und kurzem Kreuzschiff erhält durch eine beherrschende Kuppel Weite und Licht.

Die Straßen und Plätze in der **Umgebung** – Gravina, Libertad, Fernando VI, San Lucas, San Mateo und Plaza de la Villa de París sowie Plaza de las Salesas – sind zu Zeiten der bürgerlichen Erweiterung unter Isabella II. entstanden. Die kleine **Plaza de Chueca** mit ihren hübschen Cafés und Bars ist der Mittelpunkt des Viertels. Besonders einladend ist die **Taberna Ángel Sierra**. In der Taverne **Tienda de Vinos** gleich um die Ecke trafen sich einst Franco-Gegner, daher wird sie auch »El Comunista« genannt (Calle Augusto Figueroa 35; So. geschl.).

★★ MUSEO DEL PRADO

Lage: Paseo del Prado | **Innenstadtplan:** d II/III | **Metro:** Atocha | Mo. – Sa. 10 – 20, So. u. Fei. 10 – 19 Uhr (24. u. 31.12., 6.1. bis 14 Uhr); geschl.: 1. Jan., 1. Mai, 25. Dez. | **Eintritt:** 15 € (freier Eintritt Dauerausstellung: Mo. – Sa. 18 – 20, So u. Fei. 17 – 19 Uhr) | **www.museodelprado.es**

Prado heißt Wiese. Eine merkwürdige Bezeichnung für Spaniens wichtigsten Kunsttempel. So berühmt ist dieses Museum, dass kaum jemand über seinen Namen »stolpert«. Entstanden ist er, lange bevor das Museum überhaupt existierte: Die grüne Fläche, die es vor dem Bau des Gebäudes an dieser Stelle gab, wurde so genannt.

Velázquez, überragender Porträtmaler am Königshof, grüßt vor dem Prado.

Der Prado ist Spaniens berühmteste Pinakothek. Allein über 9000 Gemälde gehören zu seinem Besitz, dazu kommt eine bedeutende Skulpturensammlung. Ihrem Ursprung nach ist sie eine königliche Sammlung, die von den Habsburgern (besonders Karl V., Philipp II. und Philipp IV.) und Bourbonen (Philipp V., Karl III. und Karl IV.) zusammengetragen wurde. Besucher können sich einen hervorragenden Überblick über die spanische Malerei vom 12. bis zum frühen 19. Jh. verschaffen. Zu den ganz großen Attraktionen gehören 140 Gemälde und 500 Zeichnungen von **Francisco de Goya,** die über mehrere Stockwerke verteilt sind.

Kunst von Weltrang

Modern neben alt – das Museumsgebäude

Unter Karl III. entstanden die Pläne für das Gebäude. Im Rahmen des Projektes zum »Salón del Prado« erhielt Juan de Villanueva 1785 den Auftrag zum Bau eines Museums, das ursprünglich den Naturwissenschaften gewidmet sein sollte. Unter Ferdinand VII. wurde es 1819 als Museum der königlichen Gemäldesammlung eröffnet. Das klassizistische Gebäude besteht aus einem mit dorischen Säulen bestückten Mittelteil und zwei weitläufigen Flügeln, seine prächtige Schaufassade spannt sich über 200 m Länge.

Seit Oktober 2007 gibt es außerdem das **Jerónimus-Gebäude,** der lange umstrittene Erweiterungsbau des spanischen Architekten Rafael Moneo (▶ S. 247, Abb S. 245). Der **rote Ziegelsteinquader** auf

Baugeschichte

MUSEO DEL PRADO

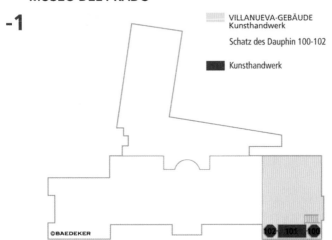

-1

VILLANUEVA-GEBÄUDE
Kunsthandwerk

Schatz des Dauphin 100-102

Kunsthandwerk

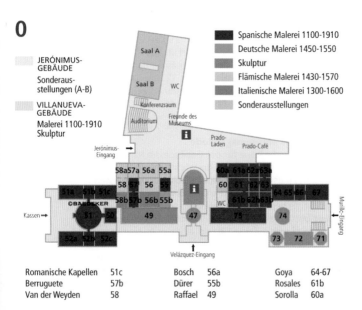

0

JERÓNIMUS-GEBÄUDE
Sonderausstellungen (A-B)

VILLANUEVA-GEBÄUDE
Malerei 1100-1910
Skulptur

Spanische Malerei 1100-1910
Deutsche Malerei 1450-1550
Skulptur
Flämische Malerei 1430-1570
Italienische Malerei 1300-1600
Sonderausstellungen

Romanische Kapellen	51c	Bosch	56a	Goya	64-67
Berruguete	57b	Dürer	55b	Rosales	61b
Van der Weyden	58	Raffael	49	Sorolla	60a

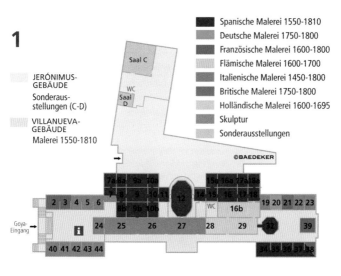

1

JERÓNIMUS-
GEBÄUDE
Sonderaus-
stellungen (C-D)

VILLANUEVA-
GEBÄUDE
Malerei 1550-1810

Spanische Malerei 1550-1810
Deutsche Malerei 1750-1800
Französische Malerei 1600-1800
Flämische Malerei 1600-1700
Italienische Malerei 1450-1800
Britische Malerei 1750-1800
Holländische Malerei 1600-1695
Skulptur
Sonderausstellungen

Saal C

WC
Saal
D

©BAEDEKER

Goya-
Eingang

Greco	8b-10b	Lorena	2	Ribera	1, 7-9
Tiziano	24-27, 41-44	Rubens	16b, 28-29	Murillo	16-17
Tintoretto	25, 41, 44	Rembrandt	16b	Goya	32, 34-38
Caravaggio	6	Velázquez	9a, 10-15, 15a	Mengs	20, 38
Poussin	2-4	Maino	7a, 9a	Tiepolo	19

2

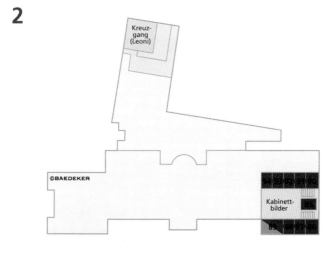

Kreuz-
gang
(Leoni)

©BAEDEKER

Kabinett-
bilder

JERÓNIMUS-
GEBÄUDE
Skulptur

VILLANUEVA-
GEBÄUDE
Spanische Malerei 1700-1800
Deutsche Malerei 1750-1800

Goya   85-89, 90-94
Mengs   89

HORT DER KUNST

Der Prado zeigt im Unterschied zum New Yorker Metropolitan Museum oder zum Pariser Louvre nicht das gesamte Spektrum der Kunst. Im Kern besteht er aus den Gemäldesammlungen der beiden wichtigsten Kunstförderer des Landes, der Monarchie und der Kirche; dazu kommen natürlich viele Neuerwerbungen. Damit spiegelt er die Geschichte der spanischen Malerei vom Mittelalter bis zum Ende des 19. Jh.s mit all ihren Höhepunkten auf höchstem Niveau wider, besitzt aber auch Meisterwerke aus anderen Ländern.

▶ **Prado, Madrid**
2007 wurde der Erweiterungsbau des Prado mit einem besonderen Schmuckstück eröffnet: Er integriert den Kreuzgang des Sankt-Hieronymus-Klosters aus dem 17. Jahrhundert. Dieser wurde zunächst aufwendig abgetragen und anschließend im Inneren des Gebäudes neu errichtet.

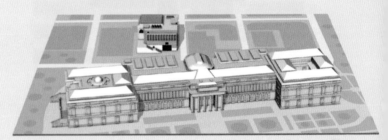

©BAEDEKER

Besucher 2019: 👥👥 3,2 Mio
2020 pandemiebedingt: 0,85 M

▶ **Höhepunkte im Prado**

	1450		1500		1550		1600
GOYA							
MURILLO							
VELÁZQUEZ						»Übergabe von Breda« 1634 – 35	
RUBENS					»Die Anbetung der Könige« 1616 – 17		
CARAVAGGIO				»David besiegt Goliath« 1599			
EL GRECO				»Trinität« 1577 – 78	»Anbetung der Hirten« 1610		
TIZIAN				»Kaiser Karl V. nach der Schlacht bei Mühlberg« 154[8]			
BOSCH			»Der Garten der Lüste« zwischen 1490 und 1510				
DÜRER		»Selbstbildnis« 1498	»Adam und Eva« 1507				

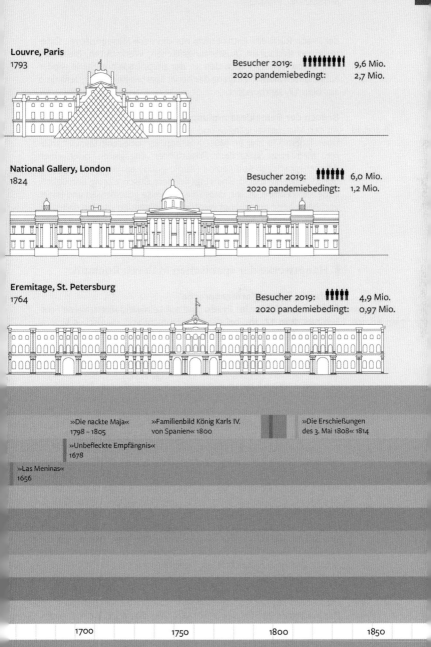

Louvre, Paris
1793

Besucher 2019: ††††††††† 9,6 Mio.
2020 pandemiebedingt: 2,7 Mio.

National Gallery, London
1824

Besucher 2019: †††††† 6,0 Mio.
2020 pandemiebedingt: 1,2 Mio.

Eremitage, St. Petersburg
1764

Besucher 2019: ††††† 4,9 Mio.
2020 pandemiebedingt: 0,97 Mio.

»Die nackte Maja«
1798 – 1805

»Familienbild König Karls IV.
von Spanien« 1800

»Die Erschießungen
des 3. Mai 1808« 1814

»Unbefleckte Empfängnis«
1678

»Las Meninas«
1656

1700   1750   1800   1850

der Prado-Rückseite enthält nicht nur das neue Museumsfoyer, Cafeteria und Restaurant, Ausstellungsflächen, Werkstätten, Bibliothek und Büros, sondern auch den an der ursprünglichen Stelle wieder aufgebauten alten Kreuzgang der benachbarten Kirche San Jerónimo aus dem 17. Jahrhundert.

Besuch der Gemäldesammlung

Übersicht An den Museumseingängen und auch im Internet gibt es kostenlose Übersichtspläne und im Museumsshop verschiedene Museumsführer. Man kann außerdem Privatführer engagieren oder einen deutschsprachigen Audioguide (Audio-guías) ausleihen. Die Vielzahl der Kunstwerke macht eine eingehendere Beschreibung unmöglich; außerdem kommt es vor, dass Säle zeitweise geschlossen und Bilder vorübergehend umgehängt werden. Im Folgenden werden daher die **Hauptwerke der spanischen Malerei** und anschließend Meisterwerke der europäischen Malkunst vorgestellt.

❙ Hauptwerke der spanischen Malerei: Romanik

Einfache, lineare Formensprache

Museums-
plan ▶S. 102

Die **ältesten Bilder im Prado** sind auf Leinwand übertragene Fresken **aus dem 12. Jh.**, bei denen noch nicht von spanischer Malerei gesprochen werden kann, denn eine national-spanische Kunst bildet sich erst nach der Vereinigung der beiden Königreiche von Aragonien und Kastilien Ende des 15. Jh.s heraus. Die früh- und hochmittelalterliche Malerei ist von regionalen Schulen geprägt, die sich maurisch-orientalischer und byzantinischer Elemente bedienen. Die Jagdszenen und Tiere als Teil der Ausmalung in der mozarabischen Kapelle San Baudelio de Berlanga (Provinz Saria) vom Anfang des 12. Jh.s zeigen in ihrer figurativen Strenge und im konturenhaften Stil der hellen Figuren auf intensivem Rotgrund starke Einflüsse maurischer Dekoration, wie man sie zeitgleich auch in der Elfenbein- und Keramikkunst finden kann. Auch der Freskenzyklus mit den Darstellungen zur christlichen Heilsgeschichte (Christus in der Mandorla, Evangelisten, Engel, Apostel, Schöpfungsgeschichte, Sündenfall, Opfer Kains und Abels, Fußsalbung Christi durch Magdalena, Adoration eines Weisen) aus der Eremitage de la Cruz von Maderuelo (Provinz Segovia) aus dem frühen 12. Jh. zeigt einen monumental dekorativen Stil mit gleichförmiger, zeichenhafter Körpergestaltung, bei der Mimik und Gestik häufig unbeholfen wirken, aber in ihrer archaisch-eindringlichen Aussagekraft auch beeindrucken.

Noch bis Ende des 14. Jh.s hielt in Zentralspanien die Beliebtheit maurischer Dekorationen an, deren Yesería-Wände für Bildprogramme keinen Platz boten. Selbst die wenigen christlichen Bildwerke, wie das kastilische Retabel aus dem 14. Jh. mit einem frontal-monumentalen heiligen Christophorus, einer kleinformatigen Kreuzabnahme und mehreren Szenen aus dem Leben der hll. Petrus und Emilianus, zeigen nach wie vor eine einfache, lineare Formensprache, die der Romanik verhaftet bleibt.

Malerei der Gotik

Vorbild Toskana

Erst um 1400 erhält die Malerei in Spanien neue Impulse durch die internationale Gotik, die über importierte Werke und eingewanderte Künstler vermittelt wird. *Internationale Einflüsse*

Das »Altarbild des Erzbischofs Sancho de Rojas« eines anonymen Meisters aus dem ersten Viertel des 15. Jh.s macht **sienesische Stileinflüsse** deutlich, die vermutlich auf die Tätigkeit des toskanischen Meisters Gherardo Starnina in Toledo zurückzuführen sind. Auf der Mitteltafel erscheint Maria mit dem Jesuskind, umgeben von musizierenden Engeln und flankiert von zwei Dominikanerheiligen, die zur Linken der Gottesmutter den Erzbischof empfehlen, der aus ihrer Hand die Mitra empfängt. Rechts im Bild kniet der mit Ferdinand I. von Aragón identifizierte König, der vom Christuskind gekrönt wird, zugleich eine religiös-politische Demonstration zur Rechtfertigung der 1412 im Kampf errungenen Thronfolge.

Im Meer der Meisterwerke

Räumlich, detailreich, starke Farbigkeit

Nicolás
Francés

Im mehrteiligen »Marien-Franziskus-Retabel« von Nicolás Francés (1430–1468) sind **französisch-italienische Stilmerkmale** der Gotik spürbar. So zeigt der linke Altarflügel lebhaft bewegte Szenen aus dem Leben des hl. Franziskus, die als fortlaufendes Geschehen in detailreichen Bildräumen, von dreiteiligem Maßwerk untergliedert, gestaltet werden. Dieser ausgeprägte Sinn für szenische Dramaturgie in Verbindung mit reicher Farbenpalette und räumlicher Vorstellungskraft gaben der Malerei in Spanien wichtige Anregungen.

Bewegtes Linienspiel

Jaume
Huguet,
Meister de
Arguis und
de Sigüenza

Den Stil der **internationalen Gotik** vertreten am prägnantesten Jaume Huguet und die Meister de Arguis und de Sigüenza. Das Fragment eines »Propheten« von Jaume Huguet (um 1415–1492) macht seinen zeichnerisch-prägnanten Stil mit einem Hang zur leichten Melancholie im Gesicht des Propheten deutlich. Der aragonesische Meister de Arguis zeigt die erzählfreudige höfisch-elegante Variante der internationalen Gotik am Beispiel des »Retabel des hl. Michael« um 1450. Der Meister von Sigüenza, heute als Juan de Peralta identifiziert, ist mit dem »Altarbild des hl. Johannes' d. T. und Katharina« ein weiterer Vertreter des bewegten Linienspiels der internationalen Gotik.

Am nachhaltigsten wirkten jedoch die **niederländischen Vorbilder** auf die spanische Malerei, vor allem die Malerpersönlichkeit Jan van Eycks, der die Iberische Halbinsel 1428/29 besuchte.

Ölmalerei: aus Flandern auf die Iberische Halbinsel

Bartolomé
Bermejo

In der zweiten Hälfte des 15. Jh.s entstanden bemerkenswerte Werke im hispano-flämischen Stil. Herausragendster Vertreter dieser Malrichtung war der gebürtige Cordobese Bartolomé Bermejo (vor 1450–1498), dem wahrscheinlich das Verdienst gebührt, die von den Brüdern van Eyck in Flandern entwickelte Technik der Ölmalerei im Königreich Aragonien eingeführt zu haben. Sein Hauptwerk ist der Dominikus-Altar von Daroca, dessen Mitteltafel mit dem »hl. Dominikus von Silos« sich im Prado befindet. Zwischen 1474 und 1477 entstand dieses prachtvolle Retabel von größtmöglicher naturalistischer Detailwirkung, das dem heiligen Dominikus eine statuenhaft-hieratische Erscheinung verleiht. In den kunstvoll geschnitzt wirkenden Thron sind in farbige Gewänder gekleidete symbolische Frauengestalten eingefügt, die auf die sieben Kardinaltugenden verweisen: Glaube, Hoffnung, Liebe, Gerechtigkeit, Tapferkeit, Klugheit und Besonnenheit.

Kastilische Menschen in niederländischer Landschaft

Fernando
Gallego

In Kastilien fand der niederländische Einfluss seinen größten Niederschlag in den Werken von Fernando Gallego (1467–1507), die wiederum schulbildend wirkten. Sein präziser, klarer, wenngleich harter Malstil lässt sich an der **»Pietà«** im Prado gut beobachten, beispielsweise an der starren Haltung des Körpers Christi und des stark geknitterten Gewandes der Maria. Gallegos Darstellungen sind von leuchtender Farbgebung, zumeist in satten Tönen. Seine holzschnittartigen Figuren zeigen kastilische Physiognomien, während die fein gestaffelten Landschaftshintergründe niederländisch sind.

In dem Werk »thronender, segnender Christus«, der Zentraltafel eines Laurentius-Altars (nach 1492), trifft man auf **spätgotische Zierlust**, die sich beispielsweise im reichen Maßwerk über dem Thron zeigt in Verbindung mit symmetrisch-strenger, groß- und kleinfiguriger Personenanordnung. Zu Seiten Christi erscheinen links die Personifikation der Ecclesia, umgeben von Symbolen der Evangelisten Markus (Löwe) und Johannes (Adler), und rechts die Personifikation der Synagoge, umgeben von Symbolen der Evangelisten Lukas (Stier) und Matthäus (Engel), die zusammen mit dem thronenden Christus den Weltherrschaftsanspruch des Christentums zum Ausdruck bringen sollen.

Niederländische und flämische Einflüsse

Als weitere Vertreter des spanisch-niederländischen Stils der 2. Hälfte des 15. Jh.s gelten der stark von Rogier van der Weyden beeinflusste Meister von Sopetrán mit einer »Verkündigung« und »Betender Stifter« aus dem gleichnamigen Benediktinerkloster sowie der Meister de la Sisla aus dem gleichnamigen Hieronymitenkloster mit sechs Tafeln zum Christus- und Marienleben, von denen der »Tod Mariens« ein fast wörtliches Zitat aus einem Kupferstich des deutschen Malers Martin Schongauer ist. *(Weitere Vertreter der Malerei der Gotik)*

Herausragende Beispiele der **hispano-flämischen Malkunst** sind außerdem die anonymen Werke »Jungfrau der katholischen Könige«, um 1490, und »Sacra Conversazione«, um 1500. Ersteres stammt aus der königlichen Kapelle von Santo Tomás in Ávila und zeigt die Madonna in einer Empfehlungsszene mit dem hl. Thomas und dem betenden König Ferdinand von Aragón in Begleitung seines Sohnes und des Großinquisitors Torquemada links und Königin Isabella von Kastilien rechts, betend in Begleitung ihrer Tochter und eines Chronisten. Die »Sacra Conversazione« wird einem valencianischen Meister zugeschrieben, der das Stifterbild eines Montesa-Ritters mit einer Madonna-Kind-Gruppe, flankiert von den hll. Bernhard und Benedikt, ausgestaltete.

Die Renaissance kündigt sich an

Mit Juan de Flandes († 1519), einem in Gent geschulten Maler, der ab 1496 im Dienst von Königin Isabella tätig war, **hält bereits die Renaissancekunst Einzug** in Spanien. Sein ausgeprägter Sinn für Raumdarstellungen, seine lebhaft-realistische Figurenkomposition in *(Juan de Flandes)*

Verbindung mit kontrastreicher, lichtstarker Farbgebung zeichnen seine vier Altartafeln aus: die »Auferstehung des Lazarus«, das »Gebet im Garten Gethsemane«, die »Himmelfahrt Christi« und die »Ausgießung des hl. Geistes«.

Malerei der Renaissance

Malerei in Zeiten der Inquisition

Pedro Berruguete

Der Kastilier Pedro Berruguete (um 1450 – vor 1504) vereinte in seinem Werk verschiedene altniederländische und italienische Stiltraditionen und brachte einen **neuen national-spanischen Stil** hervor, der als repräsentativ für die Epoche der Katholischen Könige gelten kann. Seine langjährige Tätigkeit am Herzogshof von Urbino machte ihn mit den Errungenschaften der italienischen Renaissancekunst vertraut. Nach dem Tod des Herzogs kehrte er 1482 nach Spanien zurück und arbeitete in Toledo und später in Ávila. Für das dortige Kloster Santo Tomás, eine Lieblingsgründung der Katholischen Könige, schuf er um 1498 einige Tafelbilder, die heute im Prado zu sehen sind, darunter ein »Autodafé unter Vorsitz des hl. Dominikus« als Teil eines Dominikus-Polyptychons. Unter dem Eindruck aktueller Ereignisse – in Santo Tomás tagte das Inquisitionstribunal – stellt Berruguete die Urteilsverkündung des geistlichen Inquisitionsgerichts dar. Dieses sogenannte Autodafé (von lat. actus fidei = Glaubensakt) findet unter dem Vorsitz des spanischen Gründers des Dominikanerordens, des hl. Dominikus Guzmán (1170 – 1221), statt. Die Dominikaner und Franziskaner übten die 1231/1232 **von Papst Gregor IX. eingeführte Inquisition** zur Aufspürung und Verurteilung von Ketzern aus. Das Bild schildert die Vollstreckung eines Inquisitionsurteils von der Verkündung über die Strafzuführung der Verurteilten in spitzen Hüten und weißen Überwürfen bis zu ihrem Feuertod, wobei auch der Verweis auf die »Gnade« nicht fehlt, vor dem Flammentod erdrosselt zu werden. Berruguete präsentiert das furchterregende Inquisitionstribunal in einem klar gestaffelten Bildraum aus einer Folge von drei Podesten bzw. Tribünen, auf denen sich die Ereignisse abspielen. Lebhaft agierende Figuren verbinden die Bildebenen miteinander, sodass ein hohes Maß an Wirklichkeitstreue erreicht wird.

Pathetisch und mystisch: El Divino, der Himmlische

Luis de Morales

Von Ergriffenheit geprägt sind die Bilder von Luis de Morales (um 1500 – 1586): »Madonna mit Kind«, »Ecce homo«, »Hl. Stephanus« u.a. Während der Hof an seinen Bildern wenig Gefallen fand, erfüllte er damit umso mehr die frommen Bedürfnisse des Volkes. Die mystischen Züge in seiner Malerei führten zu seinem Beinamen »El Divino« (der Himmlische). Im Gegensatz zu seiner stark pathetischen Darstellungsweise steht jedoch die kühle Farbskala.

Theatralisch

Auch Juan de Juanes (eigentlich Vicente Juan Masip, um 1523 – 1579) sprach mit seinen Werken die frommen Empfindungen seiner Zeitgenossen an. Sein »Abendmahl«, obwohl in der Nachfolge Raffaels und Leonardos stehend, zeigt eine auffällige Theatralik der Szenen, Geziertheit der Gestalten und merkwürdige Farbgebung.

Juan de Juanes

Dramatische Hell-Dunkel-Kontraste

Der in Italien geschulte Pedro Machuca (Ende des 15. Jh.s – 1550) ist vom römischen Manierismus beeinflusst. Seine »Kreuzabnahme« von 1547 ist eine aus diagonalen und vertikalen Bewegungsrichtungen bestehende dramatische Komposition mit starken Hell-Dunkel-Kontrasten. Auch als Architekt des Palastes von Karl V. in Granada machte sich der Künstler einen Namen.

Pedro Machuca

Porträts der Königsfamilie

Der flämisch geschulte Porträtmaler Alonso Sánchez Coello (1531/32 – 1588) folgte als Hofmaler König Philipps II. dem Vorbild seines Lehrmeisters Anthonis Mor. Seine Bildnisse der königlichen Familie werden häufig in Dreiviertelansicht vor neutralem Hintergrund gemalt. Die Porträts »König Philipp II.« (zugeschrieben), seines Sohnes »Prinz Don Carlos« und seiner Tochter, der »Infantin Isabella Klara Eugenia«, sind realistische Wiedergaben, die trotz ihrer protokollarisch-abweisenden Haltung und strengen Tracht durch eine sinnliche Farbgebung menschliche Züge erlangen. Das Doppelbild der »Infantinnen Isabella Klara Eugenia und Katharina Michaela« zeigt eindrucksvoll ihr aufgezwungenes höfisches Verhalten als Prinzessinnen, das im Widerspruch zum kindlichen Mienenspiel steht.

Alonso Sánchez Coello

▌ El Greco

Extreme Hochformate, Ekstase, flackernde Lichter

Den Höhepunkt des **spanischen Manierismus**, der Spätphase der Renaissance, bildet das Werk von Domenikos Theotokopoulos, genannt El Greco (1541 – 1614). Der aus Kreta stammende, in Italien ausgebildete Maler reiste 1577 nach Spanien, vielleicht um der Konkurrenzsituation in Rom und Venedig zu entfliehen und sich an der Ausgestaltung des Escorial zu beteiligen. Allerdings stieß seine Malerei bei Philipp II. auf Ablehnung. El Greco ließ sich daraufhin in ► Toledo nieder und wurde dort schnell berühmt. Bildnisse und religiöse Themen bilden seine Schwerpunkte. Die **»Trinität«** ist El Grecos erstes Auftragswerk in Toledo. Schon auf den ersten Blick ist der starke italienische Einfluss auf seine Malerei zu erkennen. Der Leichnam Christi, der schwer im Schoß von Gottvater lastet, ist noch – unter dem Eindruck der Kunst Michelangelos – sehr plastisch darge-

Der Grieche

stellt. Im weiteren Schaffen werden seine Gestalten zunehmend schwerelos. Das Thema hat in der Kunstgeschichte eine lange Überlieferung. Der Schmerz des Vaters über die Leiden, die er selbst seinem Sohn auferlegt hatte, kam den religiösen Gefühlen tiefer Zerrüttung im späten 16. Jh. entgegen.

Die »**Auferstehung**« aus dem Jahr 1596 gehört mit drei weiteren extrem hochformatigen Tafelbildern zu einem Auftrag Marias von Aragón, einer Hofdame der Königin, und fällt in die Zeit seines reifen Stils. In lichter Verklärung, das Siegesbanner haltend, schwebt Christus in die Höhe. Nur einer der Wächter ist vom Geschehen unberührt und schläft, einige weichen entsetzt zurück, andere sind fassungslos vor Erstaunen. Die Soldaten, die sich so weit gefasst haben, dass sie den Auferstandenen mit gezückten Schwertern zurückzuhalten versuchen, sind eine Erfindung El Grecos.

Sein Enthusiasmus bei der Schilderung religiöser Themen und sein nervöser, teils pastos aufgetragener, teils durchscheinender Pinselstrich führten zu einer unnatürlichen, stark gelängten Gestaltung der Figuren, die dem Irdischen entrückt zu sein scheinen, eine Weiterführung der byzantinisch-griechischen Stiltradition der »Maniera greca«, in der u.a. der Stil des Manierismus wurzelt. Flackerndes Licht, übergangslose Farbkonzentrationen und stark gegenläufige Bewegungsrichtungen verleihen El Grecos Bildern Dynamik bis hin zur Ekstase.

Das »**Pfingstwunder**« ist ein weiteres Beispiel für seinen ekstatisch-expressiven Malstil unter Einbeziehung einer wohl durchdachten Bildordnung. El Greco baut seine Komposition der Ausgießung des Hl. Geistes stufenweise über Personen-, Raum- und Farbschichten auf, sodass der Blick zu Maria und der über ihr schwebenden Taube des Hl. Geistes gelenkt wird. Die verschiedenen Bildebenen werden mit Hilfe einer Dreieckskomposition zwischen Maria in der Bildmitte und den beiden Randfiguren zu einer Einheit zusammengefügt.

In seinem Spätstil, z. B. in der »**Anbetung der Hirten**«, die für seine eigene Grabkapelle bestimmt war, beschränkt sich El Greco wieder auf eine eindeutige Lichtführung im Bild. Vom Kind in der Krippe strahlt das Licht der Welt aus und verbindet in seiner Klarheit und Wärme die Menschen miteinander.

Bildnisse – manieristisch gemalt

El Greco war auch ein ausgezeichneter Porträtist, der dem Gesicht fast ausschließliche Aufmerksamkeit zollte. Es sind häufig in helles Licht getauchte, strenge typenhafte Physiognomien vor dunklem Hintergrund, die erst durch die durchdringenden Blicke Individualität und Menschlichkeit erhalten. Der »Edelmann mit Schwurhand« gilt als Porträt des Santiago-Ritters und Gouverneurs der Philippinen,

Porträts

El Grecos »Anbetung der Hirten«

Juan de Silva. Der Jurist »Jerónimo de Cevallos« und »Alter Edelmann« liefern weitere Beispiele für die mit lockerem Pinselstrich gearbeitete Bildniskunst El Grecos.

▌Malerei des Barock

Dramatische Lichteffekte

Die Anfänge Als El Greco 1614 starb, hatte auch in Spanien eine von Italien ausgehende Erneuerung der Malkunst in Richtung **naturalistischer Hell-Dunkel-Malerei** begonnen. Mit Hilfe schlaglichtartiger Beleuchtungseffekte wurden Einzelheiten stärker als bisher herausgehoben und dabei auch häufig theatralisch-dramatisch übersteigert. Unter dem Einfluss Caravaggios in Italien kehrten auch die spanischen Maler zu Beginn des 17. Jh.s zu einer vom Manierismus abweichenden geordneten Komposition zurück, mit einer Klarheit und Direktheit der Formensprache, die andeutungsweise schon bei den im Escorial beschäftigten Künstlern anzutreffen war.

Hofmaler und Kunsttheoretiker

Vicente Aus der Escorialschule hervorgegangen und zum Hofmaler aufgestie-
Carducho gen war Vicente Carducho (1576/78–1638), der sich als Verfasser der **»Gespräche über die Malerei«** (1633) auch über Maltheorie äußerte. Neben einer Reihe von Historienbildern für den Reichssaal des Buen-Retiro-Palastes schuf er eine Serie von Gemälden für die Dekoration des Kreuzganges im Kartäuserkloster El Paular, darunter »Der Tod des ehrwürdigen Odón de Novara« (1632) mit einem Selbstbildnis in der vorderen knienden Figur links im Bild. Da es für diese Gemäldeserie keine ikonografischen Vorlagen gab, war Carducho auf seine eigene Schöpferkraft angewiesen.

Erzählfreudige Historiengemälde

Juan Auch Fray Juan Bautista Maino (1581–1649) war als Zeichenlehrer
Bautista des Prinzen Philipp IV. für den Hof tätig. Als Frühbarockmaler unter
Maino italienischem Einfluss malte Maino erzählfreudige Bilder von fast hyperrealistischer Qualität mit einer kalten, aber hellen Farb-Lichtgebung. Die »Anbetung der Könige« und »Anbetung der Hirten«, beide von 1612, liefern gute Beispiele seines Stils. Aus dem Jahr 1634 stammt sein Historienbild »Die Eroberung von Bahia in Brasilien«, das auf ein Ereignis des Jahres 1625 zurückgeht, als Don Fabrique de Toledo die Festung von den Niederländern zurückeroberte. Während rechts im Bild auf einem Wandteppich Philipp IV. zwischen Don Fabrique und der Siegesgöttin erscheint, mit den allegorischen Gestalten der Ketzerei, des Zorns und des Krieges als Leichen zu ihren Füßen, ist auf der linken Bildhälfte die Pflege eines Verwundeten durch die Landbevölkerung zu beobachten.

Hell neben Dunkel – wie auf Caravaggios Gemälden

Von katalanischer Herkunft, in Madrid geschult und in Valencia als Maler arbeitend, verbindet Francisco Ribalta (um 1551/55–1628) gefühlsbetonte Religiosität mit ausgeprägtem Naturalismus. Die Umsetzung mystischer Themen wie »Christus umarmt den hl. Bernhard« und »Der hl. Franz, von einem Engel getröstet« zeigt Vertrautheit mit der von Caravaggio entlehnten Hell-Dunkel-Technik, die den Realitätscharakter der Szenen verstärkt.

Francisco Ribalta

»Lo Spagnoletto«: Der Spanier in Italien

Der valencianische Maler José de Ribera, genannt Lo Spagnoletto (1591–1652), wanderte in jungen Jahren nach Italien aus und wirkte in Neapel, ohne wieder nach Spanien zurückzukehren. Einige seiner Bilder wurden von Philipp IV. für den Escorial angekauft. Ribera blieb auch in der Fremde dem typisch spanischen Anliegen in der Malerei treu, das trotz aller Religiosität in der Beobachtung der alltäglichen Wirklichkeit und der Menschen bestand. So liefert Ribera beispielsweise mit **»Archimedes«**, 1630, ein eindrucksvolles Porträt eines älteren Mannes, der wie ein zeitgenössischer Neapolitaner aussieht. Nicht die Idealisierung oder Verherrlichung eines großen Wissenschaftlers stehen im Vordergrund, sondern individuelle Ausstrahlung und Menschlichkeit. Ähnliches lässt sich auch über das Bildnis des **»Hl. Andreas«** und zahlreiche andere Porträts von Heiligen, biblischen oder mythologischen Gestalten sagen.

José de Ribera

In seiner frühen Schaffenszeit entstehen zudem eine Reihe höchst dramatischer, teils grauenerweckender Gemälde in düsteren Farben. Das infolge des verwendeten Erdpechs stark nachgedunkelte Bild **»Tityos«**, 1632 datiert, zeigt den gefesselten Giganten, dem auf Befehl von Zeus die Leber von einem Geier herausgerissen wird, als Strafe für den Vergewaltigungsversuch an Leda, der Mutter Apolls. Ein anderer Frevler, **»Ixion«**, wird an ein feuriges Rad gebunden, weil er versucht hat, Hera zu verführen. Riberas dramatische Darstellungskraft und religiöse Empfindung zeigen sich bei biblischen Themen, u.a. im **»Martyrium**

José de Ribera: »Heiliger Andreas«

des hl. Philippus« um 1639. Das Zentrum der kunstvollen Komposition bildet ein Koordinatensystem aus den Marterbalken, an denen der diagonal hingelagerte Körper des Märtyrers emporgezogen wird. Die Bewegungsdramatik aus Horizontalen, Vertikalen und Diagonalen wird durch die Hell-Dunkel-Kontraste noch gesteigert. Das ausdrucksstarke, schmerzvoll entsetzte Gesicht des Philippus kontrastiert mit denen der neugierigen Zuschauer.

In seiner reifen Werkperiode hellt die Farbpalette Riberas durch den Kontakt mit der venezianischen Malerei zunehmend auf. Es entsteht eine Reihe naturalistischer Großkompositionen, darunter auch der **»Traum Jakobs«**, eine gelungene Schlafstudie, in der anstelle der traditionellen Himmelsleiter eine diffuse Lichtwolke das Bild erhellt und zugleich die Engelsvision des Schlafenden verdeutlicht.

Sinnlich, elegant und voller Würde

Alonso Cano

Der Maler, Bildhauer und Architekt Alonso Cano (1601–1667) ist aus der Malschule in Granada hervorgegangen, wo er hauptsächlich tätig war. Außerdem arbeitete er neben Velázquez zeitweilig für den königlichen Hof in Madrid. Eine »Madonna mit Kind«, um 1646 bis 1650, stellt einen Frauentyp mit zarten Gesichtszügen und großen Augen vor, der für Canos Kunst charakteristisch ist. Sein Naturalismus ist an Caravaggio geschult, von Rubens und van Dyck übernimmt er die Sinnlichkeit, Eleganz und Würde in seine Darstellungen. »Der tote Christus, von einem Engel gestützt«, um 1645, ein seltenes Thema der flämischen und italienischen Malerei des 15. Jh.s, wird von Cano mit sattem Pinselstrich und effektvollen Licht-Schatten-Spielen inszeniert. **»Das Brunnenwunder«** zeigt in ausgewogener Komposition, in venezianisch-leuchtenden Farben und realistisch dargestellt eine Dankesszene des hl. Isidor, dessen in den Brunnen gefallener Sohn von einem Engel gerettet wird.

Alonso Cano: »Der tote Christus, von einem Engel gestützt«, um 1645

Manierismus und Realismus

Hauptsächlich in Sevilla lebte und arbeitete Francisco Herrera d. Ä. (um 1576–1656), der sich in seiner Malkunst vom Manierismus zu einem erzählfreudigen Realismus entwickelte: »Der hl. Bonaventura erhält die Ordenskleidung der Franziskaner«, um 1628. Als erster Lehrer von Velázquez und seinem eigenen Sohn Francisco war Herrera d. Ä. **Wegbereiter** für die großen Leistungen der **spanischen Malerei um die Mitte des 17. Jahrhunderts**.

Ruhig und poetisch, raum- und zeitlos

Francisco de Zurbarán (1598–1664), gleichaltrig mit Velázquez, aber im Temperament sehr verschieden, verzichtete auf alle barocken Elemente in seinen Bildern zugunsten eines ruhigen Malstils, sodass den Menschen und Gegenständen, häufig isoliert vor dunklem Hintergrund, eine **starke asketische Verinnerlichung** und zeitlose Ruhe anhaften. »Die Vision des Pedro Nolasco vom Himmlischen Jerusalem« und »Der hl. Petrus erscheint dem hl. Pedro Nolasco« wurden 1629 für den Mercedaria-Orden in Sevilla geschaffen, der von Pedro Nolasco 1233 zum Loskauf christlicher Gefangener in Afrika gegründet worden war. Seine Heiligsprechung 1628 war der Anlass für Zurbaráns Auftrag, der bei der Ausführung auf keine Bildtradition zurückgreifen konnte und eine sehr eigenwillige Ausgestaltung der Heiligenvita schuf.

»Die hl. Kasilda«, 1640, besticht durch ihre vornehme Erscheinung in einem prächtigen andalusischen Gewand des 17. Jahrhunderts. Vermutlich nach einem Modellporträt entstanden, zeigt die Figur der Emirstochter des 11. Jh.s aus Toledo, die verbotenerweise hungernden christlichen Gefangenen Brot brachte, das sich bei einer Überprüfung in Rosen verwandelte, ein hohes Maß an Plastizität durch seitlich einfallendes Licht vor neutralem dunklem Hintergrund.

Aus dem Bereich der Mythologie hat Zurbarán 1634 die zehn Tafeln mit den »Herkulestaten« in kraftvollen Körperaktionen gemalt, die ursprünglich oberhalb der Fenster im Saal der Könige des Buen-Retiro-Palastes aufgehängt und deswegen auf starke Untersicht hin angelegt waren. Traditionell dienten die Herkules-Darstellungen der Verherrlichung des Sieges eines gerechten Herrschers über seine Feinde. In den Stillleben Zurbaráns erscheinen im Gegensatz zur überschwänglichen Fülle zeitgenössischer niederländischer Arbeiten die Einzelgegenstände isoliert und in vordergründiger Aufreihung in einem ausgewogenen Rhythmus wechselnder Höhen und Größen der gleich weit voneinander entfernten Gefäße bei starker **Reduktion der Raumtiefe**. Den Alltagsdingen werden auf diese Weise eine ungeahnte Poesie und ein geheimnisvoller Zauber abgewonnen. Das Historienbild »Die Verteidigung von Cádiz gegen die Engländer« von 1634 bezieht sich auf ein Ereignis des Jahres 1625 und ist ein Auftragswerk für den königlichen Palast. Es lässt eher an eine Theaterszene denken mit dem Gouverneur Fernando Girón als befehlsgebendem Hauptdarsteller.

Francisco de
Zurbarán

▌ Velázquez

Große Karriere als königlicher Porträtmaler

Berühmter Hofmaler Der Maler, der im 17. Jh. am Königshof von Madrid über alle Maßen geschätzt wurde, war Diego Rodríguez de Silva y Velázquez (1599–1660). Er stammte aus Sevilla, wo er seine Ausbildung in der Werkstatt von Herrera d. Ä. und Francisco Pacheco Del Río erfuhr, dessen Tochter er 1618 heiratete. Zunächst malte Velázquez Stillleben, Genrestücke und einige religiöse Szenen (u.a. »Anbetung der Könige«, 1619), bis er als Porträtmaler die Aufmerksamkeit von König Philipp IV. auf sich lenkte und von 1623 bis zu seinem Lebensende als Hofmaler in Madrid fast ausschließlich für die königliche Familie arbeitete. Velázquez' glanzvoller künstlerischer und sozialer Aufstieg gipfelte in seinen diplomatischen Diensten für den König auf zwei Italienreisen 1629 und 1649 und in seiner Aufnahme in den Santiago-Orden, der sonst nur dem Hochadel zugänglich war.

>>

Mein lieber Freund, wie bedauere ich, daß Sie nicht mit mir zusammen Velázquez sehen; wie groß wäre Ihre Freude, denn schon um seinetwegen lohnt sich diese Reise. Die Maler sämtlicher Schulen, die ihn im Prado umgeben und von denen ausgezeichnete Werke ausgestellt sind, erscheinen neben ihm wie Stümper. Er ist der größte Maler aller Zeiten. Er hat mich nicht erstaunt, sondern hingerissen ...

<<

Edouard Manet (1832–1883): Brief an Fantin-Latour

Von überragender Bedeutung ist also die Porträtkunst im Œuvre von Velázquez, die es ihm ermöglichte, durch die realistische Wiedergabe eines Menschen ohne Pathos und schmückendes Beiwerk dessen Persönlichkeit zu erfassen, gleichgültig, ob es sich um Mitglieder der Königsfamilie, historische Persönlichkeiten oder Hofnarren handelte. Das **Halbporträt von Philipp IV.** zeigt den jungen Monarchen ohne Herrscherattribute in schlichter Kleidung aus schwarzer Seide in einer Haltung, die zugleich distanzierte Überlegenheit und innere Unsicherheit verrät. Das ganzfigurige **Bildnis des Infanten Don Carlos** zeigt den 1632 jung verstorbenen Bruder des Königs, einen kunstliebenden sensiblen Mann, dessen Gesichtszüge melancholisch wirken. Schlichtheit, Eleganz und Lässigkeit – die Fingerspitzen halten den rechten Handschuh – prägen die Erscheinung des Infanten, dessen dunkle Körpersilhouette mit sich auflösenden Schatten aus der dunklen Raumecke hervortritt und belebt wird durch helles Licht, das auf Kopf und Hände fällt. Das **Reiterbildnis des Prinzen Baltasar Car-**

Velázquez' berühmtes Gruppenbild »Las Meniñas«

los, Erbe der spanischen Krone, der schon mit 17 Jahren starb, zeigt ihn als Sechsjährigen in der Pose des künftigen Herrschers vor der weiträumigen Landschaft der Sierra de Guadarrama und macht symbolisch in der Beherrschung des Pferdes auf seine Fähigkeiten als Staatslenker aufmerksam. Velázquez gelang ein hintergründiges Prinzenporträt, das einfühlsam die Spannung zwischen Kindlichkeit (Schaukelpferdanalogie) und Machtdemonstration (Imperator-Haltung) deutlich werden lässt.

Ein Augenblick, weltberühmt
Höhepunkt seines Schaffens ist Velázquez' Gemälde »Las Meniñas« (die Hofdamen) oder **»Die Familie Philipps IV.«** aus dem Jahr 1656, in dem sich Elemente des höfischen Gruppenporträts, des Künstlerselbstbildnisses und der Interieurmalerei zu einer großartigen Einheit verbinden und zugleich die Spontaneität und Intimität einer Alltagsszene im Königspalast gewahrt bleiben. Im Mittelpunkt steht die kokette Infantin Margarita (spätere Kaiserin von Österreich, gestorben 1673), die in Begleitung ihres Hofstaates gekommen ist, um Velázquez (links an der Staffelei) malen zu sehen. Eine der Hofdamen, Maria Augustina Sarmiento, reicht der Prinzessin kniend ein Getränk, während andere plötzlich aufschauen und nur der junge Zwerg unbekümmert den dösenden Hund in der rechten Ecke weiter stört. Denn gerade in diesem Augenblick, bereits bemerkt von

Las Meniñas

der Zwergin Maribárbola und der zweiten Meniña, Isabel de Velasco, betritt das Königspaar, aus dem Vordergrund kommend wie der Bildbetrachter, den Atelierraum, was im Spiegel an der Rückwand des Zimmers sichtbar wird, sodass auch der Hofmarschall José Nieto noch kurz innehält, bevor er durch die offene Tür im Hintergrund entschwindet. Velázquez hält in zuvor nie erreichter Weise einen unmittelbar nachzuvollziehenden Augenblick fest, unterstützt von einem impressionistisch anmutenden Pinselstrich und einer wirkungsvollen Farb-Licht-Atmosphäre. Dabei haftet dem Gemälde noch ein Geheimnis an, denn wir wissen nicht, wen oder was Velázquez auf der abgewandten Leinwand im Bild gerade malt. Die Gunst der Anwesenheit des Königspaares im Atelier adelt zwar seine Kunst, doch die schöpferische Freiheit bleibt davon unbeeindruckt.

>>

Mit welcher Kunst und Genialität hat er es verstanden, die milchbleichen, uns gleichgültigen Infantinnen in der lächerlichen Ausstaffierung ihrer Zeit darzustellen! Durch die Kunst, mit der er sie gemalt hat, und durch die grelle Umgebung, die ihnen mit Zwergen und Zwerginnen und gefräßigen Hunden von charakteristischer Häßlichkeit beigegeben ist, werden sie lebendig, beredt und erreichen den Rang von Schönheit. Die porträtierten Figuren treten derart aus ihrem Rahmen, daß man es nicht bezweifelt, wenn erzählt wird, daß einige dieser Bilder, auf der Staffelei in Velázquez' Atelier aufgestellt, die Leute im Nebenzimmer glauben ließen, dort drinnen seien wirkliche Personen.

<<

Hans Christian Andersen (1805–1875): Reisebilder aus Spanien

Menschen in ihrer Individualität

Weitere Porträts   Zahlreiche weitere Porträts, vor allem die der missgestalteten, oft gedemütigten **Hofzwerge und Narren**, belegen Velázquez' Fähigkeit, die Personen in ihrer Individualität zu erfassen und dabei eine psychologische Spannung zwischen objektiver Wahrnehmung und subjektiver Sicht zu erzielen, unter Wahrung der Achtung und Anteilnahme für die Dargestellten.

Mythologische Themen und Historiengemälde

Antike Themen   Von den wenigen antiken Themen – mythologische Bilder hatten in Spanien so gut wie keine Tradition – besitzt der Prado drei wichtige Werke. »Los Borrachos« (die Trinker) oder **»Triumph des Bacchus«**, von 1628 aus dem Jahr vor Velázquez' erster Italienreise, zeigt in stark naturalistischer Manier eine fröhlich zechende Männergesellschaft mit dem trunkenen Weingott in ländlicher Umgebung.

Gleichfalls ohne jegliche Idealisierung werden die Göttergestalten in der **»Schmiede des Vulkan«** dargestellt, die Velázquez in Rom malte. Die schweißtreibende, harte Arbeit in der Schmiede wird unterbrochen, als Apoll Vulkan und seine Gesellen mit der Nachricht vom Ehebruch der Venus, Frau des Vulkans, mit Mars überrascht, auf die der Betrogene mit Unglauben, Schrecken und Zorn zugleich reagiert. In den »Spinnerinnen« oder **»Die Arachne-Fabel«**, um 1657, lässt Velázquez Minerva, die Göttin und Erfinderin der Webkunst, und ihre Herausforderin, die Teppichweberin Arachne, die später von ihr in eine Spinne verwandelt wird (vgl. Ovid »Metamorphosen«), gemeinsam in einer Szene mit Arbeiterinnen aus der königlichen Teppichmanufaktur in Madrid auftreten. Ihre Geschäftigkeit steht im Vordergrund und wird brillant durch impressionistische Licht- und Farbwirkungen vermittelt.

Zu seiner besonderen Leistung als Historienmaler zählt Velázquez' Schilderung der **»Übergabe von Breda«**, vor 1635. Der Maler konzentriert das Ereignis des Jahres 1625 auf das Zusammentreffen von Siegern und Besiegten bei der Schlüsselübergabe der holländischen Stadt durch ihren Kommandanten Justinus von Nassau an den genuesisch-spanischen Feldherrn Ambrogio Spinola. Dem zum Kniefall ansetzenden Oranier nähert sich in fast freundschaftlich-persönlicher Geste der spanische General als Ausdruck der Achtung gegenüber dem Besiegten, die als »Grandezza« zum spanischen Ehrbegriff zählt. Die soldatischen Gefolge sind beiden Führern bildsymmetrisch zugeordnet, wobei der verrauchende Pulverdampf und die aufgelösten Stellungen der holländischen Truppen auf ihre Niederlage verweisen, während die spanischen Truppen in geschlossener Ordnung, überhöht von einem »Lanzenstakkato«, als Sieger dastehen.

▌ Weitere Barockmaler

Kinderporträts im Prado

Im Gegensatz zum ernsten psychologisierenden Realismus von Velázquez stehen die **Heiterkeit, Sanftheit und Liebenswürdigkeit** in den meist religiösen Darstellungen von Bartolomé Esteban Murillo (getauft 1618–1682), der aus Sevilla stammte und dort zu Ruhm gelangte mit Motiven der Heiligen Familie, des guten Hirten, mit Visionen und Wundern von Heiligen, wobei er das Geschehen mit farbigem Lichtschmelz teils verklärend, teils herzergreifend zu malen wusste. In seinem Frühwerk überwiegt der Einfluss Caravaggios auf Murillos naturalistisch-realistischen Malstil. »Die Anbetung der Hirten« und die »Heilige Familie«, beide um 1650 entstanden, sind kennzeichnend für seine frommen, schlichten Genreszenen (Sittenschilderungen).

Die tief empfundene Religiosität kommt vornehmlich in Murillos **Madonnenbildern** zum Ausdruck. »Die Jungfrau erscheint dem hl.

Bartolomé Esteban Murillo

Bernhard« veranschaulicht den Einbruch des Unvorstellbaren in die alltägliche Wirklichkeit als selbstverständliches Geschehen. Die »Unbefleckte Empfängnis« ist durch weiche Linien und Farbführungen ausgezeichnet und verweist mit der Lieblichkeit und Anmut der Marienfigur auf die Epoche des Rokoko. Die »Rosenkranzmadonna« verbindet weibliche Schönheit und kindlichen Liebreiz in Anlehnung an Raffaels Madonnenkompositionen. Immer wieder beschäftigte sich Murillo mit Kinderporträts als **Gassenjungen, Traubenesser und als Christus- oder Johannesknaben**. Nur Letztere sind im Prado zu sehen. Das Kind war für den Maler ein Gleichnis für ein selbstverständliches beglückendes Vertrauen des Menschen Gott gegenüber.

Der Hofmaler von Karl II.

Juan Carreño de Miranda

Im Schatten der Maler von europäischem Format wie Zurbarán, Velázquez und Murillo entstanden eine Reihe weiterer wichtiger hochbarocker Werke von spanischen Künstlern, vornehmlich aus der Madrider Malschule in der 2. Hälfte des 17. Jahrhunderts. Während der Regierungszeit von Karl II. profilierte sich Juan Carreño de Miranda (1614–1685) unter dem **Einfluss von van Dyck** als Hofmaler mit Porträts in repräsentativem Stil, den besonders das ganzfigurige Bildnis des »Herzogs von Pastrana« erkennen lässt, dessen dunkle, eindrucksvoll aufragende Gestalt durch die zarte, fast schwermütige Farbgebung aufgefangen wird. Das Bild des russischen Botschafters in Spanien, Pjotr Iwanowitsch Potemkin, ist ein typisches Standesporträt des Adels. Daneben gibt es Porträts der Königsfamilie, von Karl II. und Maria Anna von Österreich sowie Darstellungen von Hofnarren.

Einer der letzten großen Barockmaler in Spanien

Claudio Coello

Claudio Coello (1642–1693) ist der Hauptvertreter der Barockmalerei in der 2. Hälfte des 17. Jahrhunderts. Großartige Raumprospekte, die **Dynamik der Darstellung** durch Diagonalkompositionen und **üppige sensualistische Farben** sind charakteristisch für seine Werke. Von Rubens beeinflusst ist der »Triumph des hl. Augustinus«, der in rauschender Gewandfülle himmelwärts strebt. Im Typus der Sacra Conservazione (hl. Unterhaltung) sind die »Jungfrau, verehrt vom hl. Ludwig von Frankreich« und »Die Jungfrau zwischen den theologischen Tugenden« gehalten.

Italienische Schule

Francisco Herrera d. J.

Francisco Herrera der Jüngere (1622–1685) wurde in Italien geschult und vertritt einen bewegungsreichen, effektvollen Barockstil wie im »Triumph des hl. Hermen(e)gild« zu sehen. Hermen(e)gild, der 1586 heilig gesprochene Sohn des Westgotenkönigs Leowigild, wandte sich gegen das arianische Bekenntnis und gegen seinen Vater, der ihn gefangen setzte und 585 enthaupten ließ, da er den Empfang der Kommunion von einem arianischen Bischof verweigert hatte.

Ungestüm, skurril, subjektiv

In Sevilla bildete den Gegenpol zur Malerei Murillos Juan de Valdés Leal (1622–1690) mit ungestümen, fantastisch-skurrilen Kompositionen von sehr subjektiver Aussagekraft: der »12-jährige Jesus im Tempel«, »Märtyrer des Hieronymitenordens«, »Hl. Hieronymus«.

Juan de Valdés Leal

▌ Malerei des Rokoko und Klassizismus

Die Kunst steht still

Im 18. Jh. führte das Desinteresse der ersten Bourbonen auf dem spanischen Thron an der einheimischen Kunst zu einer Stagnation in allen Bereichen, was durch **Kunstimporte aus Frankreich** ausgeglichen wurde. Erst in der 2. Hälfte des 18. Jh.s kamen auch spanische Künstler wieder zum Zug.

1. Hälfte des 18. Jh.s

Wichtigster Rokokomaler

Luis Paret y Alcázar (1746–1798/99) ist der bedeutendste Vertreter des spanischen Rokoko unter dem Einfluss venezianischer und französischer Vorbilder (Boucher). Gesellschaftsstücke wie »Ein Maskenball« oder »Las Parejas reales« (Die königlichen Paare) sind ebenso sein Metier wie »Blumensträuße«, Porträts wie die »Gattin des Künstlers« und das Hofzeremoniell wie »Karl III. speist in Gegenwart seines Hofstaates«. Seine Bilder zeigen Eleganz und Raffinement der Rokoko-Epoche in leichter pastoser Farbgebung.

Luis Paret y Alcázar

Fresken für den König

Francisco Bayeu (1734–1795) war ein viel beschäftigter Freskomaler in königlichem Dienst. »Der Sturz der Giganten« oder »Olymp« zeigt ein bewegungsreiches, lichtdurchflutetes Deckengemälde im Entwurfsstadium. Sein Bruder Ramón Bayeu (1746–1793) arbeitete zusammen mit Goya ab 1775 für die königliche Teppichmanufaktur als Kartonmaler, u. a. »Genreszenen«.

Francisco Bayeu

Stillleben, die real erscheinen

Die Stilllebenmalerei erfuhr neue Impulse durch Luis Eugenio Meléndez (1716–1780), der mit einer Vielzahl von Arbeiten aus dem Palast von Aranjuez im Prado vertreten ist. Von den 22 »Bodegones« (= Stillleben) sei stellvertretend das mit einem Stück **Lachs, einer Zitrone und drei Gefäßen** aus dem Jahre 1772 besonders erwähnt. Die einfachen Gegenstände und Lebensmittel gewinnen mithilfe einer virtuosen Maltechnik in starken Lichtkontrasten eine fast greifbare Realität. Dabei zeigt der Maler ein großes Feingefühl für die Stofflichkeit der Objekte, vom rosigen Lachsfleisch und der leuchtend gelben Zitrone angefangen über Kupfer-, Messing- und Tongefäße bis zum abgenutzten Holz des Tisches.

Luis Eugenio Meléndez

Goyas Rivale

Mariano Salvador Maella

Mariano Salvador Maella (1739–1819) ging aus der Madrider Kunstakademie hervor, studierte in Rom die italienische Malerei und geriet dann unter den Einfluss von Anton Raphael Mengs. Als »Pintor del Rey« (erster königlicher Maler) rivalisierte er am Hof in Madrid mit Goya. In seinen Werken verbinden sich malerische Elemente des Rokoko mit denen des Klassizismus.

▌ Francisco de Goya

Heiteres Rokoko und Schwarze Malereien

Schaffensspektrum

Einer der genialsten Künstler Spaniens und Europas ist Francisco de Goya y Lucientes (1746 – 1828; ▶ Interessante Menschen). Als Maler, Zeichner und Radierer hat er ein umfangreiches Œuvre hinterlassen. Die Palette reicht von der heiteren Darstellung der Rokokowelt in den Teppichkartons seiner Frühzeit bis zu den unheilschwangeren Szenen, den sogenannten Schwarzen Malereien aus der Quinta del Sordo (Haus des Tauben), seiner Spätphase.

Zwischen Barock und Moderne

Von bunt zu schwarz

Unter den **Kartonmalereien**, die der königlichen Teppichmanufaktur als Vorlagen für Wandteppiche zur Ausschmückung der Schlösser El Escorial und El Pardo dienten, beeindruckt die sinnenfrohe Rokoatmosphäre, z.B. in »Der Sonnenschirm« und im »Blindekuhspiel«. Volkstümliche Lebensfreude, so wie es der Hof in Madrid gerne sehen wollte, vermittelt in frischem, fein abgestuften Kolorit »Die Weinlese – Herbst«.

In der **Porträtkunst** dagegen arbeitete Goya mit weitaus größerer Differenziertheit. Mit schonungsloser Offenheit, manchmal an der Grenze zur Karikatur, bildete Goya seine Mitmenschen ab. Beim Gruppenbild der **»Familie des Herzogs von Osuna«** (1788), eines großzügigen Förderers des Künstlers, widmet er sich noch mit großer Sorgfalt der lebensnahen Personendarstellung, der Ausarbeitung der Dreieckskomposition, die der Familiengruppe Geschlossenheit verleiht, sowie der Farbgebung in hellen harmonischen Tönen mit zarten Schattierungen. Das **»Familienbild König Karls IV. von Spanien«** (1800/01) gerät dagegen zu einer herben Kritik an der Monarchie. In der einfallslosen Aufreihung der Familienmitglieder bildet die herrschsüchtige Königin María Luisa den Bildmittelpunkt, mit strenger Miene schaut sie aus dem Bild heraus. Neben ihr mit leicht dümmlichem Gesichtsausdruck erscheint König Karl IV. Weitere Familienmitglieder in gelangweilter Pose umrahmen das Königspaar. Links im dunklen Bildhintergrund ist Goya selbst als Maler zu sehen. Die Porträtierten haben sich an dieser wenig schmeichelhaften Schaustellung offenbar nicht gestört. Ihnen war der Glanz der Juwe-

Zweimal Goya: »Familienbild König Karls IV. von Spanien« (oben), in dem die kritische Haltung des Hofmalers seinem Auftraggeber gegenüber zum Ausdruck kommt, und »Saturn verschlingt eines seiner Kinder« (unten), eine der späten »Pinturas negras«, expressiv und frei von Wünschen des Königshauses gemalt.

len und kostbaren Stoffe wichtiger, die Goya in berauschend glitzern-
den Farben wiedergegeben hat. Feinheit und Transparenz der Stoffe
ist auch ein wesentlicher Aspekt im Gemälde der bekleideten Maja,
während das Gegenstück **»Die nackte Maja«** einen sinnlich-eroti-
schen, aber idealen Frauenakt bietet, der keine Ähnlichkeit mit der
Herzogin von Alba hat, obwohl das Gegenteil oft behauptet wird. Die
späten Porträts von Goya zeichnen sich durch einen impressionisti-
schen, flüchtigen Malstil aus, was u. a. im **»Milchmädchen von Bor-
deaux«** des Jahres 1827 deutlich wird.

Im Bereich des Historienbildes haben Goyas Schilderungen des hel-
denmutig kämpfenden Volkes in Madrid gegen die französischen Besatzungstruppen am 2. Mai und der **Erschießung der spanischen
Aufständischen** am 3. Mai 1808 (▶ Abb. S. 238) Epoche gemacht.
Goya malte diese Ereignisse 1814 im Auftrag des spanischen Staats-
rats. Die nächtliche Hinrichtungsszene ist von ungeheurer Dramatik
und macht die Wut und Ohnmacht der Unterdrückten gegen die Bru-
talität der Sieger deutlich.

Das pessimistische Menschenbild Goyas oder vielmehr seine Frust-
ration über die Unfähigkeit des Menschen, Frieden und Glück zu be-
wahren, kommt in den »Pinturas negras« (Schwarzen Bildern) am
stärksten zum Ausdruck. Diese Bilder hatte er ursprünglich direkt
auf die Wände seiner Quinta del Sordo (Haus des Tauben) gemalt.
Mit großer Fantasie formuliert Goya in seinen Schreckensvisionen
eine unbarmherzige Kritik am Leben, zeigt eine Welt, die aus den
Fugen geraten ist, mit Menschen, die nur noch Zerrbilder ihrer
selbst sind. In seiner Subjektivität und Expressivität zeigt sich Goya
als letzter Künstler des Barock und als erster einer sich formieren-
den Moderne.

▌ Meisterwerke europäischer Malerei

Von Fra Angelico bis Tiepolo

Italienische Gemälde
Die persönliche Begegnung Karls V. mit Tizian bildete den Auftakt für
die Sammelleidenschaft von italienischen Gemälden am spanischen
Hof. **Fra Angelicos** »Verkündigung« (um 1430) besticht durch die
Kombination von klar konstruierter Frührenaissancearchitektur, zar-
tem Farbenschmelz und vergeistigter Figurenwiedergabe. **Botticelli**
erzählt dagegen auf drei Tafeln mit viel Bewegungsdramatik die Geschichte des Nastagio degli Onesti (um 1483). **Andrea Mantegna**
verlegt den »Tod Mariens« (um 1461) in eine tiefengestaffelte
Raumfolge. **Antonello da Messina**, der als erster Italiener in Öl
malt, zeigt seinen »Sterbenden Christus mit Engel« (1475 – 1478) in
krassem Realismus. **Raffael** malt um 1512 das Porträt eines unbe-
kannten Kardinals als aristokratischen Renaissancemenschen in dis-
tanzierter Haltung. Seine einfühlsame »Madonna mit dem Fisch«

(um 1514), eine Sacra Conversazione mit dem kleinen Tobias, dem Erzengel Raphael und dem hl. Hieronymus, entspricht dem Zeitgeist einer vollkommenen Harmonie. In der »Kreuztragung« (1517) richtet Raffael den Betrachterblick durch expressive Gebärdensprache auf den niederstürzenden Christus.

Tizians berühmtestes Porträt im Prado ist das von **»Kaiser Karl V. nach der Schlacht bei Mühlberg«** (1548). Weniger die Person des Kaisers als vielmehr die Ideale des kaiserlichen Amtes kommen im dramatischen Reiterbildnis zum Ausdruck. Souverän das (Staats-) Ross bändigend, mit der heiligen Mauritiuslanze in der Faust und in voller Rüstung eines christlichen Ritters erscheint der Kaiser als Bezwinger der Ketzerei, der 1547 in der Schlacht bei Mühlberg die protestantischen Fürsten des Reichs vernichtend geschlagen hatte. Ausdrucksvoll sind auch Tizians Bildnisse von Isabella von Portugal, Mutter Philipps II., und von Philipp II. als Prinzen. Sein Selbstbildnis zeigt den Künstler als prophetischen Kopf in verlorenem Profil. Zahlreiche religiöse Bilder demonstrieren Tizians Haltung als einfühlsamen Maler der Gegenreformation. Brillanter Naturalismus, wunderbares Kolorit und amouröses Bewegungsspiel prägen dagegen sein »Bacchanal« (1519). Die Sinnlichkeit des weiblichen Körpers ist zentrales Thema bei »Venus und Adonis« (1554), »Danae« (1553) und »Venus und der Orgelspieler« (1545).

Paolo **Veronese** verwandelt religiöse und mythologische Themen zu festlichen Farbinszenierungen: »Jesus unter den Schriftgelehrten« (um 1558), »Auffindung des Moses« (um 1580), »Venus und Adonis« (um 1580). **Tintoretto** ist mit einer großformatigen »Fußwaschung« (1547) vertreten, eine dramatische Inszenierung in weiter Raumtiefe. Sein Porträt eines venezianischen Generals zeigt die Beherrschung des malerischen Spiels mit dem Licht. **Caravaggio** verbindet bei der Wiedergabe von »David und Goliath« (um 1600) krassen Naturalismus und starke Hell-Dunkel-Effekte. **Guido Reni** liefert mit »Hippomenes und Atalante« (um 1612) ein reizvolles Bewegungsspiel. **Giambattista Tiepolo**, der 1762 nach Spanien gekommen war, um für Karl III. den Königspalast in Madrid auszuschmücken, verleiht in seinem Spätwerk den heiligen Gestalten ein heiter-sinnliches Leben in einer illusionistischen Rokokowelt.

Brueghel, Bosch und andere

Von **Robert Campin**, Meister von Flémalle genannt, stammen zwei Flügeltafeln eines spätgotischen Retabels (1438). Beachtenswert ist hier die wirklichkeitsgetreue Wiedergabe der Innenräume mit der lesenden hl. Barbara sowie dem hl. Johannes und dem knienden Stifter. **Rogier van der Weydens** »Kreuzabnahme« (um 1435) beeindruckt sowohl durch die Behandlung der Oberflächen als auch durch

Flämische Malerei

den unvergesslichen Ausdruck der Trauer seiner Figuren. In **Hans Memlings** »Anbetung der Könige« verharren dagegen die Personen in einem fast emotionslosen Miteinander vor klar konstruierter Räumlichkeit.

Besonderes Interesse verdient **Hieronymus Bosch** (um 1450 bis 1516), in Spanien El Bosco genannt, von dem kein Museum der Welt so viele Werke besitzt wie der Prado. Mit seiner rätselhaften, alle Grenzen sprengenden Fantasie fabuliert Bosch über Himmel, Erdenlust und Hölle und kreiert dabei unmerkliche Übergänge zwischen Alltagsbegebenheiten, Sprichwortweisheiten, theologischem Dogma und kühner Vision. Frühestes bekanntes Werk ist die Tischplatte mit den sieben Todsünden (um 1480), die in Einzelszenen kreisförmig um die Figur Christi angeordnet sind: Wut, Hochmut, Wollust, Trägheit, Völlerei, Geiz und Neid. Medaillons in den Ecken zeigen Tod, Jüngstes Gericht, Hölle und ewige Seligkeit. »Das Ausschneiden des Steins der Verrücktheit« (um 1490) kann als Satire auf mittelalterliche Quacksalberei oder als rituelle Kastration gedeutet werden. Im »Heuwagen« (um 1500) illustriert die Mitteltafel das Sprichwort: Die Welt ist ein Heuwagen, von dem ein jeder nimmt, so viel er nur packen kann. Das Triptychon **»Der Garten der Lüste«** (um 1510) ist sein berühmtestes Werk. Man kann es als Vision der irdischen Welt – beginnend mit dem Paradieszustand am letzten Schöpfungstag (links) über eine Epoche des 1000-jährigen Glücks, wie sie die Geheimsekte der Adamiten beschrieb (Mitte), bis zum schrecklichen Ende der Welt Adams (rechts) – interpretieren. Die Flügelaußenseiten zeigen die Welt am 3. Schöpfungstag, eingeschlossen in eine Glaskugel, mit Gottvater außerhalb am linken oberen Bildrand. In der »Anbetung der Könige« (um 1510) mit Stifterfiguren auf den Seitentafeln irritieren neben dem Hirten auf dem brüchigen Dach der sonderbar gekleidete König an der Stalltür. Vielleicht ist er Herodes, der Antichrist oder einfach nur ein Narr.

Zwei Generationen später malt **Pieter Brueghel d. Ä.** unter dem Eindruck von Bosch mit dem »Triumph des Todes« (um 1562) einen Weltuntergang mit harter Gesellschaftskritik. Dagegen gilt Joachim Patinir (1480 – 1530) mit seinen weiten, atmosphärisch dichten Überschaulandschaften als Wegbereiter des autonomen Landschaftsbildes. Van Reymerswaele liefert mit dem »Geldwechsler und seiner Frau« eine eindrucksvolle Sittenschilderung.

Mit rund 80 Werken ist **Peter Paul Rubens** (1577 – 1640) im Prado ein Sammlungsschwerpunkt. Mit dem »Herzog von Lerma zu Pferde« (1603) erneuert Rubens den Typus des herrscherlichen Reiterporträts durch bewegte Aktion, die auch das Reiterbildnis des Kardinal-Infanten Don Fernando (um 1640) prägt. Aktionsgeladenes Bewegungsschauspiel kennzeichnet auch die »Anbetung der Könige« (1610). Neben blutrünstigen Szenen nach literarischen Vorlagen lieferte Rubens auch modische Gesellschaftsstücke für den spanischen Hof. Der mit allerlei Symbolen und Anspielungen bestückte »Liebesgarten« (1630) hing ursprünglich im Schlafgemach Philipps IV. Barocke Sinnenfreude kommt sowohl in den »Drei Grazien« (1638) als auch im »Urteil des Paris« (um 1639) zum Ausdruck. Anthonis van Dyck besticht durch seine zahlreichen psychologisch einfühlsam gestalteten Porträts in prächtigem Kolorit.

Frankreich barock

Vor allem die Barockmalerei im Frankreich des 17. Jhs ist im Prado gut vertreten. Claude Lorrain erzielt in seinen weiten Landschaften eine arkadische Harmonie zwischen Mensch und Natur, z. B. in der »Landschaft mit der Auffindung des Moses« (um 1638) und der »Einschiffung der hl. Paola im Hafen von Ostia« (um 1638). Nicolas Poussin vertritt ein klassisches Schönheitsideal, ob in »David als Sieger«, »Parnass« oder »Landschaft mit drei Männern«. Jean-Antoine Watteau ist für seine kleinformatigen galanten Festszenen in heiter-melancholischer Atmosphäre bekannt.

Französische Malerei

DER GARTEN DER LÜSTE

Im Prado-Museum vor dem berühmten Bild eine Pause einlegen, um in die irreale Welt von Hieronymus Bosch einzutauchen: Die Bank vor dem Gemälde ist ein idealer Ort, um die Fantasie schweifen zu lassen.

Ein Rembrandt im Prado

Holländische Malerei Auffällig wenig vertreten ist das Werk von Rembrandt. Das einzige Rembrandt-Gemälde im Prado ist ein Frühwerk, »Sophonisba« (1634), eine Allegorie auf die eheliche Treue, für die seine junge Frau Saskia Modell stand. Zwei berückende Stillleben von Carlos de Heem und Pieter Claesz erinnern an die Vergänglichkeit materieller Güter. Gerard Ter Borch hat mit »Petronella von Waert« (1679) ein ausdrucksvolles Frauenporträt hinterlassen und Jacob van Ruisdael schuf mit seinen schlichten Waldstücken bemerkenswerte Stimmungslandschaften.

Das 16. Jahrhundert in Deutschland

Deutsche Malerei **Albrecht Dürers** Selbstbildnis in festlicher Kleidung mit Ausblick auf die Alpenlandschaft in Erinnerung an seine erste Italienreise zeugt vom neuen Selbstbewusstsein des Renaissancekünstlers. Sein Porträt eines Edelmannes (1524) erreicht durch kunstvolle Lichtführung fast die Plastizität einer Büste. »Adam und Eva« (1507) vergegenwärtigen in sinnlich-erotischer Weise ein Liebespaar kurz vor dem Sündenfall. **Hans Baldung Grien**, Schüler Dürers, stellt auf zwei Tafeln von 1539 drei junge tanzende Mädchen (»Drei Grazien«) und drei unterschiedlich alte Figuren (»Drei Menschenalter«) gegenüber und weist damit auf die Vergänglichkeit von Schönheit hin. Von **Lucas Cranach d. Ä.** stammen eine aus der Überschau dargestellte Hetzjagd vor Schloss Torgau (1544) und eine anmutige »Maria mit Kind und Johannesknaben« (1536). Der in Rom arbeitende **Anton Raphael Mengs** (1728 – 1779) ist mit höfischen Porträts und einer kunstvoll ausgeleuchteten »Anbetung der Hirten« (1770) vertreten.

❙ Rund um das Museo del Prado

Dependance des Prado

Casón del Buen Retiro Der Casón, der heute zum Prado-Museum gehört, war einst mit dem ▶ Parque del Retiro und dem Salón de Reinos Teil des königlichen Buen-Retiro-Palastes. Der Palast, eine ab 1631 von den Habsburgern errichtete Vierflügelanlage, wurde im Unabhängigkeitskrieg von den Franzosen fast völlig zerstört. Das Casón-Gebäude diente als Ballsaal, später als Topografisches Kabinett, Reitschule, Sporthalle und schließlich als Museum für Reproduktionen. Heute haben Forschungsabteilungen des Prado mit Studienzentrum, Restaurierungswerkstätten und die öffentliche **Bibliothek des Prado** ihren Sitz im Casón. Die **Fresken im Lesesaal** stammen von Luca Giordano.

Calle Alfonso XII, Mo. – Mi. 9 – 18, Do. bis 15, Fr. bis 14.30 Uhr | Eintritt frei

Der spanischen Sprache gewidmet
Seit 1894 hat die Königliche Sprachakademie ihren Sitz in unmittelbarer Nachbarschaft (Calle Felipe IV 4). Gegründet wurde sie nach französischem Vorbild bereits 1713 unter dem ersten Bourbonen-König Philipp V. Die Pflege der spanischen Sprache, die Fixierung ihrer Grammatik und Rechtschreibung war und ist ihr Hauptanliegen. 1726 gab sie den ersten Band ihres vortrefflichen »Diccionario de la Lengua Española« heraus, dem kastilischen »Duden«.

Real Academia de la Lengua

★ MUSEO LÁZARO GALDIANO

Lage: Serrano 122 | **Metro:** Av. de América, Núñez de Balboa | Di. – So. 9 – 15 Uhr | **Eintritt:** 7 € | **www.flg.es**

Er war Jurist, Kunstkritiker, Verleger von erstklassiger europäischer Literatur und leidenschaftlicher Sammler von hochkarätiger Kunst: José Lázaro Galdiano. Als er 1947 starb, vermachte er seinen Palast Parque Florido und seine gesamte Kunstsammlung dem spanischen Staat.

1903 heiratete Galdiano die vermögende Argentinierin Paula Florido y Toledo, er war damals 41, sie 47 Jahre alt und dreimal verwitwet. 1908 bezog das Paar den Neubau in der Calle Serrano, einen Palast im Renaissancestil, den der kunstsinnige Publizist hatte bauen lassen. Er nannte den neuen Wohnsitz nach seiner Frau Palast Parque Florido. 1951 wurde in ihrer Residenz das Museo Lázaro Galdiano eröffnet, der Palast somit für die Öffentlichkeit zugänglich gemacht. Noch heute ist in den mit kostbaren Materialien ausgestatteten Räumen etwas von der weltaufgeschlossenen, von kulturellem Austausch geprägten Atmosphäre zu spüren.

Nobler Wohnsitz

Eine der wertvollsten Privatkollektionen des Landes
Galdianos Kunstleidenschaft war breit gefächert. Rund 9000 Gegenstände, die aus einem Zeitraum von der Antike bis ins 19. Jh. stammen, bilden die schier unübersehbare Sammlung. Im **Erdgeschoss** werden Kunstwerke aus dem Mittelalter und der Renaissance gezeigt, Email-, Gold- und Silberschmiedearbeiten, Elfenbeinschnitzereien, Schmuckstücke von der Antike bis ins 19. Jh., Ritterrüstungen, keltische Waffen, gotische Elfenbeinplastiken, barocke Kristallschalen, italienische Terrakottas, Gobelins und Kleinbronzen.

Von der Antike bis ins 19. Jh.

Hochrangige Malerei aus ganz Europa

Gemälde-
sammlung

Die im **ersten und zweiten Obergeschoss** dicht gehängte Gemäldesammlung sucht ihresgleichen. Die spanische Schule ist mit Werken
von u. a. Coello, Antolínez, Carreño, Pereda, Herrera d. Ä., Madrazo,
López, Zacarías, G. Velázquez, Mor, Berruguete, El Greco, Ribera,
Zurbarán, Goya und Murillo vertreten. In der Sammlung niederländischer und deutscher Malerei sind Werke u. a. von David, Joos van
Cleve, Hieronymus Bosch, Brueghel, van Dyck, Rubens, Cranach,
Gossaert, Koffermanns, Memling, de Vos, Quentin, Massys, Schaff-
ner und Pourbus ausgestellt. Gut vertreten ist die englische Malerei
mit Joshua Reynolds, Romney, Thomas Gainsborough, John Hopper
und Constable.

Im **dritten Obergeschoss** ist eine kunsthandwerkliche Sammlung
mit Textilien, Waffen, Fächern, Medaillen, Münzen usw. ausgestellt.

Eine der wertvollsten Kunstsammlungen des Landes ist in der kostbar ausgestatteten Villa des Juristen, Verlegers und Kunstkritikers José Lázaro Galdiano zu sehen.

★★ MUSEO THYSSEN-BORNEMISZA

Lage: Paseo del Prado 8 | **Innenstadtplan:** d II | **Metro:** Sevilla, Banco de España | Di. – So. 10 – 19, 24., 31. Dez. nur bis 15 Uhr | **Eintritt:** 13 € | www.museothyssen.org

Die zweitgrößte Privatsammlung der Welt befand sich ursprünglich in der Schweiz, und wahrscheinlich ist es der Ehefrau des Barons von Thyssen-Bornemisza zu verdanken, dass sie nach Madrid kam. Denn die gebürtige Spanierin hat vermutlich für ihre Heimat plädiert, als ihr Ehemann entschied, seine Kunst zu verkaufen. Auf jeden Fall zogen 1993 Kunstwerke aus acht Jahrhunderten aus Lugano in den Palacio de Villahermosa.

G 8

In den 1920er-Jahren hatte Baron Heinrich von Thyssen-Bornemisza (1875 – 1947) mit klassischen Werken der europäischen Malerei den Grundstock für die Sammlung gelegt. Sein Sohn Hans Heinrich von Thyssen-Bornemisza (1921 – 2002) setzte die Sammlertätigkeit fort und erweiterte die Kollektion ab den 1960er-Jahren um moderne Malerei. Die rund 800 Werke, überwiegend Gemälde, sind in 48 Räumen auf drei Stockwerken chronologisch und nach Schulen geordnet. Sie umfassen einen Zeitraum vom 13. bis zum 20. Jh. und füllen vor allem in ihrem modernen Teil eine Lücke in der Madrider Museumslandschaft.

Die Sammler

Alter Palast – neuer Anbau

Der Palacio de Villahermosa wurde in der ersten Hälfte des 19. Jh.s nach Plänen der Architekten Silvestre Pérez und Antonio López Aguado erbaut und von Rafael Moneo umgestaltet. 2005 wurde das Museum erweitert, u. a. um den benachbarten Palacio de Goyeneche (verantwortliche Architekten: Manuel und Iñaki Baquero, Josep Bohigas, Robert Brufau und Francesc Pla).

Palacio de Villahermosa

Von Jan van Eyck bis Robert Rauschenberg

Der Rundgang beginnt im Haupttrakt im **2. Stock** (Planta segunda) mit Meistern des Spätmittelalters, der Renaissance und des Barock. Hauptattraktionen sind »Christus und die Samariterin« von Duccio di Buoninsegna, »Die Verkündigung« von Jan van Eyck, »Mariä Himmelfahrt« von Johann Koerbecke, die Porträtsammlung mit Domenico Ghirlandaios »Bildnis der Giovanna Tornabuoni«, Hans Memlings »Bildnis eines jungen Mannes« und »Heinrich VIII.« von Hans Holbein d. J. Weiterhin sind Zurbarán (»Hl. Casilda«), Carpaccio (»Bildnis eines jungen Ritters vor einer Landschaft«), Tizian (»Der Doge

Besichtigung

133

Francesco Vernier«), Dürer (»Der zwölfjährige Jesus unter den Schriftgelehrten), Lucas Cranach d. Ä. (»Quellnymphe«), Hans Baldung Grien (»Bildnis einer Dame«), Tizian, El Greco, Caravaggio (»Die hl. Katharina von Alexandrien«), Bernini, Guardi, Anton van Dyck, Cornelis de Vos, Rubens und Gerard Ter Borch vertreten.

Im **1. Stock** (Planta primera) sind niederländische Werke aus dem 16. Jh., vor allem Alltagsszenen, Interieurs und Landschaften, und englische sowie französische Arbeiten des 18. Jh.s zu sehen. Die in Europa wenig bekannte nordamerikanische Malerei des 19. Jh.s ist mit den Landschaftsmalern Cole, Church und Bierstadt vertreten. Aber auch Romantik und Realismus (Goya, Constable, Courbet und Caspar David Friedrich) sowie Impressionismus und Spätimpressionismus (Monet, Manet, Renoir, Sisley, Degas, Pissarro, Gauguin, van Gogh, Toulouse-Lautrec, Cézanne) sind zugegen sowie Künstler des Fauvismus wie André Derain und Raoul Dufy. Der deutsche Expressionismus bildet u.a. mit Werken der Künstlergemeinschaften »Brücke« und »Blauer Reiter« einen der Glanzpunkte.

Im **Erdgeschoss** (Planta baja) wird die Moderne gezeigt, vom Kubismus über die Bewegungen der Avantgarde der ersten Jahrzehnte bis zur Pop Art. Vertreten sind El Lissitzky (»Proun 1 C«), Mondrian (»New York City, New York«), Picasso (»Mann mit Klarinette«), Braque (»Frau mit Mandoline«) und Juan Gris (»Sitzende Frau«). Rothko (»Grün auf Violett«), Pollock (»Braun und Silber I«), Hopper, Bacon, Lichtenstein und Rauschenberg bilden den Abschluss. Im Untergeschoss befinden sich die **Cafeteria**, Räume für Wechselausstellungen und der Vortragssaal.

Carmen Thyssen-Bornemisza vor Familienporträts

Ergänzung der Sammlung Thyssen

Die Sammlung der vierten Ehefrau und Witwe des Barons Hans Heinrich von Thyssen-Bornemisza umfasst rund 300 Kunstwerke des 17. bis 20. Jh.s; ihre Besichtigung beginnt im 2. Stock (man erreicht sie auch vom Saal 18 des Palacio de Villahermosa aus). Sie spannt den Bogen von der holländischen Malerei des 17. Jh.s über die Landschaftsmalerei des 18. und 19. Jh.s, über Impressionismus, Postimpressionismus und deutschen Expressionismus bis zur frühen Avantgarde des 20. Jahrhunderts. Zu sehen sind Werke u. a. von Pierre-Auguste Renoir, Edgar Degas, Paul Gauguin, Claude Monet, Wassily Kandinsky und Pablo Picasso.

Sammlung Carmen Thyssen-Bornemisza

★★ PALACIO REAL

Lage: Plaza de Oriente | **Innenstadtplan:** a I/II | **Metro:** Ópera
Mo. – Sa. 10 – 18 (Einlass bis 17), So. 10 – 16 (Einlass bis 17)Uhr |
Eintritt: 11 €; bei offiziellen Festakten geschlossen |
www.patrimonionacional.es

Der Kolossalbau aus hellgrauem Granit und Kalkstein ist aus allen Himmelsrichtungen sichtbar und imponiert durch seine Größe. Zwar lebt der König nicht mehr in dem Palast, sondern im weiter nordwestlich gelegenen Palacio de La Zarzuela; königliche Pracht gibt es in den über 3000 Zimmern jedoch reichlich.

D 8

Ursprünglich stand auf dem Hügel an der Stelle zwischen der Almudena-Kathedrale und dem heutigen Königsschloss eine arabische Festung, die von den spanischen Königen ab dem 11. Jh. zeitweise bewohnt und dafür auch umgebaut wurde. Als der Habsburger Philipp II. 1561 Madrid zur Hauptstadt Spaniens erklärte, wurde der Alcázar zum Regierungssitz umgebaut und in der Folge stark vergrößert; Baumeister waren nacheinander Juan Bautista de Toledo, Juan de Herrera und Francisco de Mora. An Weihnachten 1734 brannte der alte Alcázar der Habsburger fast völlig ab, dabei wurde auch ein Großteil der Innenausstattung zerstört. Der Bourbone Philipp V. beauftragte den italienischen Architekten Filippo Juvara (1678 – 1736) mit den Plänen für einen Neubau. Nach dessen Tod übernahm sein Mitarbeiter Giovanni Battista Sacchetti (1700 – 1764) einen Teil des Entwurfs, den er auf ein geschlossenes Quadrat mit Innenhof und vorgeschobenen Ecken vereinfachte. Für die Fassaden folgte er Entwürfen für den Louvre von Lorenzo Bernini.

Königliche Pracht

135

1764 bezog Karl III. mit seinem Hofstaat das Königsschloss, das bis zur Flucht Alfons' XIII. (1931), außer während der napoleonischen Besetzung, vom spanischen Herrscherhaus bewohnt wurde. Seit 1950 ist der Königspalast teilweise der Öffentlichkeit zugänglich. Außerdem können die königliche Waffensammlung (Real Armería) und die museal aufbereitete Palastapotheke (Farmacia) besichtigt werden. Die blaue Flagge am Palacio Real zeigt an, dass der König anwesend ist.

Die Westfassade des Palacio Real, eine eher weniger bekannte Perspektive.
Die Treppe führt in den Schlosspark Campo de Moro,
einem der schönsten Parks in Madrid.

Schlichte Außenfassade, barocke Pracht im Innern

Die Vierflügelanlage ist aus Granit aus der Sierra de Guadarrama und Außen-
weißem Colmenarer Kalkstein erbaut. Massive Fundamente stützen ansicht
den Gebäudekomplex zum Steilhang des Manzanares ab, wo sich die
Gärten von Sabatini im Norden und der sogenannte Campo del Moro
im Westen ausdehnen. Die Süd- und Hauptfassade öffnet sich auf die
Plaza de la Armería, die seit dem 19. Jh. von zwei lang gestreckten,
einstöckigen Bauten eingerahmt wird. Wie die anderen Fassaden

zeigt sie das königliche Wappen. Die Ostfront liegt zur ▶ Plaza de Oriente. Der wuchtige Bau wird durch Mittel- und Eckrisalite gegliedert, die in den beiden Obergeschossen durch Halbsäulen betont werden; die zurücktretende Wand wird durch Pilaster gegliedert. Eine Balustrade aus weißem Gestein schließt den Bau ab. Im Nordflügel erhebt sich die Kuppel der Hofkirche über die Balustrade.

Einer der größten Stadtpaläste Europas

Besichtigung Besucher betreten den Palast an der Plaza de la Armería (Waffen- oder Paradeplatz), schräg gegenüber der Almudena-Kathedrale. Im Eingangsbereich mit Museumsladen und Buchhandlung beginnen die Führungen. Man kann den Palast jedoch auch auf eigene Faust oder mit einem Audioguide besichtigen. Im 2. Stock gibt es übrigens eine Cafeteria. Nach Überquerung des Waffenplatzes, wo jeden Mittwoch von 11 bis 14 Uhr alle 30 Minuten eine normale Wachablösung und jeden ersten Mittwoch im Monat um 12 Uhr die **»Große Wachablösung«** stattfindet, betritt man das Schloss durch den Haupteingang.

Eingangsbereich, Thronsaal und die Gemächer Karls III.

Süd- und Westflügel Über die beeindruckende Treppe von Sabatini, die mit einem Fresko von Corrado Giaquinto (1700–1766), »Triumph der Religion und der Kirche«, ausgemalt ist, gelangt man in das Hauptgeschoss. Das Deckengemälde »Apotheose des Äneas« von Gian Battista Tiepolo (1696–1770) beherrscht die **Sala de Alabarderos** (Saal der Hellebardiere bzw. Wachen). Der große Venezianer befand sich auf der Höhe seines Ruhmes, als er an den Hof nach Madrid kam. Heute ist der Saal mit Wandteppichen und Empiremöbeln ausgestattet.

Der **Salón de Columnas** (Säulensaal) war zuerst Galaspeisesaal und dann Festsaal Karls III.; das Deckenfresko »Triumph von Apoll und Bacchus« malte Giaquinto, die Brüsseler Wandteppiche entstanden nach Kartons von Raffael. 1985 wurde hier der Vertrag über Spaniens Beitritt zur Europäischen Union unterzeichnet.

Der mit rotem Samt ausgeschlagene **Thronsaal** enthält noch die Dekoration aus der Zeit Karls III. Hier stehen die beiden Thronsessel des Königspaares, die von Löwen aus vergoldeter Bronze (1651, Matteo Bonicelli) bewacht werden. Das Deckenfresko »Größe der spanischen Monarchie« vollendete Tiepolo 1764, es zählt zu seinen Meisterwerken.

Das Deckengemälde in der **Saleta de Carlos III** (nach seinem Hofmaler auch Kleiner Gasparini-Saal genannt), »Die Apotheose des Kaisers Trajan«, stammt von Anton Raphael Mengs (1728–1778), dem deutschen Hofmaler Karls III. Auch die **Antecámara de Carlos III** (oder Gasparini-Vorsaal) ist mit einem Deckenfresko von Anton Raphael Mengs geschmückt, der »Apotheose des Herkules«; Goyas Porträts von Karl IV. und seiner Gemahlin María Luisa von Parma entstanden Ende des 18. Jahrhunderts. Auffallend ist auch eine Empire-

Die beiden Thronsessel im mit rotem Samt ausgeschlagenen Salón del Trono

Uhr Karls IV. Die **Cámera de Carlos III** ist mit ihren zierlichen Chinoi-serien, kunstvollem Marmorboden und sehr geschmackvollen Seidenbezügen an Wänden und Möbeln ein Prunkstück des Rokoko. An die mit einer Wildschweinjagd von José del Castillo geschmückte **Tranvía** schließt sich der **Salón Karls III.** an, in dem dieser für das Madrider Stadtbild so bedeutende Bourbonen-König starb. Seine heutige Ausstattung stammt jedoch von Ferdinand VII. von 1828, das Deckenfresko malte Vicente López, das Porträt Karls III. Mariano Salvador Maella (1784).

Auf die **Sala de la Porcelana** (Porzellanzimmer), die mit Porzellankacheln der Real Fábrica del Buen Retiro ausgekleidet ist, folgen die mit gelber Seide und Wandteppichen aus der Real Fábrica de Tapices dekorierte **Sala Amarilla**, auch Gelber Saal genannt, und das Arbeitszimmer Karls III. Der lang gestreckte **Comedor de Gala**, Galaspeisesaal, entstand erst durch die Zusammenlegung dreier Räume. Er ist mit Fresken von Mengs und seinen Schülern González Velázquez und Francisco Bayeu ausgemalt. An den Wänden hängen Brüsseler Gobelins des 16. Jahrhunderts. Chinesisches Porzellan und Sèvres-Vasen, Lüster und silberne Kandelaber ergänzen die festliche Ausstattung. Hier finden heute die offiziellen Empfänge statt. Der sogenannte **Plateresksaal** wird auch »Kinosaal« oder »Saal der Musikkapelle« genannt, denn hier wurde die Kapelle der Königlichen Wache untergebracht, wenn im Galaspeisesaal Bankette abgehalten wurden.

Die königlichen Sammlungen

Nordost-
und Nord-
flügel

Die folgenden Säle im Nordostflügel wurden zeitweise von dem Infanten Ludwig, dem Bruder Karls III., genutzt. Heute sind hier die Königlichen Sammlungen untergebracht. Ausgestellt sind Tafelsilber, Medaillen, Musikinstrumente von Antonio Stradivari, weitere Musikinstrumente aus dem 18. und 19. Jh. sowie Porzellan und Glas.

Mit dem Bau der **Schlosskapelle** waren der Italiener Sacchetti und der Spanier Ventura Rodríguez von 1749 bis 1757 beschäftigt. Die Kuppel malte Giaquinto aus, Felipe de Castro und Giovanni Domenico Olivieri lieferten die Plastiken. Das Bild des »Hl. Michael« über dem Hauptaltar malte Ramón Bayeu nach einem verloren gegangenen Original von Luca Giordano. Die Orgel von Leonardo Fernández Dávila und Jorge Bosch genießt einen ausgezeichneten Ruf.

Von der Hauptgalerie blickt man in den fast quadratischen Innenhof, auch **Prinzenhof** genannt. Ihn schmücken die Standbilder der vier in Spanien geborenen römischen Kaiser Trajan, Arkadios, Theodosius und Honorius (von Castro und Olivieri).

PALACIO REAL

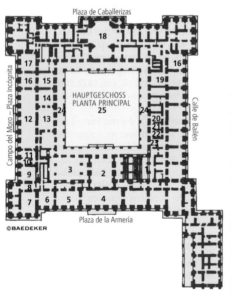

1 Haupttreppe
2 Salon der Leibgarde
3 Säulensaal
4 Thronsaal
5 Saleta Karls III.
6 Vorzimmer Karls III.
7 Ankleideraum Karls III.
  oder Gasparini-Saal
8 »Tranvia« Karls III.
9 Salon Karls III.
10 Porzellankabinett
11 Gelber Saal
12 Gala-Speisesaal
13 Platereskaal
14 Tafelsilberkabinett
15 Tafelgeschirrkabinett
16 Stradivarisaal
17 Instrumentensaal
18 Königskapelle
19 Wachsensaal der Königin
   Maria Luisa oder Vorsaal
   zu den Gemächern der Königin
   Maria Christina
20 Billiardsaal Alfons' XII.
21 Rauchsalon oder japanischer
   Salon Alfons' XII.
22 Stuckaturenkabinett der
   Königin Maria Luisa
23 Edelholzkabinett der
   Königin Maria Luisa
24 Hauptgalerie
25 Innenhof

Gemächer Karls IV.

Im Ostflügel, dem ehemaligen Wohntrakt Karls IV. und seiner Frau María Luisa von Parma, lebte 1906 – 1929 Maria Christina von Österreich, die Mutter von Alfons XIII. Vom Wachensaal der Königin María Luisa, dem späteren Vorzimmer zu den Gemächern Maria Christinas, geht es zurück auf die Hauptgalerie und in das Billardzimmer Alfons XII. Gleich daneben liegen der im orientalischen Stil dekorierte Rauchsalon, auch Japanischer Salon genannt, sowie das Stuckaturenkabinett und das Edelholzkabinett María Luisas. *(Ostflügel)*

Die weiteren Räume im Ost- und Südflügel des Palastes werden heute noch vom spanischen König sowie bei Staatsempfängen genutzt und sind nicht zugänglich. Hier befinden sich u. a. Deckenfresken von Maella, Porträts von Mengs und Fresken von Giovanni Domenico Tiepolo und seinem Vater Giovanni Battista Tiepolo. Auch die im Erdgeschoss untergebrachte königliche Bibliothek, zu deren Schätzen 300000 Bücher, 4000 Handschriften, 2000 grafische Blätter, 3500 Landkarten und 3000 Notenwerke gehören, ist nicht zugänglich.

Apotheke, Waffensammlung und ein neues Museum

Die Plaza de la Armería wird von zwei Flügeln eingerahmt. Die **königliche Waffensammlung** (im Westflügel auf der anderen Seite der Plaza de la Armería) ist neben der habsburgischen des Kunsthistorischen Museums in Wien die bedeutendste Waffensammlung Europas. Auf zwei Stockwerken werden über 3000 Ausstellungsstücke aus der Zeit seit dem 16. Jh. gezeigt, darunter die Rüstung von Carlos I. (Kaiser Karl V.).

 Real Armería

Die **Königliche Apotheke** im Ostflügel war bereits von Philipp II. im Alcázar eingerichtet worden. Ihre heutige Ausstattung mit Apothekengefäßen stammt aus dem 17. bis 19. Jahrhundert.

In dem **Neubau zwischen Schloss und Kathedrale** La Almudena (Baubeginn war 2006) sollen einmal die königlichen Kunstschätze (Museo de las Colecciones Reales) präsentiert werden. Das Datum für die Eröffnung wurde bereits mehrfach angekündigt und wieder verschoben; gegenwärtig wird Sommer 2023 als Termin genannt.

Von der Galerie der Plaza de la Armería blickt man über den Schlossgarten Campo del Moro (▶ unten) zur ▶ Casa de Campo und weiter bis zu ▶ Madrid Río. Die viele Jahre dauernden Ausgrabungen zwischen Paradeplatz und der Catedral de la Almudena wurden in der Zwischenzeit abgeschlossen. Die Funde sind in Vitrinen im unterirdischen Parkhaus der Plaza Oriente zu besichtigen. Nördlich des Königspalasts liegen die nach dem Lieblingsarchitekten Karls III. benannten **Jardines de Sabatini,** mit ihren Blumenrabatten, Buchsbaumhecken, Brunnen und Bänken eine Oase im Stadtzentrum. *(Ausblick)*

▌ Catedral de la Almudena

Calle Bailén 8 | Metro: Ópera | tgl. 10 – 20 Uhr | Eintritt: Museum 6 €, Kathedrale frei

Lange Bauzeit, wilder Stilmix

Madrids neue Kathedrale

Madrids Kathedrale liegt gleich neben dem Schloss. Über zwei Jahrhunderte wurde La Almudena mehrfach verändert, abgerissen und neu errichtet. 1993 wurde sie schließlich von Papst Johannes Paul II. geweiht.

Zur Zeit Lope de Vegas (16./17. Jh.) stand in der Nähe des Alcázar eine stattliche Kirche, die 1870 abgerissen wurde. 13 Jahre später wurde auf diesem Grundstück der erste Stein zu einer neugotischen Kirche nach den Plänen von Marqués de Cubas gelegt. Die Arbeiten an dem gigantischen Projekt verliefen sehr schleppend, ab 1911 diente immerhin die neobyzantinische Krypta als Pfarrkirche. Nach 1940 kamen die Bauarbeiten nach teils veränderten Entwürfen des Architekten Fernando Chueca Goitia dann richtig in Gang. 2004 gaben sich hier Spaniens Kronprinz Felipe und die TV-Journalistin Letizia Ortiz das Ja-Wort.

INNEHALTEN

Wenige Besucher, Licht- und Schattenspiele, 400 Säulen und Stille. Vielleicht sind das die Gründe für die mystische Atmosphäre in der Krypta der Almudena-Kathedrale.
(▶ oben)

Das Innere der Kathedrale ist eher nüchtern; ein großer Teil ihrer Ausstattung stammt aus älteren Madrider Kirchen. Zu den Hauptwerken gehören eine Nachbildung der Marienstatue Almudena aus dem 16. Jh., der Gekreuzigte von Juan de Mesa im Altarraum (1621) sowie das Gemälde »Virgen de la Flor de Lis« aus dem 12. Jh. in der Krypta.

▌ Campo del Moro

Paseo de la Virgen del Puerto | Metro: Príncipe Pío | April – Sept. tgl. 10 – 20, Okt. – März 10 – 18 Uhr | Bei offiziellen Festakten bleibt der Park geschlossen; Eintritt: frei

Vom Maurenfeld zum königlichen Park

Der Name Campo del Moro, »Maurenfeld«, erinnert daran, dass 1109 hier vermutlich eine maurische Armee ihr Lager aufgeschlagen hatte, als – zwischen 1100 und 1200 – Madrid von Mauren belagert wurde. Im 19. Jh. erhielt der Park unterhalb der Westfassade des Königspalasts (Abb. S. 136/137) dann seine heutige Gestalt im Stil eines englischen Gartens mit Brunnen, Blumenbeeten, Baumreihen, Teichen, weit geschwungenen Wegen und langen Wiesenteppichen, die auf die Seitenfront des Palacio Real zulaufen.

Königlicher Park am Manzanares

★ EL PARDO

Lage: 15 km nordwestlich von Madrid | **Bus:** 601 ab Moncloa | **Pkw:** A 6 Richtung La Coruña, auf der Höhe der Puerta de Hierra Wechsel auf die M 30 Nord, weiter auf der M 605 | April – Sept. tgl. 10 – 20, Okt. – März tgl. 10 – 18 Uhr; bei offiziellen Festakten geschlossen | Eintritt: 9 € | www.patrimonionacional.es

AUSSERHALB

Ein schönes Ausflugsziel ist das ehemalige königliche Jagdschlösschen El Pardo. Es liegt vor den Toren der Hauptstadt in den Ausläufern der Gebirgskette Sierra de Guadarrama und ist gut zu erreichen.

Real Sitio de El Pardo heißt das für seinen Wildreichtum bekannte, von einer Mauer umgebene ehemalige königliche Jagdgebiet, heute ein unter Naturschutz stehender Wald mit mediterraner Fauna und Flora. Hier befinden sich der ursprünglich im 17. Jh. als Jagdschlösschen erbaute Palacio de La Zarzuela, in dem heute die königliche Familie lebt, ein Kloster sowie der Palacio El Pardo, heute das Gästehaus der spanischen Krone.

Königliches Jagdschlösschen

143

6x

DURCHATMEN

Entspannen, wohlfühlen, runterkommen

1.

GRÜNE OASE

800 Quadratmeter Grün mitten in der Altstadt bietet der **Garten** des **Palacio del Príncipe de Anglona**. Er entstand 1750 im unteren Teil der Plaza de la Paja. Der Palast beherbergt heute ein Restaurant. (▶ **S. 184**)

2.

IM WALD

Der Wald nahe des **El Pardo** ist ein Vogelschutzgebiet. Mit etwas Glück trifft man auf einem Spaziergang Adler, Mönchsgeier, Störche, aber auch Hirsche, Wildschweine oder Wiesel. (▶ **S. 143**)

3.

ENTSPANNEN

Einen kalten Tag erwischt? Dann bietet das **arabische Bad** Entspannung pur. Einfach nur ins warme Wasser tauchen und sich anschließend eine Massage gönnen. (▶ **S. 318**)

4.

AUS LUFTIGER HÖHE

Mit der Seilbahn geht es in 11 Minuten in den Park **Casa de Campo**. Aus 40 m Höhe genießt man schöne Blicke auf Madrid. (▶ **S. 54**)

5.

POOL MIT AUS-SICHT

Auf dem Dach des Hauses Gran Vía 53 versteckt sich eine Oase für heiße Sommertage. Der Pool des **Hotels Emperador** ist öffentlich, allerdings auch nicht ganz billig. (▶ **S. 321**)

6.

ALTERNATIV

Madrids über 50 **Stadtgärten** entstanden auf Initiative der Bürger. In vielen wird Obst und Gemüse angebaut. Bekannt ist der in der Calle Dr. Fourquet 24

An der Stelle eines bereits von Heinrich IV. genutzten Jagdhauses ließ sich Karl V. ab 1544 einen Neubau nach Plänen von Luis de Vega errichten, das 1568 unter Philipp II. abgeschlossen wurde. Philipp IV. ließ am höchsten Punkt des Geländes, 3,5 km westlich vom Schloss, um 1630 von Juan Gómez de Mora die Torre de la Parada als Jagdsitz errichten (heute verfallen). Philipp V. erweiterte den Königssitz um eine Hofkirche (1747; von François Carlier). Unter Ferdinand VI. wurde die Puerta de Hierro an der Zufahrtsstraße von Madrid errichtet, und Karl III. ließ El Pardo ab 1772 von seinem Hofarchitekten **Francesco Sabatini** vergrößern. Während des Bürgerkriegs wurde das Schloss schwer beschädigt. Nach seiner Renovierung bewohnte Franco das Gebäude bis zu seinem Tod 1975. Heute ist die Vierflügelanlage ein Museum. Im Hauptgeschoss beeindrucken die historische Ausstattung und rund 200 wertvolle, nach Entwürfen von Goya, Bayeu und González Ruiz gefertigte Gobelins.

Ein »Prinzenhäuschen« und ein Kloster

Das **Casita del Príncipe** ist ein im 18. Jh. für die Gemahlin Karls III., María Luisa erbautes Lustschlösschen, kostbar ausgestattet u. a. mit feinen nach Entwürfen von Bayeu oder Goya angefertigten Wandteppichen und Gemälden von Luca Giordano.

Westlich des Schlosses liegt der **Convento de los Padres Capuchinos**, (Convento Franciscano del Cristo genannt), der meistbesuchte **Wallfahrtsort** in der Umgebung Madrids. Ziel der Pilger ist die Liegefigur des toten Christus vor dem Hauptaltar der Kirche, geschützt durch einen von Franco gestifteten Glasschrein. Die Holzfigur des **»Cristo Yacente«** des kastilischen Bildhauers Gregorio Fernández entstand um 1615.

Weitere Sehenswürdigkeiten

★★ PARQUE DEL RETIRO

Lage: Plaza de Independencia/Alfonso XII | **Metro:** Retiro
Okt. - März 6 - 22, April - Sept. 6 - 24 Uhr

H–K 7–10

»Lass uns in den Retiro gehen« ist eine häufige Verabredung zwischen Madrilenen. Picknicken, Sonnenbaden, Gitarre spielen oder einem Puppentheater zuschauen, der genaue Plan wird spontan entschieden. Mitten in der Großstadt, zwischen den verkehrsreichen Straßen Calle de Alfonso XII, Calle de Alcalá und Calle de Menéndez Pelayo, ist der einst der Königsfamilie vorbehaltene Park eine grüne Oase.

Königlich flanieren

Heute gehen alle in den Stadtpark, Einheimische und Touristen. Er ist ein beliebtes Ziel für Sport treibende Hauptstadtbewohner, außerdem finden hier regelmäßig Konzerte und Festivals statt.

Durch den Haupteingang an der Plaza de Independencia erreicht der Besucher bald den großen künstlichen Teich, Estanque, in der Mitte der 120 ha großen Anlage. Hier kann man sich ein Ruderboot leihen oder einfach nur dem bunten Treiben auf der Promenade zuschauen. Wege führen von hier zur Rosenpracht der Rosaleda, zur Geometrie des französischen Jardín de Don Cecilio, zum Wasserstrahl des Kristallpalastes oder zu einer der Caféterrassen, wo die Madrilenen je nach Jahreszeit in der Sonne oder im Schatten ihren Aperitif genießen.

Zur Zeit Philipps II. hing die königliche Residenz Real Sitio del Buen Retiro mit dem von Heinrich IV. gegründeten Hieronymitenkloster

SICH TREIBEN LASSEN

Leihen Sie sich am kleinen See im Retiro-Park ein Holzruderboot. Der beste Moment, um in der grünen Oase mitten in der Stadt alles andere zu vergessen, ist früh morgens, dann ist man noch fast alleine.

San Jerónimo zusammen. Beide lagen damals außerhalb der Stadt, die sich um den Alcázar konzentrierte. Im Jahr 1632 übergab Herzog Olivares, der mächtige Minister Philipps IV., seinem Herrscher die Schlüssel zu dem ehemaligen Klostergarten, der von dem italienischen Gartenarchitekten Cosimo Lotti zu einem Park umgestaltet worden war. Als Schauplatz glanzvoller Hoffeste mit Stierkämpfen, Wasserschlachten, Feuerwerken, Hofbällen und Theateraufführungen wurde der Retiro weltberühmt. Erst 1869 ging er in den Besitz der Stadt über.

Skulpturen, Brunnen und Kunst im Grünen

Bei einem Spaziergang fallen neben vielen seltenen Pflanzen und teils aus den Kolonien stammenden Baumarten zahlreiche Denkmäler an Plätzen und Wegen auf: Gleich zu Beginn überragt seit 1922 **Alfons XII.** hoch zu Ross den See und eine halbkreisförmige Säulenhalle, die von mächtigen Löwen flankiert wird; dazu kommen die naturalistische Gruppe zu Ehren der Brüder Álvarez Quintero (1934), die Jugendstilstatue des Komponisten Ruperto Chapí (1921) und das Reiterstandbild des Generals Martínez Campos (1907). An die Todesopfer des Terrorattentats 2004 erinnert das jüngste Monument (2005), der **»Wald der Abwesenden«** (Bosque de los Ausentes) nahe der Porta Murillo. Immer wieder tauchen im Grün **Brunnen** auf: »Los Galápagos«, ein Schildkrötenbrunnen an der Nordwestecke des Sees (1830), »El Ángel Caído« (1878; der »Gefallene Engel« von Ricardo Bellver zeigt die Vertreibung Luzifers aus dem Paradies), »La Alcachofa« (1776), ein Werk von Ventura Rodríguez für den Salón del Prado, und der Brunnen »Fons Vitae et Mortis«, Ecke Avenida de Fernán Núñez/Paseo de Venezuela, zu Ehren des Wissenschaftlers und Nobelpreisträgers von 1906, Ramón y Cajal, von Bildhauer Victorio Macho (1926).

Kunst im Stadtpark

Im Süden beleben wechselnde, meist **zeitgenössische Kunstausstellungen** den Retiro-Park. Sie finden in zwei Ende des 19. Jh.s von Ricardo Velázquez Bosco errichteten Palästen statt: im **Palacio de Velázquez**, einem glasgedeckten Bau im Neorenaissancestil, sowie im **Palacio de Cristal**, einer Glas-Eisen-Konstruktion, die ursprünglich eine Ausstellung exotischer Pflanzen aus Asien beherbergte. Das **Observatorium** wurde 1790 nach Plänen von Juan de Villanueva auf dem höchsten Punkt des Geländes erbaut.

⭐ Puerta de Alcalá

Denkmal für den »Bürgermeister-König« Karl III.

Das klassizistische Tor am Haupteingang des Retiro-Parks entstand 1764 – 1778 nach Plänen Francisco Sabatinis und ersetzte einen barocken Bogen, der 1599 für den Empfang der Gemahlin Philipps III.,

Ein Wahrzeichen Madrids

Margarete von Österreich, erbaut worden war. Die Puerta de Alcalá an der Straße nach ▶ Alcalá de Henares bildete mit den Toren von Atocha, Toledo, Segovia und Bilbao einen der Hauptzugänge der Stadt und gehörte zum großen Urbanisierungsplan Karls III. für den Madrider Osten, der von den Architekten Sabatini, Villanueva und Ventura Rodríguez ausgeführt wurde. Im Zentrum dieses Plans, zu dem außerdem die Bebauung der Wiesen von San Jerónimo und Atocha, die Einrichtung des Botanischen Gartens (▶ Estacíon de Atocha) und der Bau des Naturwissenschaftlichen Museums (▶ Museo del Prado) gehörten, lag die königliche Residenz El Buen Retiro. Mit ihren fünf Toröffnungen sowie ihren eleganten Granitquadern und den barocken Kalksteinausschmückungen von Francisco Gutiérrez und Robert Michel wurde die Puerta de Alcalá zum Symbol der Aufklärung und zum Denkmal für Karl III. Die Madrilenen nannten ihn »ihren besten Bürgermeister«, weil er zentrale Teile der Stadt komplett verändert hat, und auch das Krankenhaus, das heute das Reina Sofía beherbergt, wurde von ihm in Auftrag gegeben.

Plaza de la Independencia | Metro: Retiro

PASEO DE LA CASTELLANA

Metro: Colón, Rubén Darío, Gregorio Marañon, Nuevos Ministerios, Santiago Bernabéu, Plaza de Castilla

H 1–6

Der vielspurige, bis zu 120 m breite und 6 km lange Paseo de la Castellana ist das Symbol des modernen Madrids. Er ist die Fortsetzung des ▶Paseo del Prado und dessen Verlängerung Paseo de Recoletos und erstreckt sich bis zur Plaza Castilla.

Schlagader des modernen Madrids

Die Promenade bildet einen Mittelpunkt des geschäftlichen und gesellschaftlichen Lebens der Landeshauptstadt. Sie spiegelt die Architektur des 20. Jh.s, außerdem liegen an ihr oder in der Nähe zahlreiche Sehenswürdigkeiten, darunter Haus und Garten des größten spanischen Impressionisten Joaquín Sorolla (Paseo del General Martínez Campos 37; ca. 10 Minuten zu Fuß, ▶ S. 307) oder das Freilichtmuseum für zeitgenössische Skulpturen (▶ S. 306).

Ihr erster Abschnitt zwischen der Plaza de Colón und dem ehemaligen Hipódromo wurde, einem mittelalterlichen Schaftreiberpfad folgend, im 19. Jh. als aristokratisches Viertel angelegt; die meisten der alten Paläste mussten jedoch Neubauten Platz machen. Östlich dieser Hauptverkehrsachse liegt das Barrio de Salamanca, ein Wohnviertel des gehobenen Bürgertums. Bereits 1929 gab es Pläne zur Verlängerung der Nord-Süd-Verbindung nach Norden. Aber erst 1946 wurde mit dem Ausbau begonnen. Die heute das Straßenbild bestimmenden Geschäftsbauten entstanden dann ab den 1960er-Jahren.

Eine Reise durch die Architekturgeschichte

Die Plaza de Colón (Metro: Colón) ist der Ausgangspunkt des Spaziergangs. Ursprünglich lag der mit Bäumen bestandene und von Palästen des 19. Jh.s umgebene Platz an der Kreuzung der Calle Goya und Calle Génova. Längst haben moderne Hochhäuser die alten Gebäude verdrängt und der enorme Verkehr hat den Platz in eine breite Durchfahrtsstraße verwandelt. Eine 3 m hohe Statue von Christoph Kolumbus steht auf einer 15 m hohen Säule (Jerónimo Suñol; 1885), der Blick und ein ausgestreckter Arm zeigen nach Westen. Nach dem Abriss der Real Fábrica de Moneda (Königliche Münzfabrik) 1970 wurde der Platz um die **Jardines del Descubrimiento de América**, Gärten der Entdeckung Amerikas, erweitert. Vier riesige von Joaquín Vaquero Turcios bearbeitete Skulpturenblöcke sollen an die spanischen Entdeckungsfahrten im 15. und 16. Jh. erinnern. Unter den Gärten befindet sich das **Centro Cultural** de la Villa, das städtische Kulturzentrum, mit mehreren Theater- und Ausstellungsräumen (▸ S. 277). Eine Wasserwand grenzt es gegen die Plaza ab. An die Plaza de Colón stößt u. a. das Museo de Cera (Wachsfigurenmuseum; Paseo de Recoletos 41, ▸ S. 306). Mit dem Bau der Biblioteca Nacional (Ecke Plaza de Colón/Paseo de Recoletos 20), in deren Gebäude sich auch das ▸ Museo Arqueológico Nacional befindet, wurde 1866 begonnen.

Von der Plaza de Colón in den Norden

Im Nordwesten der Plaza de Colón erheben sich die **Torres de Colón**, ein 20-stöckiges, gegeneinander versetztes Turmpaar. 1976 nach Plänen von Antonio Lamela errichtet, werden die beiden Hochhäuser seit 2020 umfassend renoviert. Dabei wird ihr grünes, überdimensionales und oft als geschmacklos kritisiertes Dach durch vier neue Stockwerke ersetzt. Verantwortlich für den Umbau ist der Architekt Luis Vidal. 2023 sollen sie fertig sein. Im Nordosten der Plaza folgt das Edificio Carlos III, ein großes Geschäftszentrum (1945; Luis Gutiérrez Soto; Calle de Goya).

In Richtung Norden folgen: **IBM-Gebäude** (Paseo 4), 1968, von Miguel Fisac; **Bankinter** (Paseo 29), 1976, von Rafael Moneo und Ramón Bescós; **La Unión y Fénix Español** (Paseo 37), 1965, von Luis Gutiérrez Soto, ein auffälliges Doppelscheibenhochhaus mit einem Phönix auf dem Dach. Ins Auge fällt das alte Verlagshaus **ABC Serrano** mit seiner zur Castellana zeigenden Fassade im Neomudéjarstil (die Rückseite zur Calle Serrano ist ein Beispiel für den Neorenaissancestil). Heute werden hier in verschiedenen Läden Mode und

Geschenkartikel verkauft (1926; Calle Serrano 61/Paseo 34, www.
abcserrano.com, Metro: Rubén Darío). Daran schließt sich (unter
der Überführung, Paseo 40) auf beiden Seiten des Paseo das **Museo
de Escultura al Aire Libre** oder Público an, das Freilichtmuseum für
öffentliche Kunst mit modernen Skulpturen (▶ S. 306). Eine inner-
städtische Oase und einen Abstecher wert ist das nicht weit auf der
anderen Seite des Paseo gelegene Museo Sorolla (▶ S. 307). Am Paseo selber folgen mit weinroter Fassade die **Bankunion** (Paseo 47),
1975, von José Antonio Corrales Gutiérrez und Ramón Vázquez Mo-
lezún; an der Glorieta de Emilio Castelar das **Adriatica de Seguros**
Paseo 47), 1979, von Javier Carvajal sowie an der Plaza del Dr. Marañón das **Caixa**-Gebäude, 1978, von J. M. Bosch Aymerich.

Neue Ministerien in massiven Häuserblocks

Nuevos
Ministerios

Die Nuevos Ministerios (an der Ecke Plaza San Juan de la Cruz, Paseo
63; Metro: Nuevos Ministerios), ein Komplex grantigrauer Büroblö-

Ganz schön schräg. Hierbei handelt es sich nicht um eine optische Täuschung,
sondern um einen der beiden Kio-Türme.

cke, entstand in zwei Bauabschnitten. Der erste (1932–1936) entspricht in seinem rationalistischen, klassizistisch inspirierten Stil dem Repräsentationsbedürfnis der ersten Republik. Der zweite Bauabschnitt (1940–1942) ist stark vom monumentalen Stil der Franco-Architektur geprägt. Seit 1982 schmückt eine verglaste Arkadenfront das klobige Gebäude zum Paseo Castellana hin; die Skulptur einer überdimensionalen Hand davor ist ein Werk von Fernando Botero.

Klein-Manhattan

Am mittleren Abschnitt des Paseo de la Castellana folgt schließlich das in den 1970er-Jahren errichtete Azca-Viertel. Das Büro- und Einkaufszentrum mit Fußgängerzone und Grünflächen wurde 1954 bis 1964 von Antonio Perpiñá geplant. Umgeben ist es von mehreren markanten Wolkenkratzern. **Azca-Viertel**

Den südlichen Rand des Azca-Viertels markiert die 1971–1981 nach Plänen von Francisco Javier Saénz de Oiza für die Banco Bilbao-Vizcaya erbaute **Torre BBVA**. Wind und Wetter haben die Außenhaut des 102,7 m hohen Büroturms durch Oxidierung rostrot gefärbt. Überragt wird das Azca-Viertel von der 157 m hohen, 44-stöckigen, strahlend weißen **Torre de Picasso**. Die Pläne des 1977–1988 erbauten Gebäudes stammen vom Japaner Minoru Yamasaki, der zuvor das zerstörte World Trade Center in New York erbaut hatte. Den nördlichen Rand des Azca-Viertels markiert die 113 m hohe **Torre de Europa** mit ihrer mehrfach geschwungenen Fassade (1974–1987; Architekt: Miguel Oriol e Ybarra). Die Außenskulptur schuf der spanische Künstler José Maria Cruz Novillo. Daneben liegt das Centro Comercial Moda Shopping mit 60 Läden unter einem Dach (Paseo 95; Metro: Santiago Bernabéu; www.modashopping.com).

Eine Betonschüssel für die Königlichen

Unmittelbar nördlich des Azca-Viertels liegt der Kongresspalast (Ecke Plaza de Joan Miró), 1964–1970 nach Plänen von P. Pintado erbaut. Das riesige Keramikwandbild entstand nach Entwürfen von Joan Miró. Auf der gegenüberliegenden Straßenseite folgt das Estadio Santiago Bernabéu, Spielstätte des »königlichen« Traditionsvereins **Real Madrid** (▶ Baedeker Wissen S. 298 ff.) und benannt nach dem langjährigen Präsidenten Santiago Bernabéu. Seit 2019 wird die Betonschüssel umgebaut. Auch das Museum wird vergrößert. Wenn, wie geplant, im Dezember 2022 alles fertig ist, werden 82 000 Zuschauer Platz im »Bernabéu« finden. **Palacio de Exposiciones y Congresos**

Führungen: Mo.–Sa. 9.30–19, So., Fei. 10.30–18.30 Uhr

Plaza de Castilla

Ein Beispiel für zeitgenössische Architektur in Madrid sind die sich im Winkel von 14,3 Grad zuneigenden Zwillingstürme etwas nördlich an der Plaza de Castilla, einem wichtigen Verkehrsknotenpunkt. Die **Torres Kio**

115 m hohen, 27-stöckigen schwarzen Quader, die von hellem Stahl und roten Streifen strukturiert werden, heißen symbolträchtig **Puerta de Europa**, Tor Europas; im Volksmund werden sie Torres Kio genannt (nach dem Bauträger Kuwait Investment Office). Die Pläne stammen von dem New Yorker Altmeister der Moderne Philip Johnson und seinem Partner John Burgee, für Design und Statik zeichnet Leslie Robertson verantwortlich. Der 92 m hohe Obelisk zwischen den beiden Türmen entstand nach einem Entwurf des Architekten Santiago Calatrava.

Architektur des 21. Jh.s

Ganz im Norden des Paseo

Die jüngsten Beispiele **zeitgenössischer Architektur** finden sich etwa 1 km weiter stadtauswärts (Metro: Begoña). Wo bis 2001 die Fußballstars von Real Madrid trainierten, wurden 2009 gleich vier Wolkenkratzer, »Cuatro Torres«, fertiggestellt. **Torre Espacio** (Architekt: Pei Cobb); aus dem Restaurant genießt man einen atemberaubenden Blick (www.espacio33.es/); im 33. Stock befindet sich die höchstgelegene Kapelle Madrids. **Torre PwC** (Architekten: Carlos Rubio Carvajal und Enrique Álvarez-Sala), **Torre Cepsa** (Architekt: Norman Foster & Partners) und **Torre de Cristal** (Architekt: César Pelli). Die Gebäude sind zwischen 224 und 250 Meter hoch, am höchsten ist die Torre Cepsa. In der Torre PwC befindet sich das Luxushotel Eurostars Madrid Tower (▶ S. 320). Im Oktober 2021 wurde nebenan der 5. »Turm« eröffnet: die **Torre Caleido** (Architekten: Büro Fenwick Iribarren), mit 181 m Höhe der kleinste Wolkenkratzer der nun **Cinco Torres de Madrid** genannten Hochhäuser (Abb. S. 246). Mehr zu Madrids moderner Architektur ▶ S. 244 ff.

★ PASEO DEL PRADO

G 8–10

Innenstadtplan: d I-III | **Metro:** Banco de España, Atocha

Der Paseo del Prado, der die ▶ Plaza de Cibeles mit der im Süden gelegenen Plaza del Emperador Carlos V verbindet, ist heute ein Abschnitt der verkehrsreichen Madrider Nord-Süd-Achse. Angenehmen Schatten spendende Bäume und Rasenflächen zieren die Promenade, an der zahlreiche repräsentative Bauten und Anlagen liegen.

Die bekanntesten Gebäude sind die drei großen Madrider Museen ▶ Centro de Arte Reina Sofía, das ▶ Muso del Prado und das ▶ Museo Thyssen-Bornemisza – daher wird der Paseo del Prado auch Paseo del Arte, **Kunstmeile**, genannt. Zwei für das Stadtbild wichtige Grünanlagen sind der Botanische Garten (▶ Estación de Atocha) und der Retiro-Park (▶ Parque del Retiro). Nach dem Vorbild der römischen Piazza Navona setzen **drei Brunnenanlagen** Akzente, Cibeles-, Apollo- und Neptunbrunnen (von Norden nach Süden). Der Paseo, der dem Verlauf des längst verschwundenen Flusses Arroyo Abroñigal folgt, war im Auftrag Karls III. als »Salón del Prado« angelegt worden, als **Paradestraße des aufgeklärten Madrid**. Die Ausführung lag bei den Architekten José de Hermosilla, Juan de Villanueva und Ventura Rodríguez und dauerte von 1775 bis 1782.

»Paseo del Arte«

Rund um den Atocha-Bahnhof

Den südlichen Abschluss des Paseo bildet die Plaza del Emperador Carlos V, auch Glorieta de Carlos V genannt, mit dem Atocha-Bahnhof, Madrids erster Bahnhof und ein Jugendstil-Tempel aus Gusseisen und Backstein (▶ Estación de Atocha). Im Süden des Botanischen Gartens schließt das **Landwirtschaftsministerium** den Platz nach Osten ab. Der Bau von 1897 ist ein schönes Beispiel für die Madrider Belle-Epoque-Architektur (Architekt: Ricardo Velázquez Bosco). Ganz in der Nähe zeigt das sehenswerte Museo Nacional de Antropología eine Sammlung aus den ehemaligen spanischen Kolonien (Völkerkundemuseum; Calle Alfonso XII 68; ▶ S. 307). Auf der anderen Seite der Plaza Emperador Carlos V liegt das ▶ Centro de Arte Reina Sofía. Zusammen mit dem Prado und dem Museo Thyssen-Bornemisza bildet es das »Kunstdreieck« der Hauptstadt Madrid.

Plaza del Emperador Carlos V

Gegenwartskunst und ein hängender Garten

Folgt man dem Paseo del Prado Richtung Norden, folgt auf seiner Ostseite nun der Botanische Garten (▶ Estación de Atocha). Auf der anderen Straßenseite zieht das **CaixaForum Madrid** mit seinem »hängenden Garten« die Blicke auf sich. Unter Einbeziehung eines um 1900 errichteten Elektrizitätswerks entstand nach Plänen der Schweizer Architekten Herzog & de Meuron ein Gebäude, das schon wegen seiner Architektur sehenswert ist (▶ Das ist Madrid S. 10). Auf sieben Etagen stellt der Kulturtempel der katalanischen Sparkassenstiftung **Gegenwartskunst** vor (Paseo del Prado 36). Im 4. Stock, etwas versteckt, gibt es wochentags ein gutes, preiswertes Mittagsmenü im Restaurant.

★

CaixaForum Madrid

CaixaForum: tgl. 10 – 20 Uhr | Eintritt 4 € | www.caixaforum.es

Der Prado – Spaniens berühmtestes Museum

Nun bestimmt die klassizistische Fassade des ▶ Museo del Prado die Ostseite des Paseo. Anschließend erreichen Sie die **Plaza Cánovas del Castillo** mit dem Neptunbrunnen in der Mitte (Juan Pascual de Mena; 1780). Sie wird von drei Gebäuden bestimmt: allen voran an seiner Westseite das 1912 eröffnete elegante **Hotel Palace** (Plaza de

Mittlerer Paseo del Prado

las Cortes 7) mit einer schönen Jugendstil-Glaskuppel über der Eingangsrotunde; diagonal gegenüber liegt der Eingang des 1910 eröffneten **Hotel Ritz** (Plaza Lealtad 5; Architekt: Charles Mewès). Die beiden schönen Belle-Epoque-Gebäude sind die bekanntesten Hotels der Stadt.

Die Nordwestseite des Platzes nimmt der klassizistische **Palacio de Villahermosa** ein (1806; ▶ Museo Thyssen-Bornemisza). Im Nordosten der Plaza Cánovas del Castillo folgt die Plaza de la Lealtad, Platz der Treue. Der 1839 aufgestellte Dos-de-Mayo-Obelisk erinnert an die Opfer des Aufstandes vom 2. Mai 1808 (von Isidro González Velázquez). Im Auf der anderen Seite der Plaza de la Lealtad steht die **Bolsa**, Börse, 1884 nach dem Vorbild der Wiener Börse erbaut. Im grünen Mittelstreifen des Paseo steht der Apollobrunnen, ein Standbild zu den vier Jahreszeiten (Alfonso Giraldo Vergaz, Manuel Álvarez; 1777).

Um den Apollobrunnen

Oberer Paseo del Prado

Nun folgen in der MItte der Apollobrunnen und auf der Ostseite des Paseo das Marineministerium (1930) und das Museo Naval (Marinemuseum; ▶ S. 307), der Erweiterungsbau des Marineministeriums (Ecke Paseo/Calle Juan de Mena; 1976, Architekt: Alberto López de Asiaín). Richtung Osten führt ein Abstecher zum Museo Nacional de Artes Decorativas (Kunstgewerbemuseum; ▶ S. 306). Im Norden bildet nun die ▶ Plaza de Cibeles mit dem gleichnamigen Brunnen den Abschluss des Paseo del Prado.

★ PLAZA DE ESPAÑA

Innenstadtplan: a I | **Metro:** Plaza de España

D/E 7

Die Plaza de España, einer der wichtigsten Verkehrsknotenpunkte der Hauptstadt und beliebte Promenade der Madrilenen, wurde neu gestaltet. Damit hat Madrid ein neues urbanistisches Highlight unter freiem Himmel.

neu gestaltet

Zweieinhalb Jahre lang wurde gebaut, untertunnelt und begrünt. Seit Dezember 2021 verbindet der zentrale Plaza España mit Fußgänger- und Fahrradwegen Sehenswürdigkeiten, die vorher durch den Verkehr getrennt waren. Der Bürgermeister, José Luis Martínez-Almeida, fasst die Idee hinter dem Projekt so zusammen: »Jeder Madrilene kann jetzt vom Königspalast zum Tempel Debod und von der Puerta del Sol zur Casa de Campo spazieren, ohne eine Ampel zu überqueren.« Und ein Besucher natürlich auch.

Ein Denkmal für Cervantes und ein Wahrzeichen Madrids

Im 18. und 19. Jh. war der Platz wegen nahe gelegener Kasernen und seiner Nähe zum Schloss vor allem militärisch genutzt worden. Die unaufhaltsame Erweiterung der Stadt nach Nordwesten führte zu seiner endgültigen Urbanisierung. Um die vorige Jahrhundertwende gaben ihm das Gebäude der »Royale Compagnie Asturienne des Mines« (Ecke Calle Bailén; 1899 nach Plänen von Manuel Martínez Ángel fertig gestellt) und der modernistische Bau an der Ecke mit der Calle Ferraz ein industriell geprägtes fortschrittliches Aussehen. *Baugeschichte*

In späterer Zeit verstärkten Bauten wie die ehemalige Generaldirektion für Gesundheitswesen (1929) an der Ecke Martín de los Heros und die beiden ersten Hochhäuser Madrids, das mit Ziegeln und Kalkstein verkleidete **Edificio España** (107 m; 1948, Joaquín und Julián Otamendi) und die **Torre de Madrid** (124 m; 1957 ebenfalls von J. und J. Otamendi) den Charakter des Platzes. Das emblematische Gebäude des Edificio España wurde innen komplett erneuert, nachdem es die mallorquinische Hotelgruppe Riu gekauft hat (▶ S. 320) Die Schlange, die sich vor allem an den Wochenenden vor der Eingangstür bildet, liegt an der Beliebtheit der Skybar und der riesigen Terrasse, wo

Zu Füßen ihres Schöpfers Miguel de Cervantes reiten Don Quijote und Sancho Pansa über die Plaza de España.

auch Nicht-Hotelgäste willkommen sind. In der Mitte steht das berühmte Denkmal für den Dichter **Cervantes** (1930; Entwurf: Rafael Martínez Zapatero; Skulpturen: Lorenzo Coullaut Valera): Er sitzt vor einem schweren Obeliskensockel, vor ihm reiten seine berühmten Romanfiguren Don Quijote auf seinem Pferd Rosinante und sein Knappe Sancho Pansa auf seinem Maulesel Rucio. In der Nähe liegen die **beiden Programmkinos** Golem und Renoir (Calle Martín de los Heros).

Ein Kleinod unter Madrids Museen

Museo
Cerralbo

Der 1883 vollendete herrschaftliche Palast ganz in der Nähe ist ein Kleinod unter den Madrider Museen. Sein einstiger Besitzer, Enrique de Aguilera y Gamboa Marquis Cerralbo (1845–1922), war Privatgelehrter und leidenschaftlicher Sammler. Nach seinem Tod vermachte er den Palast und die darin gesammelten **Kunstschätze** seiner Stadt. Die Sammlung ist sehr vielfältig – lassen Sie sich ruhig Zeit und nehmen Sie einen Audioguide! Sie reicht von archäologischen Stücken aus iberischer, punischer und römischer Zeit über Porzellane aus Meißen, dem Buen Retiro sowie aus Sèvres und von Wedgwood bis zu Waffen, Teppichen und Möbeln verschiedener Epochen. Die Gemäldesammlung bietet Werke großer Meister wie El Greco (in der Kapelle: »Hl. Franz in Ekstase«), Zurbarán (in der Galerie: »Inmaculata«), Alonso Cano, Ribera (»Jakob hütet die Schafe«, eine alte Kopie des verloren gegangenen Originals), Herrera el Mozo (»Ecce Homo« und »Via Crucis«), Valdés Leal, Carreño, Tintoretto, Tiepolo und Goya. Auch die niederländische und französische Malerei sind mit Bildern vertreten.

Ventura Rodríguez 17 | Metro: Plaza de España, Ventura Rodríguez | Di. – Sa. 9.30 – 15, Do. auch 17 – 20, So., Fei. 10 – 15 Uhr | Eintritt: 3 €; freier Eintritt: Do. nachmittags und So. | www.mecd.gob.es/ mcerralbo

Spätbarockes Gotteshaus

San Marcos

Im alten Stadtteil Amaniel, der sich hinter dem Hochhaus Edificio España und der ▶ Gran Vía ausbreitet, liegt die Kirche San Marcos, das **letzte große Werk des Madrider Barock**. Zur Erinnerung an den Sieg Philipps V. bei Almansa wurde die Kirche 1749 – 1753 nach Plänen von Ventura Rodríguez gebaut. Für den Grundriss aus fünf ineinandergehenden Ellipsen ließ er sich von den Italienern Bernini und Borromini inspirieren. Interessant ist der Innenraum mit beherrschender Zentralkuppel. Die Freskoausmalung stammt von Luis González, die Stuckarbeiten von Robert Michel, die Statue des Heiligen auf dem Hochaltar sowie die Statuen in den flachen Seitenaltarnischen sind ein Werk von Juan Pascual de Mena. Die Öffnungszeiten der Kirche richten sich nach dem Gottesdienst.

Calle de San Leonardo 10 | Mo. – Fr. 7.30 – 12.30, 17.30 – 20.30, Sa., So. und Feiertage 9.00 – 13.30, 18.00 – 20.30 Uhr

★ PLAZA DE CIBELES

Innenstadtplan: d I | **Metro:** Banco de España

G/H 8

Der Brunnen mit der göttlichen Wagenlenkerin in der Mitte, der Fuente de Cibeles, ist ein Wahrzeichen Madrids und Mittelpunkt einer der schönsten Plätze der Hauptstadt. Hier feiert Real Madrid regelmäßig seine Siege ...

In einem **Brunnen** thront die griechische Fruchtbarkeits- und Liebesgöttin Kybele auf einem von zwei Löwen aus Granit gezogenen Wagen. Der Entwurf stammt von Ventura Rodríguez; Francisco Gutiérrez und Robert Michel führten ihn 1782 aus. Ursprünglich stand die Brunnenanlage am Beginn des Recoletos in Blickrichtung ▶ Paseo del Prado. Am Anfang des 20. Jh.s wurde sie um 90 Grad in Richtung ▶ Puerta del Sol gedreht. Heute gehört die Plaza de Cibeles zu den verkehrsreichsten Plätzen der Stadt. Hier stoßen der ▶ Paseo del Prado, der Paseo de Recoletos und die Calle de Alcalá aufeinander.

Ein Wahrzeichen Madrids

Hauptpost, Rathaus und Kulturzentrum

Repräsentative Gebäude umgeben die Plaza de Cibeles. Auffälligstes Gebäude ist der **Palacio de Cibeles**, auch Palacio de Comunicaciones genannt, der 1905 – 1917 von Antonio Palacios und Julián Otamendi im spanischen Neorenaissance-Stil erbaut wurde. Im Volksmund wird er auch »Nuestra Señora de Correos«, »Unsere Liebe Frau von der Post« genannt. Früher war hier das **Hauptpostamt** untergebracht (es befindet sich immer noch in einem Seitenflügel). Heute ist der Palast Sitz des Madrider Bürgermeisters bzw. des seit 2019 amtierenden Bürgermeisters José Luis Martínez-Almeida (PP) und des Rathauses. Außerdem sind hier das **Kulturzentrum CentroCentro,** Restaurants und eine Cafeteria untergebracht. Besuchern steht im CentroCentro neben wechselnden Ausstellungen ein Lesesaal (Zeitungen) und kostenloser Internetzugang zur Verfügung. Die Ipads sind in jene Stehpulte eingelassen, an denen Postkunden über Jahrzehnte ihre Formulare ausfüllten. Vom Aussichtsturm des Prachtbaus (Mirador; 70 m) genießt man einen wunderbaren Blick auf die Stadt. **Aussichtsturm:** Di. – So. 10.30 – 13, 16.30 – 19.30 | Eintritt: 3 €, online 3,50 € (die Karten vorher am Schalter abholen) | www.centrocentro. org

Palacio de Cibeles

Dem Hauptpostamt gegenüber steht Spaniens Staatsbank, **Banco de España**. Im französischen Geschmack des ausgehenden 19. Jh.s wurde die Bank 1884 von Eduard Adaro und Severiano Saínz de la Lastra gebaut und seither mehrfach erweitert. Die nordöstliche Seite des Cibeles-Platzes wird von dem im 19. Jh. nach Plänen von Carlos

Weitere Stadtpaläste

OBEN: Einst befand sich hier die Hauptpost. Heute ist der Palacio de Cibeles Sitz der Stadtverwaltung und des Kulturzentrums CentroCentro.

UNTEN: Geballte Pracht: der wunderschön angeleuchtete Kybele-Brunnen vor dem Palacio de Cibeles

Colubi erbauten **Linares-Palast** eingenommen. Heute ist hier die Casa de América untergebracht (Eingang: Calle Marqués del Duero; ▶ S. 309), die Veranstaltungen und Ausstellungen rund um südamerikanische Kulturen organisiert.

Ihr gegenüber erhebt sich der ehemalige **Palacio de Buenavista**, heute Ministerio de Defensa, Verteidigungsministerium. Der Palast, der von einer Erhöhung aus die Ausfahrt nach Alcalá beherrschen sollte, wurde 1777 – 1782 nach Plänen des Architekten Juan Pedro Arnal erbaut. Auftraggeberin war die schöne Herzogin von Alba, die angeblich die Geliebte Goyas war und dem Maler für die »Nackte Maja« Modell gestanden haben soll (heute im ▶ Museo del Prado). Als die Duquesa 1802 starb, kaufte die Stadt den Palast.

★ PLAZA DE LA VILLA

Innenstadtplan: a II | **Metro:** Sol

Die Plaza de la Villa, Madrids Rathausplatz, bildet mit dem früheren Rathaus, der Casa de Cisneros und der Torre de los Lujanes, drei schönen Beispielen der Architektur aus der Zeit der Habsburger, einen der schönsten Plätze der Altstadt.

In der Platzmitte erinnert ein Denkmal von Mariano Benlliure aus dem Jahr 1891 an **Alvaro de Bazán** (1526–1588), den Admiral Philipps II. und an das Siglo de Oro, das Goldene Zeitalter Spaniens. An der Westseite des Platzes steht das einstige **Rathaus**. Baubeginn war 1644, die Pläne stammten von Juan Gómez de Mora, der auch am Bau des ▶ El Escorial beteiligt war. Nach seinem Tod wurden die Arbeiten von José de Villareal zu Ende geführt. Für die beiden Portale sowie die Turmobergeschosse waren José del Olma und Teodoro Ardemans, der das Lustschloss ▶ La Granja entwarf, verantwortlich. 1789 fügte Juan de Villanueva dem Gebäude einen Balkon mit Blick auf die Calle Mayor, von dem aus die Königin der Fronleichnamsprozession beiwohnte, sowie die Kolonnaden des Hauptgeschosses hinzu. 2011 wurde das Rathaus in den Palacio de Cibeles an der ▶ Plaza de Cibeles verlegt. Heute ist das alte Rathaus wegen seiner reichen Ausstattung ein Museum. Zu sehen sind neben einer beachtlichen Gobelinsammlung und einer Reihe repräsentativer Räume wie dem Salón de Goya, dem Sitzungssaal und dem Lichthof (Patio de Cristales) vor allem eine Monstranz aus dem 16. Jh. und das Gemälde »Allegorie Madrids« von Goya.

Madrids Rathausplatz

Führungen werden von Madrid Tourismus angeboten: www.esmadrid.com

Ein schönes Haus für den Neffen des Kardinals

Casa de Cisneros

Die im Süden der Plaza gelegene Casa de Cisneros, heute durch einen Torbogen mit dem alten Rathaus verbunden, wurde 1537 von Benito Joménez de Cisneros, einem Neffen des großen Kardinals Cisneros, Gründer der Universität in ▶ Alcalá de Henares, gebaut. Zur Calle del Sacramento besitzt die Casa noch ihre spätgotische, in platereskem Stil gehaltene Fassade. Aus dem Haus floh 1590 Antonio Pérez vor König Philipp II.

Das älteste Bürgerhaus der Stadt

Torre y Casa de los Lujanes

Die Casa und die Torre de los Lujanes liegen dem einstigen Rathaus gegenüber. Die Gebäude gehören zu den wenigen erhaltenen Zivilbauten aus dem Madrid des 15./16. Jahrhunderts. Das Eingangstor zeigt noch das Wappen der Lujanes und gehört zu den seltenen gotischen Überresten der Stadt. Die Torre de los Lujanes diente dem französischen König Franz I. nach der Schlacht von Pavia (1525) als Gefängnis. Allerdings genoss der »Gefangene« Karls V. dort beachtliche Freiheiten; er spazierte auf den Madrider Straßen umher und nahm an Festen teil, die der kastilische Adel ihm zu Ehren veranstaltete.

Italienischer Barock in Hochform

San Miguel

An der Casa und der Torre de los Lujanes und am Kloster Las Carboneras vom Anfang des 17. Jh.s vorbei geht es durch die Calle Puñonrostro abwärts zur barocken Pontifikalkirche San Miguel (Calle de San Justo 4). Baubeginn war 1739. Die Pläne stammen von dem Italiener Santiago Bonavia, der auch für das spanische Königshaus tätig war, u.a. im Königsschloss von Aranjuez, und später von Virgilio Rabaglio und danach von Andrés de Rusca abgelöst wurde. Die schmale zweigeschossige Kirchenfassade ist aus Granit und nach italienischem Vorbild konvex gewölbt. Sie wird von zwei seitlichen Glockentürmchen gekrönt. Die Skulpturen in den halbrunden Nischen sind von Luis Salvador Carmona und Juan Pascual de Mena. Der einschiffige Innenraum mit Seitenkapellen, angedeutetem Querschiff und Kuppel ist mit Malereien der Brüder Velázquez sowie mit Fresken von Bartolomé Rusca ausgestattet. In der Kirche wird Josemaría Escrivá de Balaguer (1902 – 1975; 2002 heilig gesprochen) verehrt, Gründer des mächtigen Opus Dei (= Werk Gottes), einer katholischen Eliteorganisation. Die Öffnungszeiten richten sich nach dem Gottesdienst.

Madrids ältestes Gotteshaus

San Nicolás de los Servitas

San Nicolás de los Servitas, Madrids älteste Kirche, erreicht man durch eine kleine Gasse, die gegenüber dem alten Rathaus von der Calle Mayor abzweigt. Von ihrer ursprünglichen Architektur aus dem 12. Jh. ist nur der Backsteinturm erhalten. Sie ist eines der wenigen Madrider Beispiele der Mudéjarbaukunst und vielleicht ein Überbleibsel eines ehemaligen Minaretts. Die Hufeisenbögen am Chorein-

Ein Überbleibsel der Habsburger-Zeit: das alte Rathaus an der Plaza de la Villa

gang und die Stuckdekoration sind ebenfalls im Mudéjarstil gehalten. Das Retabel am Hauptaltar ist von dem Erbauer des El Escorial, Juan de Herrera, der auch eine Zeit lang hier begraben war, bevor seine Gebeine in seine Heimat Santander überführt wurden.

Plaza de San Nicolás 6 | Mo. – Sa.: 8.30 – 9.30 und 19 – 20.30, So., Feiertage 10 – 13.45 und 18 – 20.45 Uhr

PLAZA DEL DOS DE MAYO

Metro: Bilbao, Tribunal

Die Plaza del Dos de Mayo liegt mitten im Barrio Malasaña. Das volkstümliche Stadtviertel erinnert an die junge Stadtheldin Manuela Malasaña, die während des Aufstands am 2. Mai 1808 von französischen Soldaten erschossen wurde.

F 6

Schmale Gassen, kleine Plätze, Wohnhäuser, Geschäfte wie die Antigua Casa Crespo, in der Seile, Körbe und Schuhe (Alpargatas, Espadrilles) aus Hanf gefertigt werden (Calle Divino Pastor 29), Kneipen und Cafés prägen dieses alte Handwerkerviertel zwischen den Straßen Hortaleza, San Bernardo, Carranza und Sagasta, in dem auch zwei sehenswerte Museen liegen, das ▶ Museo de Historia de Madrid und das Museo del Romanticismo. Von literarischen Cafés über modern eingerichtete Lokale sind alle Stile vertreten. Beliebte Adressen sind u. a. das Café de Ruiz (Calle de Ruiz) und das Café Comercial (Glorieta de Bilbao).

Junge Szene in alten Gassen

Platz des 2. Mai

Puerta de Monteleón

Mittelpunkt des Viertels ist die Plaza del Dos de Mayo. Im Sommer sind die Bars, Tavernen und Cafés bis in die Nacht belebt, an Wochenenden herrscht Hochbetrieb! Die Puerta de Monteleón auf der Platzmitte ist der Rest eines 1690 errichteten Palastes der Herzöge von Monteleón, der 1723 durch einen Brand zerstört wurde. Manuel Godoy, der Minister Karls IV., ließ an dieser Stelle den Artillerie-Park einrichten. Nach dem Einmarsch französischer Soldaten fanden hier am 2. Mai 1808 schwere Kämpfe statt. Angeführt von den **Offizieren Luis Daoiz und Pedro Velarde** wehrten sich die Madrilenen erbittert gegen die Soldaten Napoleons. Unter ihnen befand sich auch die erst 15-jährige **Manuela Malasaña**, die dabei ums Leben kam. Die Kaserne wurde schließlich erobert, ihre Verteidiger zu Füßen der Montaña del Príncipe Pío erschossen. Goya hielt diesen Moment in einem beeindruckenden Bild fest (▶ Abb. S. 238; das Bild befindet sich im Museo del Prado). Heute erinnert das vor der Puerta de Monteleón stehende Monumento a Daoiz y Velarde (von Antonio Solá) an die beiden Anführer des Aufstands und an die dramatischen Ereignisse.

★ PLAZA DE ORIENTE

Innenstadtplan: a I/II | **Metro:** Ópera

D/E 8

Die Idee zur Plaza de Oriente stammte von dem Bruder Napoleons, der als José I. von 1808 bis 1813 in Spanien regierte und das Gelände vor dem Königspalast sowohl aus ästhetischen als auch aus Gründen der Sicherheit – zum besseren Schutz bei möglichen Unruhen – lichten ließ. Übrigens: Die Ausgrabungsfunde, die während des Umbaus ans Tageslicht kamen, sind im Parkhaus unter dem Platz zu sehen.

Die Bauarbeiten für den Platz, der die östlichen Stadtteile an das Königsschloss (▶ Palacio Real) anbinden und eine Perspektive zwischen der ▶ Puerta del Sol und dem Schloss schaffen sollte, wurden nach Beendigung des Unabhängigkeitskrieges und der Rückkehr Ferdinands VII. auf den spanischen Thron unterbrochen. Erst unter seiner Tochter Isabella II. entstand der Platz in seiner heutigen Form: eine großzügige, kreisförmig bepflanzte Anlage, umgeben von großbürgerlichen Wohnhäusern und dem Teatro Real (auch Teatro de la Ópera genannt). Auf der Mittelachse zwischen Palacio Real und Teatro Real erhebt sich das bronzene **Reiterstandbild Philipps IV.**, das der italienische Bildhauer Pietro Tacca von 1636 bis 1640 nach Zeichnungen von Velázquez und einem Modell des Bildhauers Martínez Montañés ausführte. Sie gehört zu den ersten Skulpturen, bei denen Pferd und Reiter »nur« auf den beiden Hinterbeinen des Tieres ruhen. Die den Platz säumenden Statuen der westgotischen Könige sollten ursprünglich die Balustrade des Schlosses krönen. Um die Plaza herum liegen vornehme Cafés und Restaurants, die abends und nach Opernaufführungen ein beliebter Treffpunkt sind.

Erhaben und dennoch beschaulich

Auf einem hohen Sockel reitet Philipp V. seit 1640 zwischen Palacio Real und königlichem Theater; ihm zu Füßen Spaziergänger und Ruhesuchende.

Ein königliches Opernhaus

Teatro Real, Teatro de la Ópera

Nach dem Abriss des alten Theaters »Caños del Peral« begannen 1818 die Bauarbeiten für das königliche Theater gegenüber dem Palacio Real. Die Pläne stammten von Antonio López Aguado, einem Schüler Juan de Villanuevas. Am 19. November 1850 eröffnete Isabella II. das Teatro Real, auch Teatro de la Ópera genannt; gespielt wurde Donizettis Oper »La Favorita«. Zu den großen Erfolgen des Hauses gehören Inszenierungen von Verdi- und Wagner-Opern, Aufführungen des Komponisten Strawinsky sowie Vorstellungen des russischen Balletts. 1925 wurden von Antonio Flórez umfangreiche Veränderungen vorgenommen, u.a. erhielt der Bau neue Fassaden (auch zur Plaza de Isabel II). 1960 – 1966 wurde er zu einem Konzerthaus umgebaut. Der Bau des Auditorio Nacional de Música (▶ S. 277) machte den Weg frei zu einer erneuten Umwidmung. Seit 1997 dient das Teatro wieder als Opernhaus.

Plaza Isabel II | Besichtigung tgl. 10 – 13 Uhr | Eintritt: 10 €
www.teatro-real.com

Plaza de Ramales

Die Calle de Lepanto führt zur südöstlich gelegenen kleinen Plaza de Ramales. Hier erinnert ein Kreuz an die abgerissene Kirche San Juan, in der Velázquez 1660 beigesetzt worden sein soll. Im Norden der Plaza de Oriente liegt der ▶ Convento de la Encarnación.

★★ PLAZA DE SANTA ANA

Innenstadtplan: c II | **Metro:** Sol, Antón Martín oder Tirso de Molina

Die große von Platanen gesäumte Plaza liegt mitten im Stadtviertel Huertas, auch Barrio de las Letras, Literaten- oder Dichterviertel genannt, zwischen Carrera de San Jerónimo, Calle de Atocha und Paseo del Prado. Hier lebten so berühmte Dichter wie Miguel de Cervantes, Lope de Vega, Tirso de Molina und Francisco de Quevedo.

Daran erinnern die Namen einiger Gassen in dem Viertel. Heute ist die Plaza de Santa Ana das Herz des Madrider **Künstlerviertels** und eines der **Zentren des Nachtlebens** mit Theatern, vielen Tapas-Bars und Musikclubs. Zu den bekanntesten Adressen hier und in der unmittelbaren Umgebung gehören die 1904 an der Plaza eröffnete

Kultur-kneipen

Hier spielt das Leben: Die Cervecería Alemana an der Plaza de Santa Ana besteht seit 1904, gegründet von deutschen Industriellen.

Cervecería Alemana (Plaza de Santa Ana 6) und die **Cervecería Santa Ana** (Nr. 10). Eine Sehenswürdigkeit ist das 1856 gegründete Viva Madrid, sicher eine der schönsten Kneipen der Stadt (gleich hinter dem Teatro Español, Calle de Manuel Fernández y González 7). Für Freunde des Jazz ist das **Café Central** die richtige Adresse (Plaza del Angel 11; www.cafecentralmadrid.com).

Der Name Santa Ana erinnert an ein 1586 hier gegründetes Karmeliterkloster. Sein jetziges Aussehen erhielt der Platz dann 1810 unter Napoleons Bruder Joseph Bonaparte, der das Kloster und sieben Häuser abreißen, Bäume pflanzen und einen Brunnen errichten ließ. Die eine Schmalseite des Platzes wird von dem mit einer eigenwilligen Fassade versehenen Hotel ME Madrid Reina Victoria dominiert. Das Haus ist ein Beispiel für den Modernisme, den spanischen Jugendstil (1919, Architekt: Jesúa Carrasco). Von seiner Dachterrasse »The Roof« genießt man einen fantastischen Ausblick.

Zwei Denkmäler auf dem Platz erinnern an zwei der berühmtesten Autoren des Landes: Die 1880 gefertigte Skulptur vor dem Hotel erinnert an den Dramatiker und Bühnenautor Calderón de la Barca (1600 – 1681; ▶ Interessante Menschen S. 249). Die andere Statue zeigt den andalusischen Dichter Federico García Lorca (1898 – 1936). Sie wurde 1998 vor dem Teatro Español aufgestellt, das die andere Schmalseite der Plaza de Santa Ana einnimmt.

Teatro Español

Über 400 Jahre Theatergeschichte

Spanisches
Theater

Das Theater wurde 1802 von Juan de Villanueva im neoklassizistischen Stil erbaut, Ende des 20. Jh.s erweitert und ist eines der ältesten und renommiertesten Theater Madrids. Es steht an der Stelle, wo am 21. September 1583 das **»Corral del Príncipe«** als Freilichttheater mit zwei komischen Stücken von Lope de Rueda seine Pforten öffnete. Zahllose Komödien der großen Dramatiker des Goldenen Jahrhunderts waren auf seiner Bühne zu sehen. 1745 wurde das Theater überdacht. Die »Romantische Bewegung« feierte in dem Haus Triumphe mit den Uraufführungen von »Don Álvaro« (1835) des Herzogs von Rivas, »El Trovador« (1836) von García Gutiérrez und »Los amantes de Teruel« (1837) von Hartzenbusch u.a. Im Café des Theaters versammelte sich der literarische Stammtisch der Romantiker, »El Parnasillo«, die Intellektuellen und Künstler der Haupt-

IN DER NACHT

Wer Freitag- oder Samstagabend im Huertas-Viertel um die Plaza de Santa Ana oder auf der Gran Vía unterwegs ist, der spürt es sofort: Die Lebensfreude hier ist ansteckend, das Nachtleben von Madrid Garant für einen unbeschwerten Moment, unabhängig davon, woher man kommt oder wie alt man ist ...

stadt. 1849 erhielt das Theater seinen heutigen Namen, danach war es lange Jahre Nationaltheater. Heute ist es eine der städtischen Bühnen Madrids und eines der besten Theater der Hauptstadt. www.teatroespanol.es

▌ Auf den Spuren der Dichter

Haus und Museum von Lope de Vega

Zwischen Plaza de Santa Ana, Calle del Prado und Calle de las Huertas liegt in einer Gasse das einstige Wohnhaus Lope de Vegas. 1610 hatte sich der Dramatiker und Dichter, der Schöpfer der spanischen Comedia des 17. Jh.s, hier niedergelassen (▶ Interessante Menschen S. 255). Das im Stil des 17. Jh.s eingerichtete zweistöckige Haus ist Sitz eines kleinen Museums. Ein Besuch vermittelt einen Eindruck vom Alltag im Madrid des »Goldenen Jahrhunderts«.
Ecke Calle Lope de Vega und Calle de Quevedo erinnert eine Tafel daran, dass hier der **Francisco de Quevedo,** der »spanische Shakespeare« (▶ Interessante Menschen S. 257), lebte. Auch sein **Rivale Góngora** (1561–1627) soll um 1619 in der Gegend gewohnt haben. Casa Museo Lope de Vega: Calle de Cervantes 11 | Metro: Antón Martín | Di. – So. 10 – 18 Uhr | Gratis-Führungen alle 30 Min.; Anmeldung Tel. 91 4 29 92 16 oder online | www.casamuseolopedevega.org

Casa Museo Lope de Vega

Eine Plakette für Cervantes

An der in der Nähe gelegenen Kreuzung Calle de Cervantes/Calle del León stand einst das im 19. Jh. abgerissene Haus von Cervantes, in dem der Autor des unsterblichen »Don Quijote« im April 1616 starb (▶ Interessante Menschen S. 250).

Erinnerung an Cervantes

Königliche Historische Akademie

Das elegante Gebäude der Königlichen Akademie für Geschichte in der Calle León 21 wurde 1788 nach Plänen von Juan de Villanueva aus Granitquadern und rotem Backstein erbaut. Die Bibliothek der bereits 1738 gegründeten Akademie mit über 200 000 Büchern und Manuskripten kann sich mit der Nationalbibliothek messen.
Mo. – Fr. 9 – 14, 16 – 19 Uhr | www.rah.es

Real Academia de la Historia

▌ Ateneo de Madrid

Calle del Prado 21 | Metro: Sevilla | tgl. 9 – 22/23 Uhr
www.ateneo demadrid.com

Private Kulturinstitution mit Tradition

Das Ateneo war ab seiner Gründung 1820 ein Jahrhundert lang der Mittelpunkt des geistigen und politischen Lebens des Landes. In sei-

Treffpunkt der intellektuellen Elite

nen Räumen diskutierten Literaten, Philosophen und Politiker über die neuesten literarischen, künstlerischen, politischen und wissenschaftlichen Strömungen. Unter Ferdinand VII. und noch einmal während der Diktatur Primo de Riveras musste das Ateneo seine Tore schließen. Seinen Höhepunkt erlebte es zur Zeit der Republik.

Nach dem Bürgerkrieg leistete es innerhalb der Grenzen seiner Möglichkeiten Widerstand gegen die Diktatur des Franco-Regimes. Seit dessen Ende 1975 versucht das Ateneo, seine einst führende Position im intellektuellen Leben der Hauptstadt zurückzugewinnen. Heute finden hier viele kulturelle Veranstaltungen wie Autorenlesungen, Vorträge und Filmvorführungen statt. Es gibt eine Cafeteria, und der Hunger kann im hauseigenen Restaurant bei italo-argentinischer Küche gestillt werden.

▌ Congreso de los Diputados

Carrera de San Jerónimo (Zugang), Plaza de las Cortes | Metro: Banco de España | Sa. 10.30 – 12.30 Uhr (außer im Aug.) | Personalausweis mitbringen | www.congreso.es

Zwei Löwen wachen über die Demokratie

Hier tagt das spanische Parlament

Der Palacio de las Cortes ist seit 1978 Sitz der Abgeordnetenkammer des spanischen Parlaments. Mit seiner klassizistischen Säulenvorhalle erhebt er sich an der Carrera de San Jerónimo gegenüber der kleinen reizvollen Plaza de las Cortes und der etwas protzigen Fassade des Hotel Palace. 1843 – 1850 wurde er nach Plänen von Pascual y Colomer auf dem Grundstück des ehemaligen Klosters des Heiligen Geistes errichtet. An der Treppe zum bronzenen Eingangstor wachen zwei Löwen – die aus Kanonen – Beutestücke aus dem 1860 beendeten Marokkokrieg – gegossen wurden. 1986 – 1990 folgte der postmoderne Anbau, der sich die Carrera de San Jerónimo entlangzieht (Architekten: María Rubert de Ventos, Oriol Clos, Josep Parcerisa).

Convento de las Trinitarias Descalzas

Calle Lope de Vega 18 | Metro: Antón Marín

Rätsel um Cervantes' Grab

Kloster und Kirche Las Trinitarias Descalzas

In der stillen Calle Lope de Vega liegt das Kloster Las Trinitarias Descalzas. Zwei einfache zweistöckige Häuser mit Balkonen rahmen die Klosterkirche mit drei Eingangsbogen und ovalen Fenstern ein. Das Kloster der barfüßigen Trinitarierinnen wurde 1612 gegründet; das erhaltene Gebäude entstand jedoch erst 1673 unter Marcos López. Es ist ein Musterbeispiel der Madrider Architektur des 17. Jahrhunderts. In dem Kloster lebten u. a. eine Tochter von Cervantes und eine von Lope de Vega. **In dem Vorgängerbau** der Klosterkirche wurde im Jahre 1616 Miguel de Cervantes beigesetzt, daran erinnert eine neoplatereske Grabplatte. Allerdings wusste man nicht, wo genau sich das Grab des Dichters befunden hatte. 2015 wurde das Grab dann vermutlich im Untergrund des Klosters entdeckt. Dasselbe Schicksal ereilte übrigens auch die sterblichen Überreste anderer bedeutender Künstler wie Calderón de la Barca und Diego de Velázquez (▶ Plaza de Oriente). Auch das Grab Lope de Vegas ist leer: Seine Gebeine ruhten bis ins 18. Jh. in der Iglesia de San Sebastián, die als Monumento Nacional an der Ecke der Calle Atocha und Calle San Sebastián bis heute an den großen Barockdichter erinnert.

★★ PLAZA MAYOR

Innenstadtplan: b II | **Metro:** Sol, Ópera

Die 120x90 m große Plaza Mayor gehört zu den schönsten Plätzen Spaniens. Wo einst Könige proklamiert, Stiere gehetzt, Hexen und Ketzer verbrannt wurden, laden heute Cafés, Geschäfte und Restaurants unter Laubengängen zu einer beschaulichen Pause ein.

Philipp II. beauftragte 1581 seinen Lieblingsarchitekten Juan de Herrera, den Erbauer des ▶ El Escorial, mit der Gestaltung des Platzes, der bereits damals eine wichtige Rolle im Stadtleben spielte. Der älteste Teil des Platzes wurde 1590 in Angriff genommen. Unter Philipp III. führte Juan Gómez de Mora in kurzer Zeit, 1617 – 1619, die Arbeiten zu Ende. Die Plaza Mayor war nicht nur Handelsmittelpunkt und Zentrum des städtischen Lebens, sondern auch Schauplatz für Staatsakte wie Königsproklamationen, Heiligsprechungen und Hinrichtungen. Auch zu festlichen Veranstaltungen wie Stierkämpfen, Theateraufführungen und Ritterturnieren strömte die Madrider Bevölkerung auf die Plaza. Nach schweren Zerstörungen durch einen Brand übernahm Juan de Villanueva, der Architekt des Prado, ab 1790 den Wiederaufbau des Platzes. Dabei wurden die den Platz einrahmenden Häuser auf die Höhe der Casa Panadería gebracht und die Hausdächer mit Schiefer gedeckt. Die ehemals acht auf die Plaza mündenden offenen Straßen wurden überbaut und der Platz erhielt seine heutige Geschlossenheit.

Schauplatz der Geschichte

An der Nordseite steht die von zwei Türmchen eingerahmte Casa Panadería (1590). Hier waren die für die Verteilung der Brot- und Getreidereserven zuständigen Beamten untergebracht und es wurde vermutlich auch Brot an die Bevölkerung verkauft. Über ihrem Balkon, von dem aus die königliche Familie den Spektakeln auf der Plaza

Casa Panadería

beiwohnte, prangt das königliche Wappen. Die Fresken der Fassade wurden restauriert. Der Casa Panadería gegenüber befindet sich die ebenfalls von zwei Türmchen flankierte **Casa de la Carnicería**, die ehemalige Verwaltung der Fleischbestände, heute Sitz eines Touristeninformationsbüros. Die **Reiterstatue Philipps III.**, die von Giambologna entworfen und 1613 von Petro Tacca in Florenz gegossen wurde, stand ursprünglich in der ▶ Casa de Campo und wurde erst 1847 auf die Plaza versetzt.

Heute finden auf der Plaza Mayor der alljährliche Weihnachtsmarkt und jeden Sonntagmorgen die Briefmarkenbörse statt; die Caféterrassen und Arkadenrestaurants sind beliebter Treffpunkt von Besuchern und Madrilenen. Der Platz hat auf jeder Seite zwei Ausgänge, die ihn mit Hauptstraßen wie der Calle de Toledo, der Calle Mayor und der Calle Postas verbinden. Auf der Seite der Casa de la Carnicería liegt die steile Treppe des **Arco de Cuchilleros** (Tor der Messerschmiede). Sie führt von der Plaza zu den tiefer liegenden Gassen **Cava de San Miguel** und **Calle de Cuchilleros** hinunter, den malerischsten Winkeln der Altstadt. Sie künden vom Verlauf des ehemaligen Stadtgrabens (= Cava), der der mittelalterlichen Stadtmauer folgte. In den Gewölben der Häuser aus dem 18. Jh. servieren traditionsreiche Gasthäuser und Tavernen vor allem handfeste Kost, zu ihnen gehören das Botín (▶ S. 293) und das Las Cuevas de Luis Candelas (▶ S. 175).

Schönste und bekannteste Markthalle Madrids

Mercado de San Miguel

Der farbenfrohe Markt besteht seit 1835 an dieser Stelle, an der sich einst die östliche Stadtausfahrt des zweiten Mauerrings befand. Die filigrane Eisenkonstruktion entstand 1916 nach Plänen von Alfonso Dubé y Díez. Sie ersetzte das malerische Durcheinander von Waren und Lebensmitteln des alten Marktplatzes. Die Madrilenen kommen am liebsten nach der Arbeit hier vorbei, aber auch hungrige Touristen und andere Feinschmecker finden hier an rund 30 Ständen Fisch, Fleisch, Käse und Gebäck sowie köstliche Tapas (▶ Das ist Madrid S. 18).

Plaza de San Miguel | Metro: Sol | Mo. – Do. 10 – 24, Fr., Sa., So. bis 1 Uhr | www.mercadodesanmiguel.es

Ein versteckter Schatz

San Ginés

Die Ursprünge von San Ginés nördlich der Calle Mayor gehen auf eine mozarabische Kirche aus dem 11./12. Jh. zurück, die wiederum im 17. Jh. beim Umbau in eine dreischiffige Kirche zerstört wurde. Der Turm der nach einem Brand 1872 wieder errichteten Kirche beherrscht die umliegenden Gassen (Bordadores, Coloreros, San Martín), die in ihrer großstädtischen Intimität an die Romane von Benito Pérez Galdós erinnern. Nach schweren Zerstörungen während des Bürgerkriegs wurde sie renoviert, dabei entfernte man die neoplateresken Dekorationen am Außenbau. Ihre Mauer aus Ziegel-Bruch-

OBEN: Plaza Mayor – die große
Bühne der Lebenslust …
UNTEN: … und zum Auftanken
laden viele Einkehrmöglichkeiten
ein.

DAS LEBEN SPÜREN

Auf der Plaza Mayor den Reiseführer zuklappen, sich irgendwo hinsetzen, das bunte Treiben beobachten und den Kontrast zwischen den historischen Gebäuden und dem modernen Alltag auf sich wirken lassen.

stein-Schichten entspricht einer alten Mudéjartechnik. Die **Capilla del Cristo**, Christuskapelle, im Nordwesten der Kirche, gehörte einst der königlichen Laienbruderschaft Esclavitud Penitencial de Cristo, der auch Philipp IV. angehörte. Sein unehelicher Sohn Juan José de Austria (†1679), dessen Mutter die Schauspielerin Maria Calderón war, liegt hier bestattet. An der Ausstattung der Kapelle waren u.a. beteiligt: Alonso Vergaz (Hauptaltar), Pompeo Leoni (vier vergoldete Bronzeengel), Alonso Cano (»Sitzender verspotteter Christus«; im linken Querarm) und **El Greco** (»Die Austreibung der Wechsler aus dem Tempel«; rechts vom Eingang; leider ist sein Bild nur dienstags und freitags 18 – 19 und Sa. 10 – 11, 11.30 – 12 Uhr zu sehen).

Calle Arenal 13 | Metro: Sol | Mo. – Sa. 8.45 – 13, 18 – 2o.45, So. erst ab 9.45 Uhr, im August nur mittags geöffnet

Morgengold

Chocolate y churros

Fast rund um die Uhr geöffnet ist die Chocolatería San Ginés. Hier kann man echt madrilenisch seinen Hunger mit frisch frittierten Brandteig-Stangen (churros) und dickflüssiger Schokolade stillen. Eine besonders beliebte Adresse nach einer langen Madrider Nacht – auf dem Weg ins Bett ...

Paradizo de San Ginés 5 | www.chocolateriasangines.com

Barockbau mit Zwillingstürmen

Die nach dem Stadtpatron Madrids benannte Colegiata de San Isidro im Süden der Plaza Mayor war bis zur Weihe der Catedral de la Almudena (▶ Palacio Real) 1993 die Kathedrale Madrids. Sie entstand 1622 nach den Plänen der Jesuiten Pedro Sánchez, Juan de Haro und Francisco Bautista, die auch für die benachbarte Kaiserliche Schule (Colegio Imperial, heute ein Gymnasium; Calle de Estudios) verantwortlich waren. Nach der Ausweisung der Jesuiten 1767 unter Karl III. wurde die Kirche von Ventura Rodríguez umgebaut, dem hl. Isidro geweiht und seine Gebeine aus der Kirche ▶ San Andrés hierher überführt. Ferdinand VII. (1814 – 1833) gab den Jesuiten schließlich den Bau zur ück.

San Isidro

Calle de Toledo 37 | Metro: Latina | Mo. – Sa. 8 – 13, 18 – 20, So. 9 – 14, 18 – 20 Uhr | Eintritt: frei

★ PUERTA DEL SOL

Innenstadtplan: b/ II | Metro: Sol

Die Puerta del Sol, Mittelpunkt Madrids und ziemlich genau auch ganz Spaniens, erinnert mit ihrem Namen an das »Sonnentor« in der mittelalterlichen Stadtmauer, das zur aufgehenden Sonne ausgerichtet war.

F 8

Sie ist Kilometer Null für alle von hier ins Land führenden Nationalstraßen und ein wichtiger Verkehrsknotenpunkt. Hier laufen nicht nur zahlreiche Straßen zusammen, unter der Erde liegen auch die Metround die Bahnstation Sol. Darüber hinaus ist das »Sonnentor« einer der quirligsten Plätze der Hauptstadt. Die heutige Anlage mit der Reiterstatue Karls III. geht auf die Mitte des 19. Jh.s zurück. Die Südseite dominiert die Casa de Correos, heute Sitz der Kommunalverwaltung; vor ihrem Eingang befindet sich im Pflaster der Nullkilometerstein. Obwohl viele typische Cafés im Laufe der Zeit modernen Cafeterien oder Schnellimbissen weichen mussten, haben sich ein paar Traditionslokale erhalten, u. a. das **Café Mallorquina** an der Ecke Calle Mayor/Puerta del Sol, wo es angeblich das beste Frühstück in Madrid gibt. Mit den Confiserien, einigen Spezialgeschäften wie der **Casa de Diego** für Fächer und Regenschirme (Puerta del Sol 12), Lotterieverkäufern, zahllosen Passanten, Bushaltestellen und Metro-Eingängen ist die Puerta del Sol einer der lebendigsten Plätze Madrids.

Das »Sonnentor«, laut einer Beschreibung von 1539 ein einfaches Backsteintor mit sechs Wehrtürmen, gehörte zu den Haupttoren der Stadt. 1570 wurde es abgerissen. Auch zahlreiche umliegende Ge-

Kilometer Null

bäude fielen im Laufe der Zeit Platzveränderungen zum Opfer, u.a. das Kloster San Felipe Real (1547), das Königliche Hospital (1560) und die Kirchen Buen Suceso (1628) und Nuestra Señora de la Victoria (1597). Der einstmals berühmte Brunnen La Mariblanca wurde durch eine zierliche barbusige Venus aus weißem Marmor ersetzt. Sehr populär ist die Neonreklame für die bekannte Sherrymarke **Tío Pepe** auf dem Haus Puerta del Sol 11.

»

Man kommt auf die Puerta del Sol, was für ein herrlicher Anblick! Ein ausgedehnter, halbrunder Platz, von hohen Gebäuden umgeben, in den zehn breite Straßen einmünden. Auf jeder dieser Straßen drängen sich Volk und Wagen in geräuschvollen Wogen. Alles in Sichtweite entspricht der Größe des Platzes: die Gehsteige, breit wie Straßen, die Cafés, groß wie Plätze, das Brunnenbecken wie ein See. Und überall eine dichte, unruhige Menge.

«

»Spagna«, Edmondo de Amicis (1846 – 1908)

Die Sonnenpforte in der Stadtgeschichte

Wichtiger Schauplatz

Die Puerta del Sol, die nicht umsonst als das geografische Herz Spaniens gilt, war auch immer wieder Schauplatz der modernen spanischen Geschichte. Hier begann am 2. Mai 1808 der Widerstand gegen Napoleon, als die Madrilenen den Mamelucken und der Kaiserlichen Garde eine sehr ungleiche Schlacht lieferten. In den Cafés wurden politische Debatten geführt und Umstürze vorbereitet. 1912 fiel hier der Ministerpräsident José Canalejas durch die Schüsse von Anarchisten. 1931 wurde vom Balkon des zum Innenministerium avancierten Postgebäudes die Zweite Republik ausgerufen. Die **Movimiento 15-M** (Protestbewegung 15. Mai), die sich infolge der Wirtschaftskrise 2011 rasch über das ganze Land ausbreitete, hatte ihren Anfang auf der Puerta del Sol. Vor allem junge Menschen, aber auch Arbeitslose und Rentner, zogen hier am 15. Mai als Protest gegen die politische Klasse und das internationale Finanzsystem eine Zeltstadt hoch. 2014 ging aus dieser Bewegung die Partei »PODEMOS« (»Wir können«) hervor.

Sitz der Kommunalverwaltung von Madrid

★

Casa de Correos

Karl III. ließ 1768 an der Südseite des Platzes die Real Casa de Correos, die einstige Hauptpost, erbauen, heute das älteste Gebäude hier. Nach Plänen des Architekten Ventura Rodríguez mussten für den Neubau zwei Häuserblocks mit mehr als 20 Häusern weichen. Jaime Marquet wurde mit dem Projekt betraut. Der auf einem Sockel ruhende Bau aus Granit, weißem Kalk- und rotem Backstein besitzt einen rechteckigen Grundriss mit zwei Innenhöfen, um die sich die verschiedenen Räume

6x
TYPISCH

Dafür fährt man nach Madrid!

1.
RÄUBERHÖHLE

Die Kellergewölbe unterhalb der Plaza Mayor dienten im 19. Jh. dem berühmten Dieb Luis Candelas als Versteck. Heute gibt es dort zahlreiche **Restaurants**, eines trägt noch seinen Namen (€€€; www.las cuevasdeluiscandelas. com).

2.
SPANISCHES KARAOKE

Im »**Toni 2**« drängen sich Alt und Jung zu später Stunde um einen riesigen Flügel und versuchen, die richtigen Töne zu treffen. Ob es klappt, ist Nebensache.
(▶ S. 273)

3.
KUNSTVOLLE KACHELN

Die Fassade der Apotheke Juanse in Malasaña ist ein Hingucker. Auf von Hand **bemalten Kacheln** der 1920er-Jahre wird für Heilmittel aller Art geworben. (Calle San Vicente Ferrrer 32)

4.
MALERGENIE

Im Alter von 16 Jahren ging **Picasso** nach **Madrid** und studierte neun Monate an der Kunstakademie San Fernando. Er wohnte in einer Pension in Lavapiés in der Calle San Pedro Mártir 5. Eine bemalte Wandkachel erinnert dort an den berühmten Bewohner.

5.
GLÜCKSSUCHE

Immer vor Weihnachten stehen Tausende bei **Doña Manolita** Schlange, um ein Los der Weihnachtslotterie zu kaufen. Denn dort, in der Calle del Carmen 22, in der Nähe der Puerta del Sol, sind seit 1904 die meisten Gewinnlose verkauft worden.

6.
MADRID VON OBEN

Die Dachterrasse des **Círculo de Bellas Artes** ist ideal zum Schlemmen, zum Entspannen und zum perfekten Selfie mit Panoramablick.
(▶ S. 182, 274)

Zu jeder Tages- und Jahreszeit: Die Puerta del Sol ist einer der quirligsten Plätze Madrids.

ordnen. Die Hauptfassade zeichnet sich durch klassische Linien aus, die auf französische Vorbilder hinweisen. Über dem Haupteingang verläuft ein Balkon, der von einem Giebel mit dem königlichen Wappen, mit Löwen und Trophäen gekrönt ist. Unter Franco hatte in dem Gebäude die berüchtigte »politisch-soziale Brigade« der Polizei ihr Hauptquartier, wegen ihrer Uniformen von den Spaniern »die Grauen« genannt. Die Keller, in denen unliebsame Oppositionelle gefangen gehalten und gefoltert wurden, verschwanden erst bei der 1998 abgeschlossenen Renovierung. Der Uhrturm folgte erst 1866 wie auch das Eisengerüst, in dem **eine goldene Kugel an Silvester** mit zwölf Glockenschlägen das neue Jahr einläutet. Wer sich zum Jahreswechsel in Madrid aufhält, sollte unbedingt hierherkommen: Bei jedem Glockenschlag essen Madrilenen eine Weintraube und sichern sich so Glück und die Erfüllung ihrer Wünsche im anstehenden Jahr! Heute ist das Haus Sitz der Regierung der Comunidad de Madrid, der Region Madrid.

La Osa y el Modroño: Bär küsst Baum

Die Bärin mit dem Erdbeerbaum

An der Ostseite, zwischen den Straßen Alcalá und San Jerónimo, steht die bronzene Bärin, die an einem Madroño, Erdbeerbaum, knabbert, das Wahrzeichen ziert das Wappen Madrids und das des Vereins Atlético Madrid. Der Madroño aus der Familie der Heidekräuter war einst in der Gegend von Madrid weit verbreitet und eine

wichtige Heilpflanze, u.a. zur Linderung von Schwellungen. Heute gibt es im Stadtgebiet nur noch wenige Madroños.

Ein Stück altehrwürdiges Madrid

Die Carrera de San Jerónimo führt zur kleinen Plaza de Canalejas, unterwegs passiert man ein paar alteingesessene Geschäfte wie **La Violeta** mit ausgezeichneten Bonbons und Restaurants, und weiter zum ▶ Museo Thyssen-Bornemisza.

Plaza de Canalejas

★★ EL RASTRO

Lage: Plaza de Cascorro und Umgebung | **Innenstadtplan:** b III/IV
Metro: La Latina, Puerta de Toledo | So. 9 – ca. 14 Uhr

Auf dem berühmten Madrider Flohmarkt herrscht jeden Sonntagvormittag ein malerisches Durcheinander. Er hat eine lange Tradition: Wo heute rund 3000 Stände alles anbieten, was man sich nur vorstellen kann, handelten im 15. Jahrhundert bereits Schlachter und Gerber.

DIE ZARZUELA

Die Zarzuela ist ein urwüchsiges Madrider Genre, eine Bühnengattung, bei der sich Gesang (Solo und Chor) mit gesprochenem Dialog munter abwechseln.

Ihr Name geht auf das nahe bei Madrid gelegene Schlösschen Zarzuela zurück, wo Philipp IV. gern zur Unterhaltung Komödianten aus den Theatern der Hauptstadt kommen ließ. Anstelle der üblicherweise dreiaktigen und recht aufwendigen Stücke setzten sich bald eigens hierfür geschriebene Zweiakter mit zahlreichen Musikeinlagen durch, die man **Zarzuela** nannte.

In den Stoffen herrschten, wie im spanischen höfischen Theater, Heldenthemen vor, aber auch tragische Handlungen fehlten nicht. Die ersten literarischen Vorlagen lieferte Calderón de la Barca, Philipps Hofdichter, mit seinem »El jardín de Falerina« (1648). Innerhalb kurzer Zeit wurde die Zarzuela recht beliebt. Die berühmtesten Autoren Spaniens verfassten Libretti. **Von den Stücken sind über 500 erhalten**, allerdings fehlt in den meisten Fällen die Musik.

In der zweiten Hälfte des 18. Jh.s änderte sich der Musikgeschmack. Italienische Opern bestimmten das Theatergeschehen, zunächst in Über-

setzung und dann in der Originalsprache, die Zarzuela geriet in Vergessenheit.

Zu einer Renaissance kam es Ende der 1830er-Jahre. Es entstand die einaktige Zarzuela, die im Gegensatz zur »Zarzuela grande« als »Género chico« bezeichnet wurde. Letztere erlebte innerhalb kürzester Zeit eine ungeahnte Blüte und gegen Ende des 19. Jh.s gab es in Madrid zehn Theater, in denen ausschließlich diese Werke aufgeführt wurden.

Die Zarzuela wurde auch in Frankreich und Italien gefeiert. Nun ging es in den Stücken auch nicht länger um die »großen« Themen, sondern um **»Hinterhofgeschichten«, Liebe, Eifersucht und Frauenehre** mit dem verliebten Alten, dem jungen Liebhaber, den koketten Mañolas und den geschwätzigen Nachbarinnen. Zwar werden wenig neue Zarzuelas geschrieben, Neuinszenierungen älterer Stücke sind jedoch nach wie vor beliebt. Da sie, ohne allzu anspruchsvoll zu sein, ihre Frische und Fröhlichkeit erhalten haben, lohnt sich der Besuch einer Zarzuela auch ohne Spanischkenntnisse unbedingt. Aufführungsort ist das **Teatro de la Zarzuela**, das einzige Opernhaus der Welt, in dem seit 1856 die spanische Form der Operette erklingt (▶ S. 276).

◀ Zur Zarzuela gehört Tanz.

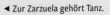

Der Madrider Flohmarkt El Rastro gehört zu den Barrios Bajos im Süden der Stadt, die zum Manzanares-Fluss hin abfallen. Das Dreieck von Gassen und Gässchen, das sich zwischen Calle und Ronda de Toledo sowie der Calle de Embajadores spannt, hat seine Spitze in der Plaza de Cascorro. Dort, unter dem Denkmal des Soldaten Eloy Gonzalo, eines Helden aus dem Kuba-Krieg von 1898, beginnt der Rastro.

Schatz-suche am Sonntag

>>

Der Rastro ist der fleißigste Ort Madrids, wo am meisten gearbeitet wird. In kleinen, gedrängten Schuppen, die durch ein paar Tücher voneinander getrennt sind, sehen wir alles was wir brauchen: Werkzeuge, Betten, Kommoden, wackelige Stühle ... Reste von Dingen, die einst etwas waren, Decken, Bilder und Alben mit verblichenen Fotos von Typen der dreißiger Jahre, der romantischen Epoche.

<<

»Madrid: Escenas y Costumbres«, 1913: José Gutiérrez Solana

Die breite Ribera de Curtidores weist mit ihrem Namen auf die ehemaligen Ledergerbereien dieses Stadtteils hin. Heute sind hier und in den umliegenden Straßen zahlreiche Trödler und Antiquare anzutreffen. Sonntagmorgens schiebt sich eine dichte und bunte Menschenmasse von einem Stand zum anderen, an denen von Matratzen, Koffern und Kleidung über Körbe, alte Möbel, Eisengestelle, Elektrogeräte und Keramik bis zu Büchern und Holzwaren beinahe alles angeboten wird, egal ob alt oder neu.

Die Iglesia de **San Cayetano** in der Calle de Embajadores 15 ist ein Werk von Pedro de Ribera und José Churriguera, den zwei Meistern des Madrider Barock. Nach einem Brand, der das Gotteshaus 1936 zerstörte, ist nur die Fassade des bedeutenden Baus erhalten.

Kultur in einer ehemaligen Tabakfabrik

Ganz in der Nähe befindet sich die 1809 gebaute Real Fábrica de Tabacos, eines der ersten Zeugnisse der Industrialisierung Madrids und mit 800 Arbeiterinnen damals Mittelpunkt des Rastro-Viertels. Besser ist sie als **La Tabacalera** bekannt. Seit 2010 ist in der ehemaligen Tabakfabrik ein alternatives und selbst verwaltetes Kulturzentrum untergebracht. Hier finden Konzerte, Ausstellungen, Workshops, Theater und vieles mehr statt – es ist gewissermaßen das spanische Gegenstück zum Berliner Tacheles.

Real Fábrica de Tabacos

Embajadores 53 | Metro: Embajadores | Mo. – Fr. 12 – 20, Sa., So. 11 – 20 Uhr | www.latabacalera.net

Ein Stück Architekturgeschichte

Im 18. und 19. Jh. wurden in den volkstümlichen Stadtvierteln Madrids sogenannte Corralas errichtet. Die zwei- bis siebenstöckigen

Corralas

Schatzsuche am Sonntag: Madrids berühmtester Flohmarkt hat eine Jahrhunderte alte Geschichte und ist eine wahre Fundgrube.

Mietshäuser liegen um einen zentralen Innenhof (Corral = Innenhof). Die gewöhnlich nur 20 m² großen Wohnungen waren über lange Außenflure zu betreten. Wegen der Enge fand das eigentliche Leben auf diesen Galerien und im Innenhof statt. Daher sind die Corralas seit ihrer Entstehung auch immer szenischer Hintergrund der volkstümlichen Zarzuelas (▶ Baedeker Wissen S. 178). Im Rastro-Viertel und im übrigen Lavapiés wurde eine Reihe von Corralas restauriert. Ein Beispiel befindet sich in der Calle Tribulete, die Galerien zeigen zur Calle Mesón de Paredes, ein anderes Beispiel liegt in der Calle Miguel Servet.

★ REAL ACADEMIA DE BELLAS ARTES DE SAN FERNANDO

Lage: Calle de Alcalá 13 | **Innenstadtplan:** c II | **Metro:** Sol, Sevilla | Di. – So. 10 – 15 Uhr | **Eintritt:** 8 €; freier Eintritt mittwochs | **www. realacademiabellasartessanfernando.com**

Die Real Academia de Bellas Artes de San Fernando, wie die anderen königlichen Akademien eine Gründung der Bourbonen, ist eine der wichtigsten Gemäldesammlungen Madrids.

F 8

Karl III. (1759 – 1788) kaufte den barocken, 1724 von José Churriguera für den Finanzmann Goyeneche entworfenen Palast und beauftragte den Architekten Diego de Villanueva mit seinem Umbau. Dieser veränderte die Fassade nach klassizistischen Prinzipien und entfernte vor allem die barocke Ausschmückung.

Die Akademie San Fernando ist Sitz der Madrider Kunstakademie. Zu ihren Direktoren zählte u.a. Francisco de Goya (seit 1795) und in ihren Ateliers studierten Picasso und Dalí, Letzterer bis zu seinem Ausschluss, sowie viele weitere bekannte Künstler. Heute erfüllen die Madrider Universitäten die Aufgaben der Akademie. Der Palacio de Goycheneche beherbergt eine sehenswerte Kunstsammlung mit Werken aus dem 16. bis zum 20. Jahrhundert. Die chronologisch geordneten Arbeiten stammen von ehemaligen Mitgliedern, aus Schenkungen und den aufgelösten Jesuitenklöstern von Córdoba und Cuenca sowie aus dem 1808 konfiszierten Kunstbesitz des Ministers Karls IV., Manuel Godoy.

Königliche Akademie der Schönen Künste

Einige Meisterwerke

Das 16. Jh. ist mit Gemälden von Guiseppe Arcimboldo (»Frühling«), El Greco, Juan de Juanes und Morales vertreten. Ribera, Cano, Zurbarán (»fünf lebensgroße Mönche«), Murillo, Velázquez, Herrera d. Ä., Pacheco, Caxés, Rizzi und Escalante repräsentieren die spanische Schule des 17. Jahrhunderts.

16. bis 20. Jahrhundert

Eindrucksvoll ist die Auswahl von **Goya-Bildern**, die größtenteils im Auftrag der Akademie entstanden: »Das Begräbnis der Sardine«, »Die Flagellanten«, »Irrenhaus«, »Inquisitionstribunal«, »Stierkampf im Dorf«, »Porträt von Leandro Fernández de Moratín«, »La Tirana«, »Reiterbildnis Ferdinands VII.«, »Porträt von Manuel Godoy als Generalissimus« und ein Selbstbildnis aus dem Jahr 1815. Das weitere Kunstschaffen dokumentieren Werke von Bayeu, Sorolla, Picasso, Díaz, Juan Gris, Tàpies, Chillida und Turcios.

In der Umgebung der Akademie

Ministerio de Hacienda Im Westen der Königlichen Akademie folgt das einstige königliche Zollhaus, **Antigua Aduana** (Alcalá 11), heute ist hier das Finanzministerium untergebracht. Mit der angrenzenden Real Academia de Bellas Artes de San Fernando verleiht es dem ersten Teil der Calle de Alcalá einen strengen italienisierenden Charakter. Der Lieblingsarchitekt Karls III., Francesco Sabatini, der ihm von Italien nach Spanien gefolgt war, hielt sich bei seinem Bau 1769 an das Vorbild italienischer Renaissance-Paläste. 1928/1929 wurde der Palast erweitert und die Fassade erhielt ein von Pedro de Ribera 1710 entworfenes Portal, das ursprünglich den Palacio de Torrecilla schmückte.

Jugendstil, Kultur und ein schönes Café

Círculo de Bellas Artes Antonio Palacios, der Architekt des einstigen Hauptpostamtes (Palacio de Cibeles, ▶Plaza de Cibeles), entwarf 1919 auch dieses Gebäude, Sitz des Ende des 19. Jh.s gegründeten Vereins zur Förderung der schönen Künste. Das **Kunst- und Kulturzentrum** mit besuchenswertem Café bietet Ausstellungen und andere Veranstaltungen, The-

Ein schöner Ort zum Verweilen: das Jugendstil-Café La Pecera im Círculo de Bellas Artes, einem Prachtbau auf der Calle de Alcalá

ater, Ateliers und ein Kino. Es ist Schauplatz von Festivals, von Rock-konzerten bis zu Faschingsbällen.

Calle de Alcalá 42/Marqués de Casa Riera 2 | Metro: Banco de España, Sevilla | Cafetería La Pecera: tgl. 9 – 1 Uhr | www.circulobellas artes.com

★ LAS SALESAS REALES

Lage: Plaza de las Salesas | **Metro:** Colón | **Eintritt:** frei

Die Kirche für die Nonnen des französischen Salesas-Ordens, des Ordens der Heimsuchung Mariens, ist ein schönes Beispiel des spanischen Barock der Bourbonen-Zeit.

G 7

Bárbara de Braganza, die aus Portugal stammende Gemahlin Ferdinands VI., gründete das nach ihr benannte Kloster, von dem nur die Kirche erhalten ist. Die Pläne lieferte der Architekt François Carlier. Die Ausführung zwischen 1750 und 1758 lag bei Francisco Moradillo, dem u. a. die kleinen Türme der Fassade und die Kirchenkuppel zuzuschreiben sind. Im Innern der Kirche Santa Bárbara, auch de las Salesas Reales genannt, wurde das Gründerpaar in etwas kaltem Prunk beigesetzt. Alle übrigen Bourbonenherrscher ließen sich im Escorial begraben. Das königliche Grabmal schuf Francisco Gutiérrez (der auch für den Cibelesbrunnen an der ▶ Plaza de Cibeles verantwortlich ist) nach Plänen von Francisco Sabatini. Die Öffnungszeiten richten sich nach dem Gottesdienst.

Santa Bárbara, barockes Kunstwerk

Zwei Plätze
Die Konventsgebäude hinter der Kirche dienen seit Ende des 19. Jh.s als **Justizpalast** (Palacio de Justicia). Nach einem Brand 1915 wurden sie bis 1926 wieder errichtet. Der würdevolle Bau, der mit seiner neobarocken Fassade (von Joaquín Rojí) auf die Grünanlagen der Plaza blickt, ist der Mittelpunkt eines gediegenen Viertels, das unter Isabella II. im 19. Jh. das Madrider Bürgertum anzog. Ruhige Straßen mit großbürgerlichen Wohnhäusern – Piamonte, Conde de Xiquena, Almirante, Santa Teresa, Marqués de la Ensenada – bilden eine friedliche Insel im Großstadtverkehr der nahe liegenden Calle de Génova, des Paseo de Recoletos und der Calle de Hortaleza. Buchhandlungen, Obst-, Lebensmittel- und Modegeschäfte wechseln mit Cafés, Restaurants, einfachen Tabernas und Bars ab, in denen man den Beamten des Justizpalastes, den Studenten des Institut Français oder den Schauspielern des Teatro Nacionál María Guerrero begegnet.

Plaza de la Villa de París und Plaza de las Salesas

SAN ANDRÉS

Lage: Plaza de San Andrés | **Innenstadtplan:** a III | **Metro:** Latina

In dem malerischen Viertel, wo die drei Plätze Humilladero, Puerta de Moros und Plaza de San Andrés ineinander übergehen, liegt die Kirche San Andrés.

Ihre Westfassade ist zur engen Gasse Costanilla de San Andrés ausgerichtet. Fertiggestellt wurde die Kirche San Andrés mit ihrer gewaltigen Tambourkuppel Mitte des 17. Jahrhunderts. Altarraum und Kuppel sind in üppigem Barock ausgestattet. In der San-Isidro-Kapelle schildern Gemälde das Wunderwirken des ehemaligen Landarbeiters und Stadtheiligen.

Los Orígenes de Madrid – die Anfänge Madrids

Casa-Museo de San Isidro

An der Stelle eines Madrider Stadtpalasts aus dem 16. Jh. soll der Landarbeiter und Wundertäter San Isidro gelebt haben. Erhalten blieb der Wunderbrunnen, aus dem der ertrunkene Sohn des Heiligen nach endlosen Gebeten lebendig wieder hervorkam. Alonso Cano hielt dieses Wunder in einem Gemälde fest (heute im ▶ Museo del Prado). In dem vermutlich ältesten erhaltenen profanen Gebäude Madrids befindet sich heute das Casa-Museo de San Isidro. Es informiert über die Stadtgeschichte und den Stadtpatron San Isidro.
Plaza de San Andrés 2 | Di. – So. 9.30 – 20; 16. Juni – 15. Sept. 10 – 19 Uhr | Eintritt frei | www.madrid.es/museosanisidro

Hier verlief einst die Stadtmauer

Cava Baja

Die auf die Plaza de San Andrés einmündende Cava Baja ist die Fortsetzung der Cava de San Miguel (▶ Plaza Mayor). Auch hier reiht sich ein Restaurant an das andere.

Eine Kapelle für den Bischof

Capilla del Obispo

An die Nordseite der Kirche San Andrés schließt in direktem Mauerverbund die 1520 – 1535 als Grablege der Patrizierfamilie der Vargas erbaute Capilla del Obispo (Kapelle des Bischofs) an. Sie ist nur von der **Plaza de la Paja** aus, dem ehemaligen Heumarkt, zu betreten und gilt als das einzige erhaltene Bauwerk reifer isabellinischer Gotik in Madrid. Beachtenswert sind die Renaissancetüren aus der Werkstatt des Berruguete-Schülers Francisco Giralte und die inneren Holztüren, die Francisco de Villapandó oder Cristobal de Robles zugeschrieben werden. Die Kapelle selbst wurde zur Aufnahme des San-Isidro-Schreins errichtet, der dort 1518 bis 1657 aufbewahrt wurde, bis man ihn in die Kirche San Isidro (▶ Plaza Mayor) überführte. Der Hauptaltar der Kapelle ist ein Meisterwerk der kastili-

Einen Tisch auf der Plaza de San Andrés zu bekommen, ist gar nicht so einfach.

schen Spätgotik, des »platteresken« Stils. Sein Erbauer Francisco Giralte wurde hier 1576 begraben. Rechts und links des Altars liegen die Grabmäler von Francisco de Vargas († 1524) und seiner Frau Inés de Carvajal († 1518; von Giralte). Das Grabmal des Bischofs Gutiérrez de Carvajal y Vargas, der heute der Kapelle ihren Namen gibt, vollendet das künstlerische Ganze.

Ein schiefer Turm und eine kleine grüne Oase

Von der Nordseite der Plaza de la Paja sieht man schon den leicht schiefen Turm der Kirche San Pedro el Viejo (Alt-St.-Peter), auch El Real genannt. Sie wurde zur Zeit Alfons' XI. (1312–1340) im alten Maurenviertel vermutlich an der Stelle einer Moschee errichtet. Erhalten blieb ihr quadratischer Backsteinturm, eines der wenigen Zeugnisse des Mittelalters in Madrid. Typisch für den Mudéjarstil sind der rote Backstein, der karge Schmuck und die kleinen, hufeisenförmigen Ornamente mudejaren Stils auf halber Höhe. Die Kirche stammt aus dem 17. Jh. (während des Gottesdiensts geöffnet).

San Pedro el Viejo

Rund um San Pedro laden u. a. die Taberna de Cien Vinos und die Taberna de los Austrias (www.tabernalosaustrias.com) ein sowie in der Treppengasse Travesía del Nuncio gegenüber der Apsis von San Pedro das hübsche Café del Nuncio (Calle Segovia 9, Ecke Travesía del Nuncio). An der Nordseite der Plaza de la Paja folgt die **kleine grüne Oase** des Jardín del Príncipe de Anglona. Er stammt aus dem 18. Jh., wurde aber um 1920 verändert.

★ SAN ANTONIO DE LOS ALEMANES

Lage: Calle de la Puebla 22 | **Innenstadtplan:** b/c I | **Metro:** Callao

Hinter der ▶Gran Vía, zwischen der Corredera Baja de San Pablo und der Calle de la Puebla, erstreckt sich das derzeit vielleicht angesagteste Madrider Stadtviertel TriBall – und mitten drin liegt die Kirche San Antonio de los Alemanes.

*Barockes
Kleinod
mitten in
TriBall*

Philipp III. gründete hier 1607 ein Krankenhaus, 1624 wurde die dem hl. Antonius geweihte Kirche errichtet. Der Architekt und Jesuitenpater Pedro Sánchez, dem auch die Kirche San Isidro in der Calle de Toledo zu verdanken ist, baute dieses barocke Kleinod, das sich hinter einer unscheinbaren Fassade verbirgt. Ursprünglich war die Ovalkirche einem Achteck eingeschrieben. 1887 wurde das achteckige Äußere der geraden Straßenflucht angeglichen. Der elliptische, überkuppelte Innenraum ist ein Musterbeispiel barocker Überladung. **Fresken von Luca Giordano** bedecken die Wände, während ein riesiges Deckengemälde von Francesco Ricci und Juan Carreño de Miranda die Kuppel ausfüllt. Der Hochaltar stammt aus dem 18. Jh. und ersetzt das ursprüngliche, durch Feuer zerstörte Retabel. Die Statue des hl. Antonius wird Manuel Pereira zugeschrieben. An den Seiten befinden sich je drei medaillongeschmückte Nebenaltäre. Aus ihrer Vergoldung schauen die letzten Habsburger – Philipp IV., Karl II., Maria Anna von Österreich – auf die Besucher herab.

Calle de La Puebla 22 | Metro: Gran Vía | Mo. – Sa. 10.30 – 14 Uhr | Eintritt: 2,50 €

Sehr lebendig und alternativ

TriBall
Die Gegend um die Barockkirche, im Schatten der Gran Vía, ist derzeit in Madrid sehr angesagt. Ihr Name TriBall, eine Abkürzung von Triangulo de Ballesta, erinnert nicht zufällig an New Yorks Stadtviertel Tribeca. Heute finden sich hier trendige Restaurants, Bars, schicke Mode- und Dekoläden.

Noch ein Barockjuwel

San Martín
In der Calle de la Luna, auf halbem Weg zur Gran Vía, liegt die barocke Kirche San Martín. Sie wurde 1761 gebaut, der Name ihres Architekten ist unbekannt. Die Fassade aus Backstein, mit zwei Türmen versehen, könnte von José Churriguera stammen. In der Kirche selber befinden sich Heiligenbilder von Pedro de Mena, Gregorio Hernández, José Mora und Pedro Alonso de los Ríos und Gemälde von Claudio Coello, Juan Ricci und Carreño de Miranda. In der Kirche soll der

Dichter Francisco de Quevedo ein Abenteuer mit einer Dame gehabt haben, das ihn zur Flucht nach Italien zwang. Die Öffnungszeiten der Kirche richten sich nach den Gottesdiensten.

★ SAN FRANCISCO EL GRANDE

Lage: Plaza de San Francisco | **Innenstadtplan:** a III | **Metro:** Latina | Di. – Sa. 10.30 – 14.30 und 16 – 18.30 Uhr | **Eintritt:** Kirche frei, Museum 5 €

Die Real Basílica de San Francisco el Grande, eine der bedeutendsten Kirchen Madrids, wurde auf dem Grundstück eines alten Franziskanerklosters errichtet.

Die Kuppel der Real Basílica de San Francisco el Grande stellte die Baumeister vor manche Herausforderung.

*Ein Kunst-
genuss*

Die Pläne für den 1761 begonnenen Neubau stammen von dem Franziskaner Francisco de las Cabezas. Als Vorbild soll ihm die römische Kirche Santa Maria in Campitelli von Carlo Fontana gedient haben. Wegen technischer Schwierigkeiten beim Bau der enormen, 33 m weiten Kuppel übernahm Francisco Sabatini, Lieblingsarchitekt Karls III., ab 1770 die Leitung bis zur Fertigstellung 1785. Ihm sind die klassizistische Fassade sowie die Rotunde zu verdanken. Joseph Bonaparte machte die Kirche zum Versammlungsort der Cortes; 1878 wurde sie zum **Panteón Nacional** erklärt – Juan de Villanueva, Ventura Rodríguez und andere haben hier ihre Gräber. 1926 wurde die Kirche den Franziskanern zurückgegeben.

Das Kircheninnere, ein überkuppelter Rundbau mit sechs Kapellen, beeindruckt durch seine Größe und Höhe sowie seine Ausstattung. Die Gemälde der Kapellenaltäre entstanden zwischen 1781 und 1783, darunter befinden sich Werke von Francisco de Goya (»Die Predigt des hl. Bernhard«; erste Kapelle links), von González Velázquez (»hl. Bonaventura«), von Mariano Salvador Maella (»Immaculata«; erste Kapelle rechts) und Francisco Bayeu. In der Kirche sind auch zahlreiche andere Kunstwerke zu beachten, darunter in der Vorsakristei und im Kapitelsaal das Chorgestühl aus dem Kloster El Paular (16. Jh., von Bartolomeo Fernández; ▶ S. 43) sowie in der Sakristei eine Gemäldesammlung, u.a. Bilder von Francisco Pacheco, Zurbarán und Cano.

Capilla de la
Venerable
Orden
Tercera

Die 1668 erbaute barocke Capilla de la Venerable Orden Tercera im Schatten von San Francisco steht genau da, wo Franz von Assisi 1217 eine Einsiedelei gegründet haben soll.
Sa. 11 – 13 Uhr

★★ SEGOVIA

Lage: 90 km nordwestlich von Madrid | **Höhe:** 1008 m ü. d. M. | **Einwohnerzahl:** 55 000

AUSSER-
HALB

Die Stadt thront majestätisch auf einem fast 100 m hohen Felssporn über den Flüsschen Eresma und Clamores. Auf engstem Raum konzentriert sich hier alles, für was Kastilien bekannt ist: hochherrschaftliche Häuser, malerische Gassen, großartige Kirchen, eine stolze Burg. Nicht zu vergessen sind die Ausblicke in die karge Hochebene und auf die Sierra de Guadarrama. Für Madrilenen hat Segovia zwei Wahrzeichen: das Aquädukt und Spanferkel, Cochinillos asados, die kulinarische Spezialität der Stadt.

SCHWERELOS

Im Heißluft-Ballon über Segovia und den Alcázar hinweggleiten – das ist eine bleibende Erinnerung. Die Morgendämmerung taucht Stadt und Festung in ein zauberhaftes Licht (▶ S. 192).

Die von Mauern umgebene kleine Provinzhauptstadt mit ihrem römischen Aquädukt, einer prächtigen Kathedrale, einem mittelalterlichen Alcázar und vielen Adelspalästen gehört zum UNESCO-Weltkulturerbe. Bei einem Ganztagesausflug von Madrid aus lohnt ein Halt in ▶ La Granja de San Ildefonso.

Geschichte in Stein gemeißelt

Die wichtigsten Ereignisse

Das von den Iberern gegründete Segovia, Zentrum des Widerstands gegen die Römer, erlangte in der Geschichte mehrmals große Bedeutung. Unter den Römern, die die Stadt 80 v.Chr. eroberten, war Segovia Schnittpunkt zweier Heerstraßen. Nach der Herrschaft der Westgoten und der Araber begann unter den kastilischen Grafen eine Neubesiedlung und Segovia wurde bevorzugte Residenz der kastilischen Könige, unter ihnen Alfons X. der Weise. Hier wurde 1474 Isabella die Katholische zur Königin von Kastilien ausgerufen. Ihren Wohlstand verdankte die Stadt dem Wollhandel und der Mesta, einer der Hanse vergleichbaren Handelsorganisation. Als Karl V. den Adligen eine höhere Steuer auferlegte, brach 1520 der Comuneros-Aufstand aus. **Juan Bravo**, einer der Anführer, kam in Segovia zur Welt und wurde in seiner Geburtsstadt auch geköpft. Es folgten weitere Glanzzeiten unter dem Geschlecht der Trastámara und nach einer

Segovia gestern und heute

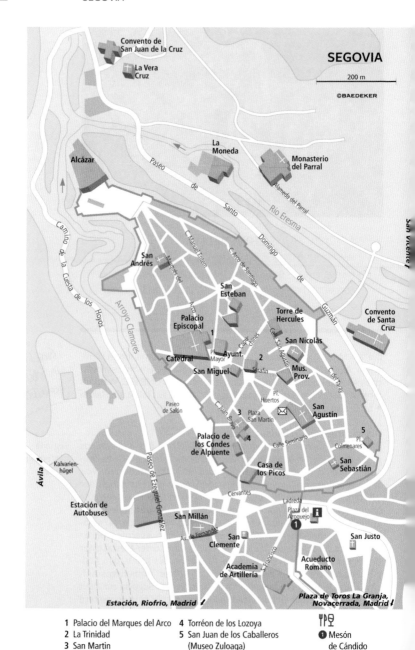

SEGOVIA

200 m

©BAEDEKER

Convento de San Juan de la Cruz
La Vera Cruz
La Moneda
Monasterio del Parral
Alcázar
Paseo de Santo Domingo de Guzmán
Río Eresma
San Vicente I
San Andrés
C. Manuel Enrom
C. Arco de Santiago
Arroyo Clamores
Camino de la Cuesta de los Hoyos
San Esteban
Torre de Hercules
Convento de Santa Cruz
San Nicolás
Palacio Episcopal
Catedral
Ayunt.
Pl. Mayor
San Miguel
Mus. Prov.
San Agustín
Pl. Huertos
Paseo de Salón
C. Juan Bravo
Plaza San Martín
Palacio de los Condes de Alpuente
Casa de los Picos
Calle Seminario
Pl. Colmenares
San Sebastián
Ávila I
Kalvarien-hügel
Estación de Autobuses
Paseo de Ezequiel González
Cervantes
Ladreda
Plaza del Azoguejo
San Justo
San Millán
Av. de Fernández
San Clemente
Academia de Artillería
Acueducto Romano
Estación, Riofrío, Madrid I
Plaza de Toros La Granja, Novacerrada, Madrid I

1 Palacio del Marques del Arco
2 La Trinidad
3 San Martin
4 Torréon de los Lozoya
5 San Juan de los Caballeros (Museo Zuloaga)

❶ Mesón de Cándido

Periode der Vergessenheit kam mit den Bourbonen im 18. Jh. neuer Glanz in die Stadt, von dem man heute noch einiges verspürt. Den schönsten Blick auf die Stadt hat man vom sogenannten Kalvarienhügel, den man auf der N 110 in Richtung Ávila erreicht, sowie von der Panoramastraße, die im Tal an den beiden Flüsschen und der Stadtmauer entlangführt.

❙ Wohin in Segovia?

Römischer Aquädukt

Ausgangspunkt einer Stadtbesichtigung ist die belebte **Plaza del Azoguejo**, die unterhalb der Altstadt liegt und vom hier aus zwei Bogenreihen bestehenden römischen Aquädukt überspannt wird. Das eindrucksvolle Bauwerk wurde vermutlich unter Kaiser Trajan im späten 1. Jh. n. Chr. errichtet und noch bis 1974 genutzt. Es ist Teil einer noch heute aus der Sierra de Fuenfría kommenden, 17 km langen Wasserleitung, die mit insgesamt 119 aus Granitquadern ohne Mörtel und Klammern erbauten Bogen (7 bis 28,5 m Höhe) und 818 m Gesamtlänge das von den Vorstädten eingenommene tiefe Tal überschreitet und bis zur Oberstadt führt, wo sie unterirdisch beim Alcázar endet. Der Aquädukt ist neben den Mauern von Tarragona das größte erhaltene Römerdenkmal in Spanien und einer der schönsten Aquädukte überhaupt.

Acueducto Romano

In der Altstadt

Über die Calle Cervantes links vom Aquädukt gelangt man in die Altstadt hinauf. Wo sie auf die Calle Juan Bravo mündet, steht rechts die **Casa de los Picos** (Diamantquader-Haus; 15. Jh.). Etwas weiter folgt linker Hand die Casa del Conde de Alpuente, deren Fassade mit schönen Sgraffitodekorationen geschmückt ist (15. Jh.).

Plazuela de San Martín

Die von Läden, Bars und Restaurants gesäumte Calle Juan Bravo führt zur Plazuela de San Martín, Mittelpunkt des einstigen Adelsviertels. Ein Denkmal erinnert an den Segovianer **Juan Bravo**. Sein Geburtshaus, die Casa del Siglo XV oder Casa de Juan Bravo genannt, erkennt man an der unter dem Dach verlaufenden vierbogigen Galerie. Der mächtige Torreón de los Lozoya ist aus dem 14. Jh., an ihn schließen sich die Casa de Los Bornos und die Casa de Solier (auch Casa de Correos genannt) an.

Die romanische Kirche **San Martín** (12. Jh.) ist auf drei Seiten von einem Säulengang umgeben, dessen Kapitelle reich skulptiert sind. Im Inneren findet man die gotische Capilla de Herrera mit den Gräbern der Familie Herrera und in der Capilla Mayor einen »Liegenden Christus« von Gregorio Fernández; auch der Kirchenschatz ist sehenswert. An die Kirche schließt sich das ehemalige Gefängnis (Cárcel Real, 17. Jh.).

SEGOVIA ERLEBEN

Centro de Recepción de
Visitantes, Plaza de Azoguejo 1
Tel. 92 1 46 67 20
www.turismodesegovia.com
Flug mit dem Heißluft-Ballon:
http://madrid-experience.com/es/
paseo-en-globo-aerostatico

ANREISE

AUTO
A-6 ab Moncloa, weiter über AP-6
und AP-61 (beide kostenpflichtig).

BAHN
Schnellzüge (AVANT, AVE) fahren ab
Madrid-Chamartín nach Segovia; vom
Bahnhof Segovia kommt man mit
dem Stadtbus ins Zentrum.

BUS
Busse von La Sepulvedana fahren
mehrmals täglich vom Busbahnhof Intercambiador Moncloa (Metro: Moncloa) nach Segovia, mit und ohne
Zwischenstopps.
www.lasepulvedana.es

❶ MESÓN DE CÁNDIDO € € €
Im Ganzen zart geröstete Spanferkel,
Cochinillos asados, die traditionsgemäß am Tisch mit einem Teller zerlegt
werden, gibt es beim Acueducto Romano. Reservierung empfehlenswert!
Plaza de Azoguejo 5
Tel. 921 42 59 11
www.mesondecandido.es

Ganz in der Nähe wurde dem 1903 in Turégano bei Segovia geborenen Maler Esteban Vicente (†2001), Vertreter des abstrakten Expressionismus, ein Museum, das **Museo de Arte Contemporáneo
Esteban Vicente**, gewidmet. Es befindet sich in dem 1455 erbauten
Stadtpalast Heinrichs IV.; darüber hinaus finden hier immer wieder
Wechselausstellungen anderer Gegenwartskünstler statt.
Plazuela de las Bellas Artes | Di. – Fr. 11 – 14, 16 – 19, Sa. 11 – 20, So.,
Fei. 11 – 15 Uhr | Eintritt: 3 €, Do. Eintritt frei | www.museoesteban
vicente.es

Lebhafter Mittelpunkt der Altstadt

Plaza Mayor

Die Plaza Mayor mit ihren Laubengängen, Straßencafés und einem
Musikpavillon in der Mitte ist der Mittelpunkt der Altstadt. An ihrer
Nordseite steht das schlichte Ayuntamiento (Rathaus, 17. Jh.), an
der Ostseite das Theater und an der Südostseite die gotische Kirche
San Miguel von Gil de Hontañón (1558), die einen beachtenswerten
Hauptaltar von 1572 (José Vallejo Vivanco) und Grabmäler birgt. In
dieser Kirche wurde Isabella die Katholische zur Königin ausgerufen.

Segovias Hauptkirche

Kathedrale

In unmittelbarer Nähe und auf dem höchsten Punkt der Altstadt erhebt sich die aus gelbem Gestein erbaute Kathedrale. Sie wurde
1525 – 1593 anstelle eines beim Aufstand der Comuneros zerstörten

Vorgängerbaus nach Plänen von Juan und Rodrigo Gil de Hontañón im gotischen Stil errichtet. Im Inneren sind die Gitter, eine farbige Holzgruppe der »Beweinung Christi« von Juan de Juni (1571) und die Grablegung Christi, die sich rechts vom Eingang befindet, zu beachten. Der marmorne Hochaltar trägt die Elfenbein-Madonna »Virgen de la Paz« (14. Jh.). Das Chorgestühl (Ende 15. Jh.) befand sich bereits im Vorgängerbau. Der Kreuzgang stammt ebenfalls vom Vorgängerbau. Er wurde 1524 – 1530 mit den Originalsteinen an dieser Stelle wieder aufgebaut. Im sehenswerten Museo Catedralicio sind Gemälde, u.a. von Ribera, vor allem aber sehr schöne Brüsseler Gobelins aus dem 16. und 17. Jh. ausgestellt, darunter eine Serie mit der Geschichte der Königin Zenobia von Palmyra.

Tgl. 9.30 – 17.30, im Sommer bis 19 Uhr | Eintritt 3 €, mit Turmbesteigung 7 €

Noch ein Gotteshaus

San Esteban

Unweit nördlich der Plaza Mayor ragt der fünfstöckige Turm der Kirche San Esteban in die Höhe. Wie die meisten romanischen Kirchen Segovias besitzt auch San Esteban eine Säulenloggia, in der Versammlungen der Zünfte stattfanden. Beachtenswert sind die herrlich bearbeiteten Kapitele der Säulengänge an der West- und Südseite und ein Christus am Kreuz aus bemaltem Holz (13. Jh.) im Inneren der Kirche.

Altkastilische Burganlage

Alcázar

Der auf einem steilen Felsvorsprung zwischen den sich dahinter vereinigenden Tälern des Eresma und Clamores aufragende Alcázar, ein vortreffliches Beispiel altkastilischer Burganlagen, geht auf das 11. Jh. zurück. Er wurde im 13. Jh. von Alfons dem Weisen neu erbaut und im 15. und 16. Jh. durch prachtvolle Ausgestaltung erweitert. In dieser Burg heirateten Philipp II. und Anna von Österreich. Die von zehn halbrunden Türmen (Cubos) umkränzte Torre de Juan II, durch die man die Burg betritt, sowie die runde, spitzhelmbekrönte Torre de Homenaje am entgegengesetzten Ende der Burg stammen aus dem 14. Jahrhundert. Der mühevolle, weil sehr enge Aufstieg auf die Torre de Juan II wird durch eine überragende Aussicht auf die Stadt, die Sierra de Guadarrama und die Hochebene belohnt. Beim Gang durch die Burg lernt man den Lebensstil des Hochadels im 15. und 16. Jh. kennen (▶ Baedeker Wissen S. 194).

Plaza Reina Victoria Eugenia | tgl. 10 – 19, Okt. – März bis 18 Uhr | Eintritt 6 € (9 € mit Torre de Juan) | www.alcazardesegovia.com

San Esteban, San Juan de los Caballeros und Museo Zuloaga

Romanische Kirchen und ein Museum

Von der Plaza del Azoguejo geht es an der kleinen romanischen Kirche **San Sebastián** vorbei in die Altstadt hinauf. Dabei überquert man die Plaza del Conde de Cheste, die von vornehmen Adelspaläs-

MÄCHTIGES CASTILLO

Auf der Nordwestspitze eines Felsvorsprungs zwischen den Flüssen Río Eresma und Río Clamores thront der Alcázar von Segovia. 1862 wurde er bei einem Brand stark beschädigt. Die Innenausstattung der Prachträume wurde im 19. Jh. mit Hilfe von älteren Zeichnungen rekonstruiert.

❶ Torre de Juan II
Die Zugangsseite der Burg (Öffnungszeiten ▶ S. 299) wird vom unter Johann II. begonnenen Bergfried beherrscht. Ihn bekrönen ein Wehrgang und zehn runde Ecktürme.

❷ Barbakane
Dazu gehören die Hebebrücke und Wachräume. Über dem Eingang prangt das Wappen der Katholischen Könige.

❸ Sala de la Galera
Über die Sala del Trono geht es in die Saka de la Galera. Ihre Südwestwand war eine Außenmauer des mittelalterlichen Kastells, daran erinnern die romanischen Doppelfenster, die später freigelegt wurden. Schöne Aussicht!

❹ Sala de las Piñas
Benannt ist der Saal nach den Pinienzapfenmotiven seiner Artesonado-Decke. Sie ist eine Kopie der ursprünglichen Decke von 1452.

❺ Sala de los Reyes
Der Königssaal war der Hauptsaal. Der Wandfries mit der Königsgenealogie stammt aus dem 19. Jahrhundert.

❻ Dormitorio del Rey
Im königlichen Schlafzimmer steht ein gotisches Bett aus Nussbaumholz.

❼ Kapelle
Durch einen Laufgang, dessen moderne Glasfenster nach alten Stichen angefertigt wurden, gelang man in die Kapelle. Ihre Decke stammt aus Cedillo de la Torre (15. Jh., Provinz Segovia).

SEGOVIA ALCÁZAR

1 Vorwerk
2 Torre Juan II
3 Waffenhof
4 Wachraum
5 Thronsaal
6 Sala de Ajimeces (Bogenfenster)
7 Sala de la Galera
8 Sala de las Piñas
9 Königssaal
10 Dormitorio del Rey (Königlicher Schlafraum)
11 Laufgang
12 Kapelle
13 Schatzkammer
14 Waffensammlung
15 Uhrenhof
16 Real Colegio de Artilleria (Museum)
17 Terrasse

50 m

©BAEDEKER

N

©BAEDEKER

⑧ Real Colegio de Artelleria
In drei Sälen ist eine kleine militärhistorische Sammlung zu sehen.

⑨ Torre de Homenaje
Von der Terrasse blickt man über den Eresma auf das Kloster El Parral und die Kirche Vera Cruz.

OBEN: Wie ein Schiffsbug
schiebt sich der Alcázar über die
Täler des Río Eresma und des Río
Clamores.

UNTEN: Pracht im Inneren: die
geschnitzte, mit Gold bemalte
Holzdecke in der Sala de las
Piñas

ten, u. a. dem Palacio de los Marqueses de Moya, del Marqués de Lozoya (14. Jh.), de los Condes de Cheste und del Marqués de Quintanar, umgeben ist. Der Weg endet an der Plaza Colmenares, an der sich die ehemalige Kirche **San Juan de los Caballeros** (11. Jh.) erhebt, einst Begräbnisstätte der vornehmen Familien Segovias. Heute beherbergt sie das **Museo Zuloaga**, das Werke des Malers Ignacio Zuloaga und des Keramikers Daniel Zuloaga zeigt.

Di. – Sa. 10 – 14, 16 – 19, So. 10 – 14 Uhr | Eintritt: 1 € Sa, So frei

Sehenswertes außerhalb der Stadtmauern

Von der Plaza del Azoguejo führt die Avenida de Fernández Ladreda südwestlich zur romanischen Kirche **San Clemente** (13. Jh.) mit einer interessanten Apsis. Im Inneren sieht man rechts der Capilla Mayor auch Wandmalereien aus dem 13. Jahrhundert. Ebenfalls romanisch ist die wenig entfernt gelegene Kirche **San Millán**, zwischen 1111 und 1124 erbaut und somit eine der ältesten Kirchen der Stadt. Der überwiegend barocke Innenraum ist mit Fresken ausgemalt; im Altarraum sind noch Reste romanischer Fresken zu erkennen. Von San Millán kommt man auf das um den Stadthügel führende Umgehungssträßchen. Rings um den Hügel ziehen sich fast lückenlos die alten **Stadtmauern**, die in ihren Fundamenten iberisch sind, von den Römern erweitert und im 11./12. Jh. verstärkt wurden; sie sind bestückt mit 86 halbrunden Cubos und drei stattlichen Toren. Die Straße vollführt einen Bogen um die Nordostspitze der Stadt und überquert den Río Eresma. Von hier zeigt sich der Alcázar in seiner ganzen majestätischen Pracht.

San Clemente, San Millán und die alten Stadtmauern

Drei weitere kirchliche Bauten

Kurz nach der Brücke steht links die etwas klobige Wallfahrtskirche Virgen de la Fuencisla aus dem 17. Jh., dicht dabei der Convento San Juan de la Cruz, ein 1576 von Juan de la Cruz gegründeter Konvent der Barfüßigen Karmeliter (heute ein Altersheim). Auf der gegenüberliegenden Straßenseite steht isoliert die rund angelegte **Kirche Vera Cruz**, eine 1208 – 1217 erbaute ehemalige Templerkirche mit Wandmalereien des 13. Jh.s im Inneren. Nach wenigen Hundert Metern auf der Umgehung führt wiederum eine Nebenstraße über den Eresma zu dem links am Hang gelegenen **Monasterio El Parral**, einem 1447 von Heinrich IV. gegründeten Hieronymitenkloster. Es besitzt einen mächtigen Retabel von Juan Rodríguez (16. Jh.) und zwei Alabaster-Grabmäler von 1528 des Marqués von Villena und seiner Ehefrau. Unterhalb der Stadtmauer nähert man sich allmählich wieder der Plaza del Azoguejo. Links sieht man den 1217 gegründeten Convento de Santa Cruz mit seinem isabellinischen Portal. Beim Konvent geht eine Straße zur Kirche **San Lorenzo** in der Vorstadt gleichen Namens ab. Der Turm ist wie die dreiteilige Apsis ein hervorragendes Beispiel des Mudéjarstils.

Convento de Carmelitas Descalzos

★★ TOLEDO

AUSSER-
HALB

Lage: 70 km südlich von Madrid | **Höhe:** 529 m ü. d. M. | **Einwohner-zahl:** 84 000

Ein Granitfelsen in einer Schleife des Río Tajo hat sich hier tief eingegraben. Auf diesem türmen sich Kirchen, Paläste und Häuser, überragt vom mächtigen Alcázar. Die ehemalige Hauptstadt Kastiliens besticht nicht nur durch ihre steingewordene Geschichte, sondern auch durch ihre Ästhetik.

Die Stadt El Grecos

Die Hauptstadt der autonomen Region Castilla-La Mancha und der Provinz Toledo bietet mit ihrem Kranz gotisch-maurischer Befestigungen, dem hoch gelegenen Alcázar und der Kathedrale ein außerordentlich schönes Bild. Besonders gute Ausblicke auf die Stadt hat man vom südlichen Tajo-Ufer, u. a. von der Ermita de la Virgen del Valle, oder vom Parador de Toledo (www.parador.es). Der Stadtgrundriss mit den engen, verwinkelten Straßen und Sackgassen, die Häuser mit ihren wenigen Fenstern, den vergitterten Erkern und offenen Innenhöfen lassen orientalischen Einfluss erkennen, während in christlicher Zeit Kirchen, Klöster und Hospitäler entstanden. Das jüdische Erbe zeigt sich in zwei erhaltenen Synagogen. So bildet die Stadt auf engstem Raum ein einzigartiges Freilichtmuseum kastilisch-spanischer Geschichte und gehört seit 1986 zum **UNESCO-Weltkulturerbe**. Dazu tragen die Spuren El Grecos (1541 – 1614) bei, der in Toledo lebte. Seine Werke sind überall in der Stadt präsent. Hinzu kommen die berühmten Toledaner Stahlklingen und Einlegearbeiten in Gold und Silber, eine handwerkliche Tradition, die die Mauren eingeführt haben.

Stationen einer der ältesten Städte Spaniens

Toledo gestern und heute

Toledo war einst die Hauptstadt der iberischen Carpetaner. 192 v. Chr. wurde es von den Römern erobert und Toletum genannt. 712, in der Stadt lebten bereits Christen und eine kleine jüdische Gemeinde, eroberten arabische Truppen die Stadt und nannten sie um in Tolaitola. Mit dem Islam zog die dritte Religionsgemeinschaft ein. Die Araber ließen Moscheen und Koranschulen erbauen, gestatteten den beiden übrigen Gruppen aber die freie Religionsausübung. Die verschiedenen Bevölkerungsgruppen lebten in eigenen Stadtvierteln, die neue Amtssprache war Arabisch (das erst 1580 verboten wurde). Tolaitola entwickelte sich durch Waffenfabrikation, Seiden- und Wollindustrie zu einer blühenden Handelsstadt, die neben Kaufleuten auch Gelehrte anzog. 1085 verloren die Mauren Toledo an Alfons VI.; zwei Jahre später wurde die Stadt Residenz der Könige von Kastilien und zugleich religiöser Mittelpunkt von ganz Spanien. Toledo

Herrlich gelegen und gut zu verteidigen: Toledo und seine mächtige Festung

stieg zum **europäischen Zentrum des Geistes und der Wissenschaften** auf. Erzbischof Rodrigo Jiménez gründete die berühmte Übersetzerschule: Jüdische, muslimische und christliche Gelehrte übertrugen Texte der Medizin, Astronomie, Philosophie, Geschichte und Naturwissenschaften, heilige Schriften, aber auch die Dichtkunst in die Sprache der Christen. Der Erzbischof selbst schrieb die erste umfassende Geschichte Spaniens. König Alfons X. der Weise führte dieses Werk weiter. Und während sich im Süden der Iberischen Halbinsel inzwischen christliche und islamische Heere erbitterte Kämpfe lieferten, arbeiteten in Toledo noch bis ins späte 13. Jh. Rabbiner und kirchliche Würdenträger mit gelehrten Muslimen zusammen. Einen spannenden Einblick in das Toledo des 13. Jh.s bietet übrigens Lion Feuchtwangers Roman »Die Jüdin von Toledo«.

Nachdem die Katholischen Könige Ferdinand und Isabella 1492 das letzte maurische Königreich Granada erobert und die Muslime vertrieben hatten, waren die nahezu sieben Jahrhunderte der weit gehend friedlichen gegenseitigen Duldung und Achtung der Religionen vorbei. Die Inquisition richtete in der Kathedrale von Toledo ihr Tribunal ein. Rund 12000 Juden mussten die Stadt verlassen, nachdem ihr Besitz konfisziert worden war. Von den zehn Synagogen und fünf Talmudschulen überstanden nur zwei den Sturm. Die glanzvolle Zeit der Stadt war zu Ende. Ihre politische Bedeutung verlor die Stadt mit der Verlegung der Residenz nach Madrid durch Philipp II. im Jahr 1561. Im Spanischen Bürgerkrieg belagerten republikanische Truppen den Alcázar, der dabei vollständig zerstört wurde.

★ ★ Kathedrale

Plaza del Ayuntamiento | Mo. – Sa. 10 – 18, So., Fei. 14 – 18 Uhr |
Eintritt: 10 € | www.catedral primada.es

Wahrzeichen der Stadt

Außen-
ansicht

Mitten in der Altstadt erhebt sich die Kathedrale, das Wahrzeichen
der Stadt und die »Catedral Primada« Spaniens. Sie wurde
1227 – 1493 anstelle der maurischen Hauptmoschee erbaut, die wiederum den Platz einer westgotischen Kirche eingenommen hatte.
Heute formt sie zusammen mit Sevilla und Burgos die »Großen
Drei« der gotischen Kathedralen Spaniens. Die Pläne stammen vom
Erzbischof Rodrigo Jiménez de la Rada. Erster Architekt war ein Fran-
zose namens Martin, dem Petrus Petri folgte. Im 90 m hohen Nordturm (1380 – 1440), der eine gute Aussicht bietet, ist eine 1753 ge-
gossene, 14 564 kg schwere Glocke (Campana gorda) aufgehängt.
Der Südturm blieb unvollendet und trägt eine Barockkuppel.

An der Hauptfassade öffnen sich drei stattliche gotische **Portale**
(1418 – 1450) mit reichem Skulpturen- und Reliefschmuck; am mittleren Portal, der Puerta del Perdón, stellte Hans der Deutsche (Juan
Alemán) die Jungfrau Maria dar, die sich am Mariä Himmelfahrtstag
auf den Bischofsstuhl setzte und dem hl. Ildefonso ein Messgewand
schenkte. Von den schönen Seitenportalen ist besonders beachtenswert die 1458 – 1466 in reichstem gotischen Stil erbaute Puerta de
los Leones (Löwenportal) am Ende des südlichen Querschiffs. An
der Nordseite liegt zwischen Kreuzgang und Sakristeibau die Puerta
de la Chapinería (auch Puerta del Reloj, Uhrportal, genannt; 13. Jh.),
das älteste Kirchenportal; vom Kreuzgang führt die Puerta de Santa
Catalina ins Kircheninnere.

Fünf Schiffe und Meisterwerke der Schnitzkunst

Im Innern

Man betritt die Kathedrale durch die links des Hauptportals liegende
Puerta de Mollete (Milchbrottor), an der die Armen gespeist wurden. Das Innere der fünfschiffigen, 110 m langen Kathedrale (ohne
die Capilla de San Ildefonso) ist mit seinen 88 reich gegliederten Bün-
delpfeilern überaus wirkungsvoll. Die prächtigen Glasgemälde stammen aus der Zeit von 1418 bis 1561.

Der von einer platteresken Reja von 1548 umschlossene Chor (**Coro**)
birgt ein aus Walnussholz gefertigtes **Gestühl** (Sillería), ein Meisterwerk der Schnitzkunst der Renaissance. Im unteren Teil, der Sillería
baja, schuf 1495 Rodrigo Alemán 54 historische Reliefs mit Szenen
von der Eroberung Granadas. Am oberen Teil der 1543 vollendeten,
reich geschnitzten Sillería alta schmückte Alonso Berruguete die linke Seite mit biblischen Szenen einschließlich der alabasternen »Verklärung Christi«, die rechte Seite ist ein Werk von Felipe Vigarny; auf
dem im Chor frei stehenden Altar sieht man die romanische Steinfi-
gur der Virgen Blanca (um 1300).

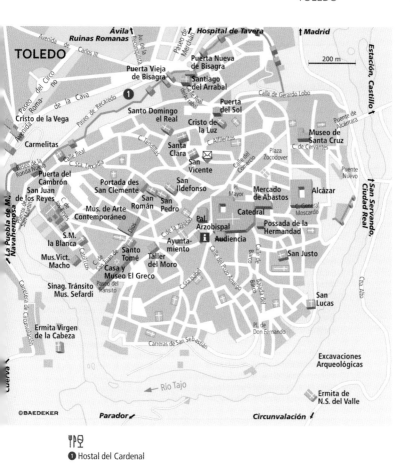

TOLEDO

Ávila / Ruinas Romanas — Hospital de Tavera — † Madrid

Avenida de Carlos III.

Estación, Castillo

200 m

Paseo del Circo no

Paseo Roma no

Av. de la Reconquista

Paseo de Merchán

Paseo de Recaredo

de la Cava

Puerta Vieja de Bisagra

Puerta Nueva de Bisagra

Santiago del Arrabal

Calle de Gerardo Lobo

Cristo de la Vega

Santo Domingo el Real

Puerta del Sol

Cristo de la Luz

Puente de Alcántara

San Servando, Ciudad Real

Carmelitas

Calle Real

C. Sta. Leocadia

Santa Clara

C. Tendillas

Alfileritos

Santa Cruz

C. de Cervantes

Museo de Santa Cruz

Paseo de la Ronda Nueva

Puerta del Cambrón

San Juan de los Reyes

Portada des San Clemente

Mus. de Arte Contemporáneo

San Román

San Vicente

San Pedro

San Ildefonso

Calle del Comercio

Plaza Zocodover

Puente Nuevo

Pl. Mayor

Mercado de Abastos

Alcázar

C. General Moscardó

S.M. la Blanca

Mus. Vict. Macho

Santo Tomé

Taller del Moro

Casa y Museo El Greco

Sinag. Tránsito Mus. Sefardi

Paseo del Tránsito

Catedral

Pal. Arzobispal

Ayunta- miento

Audiencia

Possada de la Hermandad

San Justo

C. de San Juan de Dios

Calle de Pozo Amargo

C.Sta.Isabel

Calle de Barro

Bajada del Barco

Cuerva

Carretera de Circunvalación

Ermita Virgen de la Cabeza

Carreras de San Sebastián

San Lucas

Cña. Alta

Pl. de Don Fernando

Río Tajo

Excavaciones Arqueológicas

La Puebla de M. Navahermosa

©BAEDEKER

Parador ✓

Circunvalación ✓

Ermita de N.S. del Valle

🍴🍷

❶ Hostal del Cardenal

Die reich vergoldete **Capilla Mayor** wird durch ein prächtig ver-
ziertes platereskes Gitter (Reja) von 1548 abgeschlossen. Der 1504
vollendete Hochaltar aus vergoldetem und bemaltem Lärchenholz
stellt in vier Abteilungen übereinander in lebensgroßen Figuren
Szenen aus dem Neuen Testament dar; in der Mitte steht eine
prachtvolle pyramidenförmige Monstranz (Custodia). Zu beiden
Seiten des Hauptaltars befinden sich die **Königsgräber** (Sepulcros
Reales) von Sancho II. und seinem Sohn (rechts) sowie von Alfons VII. (links). Links in der Capilla Mayor sieht man das Grabmal
des Kardinals González de Mendoza. An der Rückseite der Capilla

TOLEDO ERLEBEN

Es gibt ein verbilligtes Sammelticket (9 €; Pulsera = Armband) für mehrere Sehenswürdigkeiten.
Oficina de Turismo
Plaza del Consistorio 1
(beim Rathaus, Ayuntamiento)
45001 Toledo
Tel. 925 26 54 19
www.toledo-turismo.com

ANREISE

AUTO
Über die A-42

BAHN
Schnellzüge von AVANT (rechtzeitig reservieren!) fahren ab Madrid-Atocha in rund 60 Min. nach Toledo. Vom Bahnhof in Toledo am Paseo de la Rosa kommt man per Stadtbus ins Stadtzentrum.

BUS
Busse von Continental Alsa fahren mehrmals täglich ab Madrid, Estación Plaza Elíptica (Metro: Plaza Elíptica), nach Toledo; Fahrzeit 1 Std.; vom Busbahnhof in Toledo geht es mit dem Stadtbus oder zu Fuß in etwa 15 bis 20 Min., unterstützt durch ein System aus Rolltreppen, ins Zentrum.
www.alsa.es

Mariano Zamorano ist für seine schmiedeeisernen Schwerter berühmt.
Fábrica de Spadas
Calle Ciudad 19
www.marianozamorano.com

🍴🍽

❶ **HOSTAL DEL CARDENAL €€€**
Das 200 Jahre alte ehemalige Landhaus des Kardinals Lorenzana ist Hotel, Taverne und Restaurant. Spezialität sind Ofengerichte wie Lamm und Spanferkel aus dem Holzofen.
Paseo Recaredo 24
www.hostaldelcardenal.com
Tel. 9 25 22 08 62

Mayor, deren Wände mit zahlreichen Heiligenfiguren und Reliefs geschmückt sind, befinden sich das Grab des Kardinals Diego de Astorga und der **Transparente**, ein mächtiger marmorner Muttergottesaltar in churriguereskem Stil, der in eine bemalte und durchbrochene Kuppel übergeht (Narcisco Tomé; 1722). Die Kapellen im **Chorumgang** (Girola) enthalten allesamt wertvoll gearbeitete Grabmäler. In der Capilla de San Ildefonso, der mittleren Chorkapelle, sieht man u.a. das Grab des Kardinals Albornoz (14. Jh.; in der Mitte), links daneben die Capilla de Santiago in reichem gotischem Stil mit den prachtvollen gotischen Marmorgrabmälern des Condestable Álvaro de Luna und seiner Gemahlin aus dem Jahr 1488. Gleich neben dieser Kapelle hat man Zugang zur **Capilla de Reyes Nuevos**, die in platereskem Stil ausgestattet ist und u.a. das Grab Enriques II. de Trastámara enthält.

TOLEDO CATEDRAL

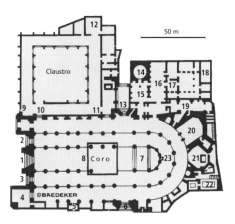

1 Puerta del Perdón
2 Puerta de la Torre
3 Puerta de los Escribanos
4 Capilla Mozárabe
5 Puerta Llana
6 Puerta de los Leones
7 Capilla Mayor
8 Trascoro
9 Puerta del Mollete
10 Puerta de la Presentación
11 Puerta de Santa Catalina
12 Capilla de San Blas
13 Puerta de la Chapinería
(Puerta del Reloj)
14 Ochavo
15 Capilla del Virgen del Sagrario
16 Sacristía
17 Vestuario (Ankleideraum)
18 Ropería (Kleiderkammer)
19 Capilla de Reyes Nuevos
20 Capilla de Santiago
21 Capilla de San Ildefonso
22 Sala Capitular
23 Transparente

Vom Chorumgang erreicht man durch ein prächtiges Portal die **Sala Capitular** von 1512, die von einer wundervollen Artesonado-Decke abgeschlossen wird. Die 13 Wandgemälde mit Bildnissen der Toledaner Erzbischöfe stammen größtenteils von Juan de Borgoña, zwei davon malte Francisco de Goya (1804 und 1823).

Bilderschätze in der Sakristei

Links vom Chorumgang liegt der Zugang zur 1592–1616 erbauten Sacristía, die heute eine kleine Gemäldegalerie ist: auf dem Altar die »Entkleidung Christi« (»El Expolio«, 1579) von **El Greco**, rechts vom Altar die »Gefangennahme Christi« (1788) von **Goya**, an den Wänden ferner ein Zyklus von 16 Apostelbildern von **El Greco**, die Deckenbemalung stammt von Lucas Jordán. Des Weiteren sieht man Werke von Morales, van Dyck, Raffael, Tizian, Mengs und eine Skulptur des hl. Franziskus von Pedro de Mena. Die Gemäldeausstellung erstreckt sich bis in das anschließende Vestuario (Ankleideraum) und weiter in die Salas Nuevos, den neu eingerichteten Sälen des Dom-Museums, wo sich die Gemäldegalerie mit Werken u. a. von El Greco, Bellini und Caravaggio fortsetzt. Westlich grenzt an die Sakristei die **Capilla Virgen del Sagrario** mit einem kostbar bekleideten und hochverehrten Standbild der thronenden Jungfrau (um 1200). Anschließend folgt das **Ochavo**, ein Achteckraum mit hoher, 1670 von Ricci und Carreño ausgemalter Kuppel, in dem annähernd 400 Reliquien versammelt sind.

Sacristía

Hauptstück des **Tesoro** (Domschatzes) in der Capilla de San Juan unter dem Nordturm ist die berühmte Custodia von Enrique de Arfe (1524), eine fast 3 m hohe und 172 kg schwere Monstranz mit 260 Statuetten aus vergoldetem Silber, die an Fronleichnam durch die Stadt getragen wird.

In der **Capilla Mozárabe** (1504) gleich rechts vom Haupteingang im Südturm findet täglich um 9 oder 10 Uhr ein Gottesdienst nach westgotischem (mozarabischem) Ritus statt.

Im rechten Seitenschiff sieht man die kostbaren Holzreliefs aus dem 16. Jh. an der Innenseite der Puerta de los Leones; darüber die »Kaiserorgel« von 1594 mit einem steinernen Resonanzboden.

Der Kreuzgang

An der Nordseite der Kathedrale erstreckt sich der 1389 begonnene Kreuzgang (Claustro). Den Claustro bajo (unterer Kreuzgang) an der Süd- und Ostseite schmücken Fresken von Francisco Bayeu und Maella (1776). In der Nordostecke liegt die Capilla de San Blas (unzugänglich) mit florentinischen Gewölbemalereien des frühen 15. Jh.s; in einem Nebenraum des Claustro alto (oberer Kreuzgang), mit Zugang von der Calle Hombre de Palo, werden die Gigantones, etwa 6 m hohe, mit Gewändern des 18. Jh.s bekleidete Prozessionsfiguren, aufbewahrt.

Claustro

▌ Westliche Altstadt

Weitere Gebäude

Die Plaza del Ayuntamiento vor der Kathedrale umstehen das Erzbischöfliche Palais (Palacio Arzobispal) an der Nordwestseite und an der Südwestseite das 1618 erbaute Rathaus (Ayuntamiento). Das mit zwei Ecktürmen und einem schönen Kachelfries von 1595 im Kapitelsaal ausgestattete Gebäude ist ein Entwurf von Jorge Manuel Theotocopuli, dem Sohn El Grecos.

Plaza del Ayuntamiento

Ergreifend: Grecos »Begräbnis des Grafen von Orgaz«

Santo Tomé

Westlich der Kathedrale entstand aus einem älteren Bau die Moschee **El Salvador**. Einige ihrer Hufeisenbögen ruhen auf römischen Kapitellen und auf einem Pfeiler aus westgotischer Zeit. Im späten Mittelalter wurde die Kirche nach einem Brand erneuert und erweitert.

Noch ein Stück und man erreicht an der Plaza del Conde, am Rand des einstigen jüdischen Viertels (Judería), die **Kirche Santo Tomé**, ursprünglich eine Moschee, jedoch im 14. Jh. auf Veranlassung des Grafen von Orgaz in gotischem Stil umgebaut und mit einem schönen Turm im Mudéjar-Stil versehen. Sie bewahrt eines der Hauptwerke El

Die Kathedrale ist das Wahrzeichen Toledos.

Grecos, das **»Begräbnis des Grafen von Orgaz«**, gemalt 1586. Es stellt die Legende dar, nach der die Heiligen Stephanus und Augustinus den toten Grafen ins Paradies holten. El Greco hat sich auf dem Bild selbst porträtiert: Er ist die fünfte Person von links.

Plaza del Conde 4 | tgl. 10 – 18.45, Okt. – Feb. nur bis 17.45 Uhr | Eintritt 3 € | www.santotome.org

Leben und Werk El Grecos

Museo de
El Greco

Die Geschichte des Museums über »den Griechen« El Greco, der von 1577 bis zu seinem Tod 1614 in seiner Wahlheimat Toledo lebte, ist eng verbunden mit dem Marqués de la Vega-Inclán (1858 – 1942), einem bedeutenden Mäzen und Kunstsammler seiner Zeit. Ob El Greco genau in diesem Stadtviertel lebte und arbeitete, ist nicht geklärt. Das Haus jedenfalls gehörte ursprünglich Samuel Ha-Levi, dem Schatzmeister Pedros I., der den jüdischen Bankiersssohn zu Tode foltern ließ, nachdem er mit seiner Hilfe die marode Staatskasse saniert hatte. Das Haus, trotz seiner Geschichte ein schönes Beispiel für ein Toledaner Wohnhaus des 16. Jh.s, wurde 1906 liebevoll renoviert und mit Möbeln und Bildern von El Greco eingerichtet. Zu sehen sind über 20 Gemälde des aus Kreta stammenden Künstlers, darunter die berühmte »Ansicht von Toledo«, »San Bartolomé« (Hl. Bartholomäus) und »Las Lágrimas de San Pedro« (Die Tränen des hl. Petrus). Neben El Greco sind weitere spanische Künstler, u. a. Zurbarán und Miranda, vertreten.

Paseo del Tránsito s/n | April – Sept. Di. – Sa. 9.30 – 19.30, Okt. – März nur bis 18.30, So., Fei. immer 10 – 15 Uhr | Eintritt 3 €; Sa. ab 14 und So. freier Eintritt | www.culturaydeporte.gob.es/mgreco/inicio.html

Eine Synagoge und ein Museum über die Juden in Spanien

Sinagoga del
Tránsito

Nicht weit vom El-Greco-Museum entfernt liegt die 1366 im Auftrag von Samuel Ha-Levi im Mudéjar-Stil erbaute Sinagoga del Tránsito. Sie wurde nach der Vertreibung der Juden 1492 umbenannt und dem Calatrava-Ritterorden übergeben. Der äußerlich recht unscheinbar wirkende Bau besitzt eine prachtvolle Mudejar-Innendekoration im Chorhaupt und am oberen Teil der Wände sowie eine schöne Artesonado-Decke aus Zedernholz. Die Tribüne über der rechten Seitenwand war den Frauen vorbehalten. Im oberen Teil der Seitenwände erscheint ein Fries mit den Wappen von Kastilien und León und darüber eines aus hebräischen Schriftzeichen, die Jahwe, Samuel Ha-Levi und Pedro I. preisen; ferner eine Galerie aus 54 mit feinem steinernem Spitzwerk verzierte Bögen. In den anschließenden Räumen ist das **Museo Sefardí** eingerichtet, das die Geschichte und Kultur der Juden in Spanien, der sogenannten Sephardim (Sepharden) darstellt; u. a. wird der Sarcófago de Tarragona mit dreisprachiger Inschrift in Hebräisch, Lateinisch und Griechisch gezeigt.

Calle de Samuel Levi s/n | Di. – Sa. 9.30 – 18, Mai – Okt. bis 19.30, So., Fei. immer 10 – 15 Uhr | Eintritt 3 €; Sa. ab 14 und So. freier Eintritt

Noch eine ehemalige Synagoge

Die heutige Kirche **Santa María la Blanca** war die für die jüdische Gemeinde bedeutendere der beiden erhaltenen Synagogen Toledos. Im 12./13. Jh. erbaut, wurde sie dem Calatrava-Orden übergeben und ist seit 1405 christliche Kirche; ihren Namen verdankt sie den 28 blendend-weißen Hufeisenbogen mit Kapitellen in Pinienzapfenform, die die prächtige Artesonado-Decke stützen (▸ Abb. S. 209).

Sinagoga de Santa María

Calle de los Reyes Católicos 4 | tgl. 10 – 17.45, März – Okt. bis 18.45 Uhr | Eintritt 3 €

Ein Franziskanerkloster und ein Blick in die Tiefe

Wenig weiter liegt das Franziskanerkloster San Juan de los Reyes, das 1476 nach dem Sieg über die Portugiesen bei Toro als Grablege für die Katholischen Könige und ihre Nachkommen gegründet, aber erst im 17. Jh. vollendet wurde. An den Außenwänden der 1553 begonnenen Kirche mit einem isabellinischen Hauptportal von Covarrubias sieht man Ketten von aus maurischer Gefangenschaft im andalusischen Ronda befreiten christlichen Sklaven. Im von Juan Guas prächtig gearbeiteten Inneren sind besonders sehenswert die Friese mit von Adlern gehaltenen Wappen der Katholischen Könige im Querschiff, das Gewölbe der Chorgalerie und der Retablo von Felipe Vigarny und Francisco de Comontes. Der südöstlich anstoßende **Kreuzgang** (1504) ist eine der glänzendsten Schöpfungen des spätgotischen Stils in Spanien; er besitzt in der oberen Galerie eine kunstvolle Artesonado-Decke.

San Juan de los Reyes

Von San Juan kann man zum 30 m hohen Puente de San Martín (1212 erbaut und 1390 erneuert) hinabgehen und von dort den großartigen Blick in die **Schlucht des Río Tajo** genießen.

San Juan de los Reyes: tgl. 10 – 17.30, im Sommer bis 18.30 Uhr | Eintritt 2,80 €

Außerhalb der Stadtmauer

Von der Brücke aus innerhalb der Stadtmauer entlang kommt man zum 1102 erbauten stattlichen **Doppeltor** Puerta del Cambrón (»Dornbuschtor«), das auf die Westgoten zurückgeht und von den Mauren im 11. Jh. sowie noch einmal im 16. Jh. umgebaut wurde. Durch das Tor gelangt man zur außerhalb der Stadtmauern gelegenen **Ermita del Cristo de la Vega**. Hier stand schon im 4. Jh. ein Kirchlein, das nach 660 neu gebaut wurde, nachdem der hl. Leokadius hier dem hl. Ildefonso, Erzbischof von Toledo, erschienen sein soll. Von dieser Kirche ist noch die Apsis erhalten.

Puerta del Cambrón

Weitere Sehenswürdigkeiten

In der nordwestlichen Altstadt verdienen drei Kirchen besondere Beachtung. In San Román (13. Jh.), die sich durch ihren schönen mudejaren Turm auszeichnet, zeigt das **Museo de los Concilios y de Cul-**

Nordwestliche Altstadt

tura Visigoda eine Sammlung westgotischer Altertümer, darunter Kronen, Skulpturen und Schmuck. Etwas weiter die Straße hinauf sieht man links die stattliche Barockfassade der zweitürmigen Kirche San Ildefonso, die auf die Jesuiten zurückgeht; vom Turm hat man einen schönen Ausblick. Danach geht es zurück auf die Spur von **El Greco.** Der Künstler ist in der Kirche des Klosters Santo Domingo el Antiguo bestattet.

Museo de los Concilios y de Cultura Visigoda: Calle San Román s/n | Di. – Sa. 10 – 14.30, 16 – 18.30, So., Fei. nur bis 14.30 Uhr | Eintritt 6 €, Mi. ab 16 und So. Eintritt frei

▌ Östliche Altstadt

Museo del Ejército

Alcázar

Die dreieckige, von Arkadenhäusern gesäumte **Plaza de Zocodover** war schon zur Maurenzeit städtischer Mittelpunkt und Marktplatz (Zoco = Markt, Suk al Dawab = Viehmarkt), wo auch Hinrichtungen und später Ketzerverbrennungen stattfanden. Diese Aktivitäten spiegeln sich im Namen des maurischen Stadttores Arco de la Sangre (Tor des Blutes) wider. Von hier gelangt man hinauf zum Alcázar, der über dem Ostabhang am höchsten Punkt Toledos thront.

Der Alcázar entstand im 16. Jh. im Auftrag Karls V. an der Stelle eines römischen Kastells; die Pläne für die Festung auf viereckigem Grundriss mit Ecktürmen und strenger Fassade stammten von den Architekten Covarrubias und Herrera. Im Laufe der Geschichte wurde die Festung mehrfach zerstört und wieder aufgebaut, zuletzt im Spanischen Bürgerkrieg. Da wurde der Alcázar 68 Tage lang von republikanischen Truppen belagert und beschossen, bis er regelrecht in die Luft flog; aber auch dann ergaben sich die Franco-Truppen nicht. Erst Tage später wurden die Belagerten entsetzt. Heute beherbergt die Festung das einst in Madrid ansässige Heeresmuseum und eine wertvolle Bibliothek mit Exponaten aus dem 11. bis 19. Jahrhundert.

Tgl. außer Mo. 10 – 17 Uhr | Eintritt 5 €, So. Eintritt frei | www.museo.ejercito.es

Weitere Gemälde von El Greco und andere Exponate

Museo de
Santa Cruz

Östlich der Plaza de Zocodover gelangt man durch den maurischen Arco de la Sangre zum ehemaligen Hospital de Santa Cruz. Es wurde im 15./16. Jh. auf Veranlassung des Kardinals Mendoza, des Beichtvaters von Königin Isabella, von Enrique de Egas im Renaissancestil erbaut und mit einem frühplateresken Portal versehen. Dieses zeigt den Kardinal zwischen den hl. Petrus, Paul und Helena vor dem Kreuze kniend. Heute beherbergt das ehemalige Krankenhaus das Museo de Santa Cruz mit einer **hervorragenden Kunstsammlung**, darunter auch Bilder von **El Greco** wie sein Spätwerk »Mariä Himmel-

Maurische Bögen in der Kirche Santa María la Blanca

fahrt«. Aber auch Künstler aus anderen Epochen sind vertreten, unter anderen Luca Giordano, José de Ribera, Tizian, Rafael und Michelangelo. Darüber hinaus werden Kunsthandwerk und archäologische Funde aus der Region ausgestellt.

Calle Miguel de Cervantes 3 | Mo. – Sa. 10 – 18, So., Fei. nur bis 14.15 Uhr | Eintritt 5 € | www.patrimoniohistoricoclm.es

Prächtige Blicke

Östlich unterhalb des Hospitals überbrückt der Puente de Alcántara den tief eingeschnittenen Río Tajo. Die Brücke, ursprünglich ein römischer Bau, wurde von den Mauren 866 vollständig erneuert und erhielt ihre jetzige Gestalt im Wesentlichen im 13. und 14. Jh.; ihr Westende markiert der 1484 erbaute Torturm Puerta de Alcántara, am Ostende steht ein Barocktor von 1721. Von der Brücke hat man einen prächtigen Blick auf die steil aufsteigende Stadt. Flussabwärts sieht man den 1933 erbauten Puente Nuevo und Reste eines römischen Aquädukts. Hoch über dem linken Flussufer thront das im 11. Jh. angelegte Castillo de San Servando, heute Jugendherberge.

Puente de Alcántara

█ Nördliche Altstadt

Schöne Aussicht und ein Kleinod arabischer Baukunst

Paseo del Miradero und Ermita Santo Cristo de la Luz

Von der Plaza de Zocodover geht man durch die Calle de Armas bergab zum Paseo del Miradero, einer Promenade mit hoch gelegener Aussichtsterrasse, von der man bei klarem Wetter bis zur Sierra de Gredos sehen kann. Der Paseo führt zum mächtigen zweitürmigen Torbau **Puerta del Sol** (14. Jh.) im Mudéjar-Stil.

Danach links und unter der Puerta Cristo de la Luz hindurch kommt man zur **Ermita Santo Cristo de la Luz**. Diese kleine ehemalige Moschee wurde um 1000 auf den Resten einer westgotischen Kirche errichtet. 1182 erweiterte man sie um eine Apsis und weihte sie zur christlichen Kirche Cristo de la Luz. Der Backsteinbau besteht folglich aus zwei Räumen. Der erste hat neun Kuppeln und sechs kleine gekreuzte Schiffe; vier robuste Säulen tragen zwölf Bogen und die Kuppeln. Der zweite Raum besteht aus zwei Kuppeln, einer runden und einer halbkreisförmigen. Im Chor sind noch Reste romanischer Wandmalereien zu sehen. Ein kufischer Schriftzug auf der Außenfassade besagt »Allah ist groß«. Ihr Name ist mit **El Cid** verbunden: Nach der Eroberung der Stadt soll sein Pferd vor der Moschee in die Knie gegangen sein. Man entdeckte in einer Wandnische eine brennende Lampe vor einem westgotischen Kreuz.

Ermita Santo Cristo de la Luz: Cuesta de Carmelitas Descalzas 10 | tgl. 10 – 17 Uhr | Eintritt 3 €

Weitere Stadttore

Santiago del Arrabal

Von der Puerta del Sol führt die Calle Real del Arrabal zur Puerta de Valmardón, die als Teil der inneren arabischen Stadtmauer erhalten blieb, und weiter in nordwestlicher Richtung hinab in die Vorstadt Santiago zu der im 13. Jh. im Mudéjar-Stil erbauten Kirche Santiago del Arrabal. Unweit der Kirche erkennt man das maurische Stadttor **Puerta Vieja de Bisagra** (9. Jh.), ein älteres Tor mit Hufeisenbogen; durch dieses Tor zog 1085 angeblich Alfons VI. in die Stadt ein.

Festungsbaukunst und Kunstgenuss

Puerta Nueva de Bisagra und Hospital de Tavera

An der Stadtmauer rechts entlang kommt man zum Torbau Puerta Nueva de Bisagra, ein 1550 erneuertes glänzendes Beispiel der Festungsbaukunst. Von der Stadtseite betritt man durch einen von zwei Türmen gekrönten Vorbau den Hof mit einer Statue Karls V.; die der Stadt abgewandte Fassade trägt das kaiserliche Wappen.

Von der Puerta Nueva führt der parkartige **Paseo de Merchán** zur Vorstadt Las Covachuelas. Hier erstreckt sich der große Komplex des von Kardinal Tavera gestifteten **Hospital de Tavera**, ein prachtvoller Renaissancebau, an dem von 1541 bis 1599 gebaut wurde. In der Kirche (1561), die eine Marmorfassade von Alonso Berruguete trägt, ist unter der Kuppel in einem schönen Grabmal – zugleich Berruguetes letztes Werk – Kardinal Tavera begraben. Den Retablo entwarf **El Greco**. Im 17. Jh. bezog die **Duquesa de Lerma** einige Räume. Die Kunstsammlung mit Werken des 15. bis 18. Jh.s ist sehenswert, in der Pinakothek sind u. a. El Greco (u. a. »Die Taufe Christi« und »Der heilige Franziskus beim Gebet«), Zurbarán (Porträt eines Markgrafen), Luca Giordano (u. a. ein Dominikus-Porträt), Juan Pantoja de la Cruz und Juan Carreño de Miranda vertreten. Hinzu kommen Mobiliar, flämische Teppiche aus dem 16./17. Jh. und die originalgetreu rekonstruierte Hospitalapotheke aus dem 16. Jahrhundert.

Hospital de Tavera: Calle Duque de Lerma 2 | Mo. – Sa. 10 – 13.30, 15 – 17.30, So. nur vormittags | Eintritt: 5 € Sala El Graco; 9 € alles

LAS VENTAS

Lage: Calle de Alcalá 237 | **Metro:** Ventas | tgl. Führungen: Juni, Juli, Aug. und Sept. 10 - 18.30, Okt. - Mai 10 - 17.30 Uhr | **Eintritt:** 14,90 €, Kinder unter 12 Jahren 5,90 € | **www.lasventastour.com**

M 5

1934 fand in Las Ventas die erste Corrida statt. Auch wenn der Stierkampf mittlerweile in Teilen Spaniens verboten ist, die Madrider Stierkampfarena, auch »La Monumental« genannt, ist für die Aficionados immer noch eine der wichtigsten Stierkampfplätze.

Für Aficionados eine der wichtigsten Stierkampfarenen: Las Ventas

BLUTIGES RELIKT

Nach wie vor ist für viele Spanier der Stierkampf ein fester Bestandteil ihrer kulturellen Identität. Doch die Vorzeichen ändern sich: Immer mehr lehnen das blutige Spektakel ab, das im 18. Jh. im andalusischen Ronda entwickelt wurde und in Las Ventas eine seiner wichtigsten Arenen hat.

▶ **»Torero«** ist ein Oberbegriff für die Akteure einer »Corrida« (Stierkampf).

»Matador de toros« (Stiertöter)
Tritt in Phase 2 und 4 auf. Sein paillettenbesetzter, goldurchwirkter Anzug (»traje de luces« = Lichtkleid) ist ein Relikt aus den adligen Zeiten des Stierkampfs.

»Toro de lidia« (Kampfstier)
Gewicht: mind. 460 kg
Alter: 5–6 Jahre

▶ **Ablauf der »Corrida«** (Stierkampf)

1 **»Paseíllo«**
Einmarsch der Akteure in die Arena.

2 **»Suerte de varras«**
Der Matador reizt den Stier mit einem Tuch, um ihn auf seine Eigenarten zu testen.
Der Picador schwächt den Stier durch gezielte Lanzenstöße in den Nacken.

»Picador« (Lanzenreiter)
Tritt in Phase 2 auf. Die Hose ist aus Leder, Fuß und Bein stecken in Eisenstiefeln. Das Pferd wird mit einem dicken Polster geschützt. Die Augen sind verbunden, um den natürlichen Fluchtinstinkt zu unterdrücken.

Montera
Kopfbedeckung

Corbatín
Krawattenersatz

Camisa (Hemd)
immer weiß,
mit Spitzen
dekoriert

Capote de paseo
(Umhang) i.d.R. mit
religiösen Motiven

Taleguilla (Hose)

Medias (Strümpfe)
traditionell rosa

Zapatillas (Schuhe)
spezielle Sohle
soll Ausrutschen
verhindern

»Banderillero«
Tritt in Phase 3 auf. Sticht dem Stier die »banderillas« (drei cm lange, mit Bändern versehene Spieße mit Widerhaken) in den Nacken. Trägt mit Silber durchwebte Kleidung.

▶ **Protestbewegung**
Stierkämpfe sind auch in Spanien sehr umstritten. Das Desinteresse und aktiver Protest werden immer größer. Tierschutzorganisationen kämpfen schon lange für das Verbot der spanischen Tradition.

Stierkampfverbote
Kanaren: seit 1991
Katalonien: seit 2012

Meinungsumschwung
Spanien 1985–2010

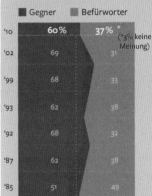

	■ Gegner	■ Befürworter
'10	**60 %**	37 % * (*3% keine Meinung)
'02	69	31
'99	68	33
'93	62	38
'92	68	32
'87	62	38
'85	51	49

50 %

Der Trend der Ablehnung zeichnet sich deutlich ab. Dabei ist der Unterschied zwischen Männern und Frauen nur sehr gering.

3 »Suerte de banderilleros«
Der Banderillero stößt drei Paar Banderillas in den Nackenmuskel des Stieres, um ihn weiter zu schwächen.

4 »Suerte de matar«
Der Matador pariert den Stier mit einem roten Tuch. Sobald der Stier seinen Kopf senkt, setzt er den finalen Stoß mit seinem Degen in den Nacken.

*Bühne der
Toreros*

Ob Sie nun Anhänger oder Gegner sind: Von außen ist die Arena auf jeden Fall einen Blick wert. Manchmal finden im Sommer hier auch Konzerte statt.

Bis ins 18. Jh. fanden die Stierkämpfe (Corridas) auf der ▶ Plaza Mayor statt. Im Jahr 1754 wurde dann der erste Stierkampfplatz Madrids in der Calle Alcalá eingeweiht. Der Bau aus solidem Stein und mit Holzbänken des Architekten Ventura Rodríguez bot 12 000 Zuschauern Platz. Als die Stadt nach Nordosten wuchs, wurde die Arena in den Außenbezirk Las Ventas verlegt. Hier entstand der 23 000 Zuschauer fassende Rundbau Las Ventas im Neomudéjarstil, der 1934 durch die Stierkämpfer Juan Belmonte, Marcial Lalanda und Cagancho eröffnet wurde. Nach dem Bürgerkrieg feierten berühmte Matadoren wie Manolete, Arruza, Dominguín, Litri, Bienvenida und Ordóñez hier ihre Triumphe. Noch heute tritt die Crème de la Crème der spanischen und lateinamerikanischen Stierkämpfer hier in Aktion. Die Bronze auf dem Vorplatz erinnert an den Torero José Cubero Sánchez, der 1985 im Alter von 21 Jahren bei einem Kampf in der kleinen Stierkampfarena von Colmenar Viejo (Provinz Madrid) ums Leben kam.

Die **Stierkampfsaison** beginnt im März und endet im Oktober. Höhepunkt ist die Feria de San Isidro zwischen Mai und Juni, bei der täglich Stierkämpfe stattfinden. Mehr zum Thema ▶ Baedeker Wissen S. 212. Im **Museo Taurino** (Stierkampfmuseum) sind Plakate, Kostüme, Stierkampfwaffen sowie Erinnerungsstücke bedeutender Matadore zu sehen.

Museo Taurino: tgl. 10 – 15 Uhr | Eintritt frei | www.las-ventas.com |
Arena: Touren mit Audioguide | tgl. 10 – 18, an Stierkampftagen nur bis 14 Uhr | 14,90 € | www.lasventastour.com

VIADUCTO

Lage: Calle de Bailén | **Innenstadtplan:** a II/III | **Metro:** Ópera/La Latina

D 8/9

Eine Brücke, die über die Senke der Calle de Segovia das Schloss (▶Palacio Real) mit der Kirche ▶ San Francisco el Grande direkt verbinden sollte, war das Lieblingsprojekt Sacchettis, des Architekten des Königlichen Schlosses.

*Brücke mit
Aussicht*

Doch erst 1874 wurde seine revolutionäre städtebauliche Idee Realität. Unter König Amadeo d'Aosta wurden die Bauarbeiten für den Viadukt begonnen und während der kurzlebigen Ersten Republik 1874 abgeschlossen. Der erste Viadukt, eine Eisenkonstruktion, die auf steinernen Fundamenten ruhte, wies 130 m Länge sowie 13 m Breite auf und überbrückte eine Tiefe von 23 m. Diese erste Brücke musste bereits ein halbes Jahrhundert später, während der Zweiten Republik, von Grund auf neu gebaut werden. Die Eröffnung des neuen Viadukts im Jahr 1942 fiel schon in die Regierungszeit unter Franco.

Die Gegend um den Viadukt bietet herrliche Aussichten auf die ▶ Casa de Campo, ▶ Madrid Río und auf das Dächermeer der Altstadt. Auf der westlichen Seite der Brücke führt die Cuesta de los Ciegos zur Plaza Gabriel Miró und den **Jardines de las Vistillas** hinab. Von den Gärten Las Vistillas, vor allem an Sommerabenden ein beliebter Treffpunkt der Madrilenen, hat man ebenfalls einen schönen Ausblick.

H
HINTER-
GRUND

Direkt, erstaunlich, fundiert

Unsere Hintergrundinformationen beantworten (fast) alle Ihre Fragen zu Madrid.

Die Gran Vía führt wie eine Schneise durch die Hauptstadt. Die Torre de Madrid im Hintergrund ist das Ende der »großen Straße«. ►

DIE STADT UND IHRE MENSCHEN

Kaum zu glauben, dass die quirlige Millionenmetropole bis in die frühe Neuzeit ein verschlafener Marktflecken inmitten eines weithin unbewohnten Landstrichs war! Doch dann erhob Philipp II. den Ort 1561 zur Hauptstadt seines Landes und Madrid entwickelte sich zu dem, was es heute ist.

Bühne der Lebenslust
Die Madrilenen von heute sind zu jeder Tages- und Nachtzeit **hellwach,** stets bereit für ein Häppchen, einen angeregten Plausch und einen süffigen Wein – Madrid ist eine Stadt der Kneipen und Kinos, der Straßencafés und Clubs, der Oper und der Theater. In den Restaurants wetteifern baskische Spezialitäten mit mediterranen und katalanischen Köstlichkeiten um die Gunst der Gäste. Die Madrileños lieben das! **Genuss- und Lebensfreude spricht aus allem, was sie tun,** schließlich lebt man nur einmal, im Hier und Heute. Bei aller Offenheit für das Neue kommt die Tradition aber nicht zu kurz. Nach wie vor finden die Zarzuelas, die typischen spanischen Singspiele, ihr Publikum und nach wie vor ziehen in der Semana Santa, der Karwoche, in Bußgewänder gehüllte Laienbruderschaften durch die Stadt. Madrid ist aber auch eine **Stadt der Kunst** und grandioser Museen. Die »großen Vier«, Prado, Reina Sofía, Thyssen-Bornemisza und CaixaForum, warten mit Meisterwerken aus allen Epochen vom Mittelalter bis ins 21. Jahrhundert auf. Verstecktere Schätze hebt man bei Besuchen der Königlichen Kunstakademie San Fernando und der im Herzen der Stadt gelegenen Klöster Descalzas Reales und Encarnación. In der Kapelle San Antonio de la Florida begibt man sich auf die Spur Francisco de Goyas und im Literatenviertel auf die des Dichters Lope de Vega. Wem all das zu kulturlastig ist, der findet im Botanischen Garten, im Parque del Retiro, in der Casa de Campo oder im »schönen neuen Süden« Madrid Río **grüne Oasen mitten in der Metropole.** Bunter Alltag herrscht auf den **Märkten.** Für beste Shoppingadressen bürgen Straßen wie die Calle de Serrano, im alten Gerberviertel um die Ribera de Curtidores steht sonntags der bunte Rastro-Markt an. Und eine Zug- oder Autostunde entfernt locken Toledo, Alcalá de Henares, der Escorial oder Aranjuez.

Verlockende Hauptstadt
An Madrid kommt niemand vorbei: Spaniens größte Metropole liegt in der geografischen Mitte der Iberischen Halbinsel und ist als Hauptstadt zugleich das politische wie wirtschaftliche und kulturelle Zentrum des Landes. 3,3 Mio. Menschen aus aller Herren Länder leben hier. Madrid ist auch der Name der umliegenden autonomen Region **Comunidad de Madrid** mit 8028 km² und 6,6 Mio. Einwohnern. Die

Der Retiro-Park, eine beliebte Freilichtbühne vor schöner Kulisse

Stadt zieht wie ein Magnet Menschen aus allen Teilen Spaniens an und ist zu einem Schmelztiegel der Nationen geworden. Den typischen Madrileño gibt es gar nicht. In jedem Winkel der Metropole spiegeln sich die Vielfalt des Landes und die Eigenheiten seiner Bewohner wider: Andalusier und Galicier wohnen hier, Menschen aus Kastilien und der Extremadura und natürlich auch Ausländer. Größter Antrieb, sich in Madrid niederzulassen, ist die Suche nach Arbeit. Davon gibt es allerdings zuerst durch die Wirtschaftskrise und nun durch die Pandemie längst nicht mehr so viel wie früher.

▌ Hauptstadt auf der Hochebene

Madrid liegt auf einer karstigen Hochebene und wird vom Río de Manzanares durchflossen. Im Norden und Westen wird die Stadt durch die Sierra de Guadarrama begrenzt, deren höchste Gipfel bis zu 2400 m emporragen. Nach Süden und Osten hin erstreckt sich die weite Fläche der Mancha. Als der **Habsburger Philipp II.** (▶Interessante Menschen) 1561 seinen Hof von ▶Toledo nach Madrid verlegte, entschied er sich zugleich dagegen, damals bedeutendere Städte wie das aragonische Zaragoza, das kastilische Burgos oder Toledo zur Hauptstadt seines Reiches zu machen. Heute ist Madrid die größte Stadt der Iberischen Halbinsel und das unangefochtene Machtzentrum Spaniens.

Zentrum der Macht

Universitäten
In Madrid sind nicht nur die wichtigsten spanischen Wissenschaftsinstitutionen, sondern gleich vier Universitäten ansässig. Rund 25 %
aller spanischen Studenten sind dort eingeschrieben. Die Universidad Complutense Madrid ist die Nachfolgerin einer einst europaweit
berühmten, 1508 in ▶Alcalá de Henares gegründeten und 1836 in die
Hauptstadt verlegten Universität. Ihr Campus befindet sich in der
▶Ciudad Universitaria im Nordwesten Madrids. Die Universidad Autónoma Madrid wurde 1968 im Vorort Canto Blanco zur Entlastung
der überfüllten Universidad Complutense eröffnet. Auch die von Jesuiten geleitete Universidad Comillas und die 1972 gegründete staatliche Fernuniversität UNED haben in Madrid ihren Sitz. Zehntausende Studenten bereichern das kulturelle Leben, Stipendiaten aus aller
Welt geben dem Ganzen ein internationales Flair.

▎ Boomtown durch Zuwanderer

De Madrid
al cielo ...
Als Hauptstadt eines blühenden Kolonialreichs war Madrid schon im
17. Jh. ein Umschlagplatz für Waren wie Ideen und zog Menschen aus
allen Teilen des Landes an. Die Einwohnerzahl stieg eigentlich bis zum
Platzen der Immobilienblase 2007 unablässig. Auf der Suche nach
besseren Lebensbedingungen gemäß dem Sprichwort »de Madrid al
cielo«, »von Madrid direkt in den Himmel«, trieb es Zuwanderer aus

Zwar dominiert der Katholizismus in Madrid, die Religiosität ist
dennoch wie fast überall auf dem Rückzug.

Andalusien, Asturien, der Extremadura oder aus Galicien in die Hauptstadt. Trotz des momentanen Rückgangs hat Madrid immer noch 3,3 Mio. Einwohner und ist damit nach London und Berlin die drittgrößte Stadt in Westeuropa.

Ob Senegal, Russland oder Chile – in Madrid sind Menschen aus aller Welt zu Hause. Über viele Jahre ist der Ausländeranteil ständig gestiegen, erst seit 2011 sinkt er wieder leicht. Viele der knapp 800 000 in Madrid lebenden Ausländer stammen aus spanischsprachigen Ländern wie Ecuador oder Kolumbien, andere aus Marokko oder Rumänien. 7900 Deutsche sind in Madrid gemeldet. Zur kulturellen **Vielfalt** gesellt sich heutzutage wieder die religiöse. Bereits zur Zeit der Mauren, die während des Mittelalters über große Teile der Iberischen Halbinsel herrschten, lebten Christen, Juden und Muslime mehr oder weniger friedlich nebeneinander. Nach der Eroberung des letzten maurischen Reichs durch die Katholischen Könige Ferdinand II. von Aragón (1452–1516) und Isabella I. von Kastilien (1451–1504) (▶Interessante Menschen) im Jahr 1492 und der damit einhergehenden Vertreibung von Juden wie Muslimen war es mit der religiösen Vielfalt vorbei. Unter dem Druck der staatlich verordneten und vom Papst legitimierten Inquisition setzte sich der Katholizismus quasi als Staatsreligion durch und blieb es viele Jahrhunderte lang. Erst in der 1978 in Kraft getretenen demokratischen Verfassung wurde die Trennung von Kirche und Staat sowie die Religionsfreiheit fest verankert. Zwar gehören immer noch 92 Prozent der Spanier der römisch-katholischen Kirche an, doch praktizieren immer weniger von ihnen den Glauben. Dafür sind gerade auch in der spanischen Hauptstadt wieder einige andere Religionsgemeinschaften vertreten. 1988 wurde dort das Centro Cultural Islámico und 1992 die seit der Vertreibung der Juden 1492 erste Synagoge auf spanischem Boden eröffnet. Die Toleranz der Madrilenen gegenüber Muslimen wurde allerdings auf eine harte Probe gestellt, als islamistische Terroristen im März 2004 mehrere Vorortzüge in die Luft sprengten und knapp 200 Menschen in den Tod rissen.

Vielvölkerstadt und religiöse Vielfalt

Madrid ist nicht nur Hauptstadt Spaniens, sondern zugleich damit eine der 17 autonomen Gemeinschaften des Landes. Die Comunidad Autónoma de Madrid umfasst den gesamten Ballungsraum um die Kapitale und hat rund 6,6 Mio. Einwohner.

Stadt und autonome Gemeinschaft

Die bedeutendsten Parteien des Landes waren vier Jahrzehnte lang die **sozialdemokratisch orientierte PSOE** (Partido Socialista Obrero Español) und die **konservative PP** (Partido Popular). Zwei Aufsteigerparteien haben das Zweiparteiensystem jedoch aufgebrochen: die **linke PODEMOS** (= Wir können) und die **bürgerliche Ciudadanos** (Bürger). Ab 2018 schaffte es die rechtsgerichtete Partei **VOX** in Regionalparlamente und ins spanische Parlament.

Im Madrider Moncloa-Palast, dem Amtssitz des spanischen Minister-präsidenten, regiert seit 2018 **Pedro Sánchez** von der sozialistischen Partei PSOE. Per Misstrauensvotum, erstmals in der Geschichte des spanischen Parlamentarismus, wurde er zum Ministerpräsidenten gewählt und löste dabei Mariano Rajoy ab. Seit 2020 ist er Minister-präsident einer Minderheitsregierung der PSOE in Koalition mit der linkspopulistischen PODEMOS, der ersten Koalition in der neueren Geschichte Spaniens.

In der **Stadt Madrid** haben konservative Bürgermeister Tradition. In mehr als 30 Jahren, gab es nur zwischen 2015 und 2019 eine partei-lose Bürgermeisterin, die von einem Linksbündnis unterstützt wur-de. Seit 2019 koalieren im Rathaus die konservative PP (Bürgermeis-ter ist José Luis Martínez-Almeida) mit den liberalen Cuidadanos.

▌ Madrid und seine Viertel

Madrid der Habsburger: Centro

Im **Bezirk »Centro«** liegt rund um die ▶Plaza Mayor und die ▶ Plaza de la Villa jener Teil Madrids, der weitgehend von der Herrschaft der habsburgischen Könige geprägt ist. Er reicht vom ▶Palacio Real im Westen, der freilich erst im 18. Jh. unter den Bourbonen seine heuti-ge Form erhielt, über die Calle Segovia zur ▶Puerta del Sol im Osten und weiter von der Plaza de Callao zurück bis zu den Gärten des Königspalasts. Spätmittelalter und Renaissance prägen das Viertel zwischen der Plaza Mayor und der Calle del Sacramento, Barock und Klassizismus das Palast-Viertel mit der Oper. Zwischen Puerta del Sol, der Oper und der ▶Gran Vía vermischen sich spätmittelalterli-che Stadtstrukturen mit der modernen Einkaufswelt.

Madrid der Bourbonen: Sol, Cortes, Las Huertas

Dem westlichen Teil des Bezirks von der Puerta del Sol bis zum ▶Pa-seo del Prado drückten seit dem 18. Jh. die bourbonischen Könige ihren Stempel auf, auch wenn die hier liegenden Viertel – Sol, Cortes und Las Huertas – schon im Barock zum Stadtkern gehörten. Wäh-rend die Calle de Alcalá und Gran Vía im Norden die großzügige Stadtplanung des 18. und 19. Jh.s erkennen lassen, ist das Huertas-Viertel um die ▶Plaza de Santa Ana von kleinen Gassen mit Bürger-häusern geprägt. Einst waren in dem auch »Las Musas« genannten Viertel die wichtigsten Theater der Stadt ansässig, heute spielt sich dort ein guter Teil des Madrider Nachtlebens ab.

La Latina, Rastro, Em-bajadores, Lavapiés

Die Viertel Lavapiés und Embajadores, nach Plätzen im Süden des Centro benannt, sowie der Bezirk Latina südlich der Calle de Segovia bilden einen eigenen Abschnitt im Stadtplan. La Latina gilt als **volks-tümlicher Teil** des habsburgischen Madrid. Seine wichtigsten Bau-denkmäler entstanden im Mittelalter rund um die Plaza de la Paja auf den Fundamenten des maurischen Viertels. Die Altstadtsanierung

STADTTEILE

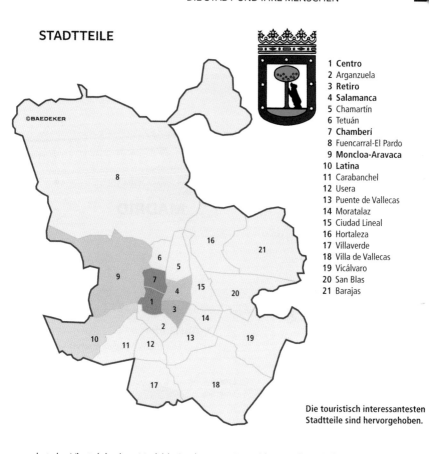

1 **Centro**
2 Arganzuela
3 **Retiro**
4 **Salamanca**
5 Chamartín
6 Tetuán
7 **Chamberí**
8 Fuencarral-El Pardo
9 **Moncloa-Aravaca**
10 **Latina**
11 Carabanchel
12 Usera
13 Puente de Vallecas
14 Moratalaz
15 Ciudad Lineal
16 Hortaleza
17 Villaverde
18 Villa de Vallecas
19 Vicálvaro
20 San Blas
21 Barajas

Die touristisch interessantesten
Stadtteile sind hervorgehoben.

hat das Viertel, in dem Madrids Stadtpatron San Isidro verehrt wird, wieder aufleben lassen. Im Osten schließt sich das Viertel ► El Rastro an, das an der Calle de Embajadores in das Lavapiés-Viertel übergeht, das bis zum ►Centro de Arte Reina Sofía reicht. Touristen sollten sich nicht wundern, wenn zweifelhafte Gestalten ihnen auf offener Straße zu nächtlicher Stunde Drogen anbieten. Eine reelle Gefahr geht von den Kleindealern aber im Regelfall nicht aus.

Bis zum Paseo del Prado reichten die bereits unter Philipp II. angelegten Reales Sitios del Buen Retiro. Unter Karl III. erhielt der Bezirk ein **urbanes Gesicht**, dessen Weitläufigkeit bis heute einen starken Kontrast zu den engen Straßen des Centro bildet. Die vier großen Museen Madrids – Prado, Reina Sofía, Thyssen-Bornemisza und La Caixa

Retiro

223

Lage:
In Zentralspanien
650 m über dem Meeresspiegel –
Madrid ist die höchstgelegene
Metropoloe Europas

Fläche:
531 km² (Stadt Madrid)
8028 km² (Region)

Einwohner:
3,3 Mio.
(Stadt/La capital)
6,6 Mio. (Comunidad
Autónoma de Madrid)

Im Vergleich:
Barcelona 1,6 Mio.
Inner London 3,3 Mio.
Berlin 3,6 Mio.
New York 8,8 Mio.

3° 42' westliche Länge

Paris

1054 km

Rom

503 km   1364 km

Lissabon   **MADRID**

40° 25'
nördliche Breite

▶ Verwaltung

21 Bezirke

Verwaltungschef: Alcalde
(Bürgermeister), der von der
Asamblea (Stadtparlament/
Stadtrat) mit einfacher Mehrheit
gewählt wird.

Verwaltungsorgane: Tenencias
de alcaldía (stellvertretender
Bürgermeister) und die Conje-
calías (Referate/Ministerien der
Stadtverwaltung).

▶ Ausländer

1,02 Mio. (Comunidad de Madrid)

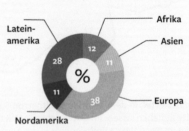

Latein-amerika
Afrika
Asien
Europa
Nordamerika

12
11
38
11
28
%

▶ Verkehr

Internationaler Flughafen: Barajas
mit jährlich über 50 Mio. Passagieren.

Wichtigstes Verkehrsmittel:
Metro – 294 km Streckennetz-
länge, 302 Stationen, täglich
2,2 Mio. Fahrgäste (2019)

▶ Bevölkerungsentwicklung

Einwohner (La Capital)

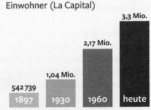

542 739   1,04 Mio.   2,17 Mio.   3,3 Mio.
1897   1930   1960   heute

► Wirtschaft

Börse
Verwaltungs- und
Dienstleistungszentrum
Zentrum der spanischen Presse

Beschäftigungsstruktur:

Dienst-
leistung

Industrie

Bau-
gewerbe

Arbeitslosigkeit (in %):

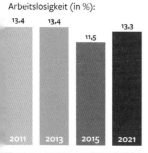

► Klimastation Madrid

Durchschnittstemperaturen

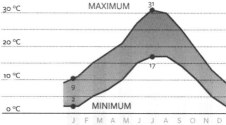

Niederschlag

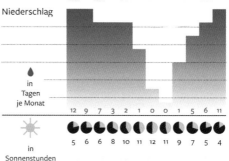

Kilometer Null

Madrids Lage im Herzen Spaniens führt dazu, dass hier alle großen Straßen des
Landes zusammenlaufen. Eine Bodenplatte auf der Puerta del Sol vor der Casa de
Correos markiert den Punkt Null, auf den sich die Kilometerzählung aller National-
straßen des Landes bezieht.

Die alte Bodenplatte von 1950 wurde
2009 durch eine neue aus Granit und
Messing ersetzt.

»Origen de las carreteras radiales«
»Beginn der sternförmig
verlaufenden Straßen«

Forum – liegen alle am Prachtboulevard ▶Paseo del Prado. Der Retiro-Park wird im Norden und Osten von bürgerlichen Wohnvierteln umschlossen, in denen Kunstgalerien, Modegeschäfte und gepflegte Tapas-Bars auf Besucher warten. Im Westen liegen Monumentalbauten wie der Palacio de Comunicaciones und die Börse. Im Südwesten schließen sich der Botanische Garten und der Atocha-Bahnhof (▶Estación de Atocha) an.

Recoletos und Salamanca

Die nördliche Fortsetzung des bürgerlichen Retiro bilden das Recoletos- und das Salamanca-Viertel. Hier finden sich im **geometrischen Netz von Straßen** und Alleen exklusive Modeläden, Restaurants, bürgerliche Wohnhäuser und Stadtpaläste des 19. Jh.s. Der Paseo de la Castellana bildet die westliche Grenze dieser Stadtteile.

Justicia und Malasaña

Im Justicia- und im Malasaña-Viertel durchdringen sich alle Epochen der Geschichte Madrids. Sie erstrecken sich von der ▶Gran Vía im Süden und dem Paseo de Recoletos im Osten bis hinauf zu den »Boulevares«, die Plaza de Colón mit der Glorieta de Bilbao verbinden. Barocke Konvente und schrille Architektur der jüngeren Vergangenheit wie die Torres de Colón sorgen hier für Kontraste. Rund um die Calle Almirante ist Spaniens Avantgarde-Modeszene zu Hause, die Plazas Dos de Mayo und Chueca werden vor allem von der Szene frequentiert.

Argüelles und Moncloa

Um die Wende zum 20. Jh. entwickelte sich das Argüelles-Viertel im Westen des Centro zu einer Bürgerstadt. Heute prägen Studenten das Alltagsleben. In der Mitte des 20. Jh.s erhielt die ▶Gran Vía mit den Hochhäusern rund um die ▶Plaza de España einen urbanen Abschluss. Argüelles gehört zum Stadtbezirk Moncloa-Aravaca, der im Norden in die ▶Ciudad Universitaria, die Universitätsstadt, übergeht.

Chamberí und Nuevos Ministerios

Der ▶Paseo de la Castellana wird bis zur Puerta de Europa von Verwaltungs- und Geschäftsbauten gesäumt. Während hinter dem Fußballstadion Santiago Bernabéu vornehmere Wohngegenden liegen, erstrecken sich hinter den Türmen des Azca-Viertels und dem Verwaltungskoloss der Nuevos Ministerios mittelständische Wohnviertel. Schließlich haben betuchte Hauptstadtbewohner weit außerhalb feudale Bleiben in topmodernen Villenvierteln wie La Moralejo und Las Rozas gefunden.

▌ Spaniens Wirtschafts- und Finanzzentrum

Entwicklung

Da Madrid nicht an der Küste liegt und keine eigenen Rohstoffvorkommen besitzt, entwickelte es sich erst spät zu dem heutigen Wirtschafts- und Finanzzentrum. Noch bis in die 1960er-Jahre bestimmten eher kleinere und mittlere Betriebe das wirtschaftliche Leben der Stadt. In den vergangenen drei Jahrzehnten aber hat sich Madrid zu einem Industrie- und Dienstleistungszentrum ersten Ranges entwickelt. Forschungsinstitute und High-Tech-Firmen sind hier ebenso ansässig wie multinationale Unternehmen. Auch Kongresse, Messen und nicht zuletzt die stetig steigende Touristenzahl haben die Entwicklung der Infrastruktur beflügelt. Die Stadt ist Sitz der Spanischen Zentralbank (Banco de España) und großer Privatbanken wie Banco Santander und Banco Popular. Der Palacio de la Bolsa von Madrid ist weit vor Barcelona, Bilbao und Valencia der **wichtigste Börsenplatz** Spaniens. Auch wichtige Firmen der Konsumgüterindustrie (Kosmetik, Kleidung), Verlage, Flugzeug- und Autobauer sowie Elektrogeräte-Produzenten sind in Madrid ansässig.

Der Aufstieg der spanischen Hauptstadt zu einer internationalen Metropole hat schlimme Auswirkungen auf den Wohnungsmarkt gehabt. Vor allem im Vorfeld der Euro-Einführung trieb der von Schwarzgeld beflügelte Kaufrausch die Wohnungspreise massiv in die Höhe. Das nach fast zwei Jahrzehnten ungebremster Bautätigkeit lang erwartete Platzen der Immobilienblase im Jahr 2007 und die

Probleme auf dem Wohnungsmarkt

Lavapiés ist eines der authentischen Barrios von Madrid.

227

weltweite Finanzkrise führten am Immobilienmarkt zu einer radikalen Preiskorrektur. Vor allem in den neu entstandenen Wohngebieten am Stadtrand Madrids fielen die Preise binnen eines Jahres um bis zu 20 Prozent. Viele Madrilenen haben die teure Hauptstadt verlassen und nehmen dafür täglich lange Anfahrten zur Arbeit in Kauf. Obwohl reichlich öffentliche Verkehrsmittel im Einsatz sind, wälzen sich tagtäglich riesige Fahrzeugarmadas in die Stadt herein und aus ihr hinaus. Die Belastung der Luft durch Abgase ist entsprechend groß. Besonders die südlichen und östlichen Stadtteile bekommen die schlechte Luftqualität zu spüren. Die Bezirke im Norden und Westen, in denen die wohlhabenderen Schichten leben, profitieren von den meist vorherrschenden West-Nordwest-Winden, die in Madrid nur selten zu Smog-Wetterlagen führen.

Auch Armut ist in Madrid nicht unbekannt. Trotz der Umsetzung großer Wohnungsbauprogramme leben die Ärmsten noch immer in sog. Chabolas: Siedlungen aus provisorischen Hütten. Außerdem haben die Wirtschaftskrise und die hohe Arbeitslosigkeit seit 2012 vermehrt zu Zwangsenteignungen geführt. Die Konsequenzen der Pandemie haben die Situation natürlich nicht verbessert.

STADTGESCHICHTE

Noch Mitte des 16. Jh.s war Madrid ein verschlafener Marktflecken. Doch dann entwickelte es sich zum Zentrum eines mächtigen Imperiums. Heute ist die spanische Hauptstadt zugleich die größte Metropole des Landes.

▌ Von der Vorgeschichte bis zum Mittelalter

Iberer, Kelten, Römer, Goten

Stein- und Keramikfunde belegen, dass im Gebiet der heutigen Metropole, entlang der Flüsse Jarama und Manzanares, bereits um 25000 v. Chr. Nomaden lebten. Um 1000 v. Chr. drangen keltische Stämme von Nordwesten ins Innere der Iberischen Halbinsel vor und vermischten sich mit den Iberern, die dort in autonomen Stämmen lebten. Weder unter römischer (ab dem 2. Jh. v. Chr.) noch unter westgotischer Herrschaft (409 – 711 n. Chr.) gab es an der Stelle des heutigen Madrid eine feste Siedlung. Einzige Relikte aus dieser Zeit sind einige im alten Stadtkern gefundene Grabtafeln.

Maurische Gründung Mayrit

711 fielen arabische und berberische Heere in Spanien ein und drangen bis zum Río Duero nördlich von Madrid vor. Das westgotische Reich zerfiel, Córdoba wurde Hauptstadt des Maurenreichs Al-Anda-

EPOCHEN

ALT-MADRID BIS ZUM ENDE DES MITTELALTERS
8. – 9. Jh.   Araber gründen die Festung Mayrit oder Magerit.
1085   Alfons VI. erobert die Siedlung.
1469   Heirat der »Katholischen Könige« Isabella von Kastilien und
Ferdinand von Aragón

HAUPTSTADT DER HABSBURGER
1516   Der Habsburger Karl I. besteigt den Thron.
1561   Sein Sohn Philipp II. macht Madrid zur Hauptstadt.
17. Jh.   Siglo de Oro, das sog. Goldene Zeitalter

HAUPTSTADT DER BOURBONEN
1713   Mit Philipp V. wird ein Bourbone spanischer König.
1759 – 1788   Regierungszeit des Reformkönigs Karl III.

MADRID IM 19. JAHRHUNDERT
1808   Volksaufstand gegen die Truppen Napoleons
19. Jh.   Drei Thronfolgekriege, dazwischen kurzes Intermezzo der
Ersten Republik
1851   Die erste Eisenbahn fährt von Madrid nach Aranjuez.
1898   Spanien verliert seine letzten Kolonien.

20. UND 21. JAHRHUNDERT
1931   Zweite Republik
1936 – 1939   Spanischer Bürgerkrieg
1939 – 1975   Diktatur unter General Franco
1978   Per Referendum wählen die Spanier im Dezember ihre
Verfassung.
2004   Bombenanschläge auf Madrider Vorortzüge, fast
200 Menschen sterben.
2008   Im Februar 2008 eröffnet das La Caixa Forum.
2011   Das Mammutprojekt Madrid Río wird eingeweiht. Eine
Schnellstraße verschwindet unter 120 ha Grünfläche.
2012   Die Bankenkrise erreicht Spanien.
2014   Felipe VI. wird König von Spanien.
2017   Eröffnung des Fußballstadions Wanda Metropolitano,
neue Heimstätte von Atlético Madrid
2017   Die Forderung nach der Unabhängigkeit Kataloniens wird lauter.
2018   Ein Misstrauensantrag stürzt die Minderheitsregierung von
Mariano Rajoy (PP). Sein Nachfolger wird Pedro Sánchez
(PSOE), der bis zu Neuwahlen ebenfalls eine Minderheitsregierung anführt.
2020   Pedro Sánchez bildet die erste Regierung in Spanien mit einer
Koalition (PSOE und PODEMOS).

lus. Zwischen dem 8. und dem 15. Jh. drängten christliche Könige die Mauren immer weiter nach Süden. Ihre letzte Bastion auf der Iberischen Halbinsel, Granada, wurde 1492 von den Truppen der Katholischen Könige (▶Interessante Menschen) erobert.

Um 860 gründete der maurische **Emir Mohammed I. von Córdoba** etwa an der Stelle des ▶Palacio Real die Festung Mayrit oder Magerit. Sie sollte sein Reich vor Überfällen der christlichen Könige aus dem Norden der Halbinsel schützen. Dank der Lage an einem wichtigen Handelsweg entwickelte sich um die Festung eine Siedlung, die gegen Ende des 11. Jh.s von den Truppen König **Alfons' VI. des Tapferen** eingenommen wurde. Einer Legende zufolge fanden die christlichen Eroberer unter den Trümmern der arabischen Festungsmauer eine Marienfigur, die als Virgen de la Almudena zur ersten Schutzheiligen der Stadt wurde. Zu Beginn des 12. Jh.s hatte sich der Marktflecken so weit vergrößert, dass er eine neue Stadtmauer erhielt. Aus dieser Zeit sind nur einige Stadtmauerreste an der Cuesta de la Vega sowie die Türme der Kirchen San Nicolás de los Servitas und von San Pedro el Viejo (oder el Real) erhalten. 1202 umfasste Madrid bereits zehn Pfarrgemeinden und erhielt von Alfons VIII. einige Sonderrechte, Fueros genannt.

Die älteste Karte von Madrid zeigt die Stadt im 17. Jahrhundert.

Volles Stadtrecht erhielt es dann unter Alfons X. dem Weisen (1252 bis 1284). An die damals in einem Quartier außerhalb des südlichen Stadttors ansässigen Mauren erinnert noch heute der Name Puerta del Moro. 1309 versammelte Ferdinand IV. von Kastilien die seit 1307 bestehende Ständevertretung der Geistlichkeit, des weltlichen Adels und der Städte, die sogenannten Cortes, zum ersten Mal in Madrid.

Madrid wird Stadt

1469 heirateten Ferdinand II. von Aragón und Isabella I. von Kastilien (▶Interessante Menschen). Die Hochzeit der »Katholischen Könige« führte zur Vereinigung der beiden bisher rivalisierenden Reiche. Die **Reconquista**, die 1492 durch die Kapitulation Granadas, der letzten Bastion der Mauren, ihren Abschluss fand, und die Inquisition beendeten das bislang überwiegend friedliche Zusammenleben von Muslimen, Christen und Juden. Zwar hielten sich Isabella I. und Ferdinand II. nur vorübergehend in Madrid auf, in ihrem Auftrag entstanden jedoch ab 1478 im Osten vor der Stadt die Kirche und das Kloster von San Jerónimo el Real. Aus derselben Zeit stammen außerdem die Häuser der Lujanes und Cisneros sowie Teile des später zum Konvent der Descalzas Reales umgebauten Palastes des Schatzmeisters Karls III. Zu den Bauten der isabellinischen Gotik gehört ferner die renovierte Capilla de Obispo bei der Kirche San Andrés. Eine Beschreibung der damaligen Stadt liefert der Arzt, Geograf und Astronom **Hieronymus Münzer**, der 1494/1495 die Halbinsel bereiste. Er schrieb, Madrid sei eine Stadt »so groß wie Biberach«, »sie hat viele Brunnen, billige Lebensmittel und zwei Maurenviertel, bewohnt von zahlreichen Sarazenen«.

Madrid zur Zeit der Katholischen Könige

▌ Hauptstadt der Habsburger

Nach dem Tod Ferdinands II. 1516 bestieg der Sohn seiner Tochter Juana Karl I., der auch ein Enkel Kaiser Maximilians war, den Thron. Mit ihm begann die Herrschaft der Habsburger in Spanien. Noch im Jahr seiner Thronbesteigung wurde er in Frankfurt als Nachfolger seines Großvaters zum Kaiser des Hl. Römischen Reiches deutscher Nation gewählt. Als **Karl V.** regierte er über Spanien, die Niederlande, Sardinien, Neapel, Sizilien, Mailand, die Franche-Comté sowie über zahlreiche amerikanische Kolonien. Als er einen früheren Lehrer zum Regenten über Spanien ernannte, kam es zum Aufstand der Comuneros, des Kleinadels und des Besitzbürgertums, die die Rechte der Krone beschneiden wollten. Karl schlug ihn nieder und ließ ihre Anführer hinrichten. Auch die Cortes, die Vertretung des Adels, der hohen Geistlichkeit und der Städte, verloren ihre Bedeutung. Wenn er in Spanien weilte, hielt er sich gerne in Madrid auf. 1537 ließ Karl den Alcázar vergrößern und mit einer repräsentativen Fassade versehen. Im selben Jahr verlieh er Madrid den Titel einer »imperial y coronada villa«, einer »kaiserlichen und gekrönten Stadt«. Zwölf Jahre

Karl I. wird König und als Karl V. Kaiser des HRR

später dankte er ab. Während seiner Regierungszeit war die Einwohnerzahl Madrids von 3000 auf 25 000 gestiegen.

1561
Madrid wird
Hauptstadt

Sein Sohn und Nachfolger **Philipp II.** (1556 – 1598; ▶ Interessante Menschen) machte Madrid 1561 zur Hauptstadt seines Reiches, »in dem die Sonne nicht untergeht«. Die alte Festung, der Alcázar, wurde sein Machtzentrum. Als zweiten Herrschersitz gab Philipp den damals weit außerhalb der Stadt im Osten gelegenen Buen Retiro beim Kloster San Jerónimo el Real in Auftrag. Sakralbauten hatten für ihn jedoch Vorrang. Leitung und Durchführung der Projekte lagen in den Händen der königlichen Hofarchitekten Juan de Herrera, Juan Bautista de Toledo und Juan Gómez de Mora. Sie drückten der Stadt ihren Stempel auf und prägten die **Epoche der Habsburger**, das »Madrid de los Austrias«. Insgesamt entstanden 18 Kirchen und sieben Klöster. Philipps vorrangiges Interesse galt dem Bau des ▶Escorial, der Unsummen an Staatsgeldern verschlang. Für den dringend benötigten Ausbau der Stadt blieb daher kaum etwas übrig, obwohl Madrid mittlerweile 60 000 Einwohner hatte. Um das Heer von Beamten und Höflingen unterzubringen, forderte ein königlicher Erlass von den städtischen Hausbesitzern, die oberen Stockwerke für den Hof zu reservieren. Eine Folge war, dass drei Viertel aller Häuser nur aus einem Stockwerk bestanden. »Die Häuser sind arm und hässlich, fast alle sind aus Lehm hergestellt. Unter anderen Dingen fehlt es an Bürgersteigen und Aborten; für die Bedürfnisse werden Nachttöpfe benützt, deren Inhalt nachts zum Fenster hinausgeworfen wird«, schrieb der päpstliche Nuntius Camillo Borghese, der spätere Papst Paul V.

Verlegung
des Hofs

1601, drei Jahre nach dem Tod Philipps II., verlegte sein Nachfolger **Philipp III.** den Hof vorübergehend nach Valladolid. Nach seiner Rückkehr 1606 bestellte er ein bronzenes Reiterstandbild für die ▶Casa de Campo, das 1847 auf die ▶Plaza Mayor versetzt wurde.

Niedergang
und Höhen-
flug

Obwohl bereits im 17. Jh. der wirtschaftliche und politische Niedergang Spaniens begann und das Land seine Vormachtstellung auf dem europäischen Kontinent an Frankreich verlor, erlebte es einen kulturellen Höhenflug, das sogenannte **Goldene Zeitalter der Künste**, das Siglo de Oro. Auch Madrid profitierte davon. Zu den wichtigsten Baudenkmälern dieser Zeit gehören das Rathaus auf der ▶Plaza de la Villa, die Anlage der ▶Plaza Mayor, das Kloster Encarnación und der Puente de Segovia. Herausragende Beispiele für die zeitgenössische Barockarchitektur sind außerdem die Capilla de San Isidro in der Kirche ▶San Andrés und ▶San Antonio de los Alemanes, damals noch San Antonio de los Portugueses. Madrids Ruhm gründete sich auf die hier ansässigen Dichter Cervantes, Calderón, Lope de Vega, Quevedo (▶Interessante Menschen) und auf die Hofmaler von Philipp IV., Diego Velázquez (ab 1623) und Francisco Zurbarán (ab 1634).

LINKS: Der aufgeklärte Karl III. prägte Madrid wie kein anderer Herrscher; hier gemalt von Anton Raphael Mengs.

OBEN RECHTS: Der politisch un-bedarfte Philipp III. glich seinem Vater nur in seiner Frömmigkeit. Velázquez' Gemälde hängt im Prado-Museum.

▌ Hauptstadt der Bourbonen

Spanischer Erbfolgekrieg

Am 1. November 1700 starb der letzte spanische Habsburger Karl II., ohne einen Erben zu hinterlassen. Um den verwaisten Thron brach zwischen den österreichischen Habsburgern und den französischen Bourbonen ein zwölf Jahre dauernder Krieg aus. Im Frieden von Utrecht 1713 konnte sich schließlich **Philipp von Anjou**, ein Enkel Ludwigs XIV., gegen seinen Rivalen Karl von Habsburg durchsetzen. Als Philipp V. begründete er die **spanische Bourbonen-Dynastie**. Das heruntergewirtschaftete Spanien wurde ein zentralistischer Staat nach französischem Vorbild und erlebte einen Wiederaufstieg. Seine Stellung als europäische Großmacht erlangte es jedoch nicht wieder.

Verschönerung der Hauptstadt

Das »klösterliche« Madrid der Habsburger verwandelte sich in eine barocke Residenzstadt mit repräsentativen Bauten. Bestimmende Architekten waren in der ersten Jahrhunderthälfte **José Churriguera**, **Pedro de Ribera** und **Francisco Moradillo**, deren Namen für den spanischen Barock und die ihn kennzeichnende Überfülle an Ornamentik stehen. Zu den bedeutendsten Werken dieser Epoche gehören die Toledo-Brücke, das Hospiz San Fernando, die Kaserne Conde-Duque, die Kirchen Montserrat, Santa Bárbara und ▶San Andrés sowie die Paläste Miraflores, Ugena und Perales. Später holten die Bourbonenherrscher klassizistische Baumeister aus Italien und Spanien ins Land. Das Madrid des Klassizismus ist vor allem ein Werk der Architekten Francesco Sabatini, Ventura Rodríguez, Juan de Villanueva, Filippo Juvarra, Giovanni Battista Sacchetti u. a. Überall wurden Brunnen, Brücken und Adelspaläste erbaut. 1734 war der Alcázar abgebrannt. Dies machte den Weg frei für einen repräsentativen Neubau im Sinne des 18. Jh.s, den ▶Palacio Real. In ▶Aranjuez und ▶La Granja entstanden königliche Lustschlösser und großartige Parkanlagen. Unter dem Einfluss der Aufklärung wurden in den 1730er-Jahren die Königlichen Akademien der Sprache, der Pharmazie und der Geschichte gegründet. Auch der Wohnungsbau erlebte einen Aufschwung, der Anteil an vier- und fünfstöckigen Häusern nahm deutlich zu. **Ferdinand VI.** (1746–1759), Sohn und Nachfolger Philipps V., sorgte für den Ausbau des Verkehrsnetzes. Er gründete große Hospitäler wie San Fernando und das Hospital General sowie die nach ihm benannte ▶Real Academia de Bellas Artes.

»Madrids erster und bester Bürgermeister«

Der dritte Bourbonenkönig **Karl III.**, der zuvor König von Neapel-Sizilien gewesen war, bestieg 1759 den Thron. In seiner 29-jährigen Regierungszeit prägte der aufgeklärte Monarch Madrid wie kein anderer Herrscher. Nicht zuletzt deshalb wurde er später auch »Madrids erster und bester Bürgermeister« genannt. Auf ihn gehen die heute noch bestehenden Straßenachsen, Boulevards, Brunnen und Alleen

Spanische Könige

Könige aus dem Hause Habsburg

Karl I. (als röm.-deutscher
Kaiser Karl V.)   1517-1556
  ⚭ Isabel von Portugal
  unehel. Tochter: Margarete von Parma
  unehel. Sohn: Don Juan d'Austria
Philipp II.   1556-1598
  ⚭ 1. Maria von Portugal
  ⚭ 2. Maria Tudor
  ⚭ 3. Elisabeth von Valois
  ⚭ 4. Anna von Österreich
  Sohn: Don Carlos
  Tochter: Isabel Clara Eugenia

Philipp III.   1598-1621
  ⚭ Margareta von Österreich
Philipp IV.   1621-1665
  ⚭ Maria Anna von Österreich
  Tochter Margareta Teresa heiratet
  Kaiser Leopold I.
Karl II.   1665-1700
  ⚭ Marie Louise von Orléans

Könige aus dem Hause Bourbon

Philipp V.   1700-1746
Ferdinand VI.   1746-1759
Karl III.   1759-1788
  ⚭ Maria Amalia von Sachsen
  Aus dieser Ehe entstammt Ferdinan IV., König beider Sizilien
Karl IV.   1788-1808
  ⚭ Maria Luisa von Parma
  Der Sohn Don Carlos wird der
  Stammvater der Carlisten

Ferdinand VII.   1814-1833
  ⚭ 1. María Antonia von Neapel
  ⚭ 2. María Isabel von Braganza
  ⚭ 3. María Josepha von Sachsen
  ⚭ 4. María Cristina von Neapel
Isabella II.   1833-1868
Alfons XII.   1874-1885
  ⚭ Maria Christine von Österreich
Alfons XIII.   1886-1931
Juan, Graf von Barcelona - ungekrönt
Juan Carlos I.   1975-2014
Felipe VI.   2014
Proklamation zum König

zurück. Er sorgte für die längst überfällige Kanalisation, für gepflasterte Straßen und ihre Beleuchtung. In seinem Auftrag wurde nach Plänen seines Lieblingsarchitekten Sabatini die Puerta de Alcalá errichtet und die gleichnamige Straße damit zur wichtigsten Einzugsstraße im Osten. Am Ende der Calle de Alcalá, an der ▶Puerta del Sol, entstand der Postpalast Casa de Correos. 1764 bezog Karl den ▶Palacio Real. Der heutige ▶Paseo del Prado, das Mittelstück vor dem Retiro, war 1782 ausgebaut. Zahlreiche weitere Bauten entstanden und prägten das Stadtbild im Sinne eines strengen Klassizismus. Karl III. siedelte die aus Neapel nach Madrid verpflanzte Porzellanmanufaktur in die Eremitage des hl. Antonius im ▶Parque del Retiro. Auch die Entwicklung der Naturwissenschaften war ihm ein großes Anliegen. So gründete er den Botanischen Garten und das anfangs als naturwissenschaftliches Museum geplante ▶Museo del Prado (Juan de Villanueva). 1762 holte Karl III. den Künstler Giovanni Battista Tiepolo nach Madrid, das so zu einem Zentrum spätbarocker Malerei wurde. Zeitgleich mit Tiepolo kam der junge Deutsche Anton Raphael

MADRIDS STADTENTWICKLUNG

*Madrid ging aus einer im 9. Jh. erbauten arabischen Festung
hervor, dem Alcázar, den Alfons VI. eroberte. Als Grenzort zu
den Mauren wurde er mit dem zweiten Mauerring stark befestigt.
Als Phillipp II. seinen Hof 1561 von Toledo nach Madrid verlegte,
entstand der dritte Ring, dem Phillipp IV. angesichts des starken
Wachstums der Stadt ab 1625 eine vierte Stadtmauer folgen ließ.
Das heutige Stadtbild prägten die seit 1700 regierenden Bourbonen, die ganze Viertel der Altstadt teils barock, teils klassizistisch
überbauen ließen.*

▶ **Ausgewählte Architekturepochen,
Bauwerke und politische Situationen in Madrid**
Die Innenstadt ist sehr dicht bebaut. Bauten des 18. und noch mehr des 19. Jh.s mit
ihren prachtvollen Fassaden in verschiedenen Neo-Stilen prägen das Stadtbild. Nach
1976 setzte ein lebhafter Stadterneuerungsprozess ein. In den letzten Jahren wurde
Madrid schließlich »runderneuert«.

16. Jh.	17. Jh.	18. Jh.
Madrid wird Hauptstadt der Habsburger		**Madrid unter den Bourbonen**
① Kirche San Jerónimo	② Plaza de la Villa mit Casa de la Villa (Rathaus)	③ Puerta de Alcalá
Convento de las Descalzas		1764 Palacio Real
	Plaza Mayor (wird Mittelpunkt der Stadt)	
Schloss El Pardo		San Fernando (ehem. Hospital, heute Museo de Historia)
Häuser der Lujanes und Cisneros	Casa Consistorial	Observatorium
		ROKOKO
RENAISSANCE	BAROCK	

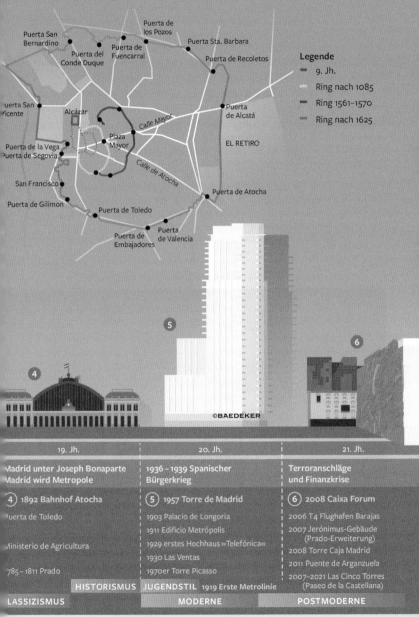

Ausbreitung der Stadtgrenzen

Puerta San Bernardino
Puerta del Conde Duque
Puerta de Fuencarral
Puerta de los Pozos
Puerta Sta. Barbara
Puerta de Recoletos

Puerta San Vicente
Alcázar
Calle Mayor
Puerta de Alcatá

Plaza Mayor
EL RETIRO
Puerta de la Vega
Puerta de Segovia
Calle de Atocha

San Francisco
Puerta de Atocha
Puerta de Gilimon
Puerta de Toledo
Puerta de Embajadores
Puerta de Valencia

Legende
- 9. Jh.
- Ring nach 1085
- Ring 1561–1570
- Ring nach 1625

©BAEDEKER

19. Jh.	20. Jh.	21. Jh.
Madrid unter Joseph Bonaparte Madrid wird Metropole	1936 – 1939 Spanischer Bürgerkrieg	Terroranschläge und Finanzkrise
④ 1892 Bahnhof Atocha	⑤ 1957 Torre de Madrid	⑥ 2008 Caixa Forum
Puerta de Toledo	1903 Palacio de Longoria	2006 T4 Flughafen Barajas
	1911 Edificio Metrópolis	2007 Jerónimus-Gebäude (Prado-Erweiterung)
Ministerio de Agricultura	1929 erstes Hochhaus »Telefónica«	2008 Torre Caja Madrid
	1930 Las Ventas	2011 Puente de Arganzuela
1785–1811 Prado	1970er Torre Picasso	2007–2021 Las Cinco Torres (Paseo de la Castellana)
	HISTORISMUS JUGENDSTIL 1919 Erste Metrolinie	
KLASSIZISMUS	MODERNE	POSTMODERNE

237

Mengs an den spanischen Hof. Der klassizistische Maler wurde eine der einflussreichsten Persönlichkeiten im Kunstbetrieb und öffnete u. a. Francisco Bayeu und Goya (▶ Interessante Menschen) den Zugang zu königlichen Ämtern. Seinen Durchbruch erlebte Goya mit einem Altarbild für die 1770 erbaute Kirche ▶ San Francisco el Grande.

Madrid im 19. Jahrhundert

Spanien wird zum Spielball Napoleons

1788 übernahm **Karl IV.** den Thron seines Vaters. Die Regierungsgeschäfte lagen in den Händen des jungen Premierministers Manuel Godoy, der auch Liebhaber von Karls Gattin María Luisa war. Ein Aufstand in Aranjuez stürzte Godoy und zwang Karl IV. zur Abdankung zu Gunsten seines Sohnes Ferdinand. Als die Portugiesen mit Unterstützung der Briten 1807 die Franzosen aus ihrem Land vertrieben, sah Napoleon seine Interessen auf der Iberischen Halbinsel gefährdet und ließ seine Truppen in Spanien einmarschieren. Er zwang die in sich zerstrittene Königsfamilie zur Abdankung und ernannte seinen Bruder **Joseph Bonaparte**, der von den Madrilenen verächtlich »Pepe Botella« (»Flasche Sepp«) genannt wurde, zum neuen König.

Francisco de Goyas Gemälde zeigt die Erschießungen des 3. Mai 1808.

Am 2. Mai 1808 erhob sich die Madrider Bevölkerung gegen die französischen Eindringlinge, musste aber nach stundenlangen blutigen Straßenkämpfen, bei denen über 1500 Menschen den Tod fanden, aufgeben. Die anschließenden Erschießungen hielt Goya in seinem eindrücklichen Gemälde »Der 3. Mai 1808 in Madrid« fest (heute im Prado). Sie waren auch der Auslöser für den sechs Jahre dauernden Freiheitskampf der Spanier, der schließlich zur Vertreibung der Besatzungstruppen führte.

In den nicht von den Truppen Napoleons kontrollierten Gebieten Spaniens übernahm die Junta Suprema Central im Namen Ferdinands VII. die Regierungsgeschäfte. 1810 berief sie in der Seefestung Cadiz eine verfassungsgebende Versammlung ein, die 1812 die erste moderne Verfassung Spaniens verabschiedete. Nach seiner Rückkehr aus dem Exil im Jahr 1814 setzte Ferdinand sie allerdings außer Kraft und stellte die alte absolutistische Ordnung wieder her. Der König verbot die Presse und setzte die Inquisition wieder ein. 1819 wurde das ▶Museo del Prado als Königliche Gemäldegalerie und 1820 das Ateneo eröffnet. **Spaniens erste Verfassung**

Der Tod Ferdinands 1833 löste Thronstreitigkeiten zwischen seiner Tochter Isabella und seinem Bruder Karl aus. Aus den sogenannten Karlistenkriegen gingen 1843 die Anhänger der erst 13-jährigen Isabella II. als Sieger hervor. 1836 war Madrid durch die Verlegung der Universität von ▶Alcalá de Henares Universitätsstadt geworden. Der Bau des Canal de Isabel II sicherte die Wasserversorgung der Hauptstadt, die nun auch eine Gasbeleuchtung erhielt. Das Reiterstandbild Philipps IV. wurde aus dem Buen Retiro auf die Plaza de Oriente (1843), das Philipps III. aus der ▶ Casa de Campo auf die ▶ Plaza Mayor (1847) verlegt. 1843 entstanden der Palacio de las Cortes (heute Congreso de los Diputados), 1850 das Teatro Real (Oper) sowie die Nationalbibliothek. Der 1860 vorgelegte »Plan Castro«, ein Bebauungsprogramm für die wachsende Großstadt, sah vor, die Stadt nach Nordosten und Süden zu erweitern (1851 »Plan Haussmann« für Paris, 1860 »Plan Cerdá« für Barcelona). Dabei sollten für bestimmte Bevölkerungsgruppen eigene Wohnviertel angelegt werden. Damals entstanden auf streng rechtwinkligen Grundrissen die Viertel Chamberí und Salamanca als Fortsetzung der bereits unter Karl III. angelegten Wohnviertel um den ▶Parque del Retiro. Diese Viertel sind noch heute bevorzugte Wohngegenden für wohlhabende Madrilenen. 1851 fand die Einweihung der ersten Eisenbahnstrecke zwischen Madrid und ▶Aranjuez statt. **Isabella II.**

Die Septemberrevolution 1868 stürzte Isabella II. und mündete in die Erste Spanische Republik. Diese währte jedoch nur kurz, denn 1874 kam Isabellas Sohn Alfons XII. mit Hilfe des Militärs wieder an die **1873 – Erste Spanische Republik**

Macht. 1875 zog er in Madrid ein, das auf fast 500 000 Einwohner angewachsen war. Alfons sorgte für das erste Telefonnetz der Stadt und führte das allgemeine und gleiche Wahlrecht (für Männer) sowie das heute noch gültige Bürgerliche Gesetzbuch ein. Elektrische Beleuchtung und Straßenbahnen waren weitere moderne Errungenschaften. In der Architektur war der Historismus stilbestimmend, die Neubauten entstanden nach gotischen, romanischen Vorbildern (Almudena-Kathedrale, Baubeginn 1881) oder venezianischen (Banco de España, 1882). Daneben wurden auch erste Eisenskelettbauten errichtet (▶Estación de Atocha, Palacio de Velázquez, dessen Ziegelsteinfassade nur Zierde ist, Palacio de Cristal).

▌ Madrid im 20. und 21. Jahrhundert

Alfons XIII.

Als König Alfons XII. im November 1885 starb, war sein Sohn und Nachfolger noch nicht einmal geboren. Bis 1902 übernahm deshalb die Mutter Alfons' XIII. (1886–1941) die Regierungsgeschäfte. Ihre Regentschaft fiel in eine Zeit, in der Spanien die Kolonien Kuba, Puerto Rico und die Philippinen an die USA verlor. Der Historismus prägte auch zur Jahrhundertwende die Madrider Architektur. Anders als in Barcelona konnte der Jugendstil in der spanischen Hauptstadt nicht Fuß fassen, die Casa Longoria (1902) ist eines der ganz wenigen Beispiele des sogenannten **Modernismo**. 1910 begannen die Bauarbeiten für die ▶Gran Vía. Riesige repräsentative Bauten wurden errichtet. Einer der wichtigsten Architekten der 1920er-Jahre war **Antonio Palacios** (1874–1945), der Erbauer des Palacio de Comunicaciones. Er verstand es, die historistische Formensprache nach dem Vorbild früher amerikanischer Wolkenkratzer mit modernen Elementen zu verbinden und so einen eigenen Stil zu schaffen. Seine Bauten prägen bis heute vielerorts das Stadtbild (u. a. Círculo de Bellas Artes, Banco Central). 1929 wurde die »Telefónica« eingeweiht, das erste Hochhaus von Madrid.

Spanischer Bürgerkrieg

Am 14. April 1931 wurde die **Zweite Spanische Republik** ausgerufen. Alfons XIII., der sich ab 1923 nur mit der Hilfe der Militärdiktatur des Generals Primo de Rivera hatte halten können, ging ins Exil. Die »niña bonita«, das hübsche Mädchen, wie die Zweite Republik im Volksmund genannt wurde, stand jedoch vor schier unlösbaren Problemen, die sich in gewaltsamen Auseinandersetzungen entluden. Am 18. Juli 1936 putschte sich das Militär unter **General Francisco Franco** an die Macht. Madrid wehrte sich gemäß der Durchhalteparole »¡No pasarán!« (»Sie werden nicht durchkommen!«). Der anschließende Bürgerkrieg forderte rund 500 000 Tote. Am 1. April 1939 beendete der Einmarsch des siegreichen Generals nicht nur den dreijährigen Kampf um Madrid, er besiegelte auch die Niederlage der Republik. Die nun folgende Diktatur sollte erst mit dem Tod Francos im Jahr 1975 enden. Die fünf Jahre der Zweiten Republik bis zum Ausbruch des Bürgerkrieges waren für größere städtebauliche Maßnahmen zu kurz gewesen. Die in den frühen 1930er-Jahren begonnenen Bauten der ▶ Ciudad Universitaria, die Casa de las Flores (1930 – 1932) und das Kino Barceló (1930) zeigen jedoch, dass die jüngeren spanischen Architekten nicht länger am Historismus festhielten, sondern zum Realismus, zur funktionalen Architektur neigten, wie sie in Deutschland oder Holland bereits verbreitet war. Am Ende des Bürgerkriegs stand zunächst der Wiederaufbau der zerstörten Hauptstadt im Vordergrund. Die ersten Neubauten waren dann erneut dem Historismus verpflichtet (Ministerio del Ejército del Aire, 1942 – 1951). Aber bei den nur wenig jüngeren Bauten, Edificio España und Torre de Madrid, sind dann die amerikanischen Vorbilder wieder zu erkennen.

Langsame Öffnung

Die Aufnahme Spaniens in die UNESCO (1950) und in die Vereinten Nationen (1955) förderten die wirtschaftliche und kulturelle Öffnung des Landes. Der Aufschwung zu Beginn der 1960er-Jahre bescherte auch Madrid ein enormes Wachstum. Die Stadt wurde Industriezentrum und hatte am Ende der Dekade mehr als 3 Mio. Einwohner. Der Boom fand u.a. im Ausbau des Finanz- und Wirtschaftszentrums am ▶ Paseo de la Castellana und in der Errichtung des Azca-Viertels einen Widerhall. Das zu Beginn der 1980er-Jahre unter Federführung des Architekten César Manrique errichtete Einkaufszentrum La Vaguada wurde Vorbild für andere Bauten dieser Art.

Ende der Diktatur

Francos Tod im Jahr 1975 machte den Weg für politische Reformen frei. **Juan Carlos von Bourbon**, Enkel von Alfons XIII., wurde spanischer König. Die sogenannte **Transición**, der Prozess des Übergangs von der Diktatur zur Demokratie, begann. Im Dezember 1978 stimmten die Spanier einer Verfassung zu, die ihr Land in eine parlamentarische Monarchie (Reino de España) und einen demokratischen Rechtsstaat verwandelte. Madrids erster demokratisch gewählter Bürgermeister wurde der Sozialist Enrique Tierno Galván, unter dem die Stadt aufblühte und zur Hauptstadt der Kulturrevolte »La Movida« der frühen 1980er-Jahre wurde. Am 23. Februar 1981 unternahmen Angehörige der Guardia Civil einen Putschversuch im Congreso de los Diputados, der jedoch scheiterte. 1982 wurde der Sozialist Felipe González spanischer Ministerpräsident.

Autonome Region

Am 22. Februar 1983 wurde Madrid autonome Region (eine von insgesamt 17 Comunidades Autónomas). 1986 trat Spanien der Europäischen Gemeinschaft bei. Im selben Jahr wurde das ▶ Centro de Arte Reina Sofía eröffnet. Im Jubeljahr 1992 feierte Spanien den 500. Geburtstag der »Entdeckung« Amerikas durch Kolumbus, Barcelona war Austragungsort der Olympischen Sommerspiele, Sevilla Sitz der Weltausstellung und Madrid europäische Kulturhauptstadt.

Parteien-landschaft

Fast zwei Jahrzehnte verzeichnete Spanien Wachstumsraten, die bei den meisten EU-Partnern Neid auslösten. Doch in der zweiten Jahreshälfte 2008 erlitt die inzwischen achtgrößte Volkswirtschaft der Welt einen drastischen Einbruch, der sich zur tiefsten Wirtschaftskrise der jüngeren Vergangenheit ausweitete. Die **Arbeitslosigkeit** schnellte von 8,2 % (2007) auf 24 % (2012) hoch. Damit waren in Spanien, einem Land mit rund 44 Mio. Einwohnern, fast 6 Mio. Menschen ohne Job. Die von der EU und dem Internationalen Währungsfonds verordnete Austeritätspolitik ging mit radikalen Kürzungen vor allem im sozialen Bereich einher. Soziale Konflike und heftige Proteste im ganzen Land waren die Folge. In Madrid besetzte die Bürgerinitiative 15-M (= 15. Mai) die Puerta de Sol mit Zeltlagern. 2014 ging aus dieser Protestbewegung die linke Partei **PODEMOS** (= Wir können) hervor. Auch die im politischen Spektrum leicht rechts von der Mitte gelegene Partei **Ciudadanos** (= Bürger) gewann an Zulauf. Bei den Wahlen 2015 gab es im ganzen Land Verluste für die beiden bislang allein regierenden Parteien, für die konservative PP (Partido Popular) sowie für die sozialdemokratische PSOE. Gepunktet haben dagegen die beiden »Neuen« Ciudadanos und PODEMOS. In den

Ein Höhepunkt der Proteste im Jahr 2014: Auf der Puerta del Sol fordern Demonstranten eine Volksabstimmung über die Abschaffung der spanischen Monarchie.

meisten Provinzen und Städten kam es daraufhin zu Koalitionen, das galt auch für Madrid. Mariano Rajoy von der PP, der ab Ende 2011 Ministerpräsident war, führte von Oktober 2016 das Land mit einer Minderheitsregierung.

Mitte 2017 gab es erste Anzeichen für einen wirtschaftlichen Aufschwung, doch im September 2017 lag die Arbeitslosigkeit immer noch bei über 16 Prozent. Im Herbst 2017 eskalierte der Streit zwischen der Zentralregierung in Madrid und dem katalanischen Regionalparlament um die Unabhängigkeit der Region Katalonien. Die führenden Politiker der katalanischen Unabhängigkeitsbewegung wurden abgesetzt. Einige kamen unter dem Vorwurf der Rebellion in Untersuchungshaft, der katalanische Ministerpräsident Puigdemont setzte sich nach Belgien ab. Im April 2018 zwang ein illegal erworbener Mastertitel die Präsidentin der autonomen Region Madrid Cristina Cifuentes (PP) zum Rücktritt; Präsidentin seit 2019 ist Isabel Natividad Díaz Ayuso (ebenfalls PP). Schwere Korruptionsvorwürfe gegen einige hochrangige PP-Politiker, die im Frühjahr 2018 im größten Korruptionsprozess Spaniens teils zu langen Freiheitsstrafen verurteilt wurden, brachten das Fass zum Überlaufen. Im Juni 2018 billigte das spanische Parlament einen Misstrauensantrag zur Abwahl von Mariano Rajoy als Ministerpräsident. Auch sein Nachfolger **Pedro Sánchez von der PSOE** führt nach Neuwahlen im Januar 2020 das Land mit einer Minderheitsregierung (zusammen mit PODEMOS). Damals waren der Konflikt mit den katalanischen Seperatisten und die Wirtschaftslage die wichtigstens Themen. Dann kam Covid und die Konsequenzen der Pandemie.

KULTURGESCHICHTE

Madrid ist das kulturelle Zentrum Spaniens. Eine Vielzahl von Universitäten sowie zahlreiche Forschungsinstitutionen treiben den kulturellen Fortschritt voran. Kunstgeschichte ist in zahlreichen hochkarätigen Museen erlebbar. Und auch die Stadt selbst hat ihre kulturellen »Exponate«: Schmuckstücke der Architektur.

▌ Spanische Malerei

Das **Museo del Prado** birgt einige der bedeutendsten Kunstschätze Spaniens. Die ausführliche Beschreibung des Museums im Kapitel »Sehenswertes von A bis Z« (▶S. 100 ff.) ist zugleich eine umfassende Einführung in die spanische Kunstgeschichte vom 12. bis zum frühen 20. Jahrhundert.

Kunstgeschichte

>>

Eine erstaunliche Herrlichkeit ... gibt es hier doch, nämlich
die Bildergalerie; sie ist eine Perle, ein Schatz, der des
Suchens und einer Reise bis nach Madrid wert ist ... Der
Reichtum an Meisterwerken, den man hier findet, ist
überraschend und überwältigend. Hier sieht man Raffael,
Tizian, Correggio, Paul Veronese, Rubens, doch vor allen
anderen Murillo und Velázquez. Man müßte an diesem
Ort mehr als ein Jahr verbringen, um sich recht einzule-
ben und diese Herrlichkeiten zu ermessen.

<<

Hans Christian Andersen (1805–1875): Reisebilder aus Spanien

▋ Architektur

Kein Vorreiter Über Jahrhunderte wurde das **Stadtbild Madrids** von maurischem Mudéjar, Barock, Neoklassizismus, Neogotik und Belle Epoque geprägt. Eine architektonische Vorreiterrolle gewann die spanische Hauptstadt auf europäischer Ebene damit nie, denn stets hing man den Trends der Zeit im Norden Europas ein paar Jahre oder Jahrzehnte hinterher.

Mudéjar-Stil Der Mudéjar-Stil ist nach den Mauren benannt, die in den wieder christlich gewordenen Gebieten geblieben waren. Sie erstellten vom 12. bis zum 16. Jh. im Auftrag von Christen sakrale und profane Bauten, in denen sie maurische Stilelemente wie glasierte Ziegel, Kacheln, Hufeisenbögen, Sternrippengewölbe und kufische Schriftzeichen mit romanischen, gotischen und Renaissance-Elementen kombinierten.

Unter dem Einfluss der **Gegenreform**, die gegen den Überreichtum an Ornamenten auftrat, konnte sich im 16. Jh. eine neue imposante Strenge entwickeln, deren Hauptwerk der Escorial ist. Das Bauwerk, Kloster, Festung und Schloss in einem, wird Ende des 16. Jh.s beendet und weist bereits **frühbarocke Einflüsse** auf.

Als im frühen 18. Jh. die Bourbonen an die Macht gekommen waren, demonstrierten sie ihre Stärke durch den Neubau des Königpalasts Palacio Real im europaweit beliebten **Barockstil** (1734–1764. Wenig später entstand der **klassizistische** Prado (1785–1819).

Das 19. Jh. war wie im übrigen Europa auch in Madrid gekennzeichnet durch die Mischung verschiedenster historischer Stile, wie der Historismus sie bevorzugte. Die Catedral de la Almudena ist ein gutes Beispiel für diesen Trend: Sie wurde **neugotisch** begonnen und schließlich im **neoklassizistischen Stil** errichtet, damit sie zum angrenzenden Palacio Real passt.

Moderne Architektur Im 20. Jh. und zu Beginn des 21. Jh.s zeigten die Stadtväter deutlich mehr Mut. Mit teils **gewagten Bauprojekten** sorgte die spanische

Der Erweiterungsbau des Prado nach Plänen von Rafael Moneo

Hauptstadt mehrere Male für Aufsehen in der internationalen Architekturszene. Aus dem Ausland holte man sich die besten Architekten – von Pritzker-Preisträger Norman Foster über Jean Nouvel (Torre Agbar in Barcelona, Galerie Lafayette in Berlin) bis zum geadelten Sir Richard Rogers (Centre Georges Pompidou in Paris). Aber nicht nur komplett neue Gebäude wurden entworfen: Auch viele historische Bauwerke wurden unter Beibehaltung der stiltragenden Elemente modernisiert.

Schon bei der Ankunft mit dem Flugzeug wartet im **Flughafen Barajas** eines der architektonischen Aushängeschilder der vergangenen Jahre: das neue Terminal T4. Unter der Regie von Richard Rogers erhielt der Flughafen nicht bloß einen Anbau mit 65 zusätzlichen Flugsteigen, neuen Landebahnen und eines weiteren Towers. Mit dem gewaltigen Bauprojekt verdreifachte sich die Terminalfläche mit der Inbetriebnahme des T4 im Februar 2006 mit einem Schlag. Unter dem Eindruck der imposanten Konstruktion aus Stahl und Glas verstummten die meisten Kritiker: Dass sich so mancher Fluggast in den endlosen Gängen und Modulen verirrt, lässt man bis heute nicht als Einwand gelten.

Prestigeprojekte

Voll des Lobs waren die Madrilen und der Rest der Welt hingegen bei der Einweihung des **CaixaForums** im Jahr 2008. Auf dem verlassenen Gelände eines 1900 erbauten Elektrizitätswerkes schuf das

Schweizer Architektenbüro Herzog & de Meuron ein Kulturzentrum, wie es das Land bis dato nicht kannte: sieben Etagen, die den Eindruck vermitteln, über dem Platz vor dem versteckten Eingang zu schweben, ein Treppenhaus ganz in Weiß und ein Innenleben aus poliertem Edelstahl und kupferfarbenem Stein. Hoch rechnete die Öffentlichkeit den Schweizern auch an, die vorgefundene rote Backsteinfassade in den Umbau integriert zu haben.

Ins Staunen geraten Besucher vor allem vor dem **vertikalen Garten** einer angrenzenden Fassade. Die außergewöhnliche Idee des Franzosen Patrick Blanc trotzt mit rund 15 000 Pflanzen und 250 Arten seit der Eröffnung erfolgreich der Schwerkraft und blüht und gedeiht entgegen so mancher Bedenken extrem gut.

Zeitgenössische Anbauten

Mit Gleichgültigkeit nahm die Öffentlichkeit den roten **Anbau des Museums Reina Sofía (Edificio Nouvel)** des französischen Stararchiteken Jean Nouvel zur Kenntnis. Der quadratische Block mit Ausstellungssaal, Auditorium, Bibliothek und Restaurant wurde 2005 eingeweiht. Aus seiner Umgebung sticht der monumentale Quader in Rot deutlich hervor, da kann Nouvel noch so oft behaupten, sein An-

Madrids futuristische Skyline: Wo einst die Kicker von Real trainierten, streben nun die »Cinco Torres« himmelwärts.

bau ordne sich optisch und programmatisch dem Haupttrakt (Edificio Sabatini) unter.

Kaum zwei Jahre später öffnete der **Anbau des Prado-Museums** seine Tore. Mit der Erweiterung, für die der spanische Pritzker-Preisträger Rafael Moneo verantwortlich war, vergrößerte sich die Ausstellungsfläche um mehr als die Hälfte. Und Moneo rettete den **barocken Kreuzgang** des angrenzenden Jerónimo-Klosters, der seit Jahrzehnten langsam zerfiel. Im Erweiterungsbau ist nun der Kreuzgang Stein für Stein abgetragen, restauriert und überdacht wieder aufgebaut worden. Ein unterirdischer Gang verbindet den Erweiterungsbau mit dem Kreuzgang.

Moneo war auch federführend beim Umbau des **Bahnhofs Atocha**, unweit des Prado-Museums. Herzstück des Kopfbahnhofs aus dem Jahr 1892 ist die Dachkonstruktion aus Gusseisen und Glas im **Jugendstil**. Die dient seit 1992 aber nur noch als exotische Wartehalle mit tropischen Palmengarten und Restaurants. Den eigentlichen Zugverkehr verlagerte der Architekt Moneo in einen neuen Trakt. Deutlich sehenswerter ist aber die alte Bahnhofshalle mit dem Palmengarten, die Atocha zum einzigen noch in Betrieb befindlichen Bahnhof der Welt mit einer derartigen Funktion gemacht hat.

Erneuerter Bahnhof

Am nördlichen Abschnitt des ▶ Paseo de la Castellana erheben sich die **Cinco Torres de Madrid**. Vier davon (Cuatro Torres), die höchsten Wolkenkratzer des Landes, ragen dort seit 2009 wie Orgelpfeifen in den Himmel. Im Oktober 2021 wurde der 5. »Turm« eröffnet. Mit 249,5 m ist die **Torre Cepsa** am höchsten.

Wolkenkratzer

Von der allmächtigen Kulisse der mittlerweile Cincro Torres in den Schatten gestellt wurde der **AZCA-Komplex**, der ebenfalls am Paseo de la Castellana angesiedelt ist, wenn auch näher an der Innenstadt dran. Die groben Pläne für das erste Banken- und Hochhausviertel Madrids standen bereits 1946. Ziel war damals, im Norden der Stadt moderne Geschäftshäuser mit Metro- und Zuganbindung zu bauen. Die vielleicht bis heute meist fotografierten Türme der Stadt sind die **Torres Puerta de Europa** an der Plaza de Castilla, besser unter dem Namen **Torres Kio** bekannt. Die beiden 1996 fertiggestellten, 115 m hohen Wolkenkratzer neigen sich um 14,3 Grad.

Im Rahmen des Begrünungsprojekts Madrid Río (▶ Das ist Madrid S. 87) erhielt die Stadt ihre jüngsten architektonischen Highlights. Mit der Brücke **Puente de Arganzuela** setzte der französische Architekt Dominique Perrault dem Projekt das i-Tüpfelchen auf. Den Stadtherren war es wichtig, Madrid Río mit anspruchsvollen Brücken auszustatten, schließlich zielte das Vorhaben auch darauf ab, die Stadtteile rechts und links des Manzanares-Flusses zu verbinden. Und Brücken haben dabei eine starke Symbolkraft.

Anspruchsvoller Brückenbau

Aus der Ferne betrachtet erinnert der Puente de Arganzuela an das Gewinde eines liegenden Korkenziehers. Die runde Außenhaut, die viel Licht durchlässt, ist aus hellem Stahl, im Inneren dominiert warmes Holz – etwa bei den endlos langen Sitzbänken, die die zwei Röhren in der Mitte teilen. Der Anfang 2011 eingeweihte Puente de Arganzuela ist insgesamt 556 m lang.

Modernisierter Palacio de Cibeles

Das Kultur- und Begegnungszentrum mit der wohl prächtigsten Fassade Europas ist das 2011 eröffnete **CentroCentro**. Früher war in dem Gebäude das Hauptpostamt untergebracht (und hieß Palacio de Comunicaciones; es befindet sich immer noch in einem Seitenflügel). Heute ist der (umbenannte) Palacio de Cibeles Ausstellungsraum, Sitz des Bürgermeisters von Madrid (Rathaus, Ayuntamiento), Konzertraum und Lesestätte. Der Palast im **Monumentalstil** wurde Anfang des 20. Jh.s erbaut und zuletzt von vier spanischen Architekten ans 21. Jh. angepasst. Sie konzentrierten sich dabei im Wesentlichen auf drei Aspekte: Die bauliche Behebung von Schäden am historischen Gebäude, die Wiederherstellung von ursprünglichen Bauelementen und die Integration von neuen Bauelementen und modernen Materialien. Innen wird die Fusion zweier völlig unterschiedlicher Epochen sichtbar: verschwenderische Pracht und Dekoration stoßen auf kühle, massive Stahlträger. Marmor und geschliffener Stein kreuzt sich mit viel Glas in allen möglichen Varianten. Nur wer genau hinsieht, kann sich heute noch ein Bild davon machen, wie einst Postkunden an den Schaltern abgefertigt wurden.

Seit dem Umbau kann der 70 m hohe **Turm** des Palacio de Cibeles von Besuchern mit dem Aufzug erklommen werden. Der Ausblick hoch über der Plaza de Cibeles, einem der verkehrsreichsten Punkte Madrids, lohnt sich.

Funktionaler Wohnungsbau

Neben den architektonischen und ästhetischen Prestigeprojekten gibt es noch die exzessiven Bauprojekte, die zwar zweckmäßig, aber wenig schön sind: Während der Hochzeit des spanischen Baubooms (1995 – 2005) entstand vor den Toren der Stadt die Siedlung **Ensanche de Vallecas** mit rund 25 000 Wohnungen. Viele davon stehen heute leer. Die Stadt **Pozuelo**, von Madrid nur durch den Park Casa de Campo getrennt, steht spanienweit für übertriebene Baupolitik.

Neuer Stadtteil

Mitten auf dem Höhepunkt der Pandemie machte das Rathaus Madrid den Weg frei für eines der ehrgeizigsten Städtebauprojekte Europas: **Madrid Nuevo Norte**. Im Norden der spanischen Hauptstadt entsteht auf 2,4 km² Fläche ein neues Finanz- und Wirtschaftszentrum mit knapp 11 000 neuen Wohnungen, einer Einkaufsmeile, Kultur- und Freizeitangeboten sowie Grünflächen und Parks. Auch der Bahnhof Chamartín soll umgebaut werden.

INTERESSANTE MENSCHEN

▌Feinsinnige Aristokratin: Cayetana de Alba

Die Herzogin von Alba ist als **Mäzenin Francisco de Goyas** in die Geschichte eingegangen. Als Spross des mächtigen Hauses Alba stand sie im Madrid des ausgehenden 18. Jh.s im Mittelpunkt des gesellschaftlichen Lebens. Ihre Feste, Theatervorstellungen und literarischen Salons standen in scharfem Gegensatz zum langweiligen und öden Hof Karls IV. und seiner Frau María Luisa von Parma. Goya verewigte die unruhige, vitale Herzogin in Gemälden und Zeichnungen, die von der geheimnisvollen Anziehungskraft und vom viel gerühmten Charme der aristokratischen und zugleich volkstümlichen Madrilenin begeistertes Zeugnis ablegen (Palacio de Liria).

1762–1802
Mäzenin

▌Ikone des spanischen Kinos: Pedro Almodóvar

Der aus dem Mancha-Dorf Calzada de Calatrava stammende Almodóvar geht als 16-Jähriger nach Madrid – allein und ohne Geld. Er bekommt eine Anstellung bei der »Telefónica Nacional de España« und eignet sich auf eigene Faust mit seiner Super-8-Kamera cineastisches Grundwissen an. Seine Kurzfilme erregen erste Aufmerksamkeit, er will Geschichten erzählen – und hat mit seinem unkonventionellen Stil, der Frivolitäten nicht ausspart, immer größeren Erfolg. Er wird zum Aushängeschild der **»Movida Madrileña«** und hilft Schauspielern wie Antonio Banderas und Penélope Cruz in den Steigbügel. Seine Streifen »Matador« und »Frauen am Rande des Nervenzusammenbruchs« bringen Mitte der 1980er-Jahre die Lawine so richtig ins Rollen. Mittlerweile ist Almodóvar einem Filmpublikum in der ganzen Welt bekannt und auch in **Hollywood** längst ein Begriff. »Alles über meine Mutter« wurde als bester nicht-englischsprachiger Film mit dem Oscar ausgezeichnet. Und für das Originaldrehbuch des Streifens »Sprich mit ihr« erhielt er einen weiteren Oscar.

*1949
Filmregisseur, Drehbuchautor

▌Theaterkönig: Pedro Calderón de la Barca

Calderón de la Barca, einer der bedeutendsten Dramatiker des spanischen Goldenen Zeitalters (Siglo de Oro), stammte aus einer adligen Familie. Er studierte Theologie an den Universitäten Alcalá und Salamanca, brach aber die geistliche Laufbahn ab, um sich der Literatur,

1600–1681
Dramatiker

besonders dem Theater, zu widmen. Er nahm am katalanischen Feldzug (1640) teil, seine Enttäuschung über das Soldatenleben verarbeitete er in »El Alcade de Zalamea«. Er wurde zum **beliebtesten Theaterautor am Hof Philipps IV.** Nach dem Empfang der Priesterweihe wurde er zum Kaplan des Königs ernannt. Calderóns Theater entwickelte sich aus den Themen und der Technik Lope de Vegas, die er vertiefte und erweiterte. Seine Dramen zeichnen sich durch philosophische Dichte, Beherrschung der Intrige und Vorliebe für das Schauspiel aus. In seiner ersten Zeit bevorzugte er die Komödie (z. B. »Dame Kobold«). In seinen späten allegorischen Dramen setzte er sich mit theologischen und philosophischen Problemen auseinander, so in »Das Leben ein Traum« und »Der wundertätige Magus«. Calderón übte großen Einfluss auf die deutschen Romantiker aus, aber auch auf Gotthold Ephraim Lessing und Franz Grillparzer. Weltberühmt ist sein »El gran Teatro del Mundo«, das Hugo von Hofmannsthal in seinem »Großen Welttheater« neu gestaltete.

▌ Seiner Zeit voraus: Miguel de Cervantes Saavedra

1547–1616
Schriftsteller

Der Schöpfer des Romanes »Der sinnreiche Junker Don Quijote von der Mancha«, eines der größten Werke der **Weltliteratur**, kommt als viertes von sieben Kindern eines wenig erfolgreichen Arztes in ▶ Alcalá de Henares in der Provinz Madrid zur Welt. Als Soldat nimmt er 1571 an der Seeschlacht von Lepanto gegen die Türken teil, in der er schwer verwundet und seine linke Hand verstümmelt wird. 1575 gerät er in algerische Gefangenschaft. Erst 1580 ist die Lösegeldsumme aufgebracht und Cervantes frei, jedoch völlig mittellos. Das Königshaus gewährt ihm eine einmalige Abfindung von 100 Dukaten. Da er von seiner Schriftstellerei nicht leben kann, schlägt er sich als Soldat in portugiesischen Diensten und als Kaufmann durch. Seine 1584 geschlossene Ehe ist nicht sehr glücklich und auch seine Bewerbungen um Posten in den spanischen Kolonien in Südamerika bleiben ohne Resonanz. Schließlich wird er doch noch Proviantkommissar der Armada in Andalusien und 1594 Steuereintreiber in Granada. Als 1597 eine Bank, der er Staatsgelder anvertraut hatte, bankrott macht, wird er ins Gefängnis geworfen, ein Schicksal, das ihm 1602 noch einmal widerfährt. In diesen Jahren, und besonders in der Haft, arbeitet er an seinem großen Roman, dessen erster Teil 1605 erscheint. Trotz des Erfolges bleibt Cervantes, der seit 1604 in Valladolid wohnt, weiterhin arm, denn den Gewinn aus dem Druck des Buches teilen sich Verleger und Drucker. 1614 ist der zweite Teil vollendet; im selben Jahr erscheint jedoch ein Plagiat, in dem Cervantes heftig geschmäht wird. 1615 wird der zweite Teil gedruckt, doch auch dessen Erfolg kann der Dichter nicht genießen: Er stirbt in Madrid an der Wassersucht als armer Mann. Die Schulden aus seiner Beamtenzeit machen im Zeit

OBEN: Isabella I. von Kastilien war Königin von Kastilien und León und als Frau von Ferdinand II. auch Königin von Aragón.

UNTEN: Pedro Almodóvar, der bekannteste spanische Regisseur des zeitgenössischen Kinos und Oscar-Gewinner

seines Lebens ebenso zu schaffen wie die Gefängnisaufenthalte. Umso bewundernswerter sind der Humor, die Ironie und vor allem die tiefe Humanität, die aus dem **»Don Quijote«** spricht. Mit diesem Roman, als Parodie auf die ausufernde Mode der Ritterromane gedacht, schuf Cervantes ein getreues Abbild der spanischen Gesellschaft seiner Zeit. Auch mit seinen »Novelas ejemplares«, kleinen Sittenbildern und kräftigen Milieuschilderungen, setzte er Maßstäbe, selbst wenn ihm damit nicht ein ähnlicher großer Wurf gelang wie mit dem »Don Quijote«, den allerdings erst das 18. Jh. zu würdigen wusste.

Architekt und Meister der Retabelkunst: José Benito de Churriguera

1665–1725
Architekt
und Bild-
hauer

Der gebürtige Madrilene war der Kopf einer bekannten Baumeisterfamilie des Barock, zu der Churrigueras Brüder Joaquín und Alberto gehörten. José, der älteste, schuf **reich ornamentierte Retabel** wie das der Iglesia de San Esteban in Salamanca, aber auch die Siedlung Nuevo Baztán bei ▶ Alcalá de Henares. Überdies geht der Palacio de Goyeneche, heute Sitz der Madrider ▶ Real Academia de Bellas Artes de San Fernando, auf ihn zurück.

Die Katholischen Könige: Isabella I. und Ferdinand II.

1451–1504
1452–1516
Monarchen

Die Heirat Ferdinands, König von Sizilien und Thronfolger in Aragón, mit Isabella, der kastilischen Thronerbin, im Jahre 1469 schuf die Basis für die Vereinigung Spaniens. Nach dem Tod von Isabellas Bruder Heinrich IV. 1474 erhob die neue Königin ihren Ehemann zum Mitregenten. Nachdem Ferdinand seinem Vater Johann II. 1479 auf den Thron gefolgt war, regierten beide Herrscher Kastilien und Aragón in Personalunion. Dabei konzentrierten sie sich auf Kastilien, wo sie mit Unterstützung der Städte und gegen den Adel ein absolutistisches Regime errichteten. Schon 1478 hatte Isabella in Kastilien und León die Inquisition wieder eingeführt. Mit der Eroberung von Granada 1492, dem letzten maurischen Stützpunkt in Spanien, beendeten beide die Reconquista. Im selben Jahr landete Christoph Kolumbus in Amerika und öffnete die neue Welt für die spanischen Eroberer. Da die Expedition von Ferdinand und Isabella finanziert wurde, sind beide auch als Begründer des spanischen Weltreichs in die Geschichte eingegangen. 1496 verlieh Papst Alexander VI. ihnen den Ehrentitel **»Katholische Könige«** (Reyes Católicos). Als Isabella 1504 starb, übernahm ihr Schwiegersohn Philipp I. der Schöne die Krone Kastiliens. Da auch er zwei Jahre später starb, übte Ferdinand bis zu seinem Tod die Regentschaft für seine Tochter Johanna die Wahnsinnige aus. Ihm folgte sein Enkel Karl I., der deutsche Kaiser Karl V.

▌Kritischer Geist: Francisco de Goya

Francisco de Goya kam in Fuentetodos in Aragón als Sohn eines   1746–1828
Handwerkers und einer Angehörigen des Kleinadels zur Welt. Nach-   Maler
dem er sich zweimal vergeblich um Aufnahme in die Königliche Akademie bemüht hatte, lernte er zunächst beim Hofmaler Bayeu in Madrid. Als 24-Jähriger besuchte er Italien. Nach seiner Rückkehr erhielt
er erste Aufträge und ab 1775 gehörte er zu einer Gruppe von Künstlern, die Vorlagen für die Wandteppiche der Real Fábrica de Tapices
(▶ Baedeker Wissen S. 80) in Madrid erstellten. In Öl malte er auf
große Leinwände zumeist ländliche Szenen im beschwingten Stil des
Rokoko. 1792 erkrankte Goya an einer Meningitis und verlor sein Ge-
hör. 1799 wurde er **erster Königlicher Hofmaler**, obwohl gerade
seine Porträts von schonungsloser, oftmals karikierender Offenheit
waren, wie ein Bild der Familie König Karls IV. (▶ Museo del Prado)
zeigt. Wichtig für sein Werk wurde der Madrider Volksaufstand gegen Napoleon von 1808 und dessen brutale Niederschlagung. Die

Francisco de Goya malte im Auftrag des Hofes und des Klerus.
Dabei war er gnadenlos ehrlich – bis hin zur Satire.

Greuel, die beide Seiten einander zufügten, zeichnete er in einer Folge von 82 Radierungen, den berühmten »Desastres de la Guerra«, nach. Die Werke seiner späten Schaffensphase sind düster und von einer erschreckenden, fantastischen Grauenhaftigkeit. Besonders die sogenannten Pinturas negras (Schwarze Gemälde) und auch seine Radierungen lassen erahnen, was in ihm vorging. Goya emigrierte 1824 als 78-Jähriger nach Frankreich, wo er vier Jahre später in Bordeaux starb. Der **Prado** besitzt eine hervorragende **Goya-Sammlung**. Sehenswert ist auch die von ihm ausgemalte ▶ Ermita de San Antonio de la Florida, wo der Künstler seine letzte Ruhestätte fand.

▌ Wegbereiter der modernen Malerei: Juan Gris

1887–1927
Maler

Der Maler Juan Gris, eigentlich José Victoriano González, gehört zu den Madrilenen, die fern der Heimat zu Ruhm und Ansehen gelangten. Um dem künstlerisch provinziellen Madrid zu entfliehen, siedelt er 1906 nach Paris über und lässt sich im Bateau Lavoir auf dem Montmartre nieder, in dem bereits Picasso wohnt. Bald gibt er seine dekorative, vom Jugendstil beeinflusste Malweise auf und wendet sich dem Kubismus Picassos und Braques zu. Wie die beiden experimentiert er mit Collagen und verwendet Materialien wie Zeitungspapier oder Spiegelscherben. Nach dem Ende des Ersten Weltkrieges entwickelt er den Kubismus zum sogenannten **synthetischen Kubismus** weiter. Es geht ihm nicht länger darum, die verschiedenen Ansichten ein und desselben Gegenstands darzustellen, vielmehr »findet« er seine Gegenstände und lässt seine Bilder aus inneren Vorstellungen entstehen. »Cézanne hat aus der Flasche einen Zylinder gemacht. Ich mache aus einem Zylinder eine Flasche.« Sein früher Tod beendet ein Werk, das spätere Künstlergenerationen stark beeinflussen sollte. Im ▶ Centro de Arte Reina Sofía sind einige seiner Werke ausgestellt.

▌ Mit einem Pseudonym zum Erfolg: Mariano José de Larra

1809–1837
Schriftsteller

Larra, eine der bedeutendsten Gestalten der spanischen Romantik, wurde in Madrid geboren, verbrachte Kindheit und erste Jugend jedoch in Frankreich, wo er mit der **romantischen Bewegung** in Berührung kam. Seine schriftstellerische Karriere begann er 1827 als Stadtchronist, Theaterkritiker und politischer Feuilletonist in Madrid. Den romantischen Dramen, die er verfasste, war allerdings kein Erfolg beschieden. Die satirischen Artikel, die er unter dem Pseudonym »Figaro« veröffentlichte, kamen in den Künstlerzirkeln Madrids dafür umso besser an. Eine unglückliche Liebe zu einer verheirateten Frau sowie der ständige Druck der politischen Zensur trieben den 28-Jährigen in den Selbstmord. Das Museo del Romanticismo zeigt das einzige erhaltene Porträt Larras und die Pistole, mit der er sich erschoss.

▌ Der Molière Spaniens: Félix Lope de Vega y Carpio

Der Dichter und Dramatiker Lope de Vega gilt als der Schöpfer der spanischen Comedia und als größter Dramatiker des spanischen Goldenen Jahrhunderts, des Siglo de Oro. Er wurde in Madrid als Sohn eines Stickers in bescheidenen Verhältnissen geboren, studierte kurz in Salamanca und stellte bald in Gedichten und Dramen sein außerordentliches literarisches Talent unter Beweis. Er nahm an der unglücklichen Expedition der »Armada Invencible« gegen England im Jahr 1588 teil und ließ sich 1610 – nach zahlreichen Liebesabenteuern und einem unsteten Leben in Valencia, Toledo und Sevilla – in Madrid nieder. Hier ließ er sich nach dem Tod seines Sohnes und seiner Frau Juana 1614 zum Priester weihen. Das hielt ihn nicht allerdings nicht davon ab, eine amouröse Beziehung zur schönen Marta de Nevares einzugehen, die bis zum Tod der Dame 1632 hielt. Lope de Vega starb drei Jahre später an den Folgen einer Scharlachinfektion. Im Wohnhaus des Dichters ist heute ein ihm gewidmetes Museum untergebracht (Casa de Lope de Vega). Lope de Vega, der bereits zu seinen Lebzeiten als »Ungeheuer der Natur« und »Phönix des Geistes« bezeichnet wurde, schrieb über 1500 **Komödien**, von denen etwa 500 erhalten sind. Er verfasste aber auch zahlreiche **Kurzdramen** (Entremeses), religiöse Stücke (Autos sacramentales) und viele Sonette, Romanzen und Lieder. In seiner theoretischen Schrift »Arte nuevo de hacer comedias« formulierte er die Grundsätze seiner Kunst. Zu seinen bekanntesten Stücken gehören »Fuenteovejuna«, »Der Alcalde von Zalamea« und »Peribáñez«.

1562–1635
Dichter

▌ Beginnender Niedergang: Philipp II.

In der Regierungszeit des Sohnes Karls V. von 1556 bis 1598 war Spanien eine Weltmacht. Das Königreich beherrschte weite Teile Italiens, die Niederlande, die Philippinen sowie Portugal und besaß Kolonien in Amerika: **»Die Sonne geht in meinem Staat nicht unter«**, lässt Schiller Philipp II. im ersten Akt des »Don Carlos« sagen. Im Zuge der Gegenreformation wurde das Land Vormacht der katholischen Länder. Durch Philipps Ehe mit Maria der Katholischen von England (1554 – 1558) war die Rivalität zwischen beiden Ländern für kurze Zeit beendet. In dritter Ehe heiratete der König nach dem Krieg gegen Frankreich 1559 Isabella von Valois und erlangte dadurch großen Einfluss auf den nördlichen Nachbarn. In der Seeschlacht von Lepanto

1527–1598
Monarch

schlug Juan de Austria, Philipps Halbbruder, die türkische Flotte und sicherte Spaniens Vormachtstellung im Mittelmeer. Doch auch das Ende Spaniens als Weltmacht kündigte sich während Philipps Regentschaft an: Ab 1567 erhoben sich die Niederlande gegen die spanische Herrschaft und nach der Thronbesteigung Elisabeths I. in England brach der alte Gegensatz wieder auf. Mit dem Untergang der Armada 1588 vor der englischen Küste begann der Abstieg Spaniens als Seemacht. In Spanien selbst konnte Philipp die Macht des Königshauses festigen. **Er verlegte den Hof von Toledo nach Madrid** und ließ in der Nähe der neuen Hauptstadt die monumentale Schloss- und Klosteranlage ▶ El Escorial errichten. Protestanten und Mauren wurden von der Inquisition unbarmherzig verfolgt, die spanischen Juden vertrieben. Die Auswanderung vieler Spanier und die teuren Kriege schwächten das Land wirtschaftlich jedoch so sehr, dass in der Regierungszeit Philipps dreimal der Staatsbankrott erklärt werden musste.

▌ Jahrhundertmaler: Pablo Picasso

1881–1973
Künstler

Pablo Picasso, der in Málaga geborene spanische Maler, Bildhauer, Grafiker und Keramiker, gilt als **einer der bedeutendsten Künst-**

Pablo Picasso im Jahr 1953. Sein vielleicht berühmtestes Bild »Guernica« ist ein Besuchermagnet im Centro de Arte Reina Sofía.

ler der Moderne. Nach ersten Lehrjahren bei seinem Vater studiert er an den Akademien von Barcelona und Madrid (ab 1896). Nach mehreren Parisaufenthalten übersiedelt er 1904 endgültig in seine Wahlheimat Frankreich. Zunächst bestimmen melancholisch-anmutige Bilder sein frühes Werk. Mit den 1907 fertig gestellten »Demoiselles d'Avignon«, schafft Picasso die Voraussetzungen für die Entwicklung der kubistischen Malerei. In den Jahren nach dem Ersten Weltkrieg kehrt Picasso zur figürlichen Darstellung zurück und nähert sich den Surrealisten an. Seine Formensprache wird organisch, Bewegungsmotive, Figuren von praller Plastizität füllen seine Bilder. Überhaupt erhält Ende der 1920er-Jahre die Beschäftigung mit der Skulptur mehr Gewicht. In der Zeit des Spanischen Bürgerkriegs setzt er sich in seinem Werk mit Krieg und Zerstörung auseinander. Das Gemälde **»Guernica«**, das Picasso nach dem verheerenden Luftangriff auf die baskische Stadt durch deutsche Flieger im Jahre 1937 schuf, zählt zu seinen berühmtesten Werken und lässt sich heute im Madrider ▶ Centro de Arte Reina Sofía bestaunen. Nach dem Zweiten Weltkrieg beschäftigt sich Picasso intensiv mit Keramik und erstellt ein umfangreiches grafisches Werk. So entsteht bis zu seinem Tod ein Gesamtwerk, das eine meisterliche Souveränität im Umgang den verschiedensten künstlerischen Mitteln und Techniken zeigt.

▍ Meister der Prosa: Francisco de Quevedo

Als Satiriker, Humanist, Dichter, Höfling und Diplomat ist Quevedo eine der großen Gestalten des spanischen Barock. Seine Familie stammte aus dem Norden des Landes, aus dem Gebirge von Santander. Er wuchs im Umkreis des Hofes auf, besuchte die angesehenen Universitäten von Alcalá und Valladolid und war bald durch seine Flugblätter und satirischen Schriften ein populärer Autor. Als Philipp III. den Hof von Valladolid wieder nach Madrid verlegte (1606), zog der angehende Literat mit in die Hauptstadt. Hier lernte Quevedo den mächtigen Herzog von Osuna kennen, und als dieser zum Vizekönig Siziliens und später Neapels ernannt wurde, begleitete er ihn als Mann seines Vertrauens. Unter Philipp IV. verblasste der politische Stern Osunas und auch Quevedos. Das Tauziehen mit dem allmächtigen Günstling des Königs, dem Herzog von Olivares, endete mit der Verhaftung des Dichters. Er verbrachte harte Jahre im Gefängnis von San Marcos in León, bevor ihm der Sturz des Herzogs 1643 die Freiheit wiedergab. Krank und enttäuscht starb er wenige Jahre darauf. Quevedos Prosaschriften, allen voran »El Buscón« und »Los Sueños«, begründeten **seinen Ruf als genialer Sprachartist** und Wegbereiter der Moderne. Auch als Autor volkstümlicher Lieder und klassischer Sonette ragte er hervor.

1580–1645
Dichter und
Diplomat

SPANIENS ROYALS

Spaniens Königspaar ist in Madrid zu Hause, im Palacio de la Zarzuela, etwa 15 km nordwestlich von Madrid in den Montes de El Pardo. Seit Juan Carlos I. 2014 abdankte, vertreten Felipe VI. und seine Frau Letizia Spanien auf der ganzen Welt. Gemäß der Verfassung ist der König Staatsoberhaupt und oberster Repräsentant der Streitkräfte, Einmischungen ins politische Tagesgeschäft sind nicht vorgesehen.

2004 heiratete der damalige Kronprinz Felipe, Jahrgang 1968, die Fernsehjournalistin Letizia Ortiz Rocasolano in der **Almudena-Kathedrale.** Über pikante Noten sahen die Spanier generös hinweg. Felipe war vorher mit einem Unterwäschemodel verbandelt und Señora Ortiz Rocasolano ist vom Schriftsteller Alonso Guerrero geschieden, der 2018 einen autobiografischen Roman ohne große Enthüllungen veröffentlichte. Spaniens Königsfamilie hat mittlerweile mehrfach **Nachwuchs.** Infantin Elena (*1963) und ihr seit 2010 von ihr geschiedener Ehemann Jaime de Marichalar sind ebenso Eltern wie Infantin Cristina (*1965) und Iñaki Urdangarín. Im Oktober 2005 und im April 2007 bekamen Felipe und Letizia Töchter. Die Infantinnen **Leonor** und **Sofía** sind die Enkel Nummer sieben und acht für Juan Carlos und Sofía. Mit ihnen begann in Spanien eine Debatte um die Thronfolge, da bislang Königinnen in der Verfassung nicht vorgesehen sind.

Fast keine Skandale?

Affären, peinliche Auftritte, uneheliche Kinder – sie kamen im spanischen Königshaus lange nicht ans Licht. Traditionsgemäß behandelt die spanische Presse die Mitglieder der Königsfamilie nämlich mit Samthandschuhen. Während man in der ganzen Welt Gerüchte um Prinzessin Letizias angebliche Magersucht nachlesen konnte, wurde in der spanischen Klatschpresse höchstens unter vorgehaltener Hand über die spindeldürre Gattin von Thronfolger Felipe diskutiert. Auch die wahrscheinlichen Seitensprünge von Juan Carlos wurden nicht thematisiert. 2015 bewahrte ihn nur die spanische Justiz vor einer DNA-Probe angesichts einer möglichen Vaterschaftsklage.

Meistens sind es bereinigte Bilder, die vom spanischen Königshaus an die Öffentlichkeit dringen – die Verbreitung von **Negativnews** steht in España tatsächlich **unter Strafe!** Das zeigte sich im Sommer 2007, als das Satiremagazin »El Jueves« Felipe und Letizia in sexuell eindeutiger Stellung auf der Titelseite präsentierte. Anlass war eine Debatte um eine »Kinderprämie«, welche die dürftige Geburtenrate anheben sollte. Die Karikaturisten mussten rund 2700 € Strafe zahlen! Aber eigentlich macht diese Art der Zensur aus spanischer Sicht auch nichts, denn von der Grundhaltung ist man nicht besonders kritisch eingestellt. Es gibt keinen Enthüllungsjournalismus: Man freut sich einfach an den Positivschlagzeilen.

Beim Geld hört es auf ...

Da ist es fast verwunderlich, dass sich die Presse dann doch auf die **Korruptionsaffäre** um Iñaki Urdangarín und die Infantin Cristina stürzte. Zum ersten Mal saßen Mitglieder der Royals auf der

Einst beliebter Herrscher

Seine größte historische Stunde hatte Juan Carlos im Februar 1981, als er einem (halbherzig) vorbereiteten **Militärputsch entschlossen entgegentrat** und die Nation zum Zusammenhalt aufrief. Dieser Akt wenige Jahre nach dem Ende der bleiernen Franco-Diktatur und seine Rolle als Motor der Redemokratisierung in der Post-Franco-Ära rechnet ihm ein großer Teil seiner Landsleute noch immer hoch an. Trotz dieser Verdienste wurde die Kritik immer lauter, sodass Juan Carlos am 19. Juni 2014 abdankte. Felipe VI. übernahm die schwierige Aufgabe, das Vertrauen der Spanier zurückzugewinnen. Erste Schritte waren die Kürzung des königlichen Budgets und die offizielle Distanzierung von seinem Schwager Urdangarín. Zuletzt entzog er seiner Schwester Cristina den Adelstitel »Duquesa de Palma«, den ihr Vater Juan Carlos ihr 1997 verliehen hatte.

Merchandising um Felipe und Letizia

Anklagebank. Vor einem Gericht in Palma de Mallorca war Urdangarín, der bekannte Ex-Handballer, im Februar 2017 wegen Veruntreuung von sechs Millionen Euro Steuergeldern sowie wegen Urkundenfälschung und Betrugs zu sechs Jahren und drei Monaten verurteilt worden. Cristina wurde freigesprochen, musste jedoch eine Geldstrafe bezahlen. Urdangarín hatte zwar Berufung eingelegt. Nachdem diese scheiterte, sitzt er nun für fünf Jahre und zehn Monate im Gefängnis.
Selbst Juan Carlos geriet im April 2012 in die Kritik, als er sich während einer Elefantenjagd in Botswana die Hüfte brach und die Öffentlichkeit dadurch von dem wenig zeitgemäßen Hobby ihres Monarchen erfuhr. Die Spanier empörten sich aber nicht nur über abgeschossene Dickhäuter, sondern auch darüber, dass ihr König viel (Staats-)Geld für extravagante Urlaubsabenteuer ausgibt, während man bei ihnen den Rotstift ansetzte.

Die Justiz ermittelt gegen Juan Carlos

2020 geriet Juan Carlos I. abermals in die Schlagzeilen. Er soll millionenschwere Geschenke des Königs von Saudi Arabien und des mexikanischen Milliardärs Allen Sanginés-Krause **nicht versteuert** haben. Außerdem wurden Vermögen gefunden, die in Steuerparadiesen versteckt waren. Der 2014 abgedankte Monarch zahlte Steuern nach und »verschwand«, während die Justiz ermittelte, einfach in Abu Dhabi. Im März 2022 wurden die Ermittlungen eingestellt. Aber in einem großen Teil der spanischen Gesellschaft verbleibt seither ein sehr schlechter Nachgeschmack.

Maler der einfachen Leute: José Gutiérrez Solana

1886–1945
Maler

José Gutiérrez Solana stammte aus dem spanischen Norden, aus Santander. Früh zeigte er nicht nur malerisches Talent, sondern auch literarische Begabung. Als Maler prägte er einen **eigenwilligen Stil**, der als »expressionistischer Realismus« bezeichnet wurde. Typen des Madrider Rastro-Viertels, Stierkämpfer, Prostituierte, Kesselflicker, Trödler sowie Karnevalsmasken beleben seine in dunklen, gedämpften Tönen gehaltenen Bilder. Im Centro de Arte Reina Sofía sind Werke von ihm ausgestellt, u. a. das Gruppenporträt »La Tertulia del Café Pombo«, auf dem der literarische Zirkel um Ramón Gómez de la Serna im Bild festgehalten ist.

Entdecker des Don Juan: Tirso de Molina

1584–1648
Schriftsteller

Tirso de Molina, der eigentlich Fray Gabriel Téllez hieß, bildet mit Lope de Vega und Calderón das **Dreigestirn des spanischen Theaters** im 17. Jh. Er verstand sich als Schüler Lope de Vegas und schrieb mehr als 300 Komödien, von denen leider nur ein Bruchteil erhalten ist. Dazu gehört u. a. »Don Gil mit den grünen Hosen«. Dieses und andere Meisterwerke machten Tirso zum Liebling des zeitgenössischen Publikums in den Madrider Theatern Corral de la Cruz und Teatro del Príncipe. Dem Autor ist auch die erste literarische Behandlung des Don-Juan-Stoffes zu verdanken: Der Verführer stand in »El burlador de Sevilla y convidado de piedra« (1630) zum ersten Mal auf der Bühne. An ihm entzündete sich die Fantasie späterer Generationen: von Molière und Mozart bis Byron und E. T. A. Hoffmann.

Der Erbauer des Prado: Juan de Villanueva

1739–1811
Architekt

Juan de Villanueva gehört zu den führenden Architekten des Klassizismus. Zunächst absolvierte er eine Bildhauerlehre. Anschließend arbeitete er bei Giovanni Battista Sacchetti (1700 – 1764) in Madrid als Zeichner und machte sich dort mit dem italienischen Barockstil vertraut. Nach einem Aufenthalt in Rom begann er in Madrid als Architekt zu arbeiten, u. a. schuf er die Pläne für die Casita de Arriba im ▶ El Escorial (1773) sowie die für die Casita del Príncipe neben dem Schloss El Pardo (1784). Ferner entwarf er den Balkon und die Kolonnade im Hauptgeschoss der Casa de la Villa in Madrid. Nach einem Brand 1790 leitete er den Wiederaufbau der Plaza Mayor. Sein Hauptwerk ist wohl das ▶ **Museu del Prado** von 1787, das ursprünglich als Naturwissenschaftliches Museum geplant war.

▌ Der Erfinder des Reiseführers: Karl Baedeker

Als Buchhändler kam Karl Baedeker viel herum und überall ärgerte er sich über die »Lohnbedienten«, die die Neuankömmlinge gegen Trinkgeld in den erstbesten Gasthof schleppten. Nur: Wie sollte man sonst wissen, wo man übernachten könnte und was es anzuschauen gäbe? In seiner Buchhandlung hatte er zwar Fahrpläne, Reiseberichte und gelehrte Abhandlungen über Kunstsammlungen. Aber wollte man das mit sich herumschleppen? Wie wäre es denn, wenn man all das zusammenfasste?

1801–1859
Verleger

Gedacht, getan: Zwar hatte er sein erstes Reisebuch, die 1832 erschienene »Rheinreise«, noch nicht einmal selbst geschrieben. Aber er entwickelte es von Auflage zu Auflage weiter. Mit der Einteilung in »Allgemein Wissenswertes«, »Praktisches« und »Beschreibung der Merk-(Sehens-)würdigkeiten« fand er die klassische Gliederung des Reiseführers, die bis heute ihre Gültigkeit hat. Bald waren immer mehr Menschen unterwegs mit seinen **»Handbüchlein für Reisende, die sich selbst leicht und schnell zurechtfinden wollen«**. Die Reisenden hatten sich befreit, und sie verdanken es bis heute Karl Baedeker. Madrid beschreibt er erstmals im 1897 erschienenen »Baedeker's Spanien und Portugal«:

> **»**
> In vielen Cafés [...] wird abends zur Unterhaltung der Gäste Klavier und Violine gespielt. Die Nachtcafés mit sog. Flamenco-Gesang und Tanz sind auch von Herren nur in Begleitung Einheimischer zu besuchen.
> **«**

Baedeker's Spanien und Portugal, 3. Auflage 1906

E
ERLEBEN &
GENIESSEN

*Überraschend, stimulierend,
bereichernd*

Mit unseren Ideen erleben und
genießen Sie Madrid.

Hier spielt das Leben: Plaza de Santa Ana.
Im Hintergrund das Hotel Me Madrid
Reina Victoria. ▶

AUSGEHEN

»A la marcha, madrileños!« So heißt die Parole, mit der die Mad-
rilenen ihren langen Marsch durch die Nacht antreten. Warm-
laufen kann man sich in einer »Bar de copas«, einem jener »siti-
os« für den Übergang in die Nacht. Später geht's ab zu Konzerten
und dann in die Clubs. Wenn dann am Vormittag die Diskotheken
wieder schließen, öffnen die Afterhours ihre Pforten, in denen
man die Zeit bis zum nächsten Sonnenuntergang überbrückt.

Der Abend **Das abendliche Vergnügen** beginnt für viele Madrilenen mit einer
beginnt spät Caña (gezapftes Bier) in einer Bar in der Nähe des Arbeitsplatzes
oder der eigenen Wohnung. Dieses Ritual spielt sich grob gegen
21 Uhr ab. Touristen werden schnell geoutet, denn nur sie bevölkern
schon um 19 Uhr die einschlägigen Bars und Kneipen – wenn diese
überhaupt schon auf haben. Gegen Mitternacht kommt das Madrider
Nachtleben langsam auf Touren, in den Clubs lassen sich die Nacht-
eulen aber kaum vor 2 Uhr sehen. Wenn gegen Morgengrauen die
letzten Locations schließen, gönnt sich manch einer vor dem Schla-
fengehen noch ein paar Churros (con chocolate), die machen nicht
nur satt, sondern sollen einen Kater verhindern. Mehr Details zu
durchfeierten Nächten bietet ▶ Baedeker Wissen (S. 266).

Kultur zum Madrids Nachtleben beschränkt sich natürlich nicht aufs Barhopping.
Entspannen Die Hauptstadt bietet traditionell ein reichhaltiges **Musical-**
programm. Die Veranstaltungsorte sind alle entlang der ▶ Gran Vía
angesiedelt, was die Auswahl übersichtlich und leicht macht. Früher
waren auch die Kinos fast ausnahmslos an dieser Prachtstraße zu finden. Einige gibt es dort auch heute noch, doch die wirklich interessanten Cines sind in den Stadtvierteln, etwa die Programmkinos Golem und Renoir (beide Calle Martín de los Heros, Metro: Plaza de
España). Hier laufen auch schon mal deutsche Filme – mit spanischen Untertiteln. Ein Blick in das Wochenmagazin **Guía del Ocio**
genügt, um einen Überblick über das komplette Kinoprogramm Madrids zu erhalten.

Die hohe Auch das **Theaterprogramm** der Hauptstadt wird höchsten Ansprü-
Kunst chen gerecht. Madrid ist Mittelpunkt des spanischen Theater- und
Musiklebens. Das Nationale Dramatische Zentrum, die beiden En-
sembles des Nationalballetts und das Nationalorchester haben hier
ihren Sitz. Über **30 Theater**, unter denen das Staatstheater **María**
Guerrero und das Stadttheater **Teatro Español** hervorragen, bieten
dem Publikum ein weites Spektrum dramatischen Schaffens, von den
Klassikern bis zu nationalen und internationalen Neuheiten. Im musi-
kalischen Bereich halten das Auditorio Nacional de Música, das Teat-

Im Teatro Real steht die »hohe Kunst« auf dem Spielplan.

ro de la Zarzuela und das Teatro Real (auch Teatro de la Ópera genannt), eines der besten Opernhäuser der Welt, ihre Spitzenstellung. In den staatlichen Häusern wie dem **Teatro Real** können mit etwas Glück Restkarten für die Vorstellung am gleichen Abend ergattert werden. Sie kosten dann nur einen Bruchteil des regulären Eintrittspreises. Ansonsten kauft man Tickets entweder bei der Vorverkaufsstelle des jeweiligen Theaters oder ruft den zentralen telefonischen Kartenvorverkauf an (▶ S. 276).

Kaum ein Tag vergeht, an dem in Madrid nicht ein sehens- bzw. hörenswertes **Konzert** stattfindet. Das können Tomatito, die Popband Oreja de van Gogh oder ausländische Größen wie Madonna sein. Überdies bietet Madrid regelmäßig stattfindende Festivals von Jazz bis Flamenco (▶ Das ist Madrid S. 22).

Ohrenschmeichler

Mit über 100 Kinos ist Madrid eine Stadt für Cineasten. Ein Blick in die Säle und auf die mitunter langen Schlangen vor den Kassen zeigt, dass die Madrilenen begeisterte Kinogänger sind. Nicht selten geben sie nationalen Produktionen den Vorzug vor Massenware aus Hollywood, denn in Spanien haben einheimische Regisseure wie Pedro Almodóvar (▶ Interessante Menschen) und Alejandro Amenábar längst Kultstatus erreicht.

Stadt der Filmfreaks

Vielleicht ist das Madrider Nachtleben nicht mehr so berühmt wie in den 1980er-Jahren, als die Movida Madrileña für frischen Wind sorgte. Trotzdem lässt es auch heute keinerlei Wünsche offen – für jeden Geschmack und für jedes Alter ist etwas dabei.

Wer die **Szene** kaum kennt, der ist am besten in den Stadtvierteln Malasaña, La Latina, Chueca, Lavapiés und Huertas aufgehoben. Dort sind die Bars, Kneipen und Diskotheken nicht zu verfehlen. **Eher gediegen** geht es im Viertel Salamanca zu. Vom Ambiente und den Preisen dazwischen liegen Chueca und Huertas. Studentischer ist das Viertel Malasaña rund um die Plaza del Dos de Mayo. **Derzeit »in«** ist Tri-

Ball, das Viertel nahe der Gran Vía (zw. Calle de la Ballesta, Desengaño, Valverde und Corredera Baja de San Pablo), das auch gastronomisch viel Abwechslung bietet.

Aufwärmen, Durchhalten

Ein Samstagabend startet beispielsweise gegen 22 Uhr mit Tapas und ein paar Cañas auf der Plaza de Santa Ana (Huertas-Viertel) oder mit ein paar Drinks in einer der unzähligen Szenebars rund um die Plaza del Dos de Mayo. Erst weit nach Mitternacht denken Madrilenen darüber nach, ob und welcher Club angesteuert wird. Die über Dreißigjährigen bleiben meistens in einer der zahllosen Kneipen, die bis mindestens

Auch sehr stimmungsvoll: die Plaza de la Canalejas im Huertas-Viertel bei abendlicher Beleuchtung

3 Uhr geöffnet haben. Sehr beliebt sind auch Livekonzerte u. a. im Sol (▶ 273). Wer Diskotheken und laute Konzertsäle meiden will, der steuert einfach eine jener Bars und Kneipen an, die bereits von außen einen guten Eindruck machen. Und davon gibt es in jedem Stadtviertel viele. Bier vom Fass (Caña), aus der Flasche (Botella) und Wein (Vino) haben sie alle zu bieten. Dazu lockt meist noch eine stattliche Auswahl an Tapas. Der Lärmpegel nimmt mit dem Fortschreiten der Nacht allmählich zu. In vielen Bars ist das Sitzplatzangebot schnell ausgebucht, dann heißt es schlicht: stehen. Und beim Bestellen an der Theke ist Durchsetzungsfähigkeit gefragt, höfliches Schlangestehen ist in Madrid unbekannt.

Reinkommen

Bei exklusiveren und schickeren Bars und Clubs sorgen Türsteher für eine Auslese. Männern mit kurzen Hosen und Schlappen verwehren die Türsteher mit Sicherheit den Eintritt, da hilft dann auch die Frau oder Freundin an der Seite nichts. Deutlich lockerer geht es da schon bei den sommerlichen **Stadtteilfesten** zu, etwa im Multikultiviertel Lavapiés (Anfang August). Generell gilt: je schicker das Viertel, desto strenger der Kleidercode!

Bewegen

Flamenco ist in Madrid zwar ein Touristenangebot, aber längst nicht ausschließlich. Die Stadt hat schließlich diverse Schulen, aus denen so manche Flamencogröße hervorgegangen ist. Joaquín Cortés etwa ließ sich in der Tanzschule Amor de Díos schleifen, im Obergeschoss des Stadtteilmarktes Antón Martín. Internationale **Stars des**

Cante und Baile wie Sara Baras, Farruquito oder José Mercé sind regelmäßig auf den Madrider Bühnen zu sehen. Ein lohnenswertes Alltagsprogramm haben die Tablaos Corral de la Morería und Las Tablas. Auch **Jazz und Blues** kommen in der spanischen Hauptstadt nicht zu kurz. Unter der steigenden Zahl von Clubs hat sich vor allem das Café Central in den vergangenen Jahren einen guten Namen gemacht. Für Schwule und Lesben ist das Stadtviertel Chueca seit vielen Jahren Anlaufpunkt Nummer eins.

Informationen

Die Zeitungen El País, El Mundo und ABC bieten auf ihren Lokalseiten viele Infos, die Freitagsbeilage »Metrópoli« von El Mundo hat außerdem einen Restaurantreport. Infos gibt es im Internet u. a. bei:
www.esmadrid.com, www.guiadel ocio. com, www.descubremadrid.com, www. timeout.com/madrid

🍴🍺

1. Bar Amor
2. Bodega Amores
3. Gosto Café
4. Café Gijón
5. Casa Maravillas
6. Zapp.Coffee
7. Viva Madrid
8. Hermanos Vinagre
9. Las Tablas
10. Carboneras
11. Tablao Flamenco La Carmela
12. Corral de la Moreria
13. Teatro flamenco
14. Torres Bermejas
15. Berlín Café
16. Jazzville
17. El Junco
18. Café Central
19. El Despertar
20. Clamores
21. Intruso
22. Sala Sol
23. Sala Barco
24. Teatro Eslava
25. Rockade
26. Galileo Galilei
27. Honky Tonk
28. Lovo Bar
29. Toni 2
30. Madrid me Mata
31. Club Magno
32. Velvet
33. Berria
34. Chicote
35. Estupenda Café Bar
36. Del Diego
37. La Terraza del Urban
38. Fulanita de Tal
39. Black & White

MADRID

Burgos, Museo Lázaro Galdiano,
Nuevos Ministerios, Azca

JUSTICIA

Min. de Gobernación
Pres. del Gob.

Cristo de la Salud

Maravillas

RECOLETOS

Pal. de Justicia
Museo de Cera
Santa Bárbara

María Magdalena

Biblioteca Nacional ★★

La Concepción

Museo Arqueológico Nacional

San Pascual

San Manuel y Benito

Min. del Ejército

Casa de América

Calle de O'Donel

Calle de O'Donnell

San José

Puerta de Alcalá

Palacio de Comunicaciones

Parque ★★

Paseo de Colombia

Las Calatravas

Banco de España

Círculo de las Bellas Artes

Min. de Marina
Museo Naval

Museo Nacional de Artes Decorativas

Glorieta

Teatro de la Zarzuela

Bolsa

Monumento a Alfonso XII

San Luis
Cortes
Museo Thyssen-Bornemisza ★★

Salón de Reinos

Casón del Buen Retiro

Pal. de Velázquez

Jardines de Cecilio Rodríguez

Casa de Vega
CORTES

Jesús

San Jerónimo el Real

Museo del Prado ★★

JERONIMOS
La Chopera

Pal. de Cristal

La Caixa Forum

Jardín Botánico

Retiro

Gta. del Paseo del Uruguay
Angel Caído

Paseo de Fernán

Min. de Agricult.

Ministerio de Educación y Ciencia

RETIRO

Museo Nac. Centro de Arte Reina Sofía ★★

Museo Etnológico

Observatorio Astronómico

Est. de Atocha

Inst. Ramón y Cajal

Toledo,
Las Angustias,
Aranjuez

Real Fábrica de Tapices

KINOS

1 Cines Renoir
2 Círculo de Bellas Artes
3 Golem
4 Verdi
5 Yelmo Cineplex - Ideal
6 Renoir Retiro
7 Princesa
8 Pequeño Cine Estudio

LOKALE, CLUBS & CO.

CAFÉS & TABERNAS

etc. ▶Karte S. 268/269

❶ BAR AMOR
Das sympathische Café bietet eine gute Auswahl an Weinen und Tapas. Außerdem gibt es ein leckeres Tagesmenü für rund 12 €.
Calle Manuela Malasaña 22
Metro: San Bernardo

❷ BODEGA AMORES
Rustikales Restaurant mit allen Arten von Tapas und einer Terrasse mit angenehmer Atmosphäre.
Calle Calvario 15
www.bodegaamores.com
Metro: Tirso de Molina

❸ GOSTO CAFÉ
Ein ruhiger Raum mit Pflanzen, in dem Sie guten Kaffee und handwerkliche Produkte von bester Qualität genießen können.
Calle del León 30
Metro: Antón Martín

❹ CAFÉ GIJÓN
Seit 1888 werden in diesem Café die fortschrittlichsten Ideen Madrids ausgeheckt. Vom Frühstück bis nach Mitternacht herrscht hier Betrieb.
Paseo de Recoletos 21
Metro: Colón

❺ CASA MARAVILLAS
Das Lokal ist in der Nachbarschaft wegen der hervorragenden (und bodenständigen) Tapas sehr beliebt.
Calle Príncipe de Vergara 6
www.casamaravillas.es
Metro: Príncipe de Vergara

❻ ZAPP.COFFEE
Cafeteria im ersten Stock eines Schuhgeschäfts mit großartiger Aussicht auf das Stadtzentrum.
Puerta del Sol 6, 2ª planta
Metro: Sol

❼ VIVA MADRID
Café, Taberna und Movida-Sitio der ersten Stunde! Im Obergeschoss kann man – wenn man einen Tisch ergattert – vor der Kulisse altmadrilenischer Azulejos speisen.
Manuel Fernández y González 7
www.restaurantevivamadrid.com
Metro: Antón Martín

❽ HERMANOS VINAGRE
Traditionelle Taverne, renoviert, mit typischen Tapas, wie zum Beispiel marinierter oder gepökelter Fisch ...
Calle de Gravina 17
http://hermanosvinagre.com
Metro: Chueca

LOKALE MIT FLAMENCO

❾ LAS TABLAS
Das Lokal besticht durch eine recht authentische Atmosphäre und ist bei den Madrilenen sehr beliebt.
Plaza de España 9
www.lastablasmadrid.com
Metro: España

❿ CARBONERAS
In dem traditionsreichen Tablaolokal speist man zu Flamenco. Die Küche ist gut, allerdings nicht ganz billig.
Plaza del Conde de Miranda 1
www.tablaolascarboneras.com
Metro: La Latina

⓫ TABLAO FLAMENCO LA CARMELA
An einem geschichtsträchtigen und ausgefallenem Ort befindet sich der neue Tempel des Flamenco in Mad-

Las Tablas, berühmt für mitreißende Flamenco-Darbietungen und leckere Speisen

rid. Spektakel und Gastronomie mit authentischem spanischen Flair.
Calle de la Victoria 4
https://tablaolacarmela.com
Metro: Sol

⑫ CORRAL DE LA MORERIA
In dem etwas touristisch angehauchten Traditionslokal waren schon Rock Hudson, Richard Gere und Sandra Bullock zu Gast.
Calle de Moreria 17
www.corraldelamoreria.com
Metro: La Latina

⑬ TEATRO FLAMENCO
Das erst 2017 eröffnete Lokal ist das erste Theater, das sich in ein Tablao verwandelt hat.
Calle del Pez 10
www.teatroflamencomadrid.com
Metro: Noviciado oder Callao

⑭ TORRES BERMEJAS
Ein Raum mit der Atmosphäre der Alhambra von Granada und mit einer 60-jährigen Geschichte, in dem die

großen Figuren des Flamenco aufgetreten sind.
Calle Mesonero Romanos 11
www.torresbermejas.com
Metro: Sol

JAZZLOKALE

⑮ BERLÍN CAFÉ
Vor allem unter der Woche herrscht hier eine entspannte Atmosphäre mit guten Konzerten.
Calle Costanilla de los Ángeles 20
www.berlincafe.es
Metro: Callao

⑯ JAZZVILLE
In der Nähe des Retiro-Parks befindet sich dieses Lokal mit Live-Musik und New Yorker Atmosphäre.
Calle Jesús Aprendiz 19
Metro: Conde de Casal

⑰ EL JUNCO
Ein Tempel des Jazz, Funk und Blues, der viel zu Madrids Musikwelt beigetragen hat.

Das Café Central ist eine Institution in der Madrider Jazz-Szene. Hier kommt man den Musikern sehr nahe.

Plaza de Santa Bárbara 10
https://eljunco.com
Metro: Alonso Martínez

18 CAFÉ CENTRAL
In dem Bohème-Café mitten im
Huertas-Viertel spielen gute Jazz-
gruppen.
Plaza del Ángel 10
www.cafecentralmadrid.com
Metro: Antón Martín

19 EL DESPERTAR
Der Laden ist ein Geheimtipp unter
Fans von Jazz und Blues.
Calle Torrecilla del Leal 18
www.cafeeldespertar.com
Metro: Antón Martín

GEMISCHTE MUSIKLOKALE

20 CLAMORES
Hier treten bekannte Künstler wie
Capullo de Jeréz auf.
Calle Alburquerque 14
www.salaclamores.com
Metro: Bilbao

21 INTRUSO
Das Lokal ist eine Mischung aus Bar
und Konzertsaal mit einem tollen Programm aus Soul, Folk und Rockabilly.
Calle Augusto Figueroa 3
www.intrusobar.com
Metro: Tribunal oder Chueca

22 SALA SOL
Der Club ist so alt wie die spanische
Demokratie und bietet Jazz sowie
Rock abseits des Mainstream.
Calle Jardines 3
www.salaelsol.com
Metro: Gran Vía

BARS, CLUBS & DISCOS

23 SALA BARCO
Club mit Live-Musik!
Calle del Barco 34
www.barcobar.com
Metro: Tribunal

24 TEATRO ESLAVA
Renovierte Lokation mit einem Kon-
zertprogramm von nationalen und internationalen Künstlern. Wöchentli-
che Flamenco-Show.
Calle Arenal 11
www.teatroeslava.com
Metro: Ópera

25 ROCKADE
Eine Bar, die Sie in die 1980er-Jahre
zurückversetzt. Buntes Pop-Ambiente
mit Videospielen, Bier und Street-
food.
Calle del Almendro 9
https://rockade.es
Metro: Latina

26 GALILEO GALILEI
Der Club residiert in einem alten Kino
und bietet Salsa und Salontänze, Can-
tautores und Humoristen, mal live,
mal vom Band.
Calle Galileo 100
www.salagalileogalilei.com
Metro: Islas Filipinas

27 HONKY TONK
In einer ehemaligen Kfz-Werkstatt
ziehen Konzerte und Feste ein bunt
gemischtes Publikum an.
Covarrubias 24
www.clubhonky.com
Metro: Alonso Martínez, Bilbao

28 LOVO BAR
Originelle und köstliche Cocktails, inspiriert von Josephine Baker. Musik
mit Stil.
Calle de Echegaray 20
www.lovobar.com
Metro: Sol

29 TONI 2
Ein Treffpunkt für Karaoke–Fans
jeden Alters mit besonderem
Ambiente.
Calle Almirante 9
Metro: Chueca

30 MADRID ME MATA
Die Bar hält die Erinnerung an die

OBEN: Der Ausblick von der Dachterrasse des Círculo de Bellas Artes in einem der Prachtbauten der Calle de Alcalá ist überwältigend.

UNTEN: Beim Treffpunkt für Karaoke-Fans, spielt das Alter der Gäste keine Rolle.

»Movida Madrileña« wach, die nach dem Ende der Franco–Diktatur die neu gewonnenen Freiheiten in vollen Zügen auskostete.
Corredera Alta de San Pablo 31
www.madridmematabar.com
Metro: Tribunal

㉛ CLUB MAGNO

Das ehemalige Theater El Principito wurde als Diskothek mit verschiedenen Veranstaltungen wiedereröffnet. Mehrere Bereiche auf mehreren Etagen.
Calle de Cedaceros 7
https://teatromagno.com
Metro: Plaza de España

㉜ VELVET

Eine Diskothek im futuristischen Stil im Zentrum von Madrid.
Calle Jacometrezo 6
www.velvetdisco.es
Metro: Callao

㉝ BERRIA

Weinbar mit elegantem Design und Terrasse mit Blick auf den Retiro-Park.
Plaza de la Independencia 6
www.berriawinebar.com
Metro: Retiro

㉞ CHICOTE

Die seit 1931 bestehende Bar ist ein echter Klassiker im Madrider Nachtleben.
Gran Vía 12
www.museochicote.com
Metro: Callao

㉟ ESTUPENDA CAFÉ BAR

Kultige Bar. Dekoration und Speisekarte basieren auf der Fernsehserie Twin Peaks.
Calle San Roque 14
Metro: Callao

㊱ DEL DIEGO

Die Bar im Art-déco-Stil ist bekannt für ihre Cocktails und einen sehr renommierten Barkeeper.
Calle Reina 12
www.deldiego.com
Metro: Gran Vía

㊲ LA TERRAZA DEL URBAN

Hier genießen Sie Ihre Cocktails über den Dächern von Madrid mit fantastischen Ausblicken auf die Stadt. Die Bar des Hotels Urban ist sehr angesagt, allerdings auch nicht ganz preiswert.
Carrera de San Jerónimo 34
www.hotelurban.com
Metro: Sevilla

㊳ FULANITA DE TAL

Eine Bar, die ein Bezugspunkt für die LGTBIQ+-Szene in Madrid ist. Intime Atmosphäre und Live-Musik.
Calle Regueros 9
Metro: Chueca

FRAUEN- UND MÄNNERTREFFS

㊴ BLACK & WHITE

Ein Treffpunkt für Gays und Dragqueens!
Calle Libertad 34
Metro: Chueca

KINOS

Hier finden sich Tipps für alle, die Filme in Originalversion und abseits vom Mainstream suchen.

❶ CINES RENOIR

Calle Martín de los Hero
Metro: Plaza de España

❷ CÍRCULO DE BELLAS ARTES

Calle Marqués de Casa Riera 2
Metro: Banco de España, Sevilla

❸ GOLEM

Calle Martín de los Heros
Metro: Plaza de España

❹ VERDI

Calle Bravo Murillo 28
Metro: Quevedo

❺ YELMO CINEPLEX – IDEAL
Calle Doctor Cortezo 6
www.yelmocines.es
Metro: Tirso de Molina

❻ RENOIR RETIRO
Calle Narvaez 42
Metro: Ibiza

❼ PRINCESA
Calle Princesa 5
Metro: Plaza de España

❽ PEQUEÑO CINE ESTUDIO
Calle Magallanes 1
Metro: Quevedo

THEATER & KONZERTE

KARTENVORVERKAUF
https://ticketea.com

Generell haben die Webs der Veranstaltungsorte Links zum Kauf der Karten. Telefonisch findet Ticketverkauf
kaum noch statt.

SCHAUSPIEL UND
MUSIKTHEATER

TEATRO NACIONAL MARÍA GUERRERO
Das Theater ist nach der Schauspiele-
rin María Guerrero benannt. Es wur-
de 1885 eröffnet und lange vom En-
semble des Ehepaars María Guerrero/
Fernando Díaz de Mendoza bespielt.
Heute ist es das Stammhaus des
»Centro Dramático Nacional«. Spa-
nischkenntnisse sind von Vorteil!
Calle Tamayo y Baus 4
Tel. 91 3 10 15 00, www.mcu.es
Metro: Colón, Chueca, Banco de
España

TEATRO REAL
Nicht nur Opern, sondern auch
klassische Konzerte
Tel. 91 5 16 06 60 (Auskunft)
Tel. 90 0 24 48 48 (Karten)
www.teatroreal.es
Metro: Ópera

TEATRO ALFIL
Alternative Theaterkunst mit schrä-
gem Humor sowie Slapstick-Einlagen;
lockt ein junges Publikum. Spanischkenntnisse sind von Vorteil!
Calle Pez 10
Tel. 91 5 21 45 41
www.teatroalfil.es
Metro: Noviciado

TEATRO DE LA ZARZUELA
Spielstätte der spanischen Form der
Operette, ▶Baedeker Wissen S. 178
Tel. 91 0 50 52 82
Tel. 90 2 33 22 11 (Tickets)
www.teatrodelazarzuela.mcu.es
Metro: Sevilla, Banco de España

TEATRO ESPAÑOL
Das Madrider Stadttheater serviert
anspruchsvolle »Kost«. Spanisch-
kenntnisse sind von Vorteil!
Calle Príncipe 25
Tel. 91 3 60 14 84
Tel. 91 3 18 47 00 (Info)
www.teatroespanol.es
Metro: Sol, Antón Martín

TEATRO CALDERÓN
In diesem Theater stehen u.a. Musi-
cals im Angebot.
Calle Atocha 18
Tel. 91 4 29 40 85
https://tcalderon.com
Metro: Tirso de Molina

TEATROS DEL CANAL
Das 2009 eröffnete Kulturzentrum

bietet den darstellenden Künsten
eine Bühne.
Calle Cea Bermúdez 1
Tel. 91 3 08 99 99
www.teatroscanal.com
Metro: Canal

MICROTEATRO

In dem Theater mit Bar werden stets
kurze Stücke aufgeführt. Spanisch-
kenntnisse sind von Vorteil!
Calle Loreto Prado y Enrique
Chicote 9
Metro: Callao oder Gran Vía

TEATRO LARA

Das Haus bietet zeitgenössischen
Theaterstücken eine Bühne. Häufig
werden Komödien aufgeführt. Spa-
nischkenntnisse sind von Vorteil!
Corredera Baja de San Pablo 15
Tel. 91 5 23 90 27
Metro: Callao

TEATRO MUÑOZ SECA

Klein, aber oho! Gelegentlich werden
Kriminalstücke präsentiert. Spanisch-
kenntnisse sind von Vorteil!
Plaza del Carmen 1
Tel. 91 5 23 21 28
Metro: Sol

TEATRO LOPE DE VEGA

Erste Anlaufstelle für Musical–Fans, die
mit tollen Produktionen begeistert!
Gran Vía 54
Tel. 91 5 47 20 11
www.elreyleon.es
Metro: Santo Domingo, Plaza de
España

VALLE-INCLÁN THEATER

Theater, das zum Centro Dramático
Nacional gehört. Hier werden hauptsächlich klassische Bühnenstücke aus
dem 20. Jh. aufgeführt.
Plaza de Ana Diosdado, s/n28012
Tel. 91 5 05 88 00
https://dramatico.mcu.es/progra
macion/teatro-valle-inclan
Metro: Embajadores, Lavapiés

KONZERTSÄLE UND -HALLEN

AUDITORIO NACIONAL DE MÚSICA

Das spanische Nationalorchester hat
in einem Bau des Architekten José
María García de Paredes eine Heim-
statt gefunden.
Príncipe de Vergara 136
Tel. 91 3 37 03 07, 91 3 37 01 34
Tel. 91 1 93 93 21, 90 2 22 49 49
(Tickets)
www.auditorionacional.mcu.es
Metro: Cruz del Rayo

FUNDACIÓN CANAL

Ein Haus für klassische Konzerte und
Ausstellungen!
Calle Mateo Inurria 2
Tel. 91 5 45 15 01
www.fundacioncanal.com
Metro: Cruz del Rayo

CENTRO CULTURAL DE LA VILLA DE MADRID

Hier gelangen klassische Konzerte,
Ballett und Theater zur Aufführung.
Plaza de Colón 4
Tel. 91 4 36 25 40
www.teatrofernangomez.es
Metro: Colón

LA RIVIERA

Das Riviera ist eher ein Club, in dem
spanische Pop-Größen wie La Oreja
de Van Gogh auftreten.
Paseo Bajo de la Virgen del
Puerto s/n
Tel. 91 3 65 24 15
salariviera.com
Metro: Puerta del Ángel

TEATRO CIRCO PRICE

Im Haus des Madrider Zirkus geben
anerkannte Rock- und Jazz-Größen
Konzerte.
Ronda de Atocha 35
Tel. 91 3 18 47 00
www.teatrocircoprice.es
Metro: Embajadores

ESSEN UND TRINKEN

Land und Meer, warme und kalte Gewässer, fruchtbare, reiche und karge, ärmliche Regionen: Die Gegensätze, die die spanische Küche prägen, vereinen sich in Madrid zu tausenderlei Genüssen.

Traditio-
nelles und
Neues

Wer Hunger hat, der muss in Madrid nicht lange suchen. An jeder Straßenecke locken Tapasbars und Restaurants mit traditionellen Häppchen oder schnörkellosen – aber meist leckeren – Menús del Día (Tagesmenüs). In angesagten Szenevierteln wie Chueca, Malasaña oder La Latina legen die Gastronomen zunehmend Wert auf eine angenehme Optik. Die traditionelle spanische Küche tritt dabei zugunsten internationaler Crossover–Gerichte immer mehr in den Hintergrund.

Morgens

So mancher Madrilene gibt sich morgens mit einem starken **Café solo** (Espresso) und einem süßen Teilchen zufrieden – es muss schnell gehen. Die jüngere Generation schielt beim Frühstück allerdings über die Landesgrenzen hinaus und nimmt sich in einem schicken Café Zeit für das **Müsli** (»cereales«) oder das mit frischer Tomate und Serrano-Schinken belegte **Toastbrot** mit Olivenöl (»tostada con tomate y jamón«). Ob traditionell oder modern – um 12 Uhr sollte das Frühstück auf jeden Fall abgeschlossen sein.

Am Mittag

An den Mittagstisch setzen sich Madrilenen nicht vor 14 Uhr, schon eher gegen 15 Uhr. Dann steuert ein Heer von Beamten, Angestellten und Selbstständigen die unzähligen Restaurants mit ihren **Mittagsmenüs** an. Für Sparfüchse gibt es ein zweigängiges Gericht mancherorts bereits für 6 bis 7 € (Getränk nicht immer inklusive), für bessere Qualität und etwas mehr auf dem Teller muss man durchschnittlich 10 bis 12 € hinlegen. Dann sind aber Brot, Wein, in der Regel auch Bier oder ein nichtalkoholisches Getränk miteingeschlossen. Nicht zu übersehende Schilder (oft mit Kreide beschrieben) weisen Passanten auf das tagesaktuelle Menú del Día hin.

Bis zum
Abend

Wer das Mittagessen verpasst hat, muss sich bis mindestens 21 Uhr gedulden, ehe in Restaurants das Abendessen (»cena«) aufgetischt wird. Dank der Touristenmassen aus dem Ausland kann man im Zentrum Madrids, vor allem rund um die touristischen Highlights, in zahlreichen Restaurants aber durchgehend essen. Je weiter man sich allerdings vom touristischen Treiben entfernt, desto hartnäckiger hält der Hauptstadtgastronom an den traditionellen Essenszeiten fest.

Im
Restaurant

Sofern man nicht ein Luxusrestaurant ausgewählt hat, gehen die Bestellungen denkbar einfach vonstatten: Der Kellner in seiner **makel-**

losen Uniform (darauf legen selbst die einfachen Bars Wert) reicht die Karte und der Gast trifft die Wahl. Sehr beliebt ist es in Spanien, verschiedene Vorspeisen (»entrantes«) zu bestellen und unter allen zu teilen. Das **gemeinsame Essen** wird oft auch bei den Hauptgängen (»plato principal«) fortgesetzt, was bedeutet, dass derjenige, der ein Cochinillo (Spanferkel) bestellt hat, mehrere Mitesser hat. Im Gegenzug darf er sich beim rechten Tischnachbar Gambas al ajillo (Garnelen in Knoblauchsoße) auf seine Gabel laden und beim linken Verduras a la plancha (eine Auswahl an angebratenem Gemüse, darunter Artischocken, Tomaten, Zucchini und Zwiebeln) probieren. Bei Geschäftsessen und ähnlichen Anlässen bedienen sich die Gäste natürlich ausschließlich von ihrem eigenen Teller. Gezahlt wird in Spanien übrigens **pro Tisch**, nicht pro Person, es sei denn, man sucht Ärger mit dem Kellner. Und das **Trinkgeld** wird einfach auf dem Tisch zurückgelassen.

Eine gute Adresse für einen Imbiss oder auch eine Mahlzeit sind die **Stadtteilmärkte**. Zwei besondere ihrer Art sind der Mercado San Miguel (an der Plaza Mayor) und der Mercado San Antón (Chueca), die sich nach einer gründlichen Frischzellenkur einen Namen als Anlaufstelle für Gourmets gemacht haben. Die Auswahl an typisch spanischem Essen hält sich jedoch in Grenzen (▶ Das ist Madrid S. 26).

Märkte

Tapas sind weit mehr als nur Appetithäppchen ...

TYPISCHE GERICHTE

Sie ist kein Leichtgewicht: Die Madrilenen sparen nicht an Fett und Fleisch, trotzdem kommen aber auch Gemüsesorten wie Artischocken, Tomaten und Paprika nicht zu kurz. Und natürlich Knoblauch, der in (fast) keinem Rezept fehlt.

Gazpacho Der klassische Sommer-Renner in Spanien schlechthin. Leicht, schmackhaft und vor allem kalt. Als Basis für die Suppe dienen reife Tomaten, Olivenöl, Knoblauch und Gewürze. Hinzugegeben werden in Würfelform Gurke, Paprika und Brot. Restaraunts, die es sich einfacher machen, werfen alle Zutaten zusammen und servieren den Gazpacho als Ganzes mit Weißbrot.

Tortilla de Patata Das wohl bekannteste Rezept Spaniens ist schlicht, lecker und macht satt. Die Tortilla, eine Art rundes und kompaktes Omelett, wird traditionell mit Kartoffeln, Eiern, Zwiebeln und Olivenöl zubereitet. Viele Restaurants bieten Varianten der Tortilla an, etwa mit Tomatenstückchen oder Spinat. Wer sich nicht an eine komplette Tortilla rantraut, der kann in Tapasbars auch einen Pincho de tortilla bestellen, eine dreieckige Portion.

Cocido Ein typisch madrilenisches Gericht ist der Cocido, ein Eintopf aus Kichererbsen, Fleisch, Paprikawurst, Speck und Suppengemüse. Traditionell wird er in drei Gängen serviert (Suppe, Kichererbsen und Gemüse sowie verschiedenen Fleischsorten zum Abschluss), somit ist der Cocido ein komplettes Menü, das ordentlich satt macht. Nur bedingt in den heißen Sommermonaten zu empfehlen!

Callos Callos à la madrileña sind Kutteln und gehören zum klassischen kulinarischen Repertoir der spanischen Hauptstadt, vor allem im Winter. Ein Muss dazu ist guter Rotwein. Es ist ein eher kräftig-deftiges Essen, meist auf Basis von Rindfleisch. Am besten schmeckt es einen Tag vorher zubereitet und kurz vor dem Servieren aufgewärmt. In den Kochtopf mit den Kutteln kommen Zutaten wie Morcilla (Blutwurst), Paprikaschoten, Chorizo (Paprikawurst), Knoblauch und Lorbeerblätter.

Cochinillo asado Die Spanferkel kommen schon nach wenigen Wochen unters Messer, wiegen dann rund 4 kg und haben sich nur von Muttermilch ernährt. Die Asadores (Bratereien) nutzen für die Steinöfen Pinien- oder Eichenholz und sorgen dafür, dass das Fleisch langsam und gleichmäßig goldbraun wird. Zubereitet wird das Cochinillo mit Knoblauch, Zwiebeln, Kartoffeln und anderem Gemüse.

IN DER EICHEL STECKT DAS GEHEIMNIS

Schinken – das Zauberwort, bei dem jeder Spanier plötzlich Appetit bekommt. Er darf bei keiner Feierlichkeit fehlen. Aber es darf natürlich nicht irgendeiner sein, Schinken ist eine Wissenschaft für sich. Die Schweinerasse, ihre Ernährung, ihre Herkunftsregion, wie lange der Schinken abgehangen wurde, wie dünn die Scheiben geschnitten werden ... alles spielt eine Rolle. Wie viele Schinkengeschäfte es mittlerweile in Madrid gibt, kann wohl niemand genau sagen. Sicher ist nur, es werden immer mehr.

Ein Beispiel für die wachsende Popularität des exquisiten Jamón Ibérico ist das Familienunternehmen Beher, gegründet vor über 80 Jahren in dem Dorf Guijuelo in der Provinz Salamanca. (Den Bellota-Schinken gibt es außerdem in der Extremadura und in Andalusien.) Am Anfang begeisterte der Schinken der iberischen Zuchtschweine nur die Nachbarn der Region. Heute exportiert Beher in 30 Länder auf allen Kontinenten und hat Geschäfte in ganz Spanien.

Expertenwissen

Sein erster Laden in Madrid, in der Calle Fuencarral 106, ist immer gut besucht. Hier kann man den Schinken verkosten oder ihn sich zum Mitnehmen schneiden lassen. Einzig die Auswahl ist nicht so einfach. José Antonio Jiménez hat über 30 Jahre Erfahrung in Sachen Schinkenkultur und amüsiert sich öfters, wenn ein Nichtspanier zum Schinkenkauf ansetzt: »Da muss ich erstmal

Aufklärungsarbeit leisten.« Und das, obwohl vor allem die Deutschen mit einer klaren Vorstellung sein Geschäft aufsuchen. »Die kommen rein und fragen nach einem **Pata Negra**, ganz gezielt«, sagt er. Eigentlich lägen sie mit dem »Schwarzfuß-Schinken« gar nicht so falsch, meint er schmunzelnd. »Nur ist die Farbe ja nicht das entscheidende Qualitätsmerkmal. Vielmehr sollte man fragen, was das Schwein gefressen hat.« Auch der offizielle Namen bezieht sich nicht etwa auf die Farbe der Füße (pata), sondern auf das, womit sich das Schwein in der entscheidenden Mastphase (montañera) den Bauch vollschlägt. Ab November darf das Ibérico-Schwein auf den malerischen Weiten der südspanischen Dehesas für drei bis vier Monate so richtig schlemmen. In dieser Zeit verlieren die Kork- und Steineichen ihre Früchte. In Massen fallen die Eicheln (bellotas) den Tieren vor die Schnauze. Während der Montañera gewinnen die Schweine tagtäglich bis zu 1 kg an Gewicht. Mit maximal eineinhalb Jahren und etwa 160 kg kommen sie dann unters Messer.

Die Unterschiede

Der Mercedes unter den spanischen Schinken ist der **Ibérico de Bellota**. In der mehrmonatigen Mastzeit fressen diese Schweine ausschließlich Eicheln. Nach einer mehrjährigen Reifezeit bringen es die **Hinterschinken** (Jamones) auf bis zu 8 kg Gewicht. Die **Vorderschinken** (Paletas) wiegen etwa die Hälfte. »Vom Geschmack her würde ich immer einen Hinterschinken vor-

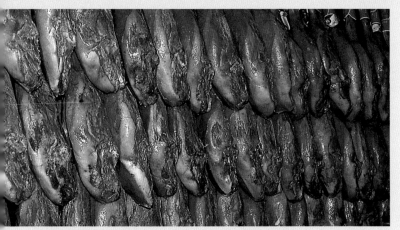

Jamón, luftgetrockneter Schinken, kann auch ein tolles Mitbringsel sein.

ziehen«, sagt Jerónimo Torres, »der ist zarter und hat mehr Fett, also mehr Geschmack«. Der Experte und langjährige Verkäufer in der Feinkostabteilung des Kaufhauses El Corte Inglés weiß, dass Ausländer da die Augenbrauen hochziehen. »Der gröbste Fehler, den man beim Verzehr eines Ibérico-Schinkens machen kann, ist, das Fett zu entfernen.«

Günstiger ist der **Ibérico de Recebo**, den vom Luxusschinken Ibérico de Bellota nur wenig unterscheidet. Die Schweine werden mit einer Mischung aus Eicheln und qualitativ hochwertigem Trockenfutter gemästet. »Der normale Verbraucher bemerkt kaum einen Unterschied zwischen einem Recebo und einem Bellota«, sagt Jerónimo Torres. Zumindest was den Geschmack betreffe. Preislich liegt der Ibérico de Recebo deutlich unter einem Ibérico de Bellota.

Das Sparmodell unter den Ibérico-Schinken ist der **Ibérico de Cebo**. Auch er wird aus den Hinter- und Vorderläufen des Ibérico-Schweins gewon-

nen. »Nur mit dem gravierenden Unterschied, dass dieses Tier in seinem Leben vermutlich nie eine Eichel gesehen, geschweige denn gefressen hat«, erklärt der in Salamanca zum Schinkenexperten gereifte Jerónimo Torres. Von der Textur und dem Bouquet eines Recebo oder gar Bellota sei der Cebo weit entfernt. Auch mit einer feinen weißen Fettmaserung, wie sie für die hochklassigen Ibérico-Schinken charakteristisch ist, kann das rote Fleisch eines Cebo nicht aufwarten. Doch genau hier liegt eben das geschmackliche Geheimnis der Top-Schinken. »Ohne Eicheln ist eine solche Fettmaserung nicht zu erreichen«, sagt Jerónimo Torres. Das Fett hält zudem den Schinken über Monate zart.

Was ist Serrano?

Bei so viel Ibérico bleibt die Frage, was denn nun eigentlich hinter der Bezeichnung **Serrano**, sozusagen dem Volkswagen der spanischen Schinken, steckt. Die Frage ist leicht zu beantworten.

»Das ist der Schinken vom hellhäutigen Hausschwein, das ausschließlich mit herkömmlichem Futter gemästet wird«, sagt Jerónimo Torres. In der Regel sei der Serrano-Schinken nichts Besonderes – »für den Alltag halt«. Das Fleisch der Serranos lässt sich auch für Schinken-Laien leicht von dem der sündhaft teuren Ibéricos unterscheiden: Das Fett sitzt am Rand, im Zentrum des Schinkens ist davon nichts mehr zu sehen. Auf den Tisch von José Antonio kommt kein Serrano, aber ein Teller hauchdünn geschnittener Bellota-Stückchen begeistert ihn nach wie vor.

Auf einen Blick

Jamón Ibérico de Bellota

Schinken von Schweinen, die zu mindestens 75 % der Ibérico-Rasse (schwarzen Schweinen) entstammen. In der entscheidenden Mastphase, der Montañera, nehmen die Tiere nur Eicheln sowie Wiesenkräuter und Wurzeln zu sich. Je nach Güteklasse beträgt die Reife- und Trocknungszeit zwischen 12 und 38 Monaten; ab ca. 250 €/Hinterlauf

Jamón Ibérico de Recebo

Schinken von iberischen Schweinen, die während der viermonatigen Montañera neben Trockenfutter zusätzlich mit Eicheln gefüttert wurden; ab ca. 150 €/ Hinterlauf.

Jamón Ibérico de Cebo

Schinken von iberischen Schweinen, die mit Getreide gemästet wurden; ab ca. 100 €/Hinterlauf.

Jamón Serrano

Der Name Serrano wird von Sierra (span. Gebirgskette) abgeleitet. Ursprünglich reifte Serrano-Schinken, wie auch die Ibéricos, an der rauen Bergluft. Heute gibt es spezielle Kühlkammern. Für Serrano-Schinken wird das Fleisch hellhäutiger Schweine verwendet, daher wird er auch Jamón de Pata blanca genannt; ab ca. 40 €/Hinterlauf.

Das Schneiden in hauchdünne Scheiben ist eine Kunst ...

▌ Was kommt auf den Tisch?

Die meisten Meerestiere wie auch Fleisch werden auf dem heißen Blech gebraten (Plancha) oder in Salzwasser gekocht (cocido). Besonders im Süden wird gerne auch frittiert (Pescaito frito) oder gegrillt, wobei etwa weißer Fisch wie Seebarsch (**Lubina**) oder Barben (**Besugo**) bevorzugt »a la espalda« serviert werden: am Rückgrat aufgeschnitten und auseinandergeklappt. Aus Galicien kommt **Pulpo a la gallega**, ein auf Paprikakartoffeln angerichteter, gekochter Tintenfisch. Die Basken bereiten Fisch bevorzugt im Ofen (al horno) zu. Klassische Spezialitäten sind die **Merluza a la vasca** oder **Bacalao al pil pil** – mit feiner Béchamel-Sauce und etwas Knoblauch zubereiteter Stockfisch. **Calamares en su tinta** (in ihrem eigenen schwarzen Saft) sind ebenfalls eine baskische Erfindung, die die Valencianos als Variante ihrer international bekannten Paella übernommen haben. **Paella** wird meist schlicht als »arroz« bezeichnet (Reis) und in unendlich vielen Varianten serviert.

Meerestiere

Die spanische Küche verwendet vielerlei Gemüse wie Tomaten, Paprika, Gurken, Artischocken, Zwiebeln und Knoblauch. Zu den traditionellen Gerichten zählen **Spinat** aus Jaén (Espinacas al estilo de Jaén), Cazuela de habas verdes (Bohneneintopf) und Habas con jamón (**Bohnen** mit Schinken). Beliebt sind auch **Spargel** aus Navarra und Pimientos al Padrón (Paprika nach Padróner Art). Der Witz an diesen grünen kleinen Paprikaschoten ist, dass man vorher nie weiß, welche scharf und welche süß sind. Beides kommt am besten frisch vom Plancha-Blech.

Gemüse

Sehr **süße Kuchen** sind bei den Spaniern sowohl zum Dessert als auch für den Hunger zwischendurch beliebt, wobei die meisten auf maurische Ursprünge zurückgehen. Als Nachspeise wird oft **Flan** (Pudding mit Karamellsoße) angeboten. **Früchte** und **Eistorten** (Tarta helada) sind eine empfehlenswerte Alternative. Eine sehr üppige Spezialität sind **Churros con chocolate**, frittiertes Gebäck aus Brandteig, das in heiße Schokolade getunkt und besonders gern zum Frühstück gegessen wird.

Desserts und Kuchen

Lista de comidas, ▶ Sprache S. 341 ff.

Speisekarte

▌ Getränke · Bebidas

Nach dem Essen oder zwischendurch nehmen die Spanier gerne einen **Café solo** (Espresso) zu sich. **Café con leche** (Kaffee mit Milch) wird eher zum Frühstück getrunken, daneben gibt es noch den **Café cortado** (Kaffee mit wenig Milch).

Kaffee

Plaza Mayor: eine riesige Freiluftbühne in der Mitte der Stadt

Erfrischungsgetränke · Neben den internationalen Erfrischungsgetränken sind die oft frisch gepressten **Fruchtsäfte** (Zumo naturales) erhältlich. Stilles **Mineralwasser** (sin gas) wird in Spanien viel getrunken, mit Kohlensäure (con gas) ist es nicht immer leicht zu bekommen. In Madrid ist auch das Leitungswasser von akzeptabler Qualität.

Bier · Sehr beliebt ist Bier (Cerveza). Bevorzugt werden helle Biere der **Pilsner Art**, serviert in kleinen Gläsern (Cañas).

Spirituosen · Nach dem Essen mögen manche einen **Brandy**, meist aus Jerez de la Frontera bzw. El Puerto de Santa María, oder Anis-Schnaps. Eine Köstlichkeit sind auch Orujo blanco aus Galicien oder Marc de cava aus Katalonien, beides scharfe Weinbrände.

Sherry, Wein und Sangría · In Madrid werden natürlich spanische Weine angeboten: Der **Jerez** (Sherry), sicherlich die berühmteste Weinsorte, kommt aus Andalusien. Von den über 600 registrierten Sherry-Marken dürfte der trockene Tío Pepe weltweit der bekannteste sein. In jedem Fall sollte man einen Fino, d. h. einen der feinen, charaktervollen Weißweine probieren, die aus den renommierten Weinanbaubezirken (Pagos) Macharnudo, Añina, Carrascal und Balbaina bei Jerez de la Frontera stammen. Erstklassige Qualität liefern z. B. auch die Sherry-Bodegas von Miraflores bei Sanlúcar de Barrameda. Dieser Wein heißt **Man-**

zanilla. Eine weitere Spezialität Andalusiens sind die äußerst süßen Dessertweine Málagas. Die wichtigsten **Herkunftsregionen** (Denominación de Origen D. O.) anderer Weine sind Rioja, Ribera del Duero, Navarra und Katalonien. Während vereinzelte Bodegas vor allem in Katalonien auf die französische Cabernet-Sauvignon-Traube, aber auch auf die heimische Monastrell-Traube setzen, ist besonders in La Rioja und an der Ribera del Duero die einheimische Tempranillo-Traube Grundlage für eine Vielzahl im Holzfass gekelterter Qualitäts- und Spitzenweine. Der Montilla, ein vollendeter Aperitif, wird auf den warmen Kalkböden bei Montilla und Moriles, rund 180 km von Córdoba entfernt, aus der Pedro-Jiménez-Traube gewonnen. **Sekt** (Cava) stammt vornehmlich aus Katalonien. Der Name Tarragona steht für süße, gespritete Weine, Priorato für starke, trockene Rotweine. In der Ebene von La Mancha südöstlich von Madrid keltert man aus gemischten roten und weißen Trauben die starken Valdepeñas-Rotweine, die schon nach kurzer Lagerung getrunken werden. Schwerere und vor allem süßere Rotweine kommen aus Valencia und Utiel-Requeña. Weitere bedeutende Weinbaugebiete liegen unter anderem in Galicien (Albariño und Ribeiro), Aragón (schwere Cariñena-Weine) und Navarra.

Sangría ist eine Mischung aus Wein, Zucker, Mineralwasser, Fruchtsaft und Weinbrand. Das Gegenstück heißt **Sol y Sombra**, ein Cocktail, der auf spanischem Brandy basiert (z. B. Fundador, Osborne, Terry). Ebenfalls gern getrunken wird der **Tinto de Verano**, ein erfrischendes Sommergetränk. Dabei wird Rotwein mit Zitronenlimonade gemischt und mit Eiswürfeln sowie einer Scheibe frischer Zitrone serviert.

Getränkekarte: Lista de bebidas ▶ S. 345

AUSGESUCHTE RESTAURANTS

Einen sehr ausführlichen Restaurant-führer (spanisch, englisch) findet man im Internet unter www.descubremadrid.com

PREISKATEGORIEN
für ein Hauptgericht
€ € € € über 40 €
€ € € 25 – 40 €
€ € 15 – 25 €
€ unter 15 €

etc. ▶ Karte S. 288/289

❶ PACO RONCERO € € € €
In der obersten Etage des Casino de Madrid, nur wenige Meter von der Puerta del Sol entfernt. Eine unumstrittene Referenz der spanischen Gastronomie.
Calle de Alcalá 15
https://pacoroncerorestaurante.com
Metro: Sevilla

❷ CASA BENIGNA € € € €
Hier kommt mediterrane Küche mit viel Fisch auf den Tisch. Eine Speziali-

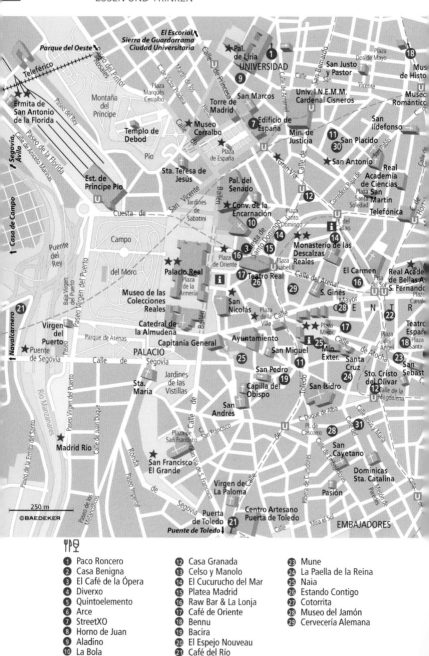

🍴🍷

- ❶ Paco Roncero
- ❷ Casa Benigna
- ❸ El Café de la Ópera
- ❹ Diverxo
- ❺ Quintoelemento
- ❻ Arce
- ❼ StreetXO
- ❽ Horno de Juan
- ❾ Aladino
- ❿ La Bola
- ⓫ Sobrino de Botín
- ⓬ Casa Granada
- ⓭ Celso y Manolo
- ⓮ El Cucurucho del Mar
- ⓯ Platea Madrid
- ⓰ Raw Bar & La Lonja
- ⓱ Café de Oriente
- ⓲ Bennu
- ⓳ Bacira
- ⓴ El Espejo Nouveau
- ㉑ Café del Río
- ㉒ La Caña
- ㉓ Mune
- ㉔ La Paella de la Reina
- ㉕ Naia
- ㉖ Estando Contigo
- ㉗ Cotorrita
- ㉘ Museo del Jamón
- ㉙ Cervecería Alemana

MADRID

JUSTICIA

Plaza de
Santa Bárbara

Min. de
Gobernación

Pres. del
Gob.

Burgos, Museo Lázaro Galdiano,
Nuevos Ministerios, Azca

C. de Ayala

Cristo
de la Salud

C. de Ayala

Maravillas

Pal. de
Justicia

Museo
de
Cera

Santa
Bárbara

RECOLETOS

La
Concepción

Museo del
Descubrimiento

Biblioteca
Nacional ★★

Museo
Arqueológico
Nacional

Alcalá de Henares
Las Ventas

Maria
Magdalena

San
Pascual

San Manuel
y Benito

Calle de O'Donell

Min. del
Ejército

Casa
de América

Plaza de la
Independencia

C. del Doctor Castelo

San José

Plaza de
la Cibeles

Alcalá

Puerta
de Alcalá

Paseo de Colombia

Las Calatravas

Círculo de las
Bellas Artes

Banco
de España

Palacio de
Comunicaciones

Parque ★★

Glorieta

Calle de Ibiza

Teatro de la
Zarzuela ★★

Min. de Marina
Museo Naval

Museo Nacional de
Artes Decorativas

Monumento
a Alfonso XII

Calle del Alcade

Cortes

Bolsa

Museo Thyssen-
Bornemisza

Salón
de Reinos

Casón del
Buen Retiro

Pal. de
Velázquez

Jardines de
Cecilio
Rodríguez

Casa
pe de Cervantes
Vega   CORTES   Jesús

San Jerónimo
el Real

Museo
del
Prado ★★

JERONIMOS
La Chopera

Retiro

Pal. de
Cristal

La Caixa
Forum

Jardin
Botánico

Gta. del Paseo del Uruguay
Angel Caído

nvento
Sta. Isabel

n Lorenzo

Museo Nac.
Centro de Arte
Reina Sofía ★★

Toledo,
Las Angustias,
Aranjuez

Min. de
Agricult.

Est. de
Atocha

Museo
Etnológico

Ministerio
de Educación
y Ciencia

Observatorio
Astronómico

Inst. Ramón y Cajal

Real Fábrica
de Tapices

RETIRO

Valencia

Pl. Mariano
de Cavia

tät des Restaurants sind verschiedene leckere Reisgerichte. Die Atmosphäre ist ausgesprochen familiär.
Calle Benigno Soto 9
Tel. 91 4 13 33 56
So. geschl.
www.casabenigna.com
Metro: Concha Espina

❸ EL CAFÉ DE LA ÓPERA €€€€

Vielleicht nicht jedermanns Sache, aber zumindest kurios: Jeden Tag schmettern die Kellner ab 21.30 Uhr Opernarien durch den Speisesaal. Die Küche versteht sich sowohl auf traditionelle spanische als auch moderne Gerichte.
Calle Arrieta 6
Tel. 91 5 42 63 82
www.elcafedelaopera.com
Metro: Ópera

❹ DIVERXO €€€€

Das einzige 3–Sterne–Restaurant in Madrid! Wer das nötige Kleingeld hat, kann die kulinarischen Experimente des Kochkünstlers Dabiz Muñoz genießen. Reservierung unbedingt erforderlich!
Calle Padre Damián 23
Tel. 91 5 70 07 66
www.diverxo.com
Metro Cuzco

❺ QUINTOELEMENTO €€€

Im siebten Stock der Diskothek Kapital. Eine kulinarische Erfahrung mit audiovisuellen Elemeten!
Calle de Atocha 125
Tel. 91 8 53 26 28
https://quintoelementorestauran te.com
Metro: Estación del Arte

❻ ARCE €€€

In diesem Restaurant, dessen Name Arce (= Ahorn) auf eine gewisse Naturverbundenheit schließen lässt, kommen saisonale Spezialitäten der spanischen Küche auf den Tisch. Alles wird frisch zubereitet.

Calle Augusto Figueroa 32 – 34
Tel. 91 5 22 04 40
So., Mo. gesch.
www.restaurantearce.com
Metro: Chueca

❼ STREETXO €€€

Der mit drei Michelin-Sternen ausgezeichnete Dabiz Muñoz (▶Diverxo) bietet in seinem Restaurant exquisites Live-Cooking. Inspiriert an asiatischen Imbissständen.
Calle Serrano 52 (7. Stock)
Tel. 91 5 31 98 84
https://streetxo.com
Metro: Serrano, Nuñez de Balboa

❽ HORNO DE JUAN €€€

Die Zugpferde des 1966 gegründeten Restaurants sind noch immer Lamm und Ferkel, einfach aber mit besten Zutaten zubereitet.
Lope de Rueda 4
Tel. 91 5 75 69 16
So.abend geschl.
www.hornodejuan.net
Metro: Goya

❾ ALADINO €€€

Arabische Küche in noch arabischerem Ambiente! Couscous, Sesam und Trockenfrüchte führen die Liste der Zutaten an.
Calle Duque de Liria 2
Tel. 91 5 47 49 50
So.abend, Mo. geschl.
Metro: Ventura Rodríguez

❿ LA BOLA €€€

Das traditionsreiche Restaurant ist bei Einheimischen wie Touristen gleichermaßen beliebt. Seit 1870 wird hier der beste Cocido Madrileño, ein herzhafter Kichererbseneintopf mit viel Fleisch und Gemüse, serviert.
Bola 5
Tel. 91 5 47 69 30
www.labola.es
So.abend; Juli, Aug. So. und Sa. abend geschl.
Metro: Santo Domingo

EINE ZEITREISE

An einem der Tische des Restaurants Botín, angeblich das älteste der Welt, Platz zu nehmen, heißt einen Moment in der Vergangenheit von Madrid zu verbringen. Wie anders war das Leben wohl 1725, als es eröffnete?

⓫ SOBRINO DE BOTÍN € € €

Speisen, wo schon Goya und Ernest Hemingway tafelten: Das Restaurant wird 2025 300 Jahre alt! Die Küche verwendet bis heute die tradierten Rezepte. Eine Spezialität des Hauses ist chochinillo asado (gebratenes Fleisch von ganz jungen Ferkeln).
Calle Cuchilleros 17
Tel. 91 3 66 42 17
www.botin.es
Metro: Sol, Ópera

⓬ CASA GRANADA € € €

Es ist wahrlich nicht leicht, einen Tisch auf der Terrasse zu ergattern, aber der Versuch lohnt sich. Eine gute Adresse, egal ob man Hunger hat oder nur einen Wein genießen möchte!
Calle del Dr Cortezo 17
Tel. 913 69 35 96
Metro: Tirso de Molina

⓭ CELSO Y MANOLO € € €

Hier können Sie typische spanische Gerichte mit Bier aus der eigenen Brauerei genießen.
Calle Libertad 1
Tel. 91 5 31 80 79
www.celsoymanolo.es
Metro: Chueca

⓮ EL CUCURUCHO DEL MAR € € €

Ob Meeresfrüchte oder Fischspeziali-täten: Das Restaurant ist eine erste Adresse für leckeres Seafood. Von Montag bis Freitag gibt es ein Mittagsmenü für 11 €.
Calle Postigo de San Martín 6
www.elcucuruchodelmar.com
Metro: Callao

⓯ PLATEA MADRID € € €

In dem 2014 eröffneten Gourmettempel haben Spezialitäten-Res-

MADRID TISCHT AUF

Gute Restaurants sprechen sich in Madrid so schnell herum wie sehenswerte Filme, und so sind fast alle Restaurants am Wochenende ausgebucht. An den Tapas-Tresen muss man mitunter seine Ellenbogen einsetzen, um feine Happen und edle Tropfen von der Hand in den Mund zu befördern.

Erstaunlich an den Madrider Restaurants ist, dass selbst ein durchschnittliches Bar-Restaurant mit einem solchen Angebot an frischem Fisch und Meeresfrüchten aufwartet, dass man den Verkehrslärm glatt für Meeresrauschen halten könnte. Viele Tapas-Tresen bieten beispielsweise **Percebes** (Entenmuscheln), **Nécoras** (Schwimmkrabben) oder **Gambas aus Huelva** (Garnelen), sodass man fast versucht ist anzunehmen, dass Seafood zu den Grundnahrungsmitteln der Madrilenen gehört. Doch aufgepasst: Solch feine Sachen haben selbstverständlich ihren Preis, über den man sich nicht wundern darf, wenn »la dolorosa«, »die Schmerzhafte« gereicht wird – die Rechnung.

Esskultur

Die Esskultur der Madrilenen macht Madrid nicht nur zu einer Stadt am Meer. Die hervorragende **Qualität aller Zutaten** – vom Spargel aus Navarra über Pilze aus Katalonien und »rotes Fleisch« von frei lebenden galicischen Rindern bis hin zum delikaten Olivenöl aus Jaén – ist die Grundlage aller Freuden, die Madrid dem Gaumen zu bieten hat. Nicht nur an der Ribera del Duero und in der Rioja, auch in Valencia oder Katalonien werden dazu inzwischen ausgesprochen **gute rote Weine** gekeltert – von den weißen Albariños, Ribeiros und Ruedas oder den guten alten Jerez-Weinen ganz zu schweigen.

Feinschmeckerkultur

In vielen europäischen Ländern hat die »Internationale Küche« die Bürger vom Einerlei heimischer Gerichte »befreit«. Nicht so in Spanien und schon gar nicht in Madrid. Zwar gibt es hier viele asiatische, orientalische, italienische und sogar deutsche Restaurants. Doch allein die **Vielfalt der spanischen Regionalküchen sorgt dafür, dass** keine Monotonie aufkommt. Die **kreativen Basken** etwa sind in Madrid mit einer ganzen Reihe von Spitzenrestaurants vertreten. Ihre Küche zeichnet sich durch Leichtigkeit und Raffinesse aus. Umgekehrt verwöhnen die **Katalanen** ihre Gäste gerne mit schweren Speisen, ihre ist der französischen Küche näher. Ohne Butter oder Sahne an den Saucen geht es fast gar nicht.

Meeresfrüchte dürfen bei den Tapas nicht fehlen.

Seit 1978 in Madrid: Jedes der Museos del Jamón, wie hier zwischen der Puerta del Sol und der Plaza Mayor, bietet hochwertigen Schinken und leckeren Käse.

taurants mit den Küchen der Welt ihre Zelte aufgeschlagen. Highlight sind zwei mit einem Michelin-Stern ausgezeichnete Lokale.
Calle Goya 5-7
www.plateamadrid.com
Metro: Serrano, Colón

16 RAW BAR €€ & LA LONJA €€€

Gleich zwei Adressen in der Altstadt mit Blick auf den Königspalast: die Raw Bar ist eine gute Adresse für den kleinen Hunger, La Lonja für Liebhaber von Fisch und Meeresfrüchten.
Plaza de Oriente 6
Metro: Ópera

17 CAFÉ DE ORIENTE €€€

Das Lokal gilt als Literaturcafé. Das Innere ähnelt einem Wiener Kaffeehaus, das Gebäude selbst stammt jedoch von 1983. Ein Klassiker in der spanischen Gastronomie.
Plaza de Oriente 2
Tel. 91 5 41 39 74
tgl. geöffnet
https://cafedeoriente.es
Metro: Ópera

18 BENNU €€

Hier wird bewusstes Essen grossgeschrieben. Sowohl auf die Zutaten als auch auf die Zubereitung wird ganz genau geachtet.
Calle de Sandoval 10-12
Tel. 91 1 90 79 71
www.bennumadrid.com
Metro. Bilbao, San Bernardo

19 BACIRA €€

Interessant! Die Küche kombiniert asiatische mit mediterranen Spezialitäten.
Calle Castillo 16
Mo., So.abend, Di.abend. geschl.
www.bacira.es
Metro: Iglesia

❷⓿ EL ESPEJO NOUVEAU € €

Institution mit Glaspavillon und beheizter Terrasse, in dem man Hamburger, Sandwiches, aber auch Salate, Fleisch- und Fischgerichte genießen kann.

Paseo Recoletos 31
Tel. 91 3 08 23 47
www.elespejonouveau.com
Metro: Recoletos

❷❶ CAFÉ DEL RÍO € €

In Madrid Río bietet dieses Restaurant mit vielen Terrassen einen unschlagbarem Ausblick und exquisite Gerichte. Ein Mittagsmenü gibt es für 14 €.

Avda. de Portugal 1
Tel. 60 3 13 77 66
www.cafedelriomadrid.com
Metro: Príncipe Pío, Puerta del Ángel

❷❷ LA CAÑA € €

Das gemütliche, kleine Lokal wartet von Montag bis Freitag mit guten, abwechslungsreichen Mittagsmenüs für etwas weniger als 11 € auf Angestellte aus der Umgebung und Touristen.

Calle Alburquerque 8
Tel. 91 1 25 00 20
www.grupandilana.com
Metro: Bilbao

❷❸ MUNE € €

Die mediterrane Küche eignet sich für Veganer, Vegetarier und Fleischliebhaber.

Calle Pelayo 57
Tel. 91 3 95 20 56
www.munemadrid.com
Metro: Chueca

❷❹ LA PAELLA DE LA REINA € €

Hier kommen leckere Paellas und andere spanische Reisspezialitäten auf den Tisch.

Calle de la Reina 39
Tel. 91 5 31 18 85
www.lapaelladelareina.com
Metro: Gran Vía

❷❺ NAIA € €

Das Lokal bietet ausgefallene Burgerkreationen und Mittagsmenüs für 2 Personen ab 32 €. Für Sonnenanbeter gibt es eine große Terrasse.

Plaza de la Paja 3
Tel. 91 3 66 27 83
Mo. geschl.
www.naiabistro.com
Metro: Sol oder La Latina

❷❻ ESTANDO CONTIGO €

Freche Weinbar mit einer persönlichen Vision von der Welt der Tapas und einer sehr orinellen Dekoration.

Calle Independencia 1
Metro: Ópera

❷❼ COTORRITA €

Eine »traditionelle Bar«, um mit Freunden und Familie ein paar Biere und kleine Speisen zu genießen.

Calle Santa Engracia 33
Tel. 91 0 60 98 16
https://cotorrita.bar
Metro: Alonso Martínez

❷❽ MUSEO DEL JAMÓN €

In Madrid gibt es 8 Museos del Jamón. Eine Institution ist das »Schinkenmuseum« in der Calle Mayor 7 zwischen Puerta del Sol und der Plaza Mayor. In der ständig überfüllten Bar stehend ein frisches, mit Schinken und Käse belegtes Croissant genießen! Ein Muss!

Calle Mayor 7
tgl. 9.00–24.00 Uhr
www.museodeljamon.com
Metro: Sol

❷❾ CERVECERÍA ALEMANA €

Ein Klassiker an der lebhaften Plaza. Schon Ernest Hemingway liebte diese Institution, die, mit ihrem Namen, seit 1904 besteht. Gegründet von deutschen Industriellen.

Plaza Santa Ana 6
Tel. 91 4 29 70 33
www.cerveceriaalemana.com
Metro: Tirso de Molina, Antón Martín

FESTE

Buchmesse, Modewoche, Jazzfestival, Karneval – in Madrid ist zu jeder Jahreszeit etwas los. Im Mai gedenken die Madrilenen ihres Schutzpatrons San Isidro mit unzähligen Events von Opern über Stierkämpfe bis hin zu spektakulären Feuerwerken. Im Kalender rot anstreichen sollte man auch die Semana Santa (Osterwoche), denn dann ziehen in einem kilometerlangen Umzug Bruderschaften durch die Straßen der Metropole.

Kultur in sengender Hitze

Lange Zeit war Madrid im Sommer, insbesondere in der ersten Augusthälfte, so gut wie ausgestorben. Das hat sich in den vergangenen Jahren spürbar geändert. Zwar ist die Zahl der Touristen im Sommer noch immer deutlich geringer als im Frühjahr oder Herbst. Und auch die Mehrheit der Madrilenen tauscht in diesen heißen Wochen ihre Bleibe in der Stadt gegen einen Liegestuhl am Strand oder in den Bergen. Mit dem Kulturprogramm **Veranos de Villa** ist es den Kulturverantwortlichen aber gelungen, den Daheimgebliebenen ein anspruchsvolles und abwechslungsreiches Programm zu bieten. Allerorten finden dann Theateraufführungen, Tanzdarbietungen, Open-Air-Kino und Musikkonzerte statt. Empfehlenswert ist das **Sommerfest im Stadtviertel Lavapiés** Anfang August.

Schwulenparade

Längst Kultstatus, und das nicht nur unter Schwulen und Lesben, hat die alljährlich Ende Juni, Anfang Juli über die Bühne gehende Fiesta del Orgullo Gay, die **spanische Variante des Christopher Street Day.** Ganz Chueca gerät dann in ein kollektives Delirium aus Lebensfreude, Toleranz und Farben. Höhepunkt des Spektakels ist eine Parade mit bunt geschmückten Wagen.

Filmfestival

Über die »Woche des Spanischen Films in Carabanchel« informiert www.semanacinecarabanchel.com.

GESETZLICHE FEIERTAGE

1. JANUAR
Año Nuevo (Neujahr)

6. JANUAR
Reyes Magos (Dreikönigsfest)

19. MÄRZ
San José (Josefstag,
nicht jedes Jahr)

1. MAI
Día del Trabajo (Tag der Arbeit)

2. MAI
Día de la Comunidad de Madrid
(Tag der Region Madrid)

15. MAI
San Isidro (Fest des Stadtheiligen)

25. JULI
Santiago
(Apostel Jakobus; nicht jedes Jahr)

15. AUGUST
Asunción (Mariä Himmelfahrt)

12. OKTOBER
Día de la Hispanidad
(Entdeckung Amerikas)

1. NOVEMBER
Todos los Santos (Allerheiligen; wenn
das Fest auf einen Sonntag fällt, ist
der 2. November Feiertag)

9. NOVEMBER
Almudena (Tag der Schutzpatronin)

6. DEZEMBER
Día de la Constitución
(Tag der spanischen Verfassung)

8. DEZEMBER
Inmaculada Concepción
(Mariä Empfängnis)

25. DEZEMBER
Navidad (Weihnachten)

BEWEGLICHE FEIERTAGE
Viernes Santo (Karfreitag)
Corpus Christi (Fronleichnam)
Jueves Santo (Gründonnerstag)

FESTKALENDER

JANUAR

CABALGATA DE REYES
Ursprünglich brachten die Heiligen
Drei Könige den spanischen Kindern
die Weihnachtsgeschenke. Mittlerweile haben viele Eltern ihr Weih-
nachtsfest auf den 24. bzw. 25. Dezember vorverlegt. Erhalten
geblieben ist jedoch der Brauch, dass
am Vorabend des offiziellen Dreikö-
nigsfests bunt geschmückte Wagen
durch die Innenstadt rollen.

SAN ANTÓN
Fest zu Ehren des Schutzheiligen im
Stadtteil Hortaleza am 17. Januar

FEBRUAR

FIESTAS DE CARNAVAL
Karnevalsumzüge, u. a. der »Große
Umzug«, »Gran Desfile«, durch die
Innenstadt, Musikdarbietungen und
das »Begräbnis der Sardine«, das den
Beginn der Fastenzeit markiert.

MÄRZ/APRIL

SEMANA SANTA
Feierliche Prozessionen leiten die
Karwoche ein (Beginn am Gründon-
nerstag).

STIERKAMPF
Die Stierkampfsaison beginnt in der
Arena Las Ventas

MADRID OPEN DE TENIS
Das internationale Tennisturnier findet in der Caja Mágica statt.

MAI

FIESTA DEL DOS DE MAYO
Das Fest zum Gedenken an den Unabhängigkeitskrieg des Jahres 1808 findet u. a. auf der ▶ Plaza del Dos de
Mayo und der Plaza de las Comenda-
doras statt.

KÖNIG FUSSBALL

Über Felipe VI. hinaus hat Spanien einen ungekrönten Herrscher: König Fußball, Volkssport Nummer eins. In der Hauptstadt pflegen die beiden anfangs des 20. Jh.s gegründeten Traditionsvereine Real Madrid und Atlético de Madrid eine gesunde Konkurrenz – wohl wissend, dass der Kleine (Atlético) dem Großen (Real) nicht das Wasser reichen kann.

Heimat von Atlético (die Spieler heißen »Colchoneros« = »Matrazenmacher«, da ihre rot-weißen Trikots an die gestreiften Matratzen der Franco-Zeit erinnern), ist seit 2017 das im Osten gelegene Stadion Wanda Metropolitano. Reals Fußballtempel **Santiago Bernabéu** steht unübersehbar am Paseo de la Castellana in einer der teuersten Gegenden im Norden Madrids. Die Stars von Real Madrid (»los blancos« = »die Weißen«) trainieren jedoch in der 2005 eröffneten **Ciudad Real Madrid** nordöstlich der City im Viertel Valdebebas. Das Trainingsgelände umfasst Trainings- und Wettkampfplätze, Schwimmbäder, Vereinsbüros, Fernsehstudios für den clubeigenen Sender Realmadrid TV, ein Clubmuseum, ein Hotel, mehrere Bars, eine Klinik und einen Erlebnispark. Allerdings trainieren die Kicker von Real unter Ausschluss der Öffentlichkeit – die Stars wird man also nicht zu Gesicht bekommen.

Das Makroprojekt passt gut ins Bild, denn Real Madrid trägt stets dick auf

Verdiente Real-Madrid-Spieler im Club-Museum im Santiago-Bernabeu-Stadion

und pflegt sein Image als elitärer Megaclub. Die »Königlichen« polarisieren die Massen noch mehr als der FC Bayern München in Deutschland. Entweder man liebt oder hasst den Club. Dagegen gilt **Atlético de Madrid** eher als Club der kleinen Leute, die der auch schon mal in die zweite Liga abgerutschten Elf auch dort die Treue hielten.

Erfolgsmarke

In internationalen Statistiken wird Real Madrid, der 34-malige spanische Meister, als **erfolgreichster Fußballclub** des 20. Jahrhunderts geführt. Große Triumphe feierte man zwischen 1956 und 1960, als das Team um Spielerlegenden wie den Ungarn Ferenc Puskas fünfmal hintereinander den Europapokal der Landesmeister gewann. Eine neue Erfolgswelle begann 1998 mit dem Champions-League-Triumph unter dem deutschen Trainer **Jupp Heynckes**, gefolgt von den Champions-League-Siegen 2000 und 2002, dem Weltpokalsieg 2002 und dem spanischen Supercup 2003. Allerdings galt es 2002 eine der bittersten Niederlagen der Geschichte zu verkraften: Justament im Jahr des 100-jährigen Bestehens ging das nationale Pokalfinale gegen den galicischen Underdog Deportivo La Coruña verloren.

Das **Trainerkarussell** dreht sich bei Real traditionsgemäß schnell. Das bekam auch der ehemalige deutsche Nationalspieler Bernd Schuster 2007 zu spüren. Als der schnelle Erfolg ausblieb, wurde er mit einer fürstlichen Entlohnung flugs wieder entlassen. 2008 folgte die Meisterschaft, dann eine vierjährige Durststrecke, bevor sich Real 2012 erstmals wieder gegen den Erzrivalen FC Barcelona die spanische Meisterschaft sichern konnte.

Crème de la Crème

Trotz Reals riesiger Schuldenlast ist an Stars geholt worden, was lieb und vor allem teuer war. Der Vergangenheit gehören der französische Weltmeister **Zidane**, Portugals **Figo** oder die Glamourspieler **Beckham** und **Cristiano Ronaldo** an. Große Coups waren 2009 die Verpflichtung **Cristiano Ronaldos** – dies gelang dank des prall gefüllten Geldbeutels des milliardenschweren Bauunternehmers und Vereinspräsidenten Florentino Perez – und 2013 der Wechsel von Gareth Bale von Tottenham Hotspur zu Real. Heute spielt mit **Toni Kroos** auch ein ehemaliger deutscher Nationalspieler bei Real. Der Glanz von Real überstrahlt alles. 2018 wurde der Verein zum dritten Mal hintereinander Champions-League-Sieger! Dagegen verliert Atlético seine guten Spieler immer wieder an reichere Clubs. Dennoch hieß der spanische Meister 2014 und 2021 Atlético de Madrid. Andere Fußballclubs der Stadt, die es – wie **Rayo Vallecano**, **Leganés** und **Getafe** – sogar zu ansehnlichen Ehren in der ersten Liga gebracht haben, stehen dennoch im Abseits. Auch die erfolgreiche Basketballabteilung von Real fristet ein Schattendasein.

TICKET-INFORMATIONEN

REAL MADRID
Restkarten sofern vorhanden: am Tag des Matches ab 11 Uhr
Tel. 90 2 32 43 24,
www.realmadrid.com

ATLÉTICO DE MADRID
www.atleticodemadrid.com

GETAFE CF
www.getafecf.com

FC BARCELONA

20 Vereine spielen in der spanischen Meisterliga Primera División, aber eigentlich machen nur zwei Klubs den Titel unter sich aus: Seit der ersten Saison 1928/1929 hieß der Ligameister 34-mal Real Madrid, 26-mal FC Barcelona.

411

Torverhältnis der Pflichtspiel-Clásicos

Gründung	29. November 1899
Mitglieder	173 000
Stadion	Nou Camp (98 787)
Titel (national/international)	102
Umsatz (Saison 2020/2021)	631 Mio €
Webseite	www.fcbarcelona.com

Heim   Auswärts

▶ **Deutsche Spieler** ▬

FC Barcelona

Marc-André ter Stegen, seit 2014

Robert Enke, T, 2002 – 2004

Bernd Schuster, MF, 1980 – 1988

Emilio Walter, V, 1923 – 1933

T = Tor
V = Verteidigung
MF = Mittelfeld
S = Sturm

▶ **Anzahl der Siege in verschiedenen Wettbewerben**

■ FC Barcelona
□ Real Madrid

30
25
20
15
10

Spanische Meisterschaft	Copa Del Rey	Champions League	UEFA Supercup	FIFA Weltpokal

▶ **FC Barcelona – bekannte Spieler**

- Lionel Messi, S, 2004– 2021
- Neymar, S, 2014 – 2017
- Thierry Henry, S, 2007 – 2010
- Ronaldinho, MF/S, 2003 – 2008
- Ronaldo, S, 2002 – 2007
- Frank de Boer, V, 1999 – 2003
- Luís Figo, MF, 1995 – 2000
- Xavi, MF, 1991 – 2015
- Andoni Zubizarreta, T, 1986 – 1994
- Diego Maradona, MF, 1982 – 1984
- Johan Cruyff, MF, 1973 – 1978

Trainer

- Xavi 2021–
- Ronald Koeman 2020–2021
- Quique Setién 2020
- Ernesto Valverde 2017–2020
- Luis Enrique 2014 –2017

▶ **Clásicos – direkte Duelle**

249 Begegnungen

(ohne Freundschaftsspiele)

Diese Spieler trafen für beide Klubs ▼

LUIS ENRIQUE   RONALDO

REAL MADRID

Höhepunkte der Saison sind die Clásicos, die direkten Duelle, erst recht, wenn es um internationale Titel geht. Allzu gern vergisst man darüber die Klubs im Schatten der Großen: Atletico Madrid und FC Getafe in der Hauptstadt, Espanyol in Barcelona.

Gründung	06. März 1902
Mitglieder	90700
Stadion	Santiago Bernabéu (82 000)
Titel (national/international)	98
Umsatz (Saison 2020/2021)	653 Mio €
Webseite	www.realmadrid.com

Heim **Auswärts**

Real Madrid

Toni Kroos, MF, seit 2014
Sami Khedira, MF, 2010 – 2015
Mesut Özil, MF, 2010 – 2013
Christoph Metzelder, V, 2007 – 2010
Bodo Illgner, T, 1996 – 2001
Bernd Schuster, MF, 1988 – 1990 von 2007 – 2008 Trainer
Uli Stielike, MF, 1977 – 1985
Paul Breitner, V/MF, 1974 – 1977
Günter Netzer, MF, 1973 – 1976

30
25
20
15
10
05

Europapokal der Pokalsieger	UEFA Cup	Liga-pokal	Span. Supercup	Latin Cup

99 Siege Barça
100 Siege Real
52 Unentschieden

LUIS FIGO   JOSEP SAMITIER

▶ **Real Madrid – bekannte Spieler**

Cristiano Ronaldo, MF, 2009 – 2018
Ronaldo, S, 2002 – 2007
Zinédine Zidane, MF, 2001 – 2006
Luís Figo, MF, 2000 – 2005
Roberto Carlos, V, 1996 – 2007
Raúl Blanco, S, 1994 – 2010
Iker Casillas, 1989 – 2015
Fernando Hierro, V, 1989 – 2003
Günter Netzer, MF, 1973 – 1976
Ferenc Puskás, S 1958 – 1966
Alfredo Di Stéfano, S, 1953 – 1964

Trainer

Carlo Ancellotti
2021 –

Zinédine Zidane
2019 – 2021

Santiago Solari
2018 – 2019

Julen Lopetegui
2018 – 2018

Zinédine Zidane
2016 – 2018

SAN ISIDRO

Madrid feiert vom 8. bis 15. Mai am Rio Manzanares seinen Schutzpatron. Zu den Veranstaltungen gehören das Volksfest auf der San-Isidro-Wiese, ein Feuerwerk, Ballett- und Opernaufführungen, Jazz- und Rockkonzerte sowie Theatervorstellungen, außerdem Corridas (Stierkämpfe).

INTERNATIONALES THEATERFESTIVAL

Internationale Theatergruppen geben sich auf verschiedenen Bühnen die Ehre.

JUNI

SUMA FLAMENCA

▶ Das ist Madrid S. 22
Das wohl beste Flamencofestival überhaupt! Es dauert einen Monat und findet an verschiedenen Orten statt, u. a. im Las Tablas und Teatro Albéniz.

PARQUE DE EUROPA

Volksfest im Stadtteil Latina

BUCHMESSE

Große Buchmesse im ▶Parque del Retiro Ende Mai bis Anfang Juni

MADRIDFOTO/PHOTOESPAÑA

Fotoausstellungen in verschiedenen Kulturräumen, darunter im Círculo de Bellas Artes.

CLÁSICOS EN VERANO

Das Festival der klassischen Musik findet an verschiedenen Orten statt.

SCHUTZHEILIGENFESTE

Das Fest für San Antonio de la Florida wird im Stadtteil Argüelles vom 9. bis 13. Juni und in der ▶ Ermita de San Antonio de la Florida am 13. Juni begangen.

FIESTA DE SAN JUAN

Das Fest zu Ehren Johannes' des Täufers findet am 23. Juni statt.

ORGULLO GAY

Die Ende Juni oder Anfang Juli stattfindende Gay-Parade ist nicht nur für Schwule und Lesben ein Erlebnis.

JUNI/JULI

NOCHES DEL BOTANICO

Konzerte unter freiem Himmel im Botanischen Garten. Nationale und internationale Künstler
www.nochesdelbotanico.com

FEUER-FEST

Der 23. Juni ist die Nacht des San Juan, die Nacht der Feuer. Gefeiert wird die Sonnenwende mit einem mystischen Ritual, das man zum Beispiel im Park La Cornisa, gleich neben der Basilika San Francisco el Grande, erleben kann. Es besteht darin, über die Feuerstelle zu springen, um das Glück anzuziehen ...

JULI/AUGUST

LOS VERANOS DE LA VILLA
Trotz der Sommerpause steht das kulturelle Leben in Madrid nicht still: Das von der Stadt organisierte Sommerfestival wartet vorwiegend im Centro Cultural de la Villa und im ▶ Centro Cultural Conde Duque mit klassischer und moderner Musik, Zarzuela, Tanz und Kino auf.

JULI

STADTTEILFESTE
Die Feste zu Ehren der Virgen del Carmen (ein Titel der Mutter Gottes) finden in vielen Stadtteilen, u. a. in Chamberí, mit Feuerwerk, Tanz und Musik statt.

TETUÁN DE LAS VICTORIAS
Das Fest erinnert mit vielen Veranstaltungen an den spanischen Sieg über die Marokkaner bei Tetuán an der marokkanischen Mittelmeerküste im Jahr 1860.

AUGUST

FIESTA DE SAN CAYETANO, SAN LORENZO Y LA PALOMA
Vom 6. bis 15. August finden in den Madrider Altstadtvierteln Lavapiés und Rastro traditionelle Feiern zu Ehren der drei Schutzheiligen statt. Die Straßen werden herausgeputzt. Den Höhepunkt bildet die Verbana de la Paloma am 15. August, die Prozession mit dem Bildnis der Virgen de la Paloma an der gleichnamigen Kirche (Calle de la Paloma).

SEPTEMBER

STADTTEILFESTE
1. bis 14. September im Barrio de Goya, 3. bis 11. September Fiesta de la Melonera in Arganzuela. Die Fiesta de Otoño ist ein Fest zu Ehren des Schutzheiligen Michael im Stadtteil Chamartín

OKTOBER

EL PILAR
Volksfeste in den Stadtteilen Pilar und Salamanca

DÍA DE LA HISPANIDAD
Feier der Entdeckung Amerikas am 12. Oktober

OKTOBER/NOVEMBER

FESTIVAL DE OTOÑO
Das Herbstfestival läuft von etwa Mitte Oktober bis Mitte November und bereichert das reguläre Kulturprogramm mit Konzerten (Klassik, Jazz und Rock) auf verschiedenen Bühnen.

NOVEMBER

ALMUDENA
Feiertag zu Ehren der Stadtpatronin am 9. November

FESTIVAL DE JAZZ
Centro Cultural de la Villa und andere Veranstaltungsorte

FESTIVAL MADRID DE DANZA
Auf verschiedenen Bühnen

DEZEMBER

WEIHNACHTSMARKT
Auf der ▶ Plaza Mayor

SILVESTER
Das neue Jahr wird auf der ▶ Puerta del Sol eingeläutet.
www.villanueva.aquopolis.es

MUSEEN

Kunstfreunde verbinden Madrid vor allem mit einem: dem Museo del Prado. Hier hängen so berühmte Meisterwerke wie Velázquez' »Las Meninas«, Dürers »Selbstbildnis« und Hieronymus Boschs »Garten der Lüste«. Aber auch abseits des Mainstream finden die bildenden Künste in Madrid eine Bühne.

Paseo del Arte

Kunstfreunde brauchen in Madrid solides Schuhwerk: Der Paseo del Arte erstreckt sich nämlich längst nicht mehr nur vom **Centro de Arte Reina Sofía** über das ▶**Museo del Prado** zum ▶**Museo Thyssen-Bornemisza**. In den vergangenen Jahren kam so manch andere Kulturstätte dazu, etwa die **Casa Encendida** (Metro: Embajadores), das **CaixaForum**, das Kulturzentrum **CentroCentro** im Palacio de Comunicaciones (Metro: Banco de España) oder die **Fundación Mapfre** (Metro: Colón). Der Paseo del Arte misst damit heute gut 3 km (▶ Das ist Madrid S. 10).

Doch auch abseits der Kunstmeile hat Madrid viele interessante Museen zu bieten. Wer nur ein paar Tage Zeit hat, hat also die Qual der Wahl. Hilfreich ist die Homepage des spanischen Kulturministeriums (www.mcu.es), die viele Informationen zu den Museen in Madrid bietet, allerdings nur auf Spanisch.

Madrids bzw. Spaniens berühmtestes Museum: der Prado

Madrid hat auch eine lebendige Galerienszene, allein im Verband **Arte Madrid** (www.artemadrid.com) sind 46 Galerien vertreten. Für einen Galerienbummel empfehlen sich die Calle Claudio Coello und ihre Nachbarstraßen (Metro: Alonso Martínez, Colón). Eine Beschreibung findet sich in ▶ Baedeker Wissen S. 308.

Galerien

Neue Sterne am Madrider Kulturhimmel sind **La Tabacalera** in der ehemaligen Tabakfabrik (▶ El Rastro; Metro: Embajadores), ein wunderbar alternatives Kulturzentrum, in dem es Theater, Ausstellungen, Yogakurse, eine Bar mit Mittagsmenü und sogar einen Kräutergarten gibt, und das Kulturzentrum **Matadero** im einstigen Schlachthof, ebenfalls mit einem kunterbunten Angebot (▶ Das ist Madrid S.14 und ▶ Madrid Río; Metro: Legazpi).

Kultur-zentren

Einen vollständigen Überblick über das aktuelle Kulturangebot bietet das Wochenmagazin **Guía del Ocio**, das freitags für 1 € an jedem Zeitschriftenstand erhältlich ist (www.guiadelocio.com/Madrid).

Infos

MUSEEN UND KULTURZENTREN

MUSEEN IN MADRID

ARMERÍA
Waffen im ▶ Palacio Real, S. 141

BIBLIOTECA MUSICAL VICTOR ESPINÓS
Musikbibliothek mit Instrumenten, Autogrammen, Partituren
Calle Conde Duque 11
Mo.–Fr. 8.30 – 21 Uhr
www.bibliotecas.madrid.es
Metro: Ventura Rodríguez

CAIXAFORUM MADRID
▶S. 153

CASA DE LOPE DE VEGA
▶S. 167

CENTRO DE ARTE REINA SOFÍA
▶S. 59

COLECCIÓN MUNICIPAL
Wandteppiche, Möbel und Gemälde
Jetzt im ▶Museo de Historia de Madrid. Abteilung Bellas Artes.

Calle Fuencarral 78
▶S. 97

CONVENTO DE LA ENCARNACIÓN
▶S. 63

MONASTERIO DE LAS DESCALZAS REALES
▶S. 90

MUSEO AFRICANO
Afrika-Museum des Centro de Animación Misionaria de los Combonianos
Calle Arturo Soria 101
Tel. 91 4 15 24 12
Mo.– Fr. 10 – 13, So. 11.30 – 13 Uhr
Juli – Sept. geschl.
Metro: Arturo Soria

MUSEO DE AMÉRICA
▶S. 62

MUSEO ARQUEOLÓGICO NACIONAL
▶S. 93

MUSEO ARTE PÚBLICO DE MADRID

Open-Air-Museum mit 17 abstrakten Skulpturen unter einer Brücke, u.a. von Joan Miró und Eduardo Chillida.
Paseo de la Casellana 38
Metro: Rubén Darío, Núñez de Balboa

MUSEO CARLOS DE AMBERES

Flämische, holländische Meister
Calle Claudio Coello 99
Mo. – Fr. 10 – 20 Uhr
Metro: Rubén Darío

MUSEO CASA DE LA MONEDA

Die Ausstellung im ehemaligen Haus der Münze rollt in 30 Sälen die Geschichte des Geldes auf. Zu sehen sind 30 000 Münzen und Geldscheine, Stiche, Zeichnungen, Prägestöcke und -stempel aus dem 16. – 18. Jh.
Calle Doctor Esquerdo 36
Di. – Fr. 10 – 20, Sa., So. 10 – 14 Uhr
Metro: Goya

MUSEO DE CERA

Hunderte Wachsfiguren von berühmten Persönlickeiten aus Geschichte, Politik, Kultur und Sport
Paseo de Recoletos 41
tgl. 11 - 19 (Winter), 11 – 20 Uhr (Sommer)
Metro: Colón

MUSEO CERRALBO

▶S. 156

MUSEO GEOMINERO

Fossilien-, Mineralien- und Gesteinssammlung
Calle Ríos Rosas 23
Mo. – So. 9 – 14 Uhr
Metro: Ríos Rosas

MUSEO DE HISTORIA DE MADRID

▶S. 97

MUSEO LÁZARO GALDIANO

▶S. 131

MUSEO NACIONAL DE ANTROPOLOGÍA

Völkerkundemuseum und ältestes Anthropologiemuseum in Spanien
Calle Alfonso XII 68
Tel. 91 5 30 64 18
Di. – Sa. 9.30 – 20, So., Fei. 10– 15 Uhr
Metro: Atocha-Renfe

MUSEO NACIONAL DE ARTES DECORATIVAS

Das Kunstgewerbemuseum mit seinen original eingerichteten Wohn- und Schlafräumen, vollständigen Küchen und vielen Einzelstücken gewährt hervorragende Einblicke in die spanische Wohnkultur des 15. und 16. Jh.s.
Calle Montalbán 12
Tel. 91 5 32 64 99
Di. – Sa. 9.15 – 15, Do. 17 – 20, So. 10 – 15 Uhr
Metro: Banco de España

MUSEO NACIONAL DE CIENCIAS NATURALES

Der Stolz des auf Karl III. zurückgehenden naturwissenschaftlichen Museums sind die Dinosaurier–Skelette. Weitere Schwerpunkte sind Zoologie, Mineralogie, Paläontologie, Geologie.
Calle José Gutiérrez Abascal 2
Tel. 91 4 11 13 28
Di. – Fr. 10 – 17, Sa. So. 10 – 20 Uhr
Metro: Gregório Marañón

MUSEO DEL FERROCARRIL

In der historischen Bahnhofshalle stehen Dampf–, Diesel– und Elektorloks sowie Abteil– und Salonwagen.
Paseo de las Delicias 61
Juni – Sept. tgl. 10 – 15, sonst Mo. – Fr. 9.30 – 15, Sa. 10 –19, So 10 – 15 Uhr
www.museodelferrocarril.org
Metro: Delicias

MUSEO NAVAL

Marinemuseum im gleichnamigen Ministerium: Geschichte der spanischen

Mit Dinos auf Du und Du im Museo Nacional de Ciencias Naturales

Seefahrt. Unter den ausgestellten Objekten befindet sich eine Karte der Neuen Welt von 1500.
Paseo del Prado 5
Di. – So. 10 – 19, im August bis 15 Uhr
Metro: Banco de España

MUSEO DEL PRADO
▶S. 100

MUSEO DE LA REAL ACADEMIA DE BELLAS ARTES DE SAN FERNANDO
▶S. 181

MUSEO DEL ROMANTICISMO
▶S. 98

MUSEO SOROLLA
Joaquin Sorolla (1863 – 1923), ein in Europa kaum bekannter valenzianischer Künstler, ist vielleicht der bedeutendste spanische Impressionist. Die 1911 von ihm erbaute Villa mit ihrem großen Garten birgt ca. 100 Werke aus den Jahren 1890 bis 1920. Sehenswert sind auch der Salon, eine rustikale Küche, das mit Orangen- und Zitronenfriesen ausgestattete Esszimmer sowie das Studio des Künstlers.
Calle General Martínez Campos 37
Di. – Sa. 9.30 – 20 So., Fei. 10 – 15, freier Eintritt: Sa. 14 – 20 Uhr
www.culturaydeporte.gob.es/msorolla/inicio.html
Metro: Ruben Darío, Iglesia

MUSEO TAURINO
▶Las Ventas, S. 214

MUSEO THYSSEN-BORNEMISZA
▶S. 133

MUSEO TIFLOLÓGICO DE LA ONCE
Im Museum für Blinde kann man Kunstwerke erfühlen und ertasten. Es wurde 1992 von der Spanischen Blindenorganisation eröffnet.

GALERIENSZENE – ZWISCHEN PROVINZIELL UND INTERNATIONAL

Galeriefreunde haben es in Madrid leicht: Einfach an der Metro-Haltestelle Alonso Martínez aussteigen: Zwischen der Gran Vía und der Calle Génova buhlen fast 20 Galerien um Aufmerksamkeit. Wem das nicht reicht, sollte die nahe liegende Straße Claudio Coello im Salamanca-Viertel ins Visier nehmen. Die meisten Galerien sind in der Interessengemeinschaft ArteMadrid vertreten, die der Szene einen Hauch von Internationalität verliehen hat.

Wie jede andere europäische Metropole verfügt auch Madrid über ein Netz von Galerien, Kulturzentren, Universitäten, Museen, Stiftungen und Künstlergemeinschaften. Doch damit nicht genug; Regelmäßig findet auch eine Reihe von Veranstaltungen mit internationalem Profil statt, etwa die Feria Internacional de Arte Contemporáneo (ARCO), die internationale Messe für Zeitgenössische Kunst, oder die Photo-España (www.phe.es). Das kleinere Event ArtMadrid bietet in- und ausländischen Galerien eine Plattform (www.art-madrid.com). Dennoch gibt es nicht wenige Stimmen, die der Madrider Galerienszene Provenzialiät nachsagen. Doch damit tut man ihr wohl unrecht.

Internationale Kunst

In der 1983 eröffneten **Galerie Juana de Aizpuru** (http://juanadeaizpuru.es, Calle Barquillo 44) findet man durchaus auch Künstler mit nichtspanischen Namen. Tatsächlich ist Juana de Aizpuru immer auf der Suche nach neuen Ta-

lenten. Sie war es auch, die 1982 die Kunstmesse ARCO ins Leben rief. Auf ausländische Künstler, vor allem aus dem Mittleren Osten, Nordafrika und Südasien, ist die **Galerie Sabrina Amrani** (www.sabrinaamrani.com/, Calle Madera 23) spezialisiert.

Krise

Doch unabhängig von der Herkunft ihrer Künstler haben die Madrider Galerien mit der schlechten wirtschaftlichen Lage Spaniens zu kämpfen. Sogar bekannte Namen der Szene sind verschwunden. Auch Alex Tejido und Antonio González, Inhaber der **Galerie ASM 28**, mussten 2012 ihren festen Sitz aufgeben. Sie haben mit einem neuen Konzept auf die veränderten Bedingungen reagiert: ASM 28 ist jetzt eine »Nomaden-Galerie« mit zwei- bis dreitägigen Ausstellungen immer an einem anderen Ort. Auch künstlerisch suchen die beiden neue Wege: Statt Öl auf Leinwand stellen sie großformatige Fotografien, Stahlskulpturen oder Installationen aus.

Top-Künstler

Zu den Aushängeschildern der Branche in Madrid zählt die **Galerie Elvira González** (www.elviragonzalez.es, Calle Hermanos Álvarez Quintero 1). Hier findet man renommierte Künstler wie Olafur Eliasson, Robert Mapplethorpe oder Miquel Barceló. Die Galerie kooperiert mit verschiedenen Museen und Kultureinrichtungen und berät private sowie institutionelle Sammler.

Calle la Coruña 18
Di. – Fr. 10 – 15 und 16 – 19,
Sa. 10 – 14 Uhr
Metro: Estrecho

PALACIO REAL
▶S. 135

PANTEÓN DE GOYA
▶Ermita de San Antonio de la Florida,
S. 64

REAL BASÍLICA DE
SAN FRANCISCO EL GRANDE
▶S. 187

REAL FÁBRICA DE TAPICES
▶S. 81
▶Baedeker Wissen S. 80

REAL SITIOS DE EL PARDO
▶S. 143

TEMPLO DE DEBOD
▶Casa de Campo · Parque del Oeste,
S. 56

VELÁZQUEZ TECH EL MUSEO
Acht Säle mit modernster Technologie, die seit 2021 erlauben, Kunst mit allen fünf Sinnen zu erleben, auch »Las Meninas« von Diego Velázquez.
Calle Atocha 12
Mi, Do. 11 – 21, Fr. – So. 10 – 22 Uhr
www.velazqueztech.com
Metro: Sol, Tirso de Molina

MUSEEN AUSSERHALB MADRIDS

ALCALÁ DE HENARES
▶S. 46

ARANJUEZ
▶S. 49

EL ESCORIAL
▶S. 66

LA GRANJA
▶S. 81

SEGOVIA
▶S. 188

TOLEDO
▶S. 198

KULTURZENTREN

ATENEO
▶S. 167

CANAL DE ISABELL II
Ausstellungen
Calle Santa Engracia 125
Tel. 91 5 45 10 00
Metro: Ríos Rosas

CASA DE AMÉRICA
Kulturzentrum für den Kulturaustausch mit Lateinamerika
Palacio de Linares, Paseo de Recoletos 2
Tel. 91 5 88 48 00
www.casamerica.es
Metro: Banco de España

CENTRO CULTURAL CONDE DUQUE
▶S. 57
Calle Conde Duque 11
Tel. 91 5 88 58 34
Metro: Argüelles, Ventura Rodriguez

CENTRO CULTURAL DE LA VILLA DE MADRID
Im städtischen Kulturzentrum finden u. a. Konzerte und Ballettaufführungen statt (▶S. 149).
Plaza de Colón y Serrano
Tel. 91 4 80 03 00
Metro: Colón

CENTROCENTRO
▶S. 157

CÍRCULO DE BELLAS ARTES
Plastische Kunst, Vorträge ▶S. 182
Calle Alcalá 42
Tel. 91 3 60 54 00
Metro: Banco de España, Sevilla

FILMOTECA ESPAÑOLA
Die Spanische Filmothek ist ein Archiv, zuständig für die Sammlung und Bewahrung des spanischen Filmkulturguts.
Calle de la Magdalena 10
Metro: Antón Martín, Lavapiés, Tirso de Molina

FUNDACIÓN JUAN MARCH
Ausstellungen, Konzerte
Calle Castelló 77
Tel. 91 4 35 42 40
Metro: Nuñez de Balboa

FUNDACIÓN MAPFRE
Museum mit Werken von Miró und anderen Künstlern (19./20. Jh.).
Paseo de Recoletos 23
Metro: Colón

LA CASA ENCENDIDA
Lokale darstellende Künste, darunter Filme, Konzerte, Aktivitäten und Ausstellungen.
Ronda de Valencia 2
Tel. 91 5 06 21 80
www.lacasaencendida.es
Metro: Embajadores

LA TABACALERA
▶S. 179

LA NEOMUDÉJAR
Das Zentrum für die Kunst der Avantgarde ist spezialisiert auf Urban Art, Videokunst, Performance, Parkour, Sound Art.
Calle Antonio Nebrija s/n
Tel. 91 5 28 33 49
Mi. – So. 11 – 15 und 17 – 21 Uhr
www.laneomudejar.com
Metro: Atocha-Renfe

MATADERO
▶ S. 88

NATIONALBIBLIOTHEK
▶Museo Arqueológico, S. 97
Paseo de Recoletos 20
Tel. 91 5 80 78 00

SALAS DE EXPOSICIONES PALACIO DE CRISTAL UND PALACIO DE VELÁZQUEZ
Ausstellungen und anderes
Casa Vacas ▶Parque del Retiro, S. 145
tgl. 10 – 18, Sommer 11– 20 Uhr

SHOPPEN

Spanien ist die Heimat internationaler Modeketten wie Zara, Mango oder Camper und die Hauptstadt Madrid ein Mekka für Shoppingfans. Wer allerdings etwas Bestimmtes sucht, etwa ein neues Abendkleid von Fernando Lemoniez oder eine gebrauchte Lederjacke aus den 1960er-Jahren, der sollte zumindest eine grobe Ahnung haben, wo die Suche losgehen soll – sonst kann die Einkaufstour zur Einkaufstortur werden: Die Stadt ist groß und das Angebot an interessanten Läden fast noch größer.

Mode Wer auf Stangenware à la Zara, H&M, Mango oder Springfield aus ist, der muss nur die ▶ **Gran Vía** einmal rauf- und runtergehen. Denn die

Stylish: die Boutique Agatha Ruiz in der Calle de Serrano 27

großen Namen sind hier fast ausnahmslos alle vertreten. Zwischen Gran Vía und der ▶ Puerta del Sol sind zudem FNAC und das spanische Vorzeigekaufhaus El Corte Inglés angesiedelt. Dort findet man immer etwas, vom Fächer bis zum Ibérico-Schinken.

Kreativer und intimer ist das Shopping-Erlebnis in den Stadtvierteln, etwa in Chueca, Malasaña oder Salamanca. Chuecas Einkaufsmeile Nummer eins ist die **Calle Fuencarral** (Metro: Chueca, Tribunal, Callao), eine Fußgängerzone mit unzähligen Mode- und Schuhläden. Hier sind nicht nur renommierte Marken wie Diesel oder Camper zu finden, sondern auch Kleider und Accessoires abseits der Massenware. Man sollte sich aber ab und zu auch in die kleinen Nebenstraßen wagen, nicht selten stößt man dort auf bemerkenswerte Läden, in denen noch der Besitzer selbst bedient.

Fans von gehobener Secondhand-Kleidung sollten sich in **Malasaña** (Metro: Tribunal, Bilbao) genauer umsehen, etwa in der Calle Velarde unweit der▶ Plaza del Dos de Mayo. Ein paar Straßen weiter, in der Calle Corredera Baja de San Pablo, haben sich in jüngster Zeit außerdem etliche kreative Modeläden angesiedelt.

Luxuriöses Shoppen

Der Einkaufsbummel durch das Salamanca-Viertel (Metro: Serrano, Goya o Velázquez) setzt in der Regel eine gut gefüllte Geldbörse voraus. Wie es sich gehört, sind in dem **Edelviertel** überdurchschnittlich viele Antiquitäten-, Schmuck- und Gourmetläden sowie teure Modeboutiquen zu Hause. In den Straßen Ortega y Gasset, Serrano, Goya, Jorge Juan und Villanueva fühlt sich der Besucher wie am Rodeo Drive in Beverly Hills. Hier dominieren Marken wie Hugo Boss, Cartier, Zegna und ähnliche Kaliber.

Studentisch und alternativ

Im zentralen Viertel **Las Letras** hingegen geht es wieder traditioneller, bisweilen auch modern-kreativ zu. Jahrzehntealte Buchläden leben in harmonischer Nachbarschaft mit witzig gestalteten Cafés und heimeligen Modeläden.

Etwas blutlos – aber zahlreich – sind dagegen die Einkaufsmöglichkeiten rund um die **Calle Alberto Aguilera** nordwestlich der Plaza de España (Metro: Agüelles, Moncloa). Auch hier gilt: Rein in die Nebenstraßen und sich treiben lassen bis zur Calle Cea Bermúdez. Denn dort sind viele Studenten der nahen Ciudad Universitaria zu Hause. Hier gibt es gut sortierte Buchläden, sympathische Boutiquen und einige gute Cafés.

Multikulturell und eher alternativ präsentiert sich das Shopping-Erlebnis in den Vierteln **La Latina** und **Lavapiés**. Teure Läden findet man hier selten, schon eher sind sie auf Öko-Lebensmittel oder Kunsthandwerk aus aller Herren Länder spezialisiert. In letzter Zeit haben vermehrt Jungunternehmer mit Modeboutiquen, die beispielsweise ausschließlich T-Shirts oder Vintage-Mode anbieten, in den Vierteln ihre Zelte aufgeschlagen.

Das ▶ **El Rastro-Viertel** rund um die Ribera de Curtidores ist nicht nur an Trödelmarktsonntagen interessant. Hier gibt es etwa ein Dutzend Outdoor-Läden und nicht ganz so viele Antiquitätengeschäfte.

Bleibt das Herz von Madrid, das rund um die ▶ **Plaza Mayor** schlägt. Erwartungsgemäß haben hier Souvenirläden und auf Touristen ausgerichtete Restaurants das Sagen – was aber nicht heißt, dass hinter so manch unscheinbarem Schaufenster nicht doch Geschäfte mit einer mehr als hundertjährigen Tradition überlebt haben. Meist sind es Apotheken, Uhrmacher und Bäckereien, in denen die Zeit stehen geblieben zu sein scheint. Die großen **Einkaufszentren**, mit Hunderten von Geschäften unter einem klimatisierten Dach, sind ausschließlich außerhalb des Stadtkerns angesiedelt und ohne Auto nur schlecht zu erreichen. Die Malls sind oft auch sonntags bis in die späten Abendstunden geöffnet.

Power-
shoppen

SHOPPING-ADRESSEN

ANTIQUITÄTEN
Madrids Antiquitätenhändler wissen, was ihre Sammlerstücke wert sind – niemand sollte sich das Schnäppchen des Jahres erhoffen!

ANTIGÜEDADES LINARES
Ein Antiquitätengeschäft mit hundertjähriger Tradition.
Calle Columela 3
Metro: Retiro

GALERÍA TIEMPOS MODERNOS
Spezialisiert auf Art déco kann man hier einzigartige Stücke finden.
Calle Arrieta 17
https://tiempos-modernos.com
Metro: Ópera

BÜCHER

CASA DEL LIBRO
Erste Adresse für Bücherwürmer! Mit Geschäften in der ▶Gran Vía 29, der Calle de Alcalá 96, Calle Salud 17, Calle Fuencarral 119 und Orense 11
www.casadellibro.com
Metro: Gran Vía (Hauptfiliale)

PASAJES
Bücher (auch deutsche, englische, französische und spanische)
Calle Génova 3
www.pasajeslibros.com
Metro: Alonso Martínez

FNAC
Die Madrider Filiale der französischen Medienhauskette bietet eine große Auswahl an Büchern, CDs und Filmen.
Calle Preciados 28
Metro: Callao

ESSEN UND GETRÄNKE

ANTIGUA PASTELERÍA DEL POZO
Älteste Konditorei Madrids (1830): ein Paradies für Naschkatzen!
Calle Pozo 8
Metro: Sol

CACAO SAMPAKA
Spezialist für feinste Schokoladen und Pralinés! Die süßen Köstlichkeiten sind alle hausgemacht und können vor Ort probiert werden.

Orellana 4
www.cacaosampaka.com
Metro: Alonso Martinez

LAVINIA
Megaweinlager mit einer vorzügli-
chen Auswahl internationaler Weine
für jeden Geldbeutel. Wer hier nichts
findet, wird nirgendwo fündig!
Calle José Ortega y Gasset 16
Metro: Nuñez de Balboa

MALLORCA PASTELERIA
Diese erstklassige Konditorei unter-
hält ein halbes Dutzend Läden über
die Stadt verteilt. Das Angebot umfasst auch belegte Brötchen zum Mitnehmen sowie hausgemachte Suppen
und Eintöpfe zum Vor-Ort-Verzehr.
u. a. Puerta del Sol
www.pasteleria-mallorca.com
Metro: Sol

PATRIMONIO COMUNAL OLIVARERO
Hier gibt es nicht weniger als 150
Sorten Olivenöl bester Qualität.

Calle de Mejía Lequerica 1
www.patrimoniolivarero.com
Metro: Alonso Martinez

PANIC
Hier kann man den Bäckern bei der
Arbeit über die Schulter schauen.
Calle Conde Duque 13
Metro: San Bernardo

MÄRKTE

MERCADO SAN MIGUEL
▶ Das ist Madrid S. 18 und ▶ Plaza
Mayor

MERCADO SAN ANTÓN
▶ Das ist Madrid S.18
Calle de Augusto Figueroa 24B
www.mercadosananton.com
Metro: Chueca

MERCADO DE SAN ILDEFONSO
▶ Das ist Madrid S.18
Calle Fuencarral 57
www.mercadodesanildefonso.com
Metro: Tribunal

Der Gitarrenbauer Manuel González Contreras bei der Arbeit

MERCADO DE BARCELÓ
Rund 100 Stände bieten in der modernen Markthalle Köstlichkeiten aus aller Welt an.
Calle Barceló 6; Mo. – Fr. 9 – 14, 17.30 – 20.30, Sa. nur 9 – 14 Uhr
https://mercadobarcelo.es
Metro: Tribunal

MERCADO DE SAN FERNANDO
▶Das ist Madrid S. 18
Calle de Embajadores 41
Mo. – Do. 9 – 21, Fr., Sa. bis 23, So. 11 – 17 Uhr
www.mercadodesanfernando.es
Metro: Lavapiés

MERCADO DE LA CEBADA
▶ Das ist Madrid S. 18
Plaza de la Cebada s/n
Mo.–Sa. 9 – 14 und 17.30 – 20.30
https://mercadodelacebada.com
Metro: Tirso de Molino

MERCADO DE LOS MOSTENSES
▶ Das ist Madrid S. 18
Plaza Mostenses 1
Mo. – Fr 9 – 14 und 17 – 20 Uhr, samstags nur vormittags
Metro: Plaza de España

EL RASTRO
▶S. 177

KAUFHÄUSER · MALLS

LAS ROZAS VILLAGE
Das Outlet–Center bietet Markenartikel u. a. von Armani, Boss, Versace.
Las Rozas
Calle Juan Ramón Jiménez 3
Anfahrt: ab Moncloa mit Bus 625, 628 oder 629; tgl. geöffnet
www.lasrozasvillage.com

EL CORTE INGLÉS
Alles unter einem Dach: Die einzige spanische Kaufhauskette wartet mit einem vielseitigen Angebot auf und ist in der Madrider Innenstadt mit zwei Geschäften vertreten.

Preciados 3, Metro: Sol
Plaza de Callao 1
www.elcorteingles.es
Metro: Callao

WOW CONCEPT
Ein modernes Kaufhaus mit acht Stockwerken. Mode, Schuhe, Technologie …
Gran Vía 18
https://wowconcept.com
Metro: Gran Vía

KUNSTHANDWERK

CÁNTARO
Fast schon ein Muss für die Fans edler Keramiken! Hier kann man handgemachte, traditionelle spanische Keramiken erstehen.
Calle Flor Baja 8
www.ceramiccantaro.com
Metro: Plaza España

ANTIGUA CASA TALAVERA
Handgemachte Keramiken aus Granada und Talavera de la Reina
Isabel la Católica 2
Metro: Santo Domingo

GATOTECA
Ein Café mit Katzen und ein Tierschutzprojekt. Der Erlös der Getränke unterstützt die Vierbeiner, oft wird auch ein Kätzchen adoptiert (S. 79).
Calle del Duque de Rivas 7
Metro: Tirso de Molina

GUITARRAS MANUEL CONTRERAS
Handgebaute Gitarren
Calle de Segovia 57
www.manuelcontreras.com
Metro: Ópera

PÍKARAA
Handwerksbetrieb, in dem Keramik- und Glasobjekte hergestellt werden.
Calle de Toledo 117
https://pikaraa.es
Metro Puerta de Toledo

MODE

ADOLFO DOMÍNGUEZ
Spaniens Stardesigner kreiert avantgardistische, tragbare Mode.
Calle Serrano 5
Metro: Colón, Serrano

AGATHA RUIZ DE LA PRADA
Ein Muss für Modefans!
Calle Serrano 27 (Abb. S. 311)
Metro: Colón, Serrano

ESKEPTION
Alle international führenden Designer
Calle Velázquez 28
www.ekseption.es
Metro: Velázquez

ROSAS ROJAS
Aktuelle Mode mit femininem Touch
und starken Farben
Calle Conde del Romanones 2
Metro: Sol

ALFARO 1926
Das 1926 gegründete Geschäft setzt
auf feminine, junge Mode.
Calle Goya 5
www.alfaro1926.com
Metro: Colón, Serrano

SCHMUCK

NICOL'S JOYEROS
Junges Design und frische Farben im
mittleren Preissegment!
Calle Serrano 86
Metro: Serrano

SUÁREZ
Calle Serrano 63
Metro: Serrano

SCHUHE
Die Schuhstraße schlechthin ist die
Calle Augusto Fiqueroa.
Metro: Chueca

DIEZ
Calle Goya 61
Metro: Goya

CAMPER
Calle Montera 47
Metro Gran Vía

SPORTARTIKEL
Jacken, Wanderstiefel, Rucksäcke gibt
es in der Calle Ribera de Curtidores.
Metro: Puerta de Toledo,
La Latina

STADTBESICHTIGUNG

*Wer Madrid nicht von Anfang an auf eigene Faust erkunden und
ziellos durch die schier endlosen Straßenschluchten treiben
möchte, der findet auf geführten Exkursionen eine erste
Orientierung.*

Mit dem Bus Eine gute Adresse für eine organisierte Rundfahrt ist beispielsweise
das private Unternehmen **Madrid City Tour** (Erwachsene 21 €, Kinder 10 €, Tel. 91 3 69 27 32, https://madrid.city-tour.com). Es chauffiert Besucher 365 Tage im Jahr in roten Doppeldeckerbussen zu den
herausragenden Sehenswürdigkeiten der Stadt. Es gibt zwei Routen,
eine blaue und eine grüne. Die Linien treffen sich an mehreren Punkten, beispielsweise an der ▶Puerta del Sol und am ▶Museo del Prado.

Mit einem Ticket können beide beliebig oft benutzt werden. Mit der blauen geht es vom Prado westwärts u.a. zur ▶Gran Vía, zur ▶Plaza España, zum Templo de Debod, zum Teatro Real und zum ▶Palacio Real und über die Almudena-Kathedrale und den Círculo de Bellas Artes wieder zurück zum Prado. Die grüne Linie fährt nach Norden und hält z.B. beim Museo de Ciencias Naturales, den Nuevos Ministerios und an Real Madrids Stadion Santiago Bernabéu. Über die Kopfhörer erhält man Erläuterungen zu den Highlights auch auf Deutsch. Je nach Saison fahren die Panoramabusse alle 8 bis 15 Minuten. Beide Linien bieten zweimal täglich – vormittags und nachmittags – eine erweiterte Route an, die noch mehr Stationen bedient.

Das Madrider Fremdenverkehrsamt bietet ganzjährig **Stadtführungen** in mehreren Sprachen an, darunter Deutsch (ca. 21 €) und Englisch (17 €). Sie dauern 1,5 bis 2 Stunden. Zudem werden **Stadterkundungen per Fahrrad** angeboten. Die Tickets sind im Touristeninformationsbüro Plaza Mayor 27 erhältlich. Das aktuelle Programm der Touren gibt es auf www.esmadrid.es. | Zu Fuß und per Fahrrad

Wer auf Deutsch in die Geschichte Madrids eintauchen will, der kann sich an den **Madrider Verband der Stadtführer** wenden (APIT, guias@apit.es). Recht neu sind die kostenlosen Stadtführungen privater Initiativen. Sie starten ihre bis zu dreistündigen Touren (meistens auf Englisch, manchmal auf Spanisch) täglich an der Plaza del Sol oder

Schräges Fotomotiv: die Plaza de Castilla

Plaza Mayor. Die Hobby-Stadtführer erwarten ein großzügiges Trinkgeld. Dem Madrid **Pedro Almodóvars** (▶Interesssante Menschen) kann man in der Gegend um den Straßenmarkt ▶El Rastro, im Viertel Antón Martín, auf dem Friedhof La Almudena oder auf der ▶Gran Vía mit ihren typischen Leuchtplakaten nachspüren.

Madrid aktiv

Für eine »grüne« Abwechslung sorgen über 40 Parkanlagen. Dort kann man sich mit »Klassikern« wie **Jogging** (etwa im ▶Parque del Retiro) und **Radfahren** (durch die ▶ Casa de Campo) die Zeit vertreiben. An den Seen des Retiro oder der Casa de Campo gibt es Bootsverleihe. Weit verbreitet ist das Inlineskating, in der Casa de Campo ist ein **Mountainbike-Rundweg** ausgewiesen. Unter dem Namen ▶Madrid Río entstand ein **Radwegenetz** entlang des Río Manzanares (▶ Baedeker Wissen S. 14 und S. 87). In den Tourismusbüros liegen dazu Broschüren aus (auch auf Deutsch).

MADRID AKTIV

FAHRRADVERLEIH

BICIMAD
Seit 2014 bietet das Rathaus elektrische Fahrräder an. Man leiht sie an verschiedenen Stationen im Zentrum, Retiro, Moncloa und Chamberi per Automat aus und stellt sie an einer anderen Station wieder ab.
www.bicimad.com

BIKE SPAIN
Der Verleih hat auch geführte Radtouren im Angebot.
Plaza de la Villa 1
www.bikespain.info
Metro: Ópera

MI BIKE RÍO
Der Radverleih residiert am Ufer des Rio Manzarenes unterhalb der Plaza de España. Ein Leihfahrrad kostet pro Tag zwischen 25 und 30 €.
Calle Aniceto Marinas 26
www.mibikerio.com
Metro: Plaza de España

WELLNESS

AQUOPOLIS
Das Freizeitbad in Villanueva de la Cañada ca. 40 km westlich von Madrid bietet sommerlichen Badespaß ohne Grenzen. Mit dem Auto braucht man ab Madrids Centro rund 45 Min. bis dorthin.
Av. de la Dehesa
Villanueva de la Cañada
(Mitte Juni – Anfang Sept.)
www.aquopolis.es

BAÑOS ÁRABES
HAMMAM AL ANDALUS
Wie in den Bädern des alten al-Andalus, der einst muslimisch beherrschten Teile der Iberischen Halbinsel! Das arabische Bad in der Nähe der Plaza Mayor ist nicht ganz billig, aber an kühlen Wintertagen eine wärmende Oase.
Calle Atocha 14
Tel. 91 4 29 90 20
https://madrid.hammamalandalus.com
Metro: Tirso de Molina

ÜBERNACHTEN

*Übernachten in Madrid kann ein preiswertes und trotzdem ange-
nehmes Unterfangen sein – vorausgesetzt, man gelangt an eine
Herberge mit gutem Preis-Leistungs-Verhältnis. Und die gibt es
in erstaunlicher Anzahl.*

In Hostales zahlt man nur im Ausnahmefall mehr als 40 € pro Nacht,
meist sind es etwa 25 €. Man sollte sich nicht davon abschrecken lassen, wenn ein Hostal keine Rezeption auf Straßenhöhe hat, denn fast
alle residieren in **Altbauten** auf den Etagen 1 bis 5. Nicht selten teilen
sich bis zu vier Hostales ein Gebäude. Die Qualität schwankt dabei
sehr. Ein ansehnlich gestaltetes Schild an der Fassade kann ein An-
haltspunkt für einen Glücksgriff sein. Eine wahre Flut von Hostales ist
rund um die Metrostationen Sol, Gran Vía und Callao sowie in der
Calle Fuencarral zu finden. Doch Vorsicht, manche vermieten ihre
Zimmer lieber stundenweise als die ganze Nacht! Im Internet findet
man unter www.infohostal.com Infos zu preiswerten Unterkünften
in der spanischen Hauptstadt.

Hostales

Was Hotels anbetrifft, hat sich in Madrid in den vergangenen Jahren
viel getan. Innovative Unternehmen mischten mit **neuen Ideen** den
Markt gründlich auf – mit der Folge, dass man für ein anspruchsvolles
Design und guten Service nicht mehr unbedingt tief in die Tasche grei-
fen muss. Die neuen Ketten tragen vielversprechende Namen wie
Room Mate, Chic & Basic oder The Praktik. Der Preis für ein Doppelzimmer liegt meist zwischen 60 und 100 €, und das Gute an diesen
Neulingen ist, dass sie keineswegs fern aller touristischen Sehenswürdigkeiten, sondern ausnahmslos im Herzen Madrids residieren.
Sämtliche Hotels in Spanien sind entsprechend ihrer Ausstattung
und Lage mit **ein bis fünf Sternen** gekennzeichnet. Luxusherbergen
wie das Ritz dürfen sich mit fünf Sternen und dem Zusatz GL (Gran
Lujo) schmücken.

Hotels

Die Preise müssen gemäß Gesetz für Übernachtungsgäste sichtbar
aushängen. In der Regel verstehen sie sich inklusive Mehrwertsteuer.
Einzelreisende zahlen meist nur geringfügig weniger als Paare für
ein Doppelzimmer. Je nach Jahreszeit oder Event (Messen, Sport-
veranstaltungen) schwanken die Tarife zwischen Temporada baja
(Nebensaison), Temporada media (Zwischensaison) und Temporada alta (Hochsaison). Wegen der drückenden Hitze und weil dann
keine Messen und Großveranstaltungen stattfinden, ist in Madrid im
August Nebensaison. In diesem Monat geben die Hotelketten große
Preisnachlässe auf ihre Zimmer, vor allem, wenn via Internet gebucht
wird.

Preise

AUSGESUCHTE UNTERKÜNFTE

etc. ▶Karte S. 288/289
PREISKATEGORIEN
für ein Doppelzimmer
€ € € € über 200 €
€ € € 100 – 200 €
€ € 70 – 100 €
€ unter 70 €

HOTELS IN MADRID

❶ MIRASIERRA SUITES HOTEL € € € €

Die eleganten Suiten des Hauses sind mit extragroßen Betten ausgestattet. Der Spabereich erstreckt sich über 1300 m² und sucht in Madrid seinesgleichen.
Calle Alfredo Marquerie 43
Tel. 91 7 27 79 00
www.eurostarshotels.de/euro
stars-suites-mirasierra.html
Metro: Herrera Oria

❷ RELAIS & CHATEAUX ORFILA € € € €

In den prunkvoll ausgestatteten 12 Suiten und 30 Zimmern des Hauses hätte sich vermutlich sogar Frankreichs Sonnenkönig wohlgefühlt. Das Restaurant »El Jardin de Orfila« wird vom 2-Sterne-Koch Mario Sandoval geführt.
Calle Orfila 6
Tel. 91 7 02 77 70
www.hotelorfila.com
Metro: Plaza de Colón

❸ EUROSTARS MADRID TOWER € € € €

Das 5-Sterne-Hotel residiert in der Torre PwC, einem 236 m hohen Turm im Norden Madrids. Das Interieur zeichnet sich durch klare Linien und viel edles Holz aus. Das großzügige Spa auf der 29. Etage bietet ebenso wie das Sterne-Restaurant »Volvoreta« traumhafte Panoramablicke über Madrid.

Paseo de la Castellana 259 B
Tel. 91 3 34 27 00
100 Zi.
www.eurostarsmadridtower.com
Metro: Begoña

❹ PUERTA AMÉRICA € € € €

Kein Geringerer als der Pritzker-Preisträger Jean Nouvel entwarf das Gebäude. Für die Innenausstattung engagierte die spanische Hotelkette Silken gleich mehrere namhafte Interior-Designer, die jeder Etage ihren individuellen Stempel aufdrückten. Klare Linien, edle Materialien und warme Farben beherrschen alle Räume. Restaurant ist Spitze.
Avenida de América 41
Tel. 91 7 44 54 10
www.hotelpuertamerica.com
Metro: Cartagena

❺ ÚNICO MADRID € € € €

Das Haus im Viertel Salamanca besticht durch die kühle Eleganz der Räumlichkeiten. Das Restaurant wartet mit zwei Michelin-Sternen auf.
Calle Claudio Coello 67
Tel. 91 7 81 01 73
www.unicohotelmadrid.com
Metro: Serrano

❻ HOSPES € € € €

Das Boutique-Hotel residiert in einem Prachtbau des späten 19. Jh.s gegenüber der Puerta de Alcalá im Zentrum Madrids. Die Innenausstattung verbindet modernsten Komfort mit historischem Chic. Die Küche des hoteleigenen Norbelrestaurants »Malvar« kombiniert Tradition mit Innovation.
Plaza de la Independencia 3
Tel. 91 432 29 11
www.hospes.com
Metro: Banca de España

❼ HOTEL RIU PLAZA DE ESPAÑA € € € €

Neu renoviertes, denkmalgeschütztes

Gebäude (Edificio España) mit anspruchsvollen Zimmern, Restaurant sowie Dachterrasse mit Bar und saisonalem Außenpool.
Gran Vía 84
www.riu.com/es/hotel/espana/madrid/hotel-riu-plaza-espana
Metro: Plaza de España

❽ URBAN € € € €

Das erst vor ein paar Jahren eröffnete Boutique-Hotel verbindet modernstes Design mit Kunst aus Papua–Neuguinea. Auf der Dachterrasse gibt es einen Pool. Ein Fitnessraum, Sauna und ein Sonnenbereich gehören zum Angebot dazu. Das erst kürzlich mit einem Michelin–Stern ausgezeichnete Restaurant serviert feinste spanische und katalanische Spezialitäten.
Carrera de San Jerónimo 34
Tel. 91 7 87 77 70
www.derbyhotels.com
Metro: Sevilla

❾ HOTEL NH COLLECTION MADRID SUECIA € € € €

Ernest Hemingway hat in diesem Haus übernachtet, wenn er in Madrid war. Einige der 123 luxuriös eingerichteten Zimmer haben eine Terrasse.
Calle del Marqués de Casa Riera 4
Tel. 91 2 00 05 70
www.nh-collection.com/es/hotel/nh-collection-madrid-suecia
Metro: Sevilla oder Banco de España

❿ DORMIRDCINE € € €

In dem altehrwürdigen Haus wohnten bis vor wenigen Jahren Studenten. Heute ist es ein nettes Stadthotel, dessen Gästezimmer Bilder von Hollywood-Mythen wie Humphrey Bogart und Woody Allen schmücken. Überdies gibt es eine große Auswahl an DVDs mit Spielfilmen.
Calle Príncipe de Vergara 87
Tel. 91 4 11 08 09 (85 Zi.)
www.dormirdcine.com
Metro: Avenida de América

⓫ ABALÚ € € €

Das 3-Sterne-Boutiquehotel wartet mit individuell eingerichteten Gästezimmern im Retro-Stil auf. Ein besonderer Service ist das in-Room-Spa.
Calle Pez 19
Tel. 91 5 31 47 44
15 Zi.
www.hotelabalu.com
Metro: Noviciado

⓬ HOTEL EMPERADOR € € €

Die klaren Vorteile dieses Hotels: Es liegt an der Gran Vía mit der U-Bahn vor der Tür. Besonders empfehlenswert ist es im Sommer wegen des kleinen Schwimmbads auf der Dachterrasse.
Gran Vía 53
Tel. 91 5 47 28 00
www.emperadorhotel.com
Metro: Santo Domingo

⓭ DE LAS LETRAS € € €

Das Hotel residiert in einem Palast der Belle Époque, nur fünf Gehminuten von der Plaza Puerta del Sol entfernt. Die Zimmer sind hell und bieten modernsten Komfort. Die Dachterrasse ist ab 19.30 Uhr auch für Nicht-Hotelgäste geöffnet, ebenso das kleine Spa, die Bar und das Restaurant.
Gran Vía 11
Tel. 91 5 23 79 80
103 Zi.
www.iberostar.com
Metro: Sol

⓮ MENINAS MADRID € € €

Das 4–Sterne–Hotel nahe der Oper wartet mit eleganten Zimmern im Retro–Look und einem Spa auf.
Calle Campomanes 7
Tel. 91 5 41 28 05
www.hotelmeninas.com
Metro: Ópera

⓯ HOTEL ROOM MATE MARIO € € €

Das Hotel in der Nähe der Oper bietet seinen Gästen kleine, aber ge-

pflegte Zimmer mit witzigem Wand-
dekor.
Calle Campomanes 4
Tel. 91 5 48 85 48
www.room-matehoteles.com
Metro: Ópera

16 MODERNO € € €

Zentraler geht es kaum: Das Haus
liegt direkt an der Puerta de Sol. Die
Zimmer sind gepflegt und die Mitarbeiter äußerst serviceorientiert.
Calle Arenal 2
Tel. 91 5 31 09 00
97 Zimmer
www.hotel-moderno.com
Metro: Sol

17 PETIT PALACE POSADA DEL PEINE € € €

Das mittlerweile zur Hotelkette »Pe-
tit Palace« gehörende Haus an der
Plaza Mayor blickt auf eine lange Geschichte zurück und bietet seinen
Gästen doch allermodernsten Komfort.

Calle Postas 17
Tel. 91 5 23 81 51
www.petitpalaceposadadelpeine.
com/de
Metro: Sol oder Ópera

18 ME MADRID € € €

Das Me Madrid Reina Victoria residiert in einem Prachtbau des späten
19. Jh.s. Hinter den altehrwürdigen
Fassaden finden sich geräumige moderne Zimmer mit allem Komfort. Die
Dachterrasse mit Bar bietet fantasti-
sche Ausblicke auf Madrid.
Plaza Santa Ana 14
Tel. 91 7 01 60 00
www.melia.com
Metro: Puerta del Sol

19 LA POSADA DEL DRAGÓN € € €

Das Hotel residiert in einem Gebäude
des 16. Jh.s, das bereits 1868 in ein
Gästehaus umgewandelt wurde. Die
Zimmer sind klein, aber liebevoll eingerichtet. Der Glasboden im hotelei-

Ein spektakulärer Ort: die Dachterrasse des Hotels Madrid Suecia

genen Restaurant gibt den Blick frei auf die Stelle, an der bei den Umbauarbeiten von 2010/2011 zahlreiche archäologische Fundstücke zu Tage gefördert wurden.
Calle Cava Baja 14
Tel. 91 1 19 14 24
www.posadadeldragon.com
Metro: Sol

⑳ HOTEL SAN LORENZO € € €

Das Gästehaus bietet einfache, aber gepflegte Zimmer ohne Schnickschnack. Die Mitarbeiter sind freundlich und hilfsbereit.
Calle Clavel 8
Tel. 91 5 21 30 57
www.hotel-sanlorenzo.com
Metro: Gran Vía

㉑ HOTEL PUERTA DE TOLEDO € €

Elegantes Hotel mit ruhigen Zimmern direkt neben der Altstadt an der Puerta de Toledo, das morgens ein wunderbares Frühstücksbuffet und abends eine gemütliche Loungebar bietet.
Glorieta Puerta de Toledo 4
Tel. 91 4 74 71 00
172 Zimmer
www.hotelpuertadetoledo.com
Metro: Puerta de Toledo

㉒ ALHAMBRA SUITES € €

Das Hostal residiert in einem alten Palast an der Puerta del Sol im Zentrum Madrids. Die geräumigen Zimmer wirken ausgesprochen elegant. Es wird als Hostal geführt, weil es keine Rezeption auf Straßenhöhe, sondern im 1. Stock gibt.
Calle Espoz y Mina 8
Tel. 91 5 22 91 03
www.suitealhambra.com
Metro: Sol

㉓ HOSTAL PERSAL € €

Ein Hostal der besseren Sorte mit der Rezeption im Erdgeschoss! Das Haus liegt im Zentrum Madrids und bietet einfache, gepflegte Zimmer.

Plaza del Ángel 12
Tel. 91 3 69 46 43
www.hostalpersal.com
Metro: Sol

㉔ MAYERLING € €

Das Hotel liegt in der Nähe der Plaza Mayor und auf halbem Weg ins Latina-Viertel. Die Zimmer sind behaglich eingerichtet, die Mitarbeiter freundlich.
Calle Conde de Romanones 6
Tel. 91 4 20 15 80
www.mayerlinghotel.com
Metro: Tirso de Molina

㉕ THE HAT € €

Das Hostal wartet mit einer Rooftop-Bar auf, in der man auch Einheimische trifft.
Calle Imperial 9
Tel. 91 7 72 85 72
www.thehatmadrid.com
Metro: Sol

㉖ HOSTAL EDREIRA € €

Die schnörkellose Pension liegt nur wenige Geh-Minuten vom Museumsviereck entfernt. Es gib auch Dreibettzimmer.
Calle Atocha 75, 2°
Tel. 61 6 27 09 10
www.hostaledreira.com
Metro: Antón Martín

㉗ HOSTAL FERNÁNDEZ € €

Das einfache, aber gepflegte Hostal liegt gleich gegenüber dem Prado.
Calle León 10, 1°
Tel. 91 4 29 56 37
www.hostalfernandez.com
Metro: Antón Martín

㉘ THE CENTRAL HOUSE € €

Erstes Hostal mit Umweltzertifizierung in Spanien – im quirligen Stadtviertel Lavapiés. Im Hostal gibt es auch ein Restaurant und eine Bar.
Calle Encomienda 16
https://thecentralhousehostels.com
Metro: Tirso de Molina

㉙ HOSTAL LAS FUENTES € €

Zentral gelegen, mit modernem Design und hochwertigen Materialien. Palacio Real, Plaza Mayor und Puerta del Sol sind nur wenige Meter entfernt.

Calle de las Fuentes 10
Tel. 68 2 00 19 02
23 Zimmer
www.hostallasfuentes.com
Metro: Ópera

㉚ HOSTAL PIZARRO € €

Das einfache Hostal liegt zentral im Malasana–Viertel.

Calle Pizarro 14 – 1°
Tel. 91 5 31 91 58
www.hostalpizarro.eu
Metro: Callao

㉛ THC TIRSO MOLINA HOSTEL €

Die Herberge liegt mitten im Multikulti-Viertel La Latina und ist bei Backpackern mit einem etwas größeren Budget beliebt.

Calle Mesón de Paredes 9
Tel. 91 5 39 80 66
www.thchostels.com
Metro: Tirso de Molina

MADRID UMGEBUNG

MADRID TORREJÓN PLAZA € €

Das Hotel östlich von Madrid liegt nur 15 Fahrminuten vom Madrider Flughafen Barajas entfernt. Bei Gästen genießt es einen sehr guten Ruf.

Torrejón de Ardoz
Avenida de la Constitución 21
Tel. 91 6 75 26 15
www.hotelmadridtorrejonplaza.
es

ARANJUEZ

EL COCHERÓN 1919 € € €

Hier darf sich der Gast als König fühlen! Das Hotel residiert in einem wunderschönen Landhaus.

Calle Montesinos 22
Tel. 91 8 75 43 50

18 Zimmer, u. a. 1 Familienzimmer
www.elcocheron1919.com

CHINCHÓN

PARADOR DE CHINCHÓN € € €

Das Hotel ist eine Oase der Ruhe! Es residiert in einem ehemaligen Augustinerkloster aus dem 17. Jh., das im Laufe seiner Geschichte auch als Kulturzentrum, Gerichtssitz und Gefängnis gedient hat. Heute bietet es seinen Gästen allen Komfort. Ein Spezialitätenrestaurant sorgt für das leibliche Wohl.

Los Huertos 1
Tel. 91 8 94 08 36
38 Zimmer
www.parador.es

ESPIRDO (BEI SEGOVIA)

LA CASONA DE ESPIRDO € €

Das familiengeführte Hotel residiert in einem Landhaus vom Ende des 19. Jh.s, das von seinen Besitzern liebevoll renoviert wurde. Die Gäste können Mittag- und Abendessen bestellen.

Calle Fuente 19
Tel. 921 44 90 12
8 Zimmer
www.espirdo.com

SIGÜENZA

PARADOR DE SIGÜENZA € € €

Ein besonderer Tipp, denn schon allein das zur Paradores-Kette gehörende Hotel lohnt den Abstecher in den hübschen Ort 130 m nordöstlich von Madrid! Es ist in einer Traumburg aus dem 12. Jh. untergebracht, die weithin sichtbar auf einem Plateau thront, und bietet nicht nur jeden Komfort, sondern auch ein Spitzenrestaurant.

Plaza del Castillo s/n
Tel. 94 9 39 01 00
81 Zimmer
www.parador.es

Der Parador de Toledo ist ein ehemaliges Landgut.

TOLEDO

HOTEL ABAD € € €
Das Hotel residiert in einer alten Schmiede am Eingang zur Altstadt von Toledo, einem UNESCO–Weltkulturerbe. Obwohl die Gebäude restauriert und modernisiert wurden, haben sie innen wie außen ihre historische Aura bewahrt.
Calle Real de Arrabal 1
Tel. 925 28 35 00
www.hotelabadtoledo.com

PARADOR DE TOLEDO € € €
Das alte toledanische Landgut ist ein Klassiker der Paradores. Allein der Panoramablick auf Toledo ist den Besuch wert. Erstklassiges Restaurant.
Cerro del Emperador
Tel. 925 22 18 50
60 Zimmer
www.parador.es

CAMPING

CAMPING ARGANDA
Tel. 91 8 71 26 63
www.campingarganda.com

CAMPING EL ESCORIAL
Tel. 91 8 90 24 12
www.campingelescorial.com

JUGENDHERBERGEN

RED ESPAÑOLA DE ALBERGUES JUVENILES
Wer in San Lorenzo de El Escorial, Toledo oder Segovia übernachten möchte, kann sich auf der Website des spanischen Jugendherbergsverbandes über die Angebote informieren.
www.reaj.com

ALBERGUE JUVENIL MUNICIPAL
Die moderne Jugendherberge hat eine 24-Stunden-Rezeption und 25 Mehrbettzimmern.
Calle Mejía Lequerica 21
Tel. 91 5 93 96 88
www.ajmadrid.es
Metro: Alonso Martínez, Tribunal

P
PRAKTISCHE INFOS

*Wichtig, hilfreich
präzise*

Unsere Praktischen Infos
helfen in (fast) allen Situationen
in Madrid weiter.

Madrids Metro gehört zu den ältesten Untergrundbahnen in Europa
und ist heute das schnellste Verkehrsmittel der Stadt. ▶

KURZ & BÜNDIG

ELEKTRIZITÄT
220 Volt/50 Hz; Adapter nicht nötig

GELD

WÄHRUNG
Spanien gehört zur Eurozone; Wechselkurs für den Schweizer Franken:
1 € = 1,02 SFr / 1 SFr = 0,98 €.

BANKEN & GELDAUTOMATEN
Schalterstunden: Mo.–Fr. ca. 9–14 Uhr. Mit Kredit- und Bankkarten kann man an Geldautomaten (Telebanco/Cajero Automático) Geld abheben.

SPERRNOTRUF
Unter der Nummer kann man Bank-, Kredit- und Krankenkassenkarten sowie Handys sperren lassen.
Tel. 116 116 (aus dem Ausland mit Vorwahl +49)
www.sperr-notruf.de

NOTRUFE

ALLGEMEINER NOTRUF
Landesweit: Polizei, Feuerwehr, Ambulanz
Tel. 112 (gebührenfrei)

GUARDIA CIVIL (POLIZEI)
Tel. 062

PANNENDIENST
RACE (Real Automóvil de España):
Tel. 900 112 222 (Pannenhilfe)
Tel. 900 100 992 (Information)
Siehe auch ▶Verkehr

ADAC-NOTRUF IM AUSLAND
Tel. 0049 89 22 22 22

DRK-FLUGDIENST
Tel. 0049 211 91 74 99 39
www.drkflugdienst.de

TELEFONIEREN

LÄNDERVORWAHLEN
nach Spanien: Tel. 0034
nach Deutschland: Tel. 0049
nach Österreich: Tel. 0043
in die Schweiz: Tel. 0041
Die Null der jeweiligen Ortsvorwahl entfällt.

TELEFONIEREN INNERHALB SPANIENS (MOBIL)
Bei Telefonaten mit Teilnehmern in Spanien: Ländervorwahl Tel. 00 34

TOILETTEN

»SERVICIOS«, »LAVABOS« ODER »ASEOS«
Damentoiletten: »Señoras« oder »Damas« (Buchstabe »S«)
Herrentoiletten: »Caballeros« (Buchstabe »C«)

WAS KOSTET WIE VIEL?
Doppelzimmer: ab 50 €
Einfache Mahlzeit: ab 7 €
Tapas: ab 1,60 €
Espresso: ab 0,60 €
Glas Bier: ab 1,50 €
Einzelfahrschein in der Metro: 1,50 €
1 l Benzin: z. Zt. unterschiedlich

ZEIT
Es gilt mitteleuropäische Zeit. Von Ende März bis Ende Oktober wird auf Sommerzeit umgestellt (MEZ plus 1 Std.).

ANREISE · REISEPLANUNG

▌ Anreisemöglichkeiten

Der Flughafen Madrid wird von allen wichtigen internationalen Flug-häfen angeflogen. Die Flugzeit von Frankfurt nach Madrid beträgt 2:45 Stunden. Iberia und Lufthansa fliegen täglich nonstop von vielen deutschen Flughäfen nach Madrid, auch mehrere Billigairlines haben Spaniens Hauptstadt im Programm. Der Flughafen liegt 15 km nord-östlich vom Stadtzentrum im Stadtteil Barajas.

Mit dem Flugzeug

Die Anfahrt mit dem Pkw führt durch Frankreich, dort über Bor-deaux zur französisch-spanischen Grenze bei Hendaye / Irún, weiter über San Sebastián und Burgos (Entfernung San Sebastián – Mad-rid 470 km). Alternativ fährt man östlich der Pyrenäen über Perpig-nan zur französisch-spanischen Grenze bei La Junquera und dann via Barcelona und Zaragoza nach Madrid (Entf. Barcelona – Madrid 630 km). Die Autobahnen in Frankreich und Spanien sind gebüh-renpflichtig.

Mit dem Auto

Busse von **Eurolines / Deutsche Touring** bzw. **Flixbus** fahren von mehreren europäischen Städten nach Madrid (die Fahrt Frank-furt – Madrid dauert zwischen 26 und 29 Std.). Langstreckenbusse vieler Gesellschaften fahren aus allen Landesteilen Spaniens nach Madrid zur Estación Sur (Metro: Méndez Álvaro).

Mit dem Bus

Es gibt von ein und demselben Ausgangsbahnhof aus Deutschland, Österreich und der Schweiz unterschiedliche Fernverbindungen nach Madrid, entsprechend variieren Fahrtdauer und Fahrpreise. Die Fahrzeit von Frankfurt nach Madrid liegt zwischen 16 und 23 Stun-den. Hochgeschwindigkeitszüge (AVANT, AVE) verbinden die spani-sche Hauptstadt mit Barcelona (Fahrtzeit etwa 2,5 Stunden) und Sevilla und bringen Besucher nach Toledo und Segovia.

Mit der Bahn

▌ Ein- und Ausreisebestimmungen

Reisende aus Deutschland, Österreich und der Schweiz benötigen für die Einreise nach Spanien einen gültigen Personalausweis oder einen Reisepass. Kinder brauchen eigene gültige Reisedokumente. Wer mit dem eigenen Pkw kommt, muss Führerschein, Kfz-Schein und die In-ternationale Grüne Versicherungskarte dabeihaben.

Reise-dokumente

INFORMATIONEN

FLUGHAFEN

AEROPUERTO ADOLFO SUÁREZ MADRID-BARAJAS

Madrids Flughafen liegt 15 km nordöstlich vom Zentrum im Stadtteil Barajas.

Ein Shuttlebus und die Metro verbinden die Terminals T1, T2, T3 und T4 untereinander (zwischen T4 und T 4S verkehrt eine Airportbahn). Die meisten Fluggesellschaften operieren von den Terminals T1, T2 und T4 (T4 liegt einige Kilometer nördlich). Flughafenauskunft:
Tel. 902404704
www.aena.es

Metro: Die Metro-Linie 8 fährt vom Flughafen (alle Terminals) zur Station Nuevos Ministerios. Dort gibt es Anschluss an die Metro-Linien 6 und 10 ins Stadtzentrum und zu Nahverkehrszügen. Für die Fahrt muss zum Metroticket (4,50–5 €) ein Flughafen-Zuschlag (suplemento; 3 €) bezahlt werden (oder Kombiticket 6 €). Fahrzeit ins Zentrum: ca. 30 Minuten. Die Metro fährt zwischen 6.05 und 1.30 Uhr.
www.metromadrid.es

Nahverkehrszüge/Cercanías: Die Linie C 1 fährt vom Terminal T4 über Chamartín, Nuevos Ministerios, Atocha, Méndez Álvaro nach Príncipe Pío. Fahrpreis: 2,60 €, alle 30 Min. zwischen 6 und 22.25, zum Flughafen zwischen 6 und 23.30 Uhr.

Bus: Stadtbus 101 (T1, T2, T3 zur Metro-Station Canillejas) und Stadtbus 200 (T1–T4 zur Metro-Station Avenida de América) fahren alle 12 bis 16 Min. (zum Normaltarif 1,50 €); zwischen 6 und 23.45 Uhr. Die **Línea Exprés** (203) fährt vom Flughafen (T1, T2, T 4) zum Bahnhof Atocha über die Plaza de la Cibeles (vor der Post; Metro: Banco de España); alle 5 bis 20 Min., Fahrzeit bis/ab Atocha ca. 40 Min.; zwischen 23.30 und 6 Uhr alle 35 Min.); einfache Fahrt 5 €.

Taxi: Flughafen – Stadtzentrum: 30 € (Festpreis).

UNTERWEGS IN MADRID
▶Verkehr

BAHN

DEUTSCHE BAHN

Die Deutsche Bahn erteilt auch Auskunft über Verbindungen in Spanien
Tel. 01806996633
www.bahn.de

SPANISCHE BAHN (RENFE)

www.renfe.es
Tel. 902320320 (spanisch und englisch)

BAHNHÖFE

Es gibt zwei internationale Bahnhöfe in Madrid:

Estación de Atocha
Glorieta Emperador Carlos VI
Metro: Atocha Renfe

Estación de Chamartín
Calle Agustín de Foxá I
Metro: Chamartín

Haustiere   Wer Tiere mitnehmen möchte, benötigt einen **EU-Heimtierausweis,** der vom Tierarzt ausgestellt wird. Angegeben sein müssen u. a. das Datum der letzten Tollwutimpfung (sie darf nicht weniger als 30

Tage und nicht länger als ein Jahr zurückliegen), der Kenncode des Mikrochips oder die Tätowierungsnummer.

EU-Bürger dürfen Waren für den privaten Gebrauch weitgehend zollfrei ein- und ausführen. Es gelten lediglich gewisse Höchstmengen: 800 Zigaretten, 400 Zigarillos, 200 Zigarren, 1 kg Tabak, 10 l Spirituosen, 90 l Wein (davon max. 60 l Schaumwein).

Zollbestimmungen

Für Reisende aus Nicht-EU-Ländern wie der **Schweiz** gelten folgende Freimengengrenzen: 200 Zigaretten oder 50 Zigarren oder 250 g Tabak, 2 l Wein oder andere Getränke bis 15 % Alkoholgehalt sowie 1 l Spirituosen mit mehr als 15 % Alkoholgehalt. Zollfrei sind zudem Geschenke bis zu einem Wert von 430 € für Flug- und Seereisende und von 300 € für Bahn- und Autoreisende.

AUSKUNFT

SPANISCHE FREMDENVERKEHRSBÜROS

IN DEUTSCHLAND
Lichtensteinallee 1
D–10787 Berlin
Tel. 030 882 65 43
E-Mail: berlin@tourspain.es

Spanisches Fremdenverkehrsamt
München (kein Publikumsverkehr)
Postfach 15 19 40
D–80051 München
Tel. 089 53 07 46-11/-12
E-Mail: munich@tourspain.es

Spanisches Fremdenverkehrsamt
Frankfurt
Myliusstr. 14
D–60323 Frankfurt/M.
Tel. 069 72 50-33/-38
E-Mail: frankfurt@tourspain.es

AUSKUNFT IN ÖSTERREICH
Walfischgasse 8/14
A–1010 Wien
Tel. +43 15 12 95 80-11
E-Mail: viena@tourspain.es

AUSKUNFT IN DER SCHWEIZ
Seefeldstrasse 19
CH–8008 Zürich
Tel. +41 442 53 60 50
E-Mail: zurich@tourspain.es

IN MADRID · OFICINAS MUNICIPALES
Tel. 91 5 88 16 36
tgl. 9.30 – 20.30 Uhr
Büros:
Plaza Mayor
beim Palacio Real
beim Prado-Museum
beim Reina-Sofía-Museum
Plaza de Callao
beim Santiago-Bernabéu-Stadion
Palacio de Cibeles
Flughafen Barajas, Terminal 2
(Lounges 5 und 6) und T 4
(Lounges 10 und 11)
Madrid virtuell 360°:
https://videoatencion360.esmadrid.com

SATE
Servicio de Atención al Turista
Extranjero

(Notfallbüro für ausländische Touristen)
tgl. 9 – 24 Uhr
Tel. 915 48 85 37 und 915 48 80 08
satemadrid@esmadrid.com
Calle Leganitos 19, Metro: Santa Domingo, Plaza de España, Callao

OFICINAS DE LA COMUNIDAD AUTÓNOMA
Informationsbüro der Region Madrid
Tel. 012, außerhalb: 91 5 80 42 60
Mo. – Sa. 8 – 20,
So., Fei. 9 – 14 Uhr
Büros:
Calle Duque de Medinaceli 2
Estación de Atocha
Estación de Chamartín
Flughafen Barajas
(Ankunftsterminals 1 und 4)

WEITERE OFICINAS DE TURISMO
▶Reiseziele

BOTSCHAFTEN

DEUTSCHLAND
Madrid, Calle Fortuny 8
Tel. 915 57 90 00
www.madrid.diplo.de

ÖSTERREICH
Madrid, Paseo de la Castellana 91
Tel. 915 56 53 15
www.aussenministerium.at/madrid

SCHWEIZ
Madrid, Edificio Goya
Calle Nuñez de Balboa 35 A 7°
Tel. 914 36 39 60
www.eda.admin.ch

INTERNET

WWW.SPAIN.INFO
Offizielles Portal des Spanischen Fremdenverkehrsamtes, gut und übersichtlich aufgemacht. Auch auf Deutsch. Infos zum Thema Unterkunft, über kulturelle Highlights und sportliche Aktivitäten.

WWW.ESMADRID.COM
Die Tourismusseite der Stadt. Sehr informativ und auch auf Englisch.

WWW.MUNIMADRID.ES
Spanische Seite des Madrider Rathauses.

WWW.TURISMOMADRID.ES
Touristische Infos der Comunidad de Madrid zu Stadt und Provinz, auch auf Deutsch.

WWW.PATRIMONIONACIONAL.ES
Informationen rund um das nationale Kulturgut, Klöster und Paläste in und um Madrid. Außerdem gibt es hilfreiche praktische Tipps. Auch auf Englisch.

WWW.INFO-SPANISCHE BOTSCHAFT.DE
Aktuelle Hintergründe und Informationen, aufbereitet von der Presse- und Informationsabteilung der spanischen Botschaft in Berlin.

WWW.GUIADELOCIO.COM
Veranstaltungsüberblick, empfehlenswerte Shoppingtipps etc. – Website der gleichnamigen freitags erscheinenden Zeitschrift.

WWW.MADRIDFUERDEUTSCHE.DE
Viel Wissenswertes, Stellenanzeigen.

FUNDBÜRO

OFICINA DE OBJETOS PERDIDOS
Paseo Molino 7
Tel. 915 27 95 90
Metro: Legazpi
Mo.–Fr. 8.30–14 Uhr
objetosperdidos@madrid.es

ETIKETTE

Madrilenen pflegen, wie auch andere Spanier untereinander, recht lässige Umgangsformen. Das »tú« (Du) ist selbstverständlich, das »usted« (Sie) eher Herrschaften in fortgeschrittenerem Alter vorbehalten. Begrüßungsfloskeln wie »Qué tal?« (Wie geht's?) und »Qué hay?« (Was gibt's?) nicht auf die Goldwaage legen! Eine Antwort auf solche Redewendungen erwartet man nicht. Dagegen sollte man sich dem traditionellen Begrüßungs- oder Abschiedszeremoniell nicht verschließen: Statt eines Händedrucks geben sich Frau und Mann sowie Frauen untereinander einen **Kuss auf die Wange**. Unter Männern bleibt es beim festen Händedruck. Wer etwas distanziert bleiben will, gibt sich ganz normal die Hand.

Auf Du und Du

Der Gesetzgeber nimmt die Spanier, ein traditionelles Rauchervolk, seit Januar 2012 an die Kandarre. **Absolutes Rauchverbot** gilt seither nicht nur in Bars, Restaurants und Diskotheken, sondern auch rund um Kinderspielplätze und an den Flughäfen.

Rauchen

Harte Schale, weicher Kern – das trifft durchaus auch auf Madrilenen zu. Mitunter gibt man sich nach außen hin etwas rustikal in den Umgangsformen und wendet das Wörtchen »por favor« (bitte) nicht gerade häufig an. Zum Trost sei gesagt: Man meint es nicht so, man vergisst es einfach. Und wenn jemand glaubhaft macht, er könne kein Englisch oder Deutsch, sondern nur Spanisch, kann man das ruhig glauben. Dahinter verbirgt sich kein Stolz und keine Arroganz, sondern lediglich sprachliche Unsicherheit. Vielleicht hat man Englisch in der Schule gelernt, doch wahrscheinlich mehr schlecht als recht – und so fällt es einem schwer, sich kopfüber in die sprachliche Praxis zu stürzen.

Harte Schale, weicher Kern

In Diskussionen zur aktuellen Politik und Wirtschaft vertiefen sich die Madrilenen eher an intellektuellen Stammtischen (Tertulias), aber über Stierkämpfe, Monarchie und die Franco-Diktatur kann man mittlerweile mit (fast) allen Spaniern durchaus entspannt plaudern. Das heißt natürlich nicht, dass keine Emotionen mehr im Spiel sind.
Apropos **Stierkampf**: Spanien hat ihn 2013 als immaterielles Kulturgut unter besonderen Schutz gestellt. Der Senat in Madrid hat ein Gesetz verabschiedet, in dem nicht nur der Schutz, sondern auch die Förderung des Stierkampfs vorgesehen ist. Das katalanische Landesparlament dagegen hat dem Stierkampf per Dekret ein Ende gesetzt, seit 1. Januar 2012 gibt es keine blutigen Spektakel mehr in dieser autonomen Region. Nur ein kleines Beispiel für die

Brisante Themen

Auseinandersetzungen zwischen Katalonien und der Zentralregierung, die 2017 in der Staatskrise eskalierten und ein brisantes Thema darstellen.

Besser mit Geduld
Jedem Madrid-Reisenden sei geraten, ein zusätzliches Stück Geduld mitzubringen. Spanier setzen sich ungern Stress aus, was sich im Reisealltag nicht zuletzt beim Service in Bars und Restaurants zeigen kann. Hier kann es durchaus sein, dass die Bestellung nicht im Handumdrehen ausgeführt wird, sondern man sich zwischendurch Zeit für einen Plausch mit anderen nimmt. Also: nicht ärgern, nur wundern! Und cool bleiben. Künstliche Aufregung hat keinen Zweck, dadurch wird es kaum schneller gehen.

Trinkgeld
In den Rechnungen von **Hotels und Restaurants** ist die Bedienung inbegriffen. Im Restaurant ist ein zusätzliches Trinkgeld von etwa 10% der Rechnung aber üblich, an der Theke einer Bar wird der Betrag aufgerundet. Im Hotel freut sich das Zimmerpersonal über ein zusätzliches Taschengeld, das sich nach der Dauer des Aufenthalts im Hotel richtet.

Und außerdem
In Spanien ist es nicht allzu üblich, Gäste zu sich nach Hause zu bitten – Madrid macht da keine Ausnahme. Auf Einladungen braucht man also nicht zu spekulieren. Warum? Weil **Plätze und Kneipen die wahren Wohnzimmer** der Madrilenen sind. Noch ein Rat an Diskogänger: Nicht in Turnschuhen und/oder weißen Socken daherkommen! Dann heißt es: Wir müssen leider draußen bleiben! Da kennt der Türsteher keine Gnade und lässt sich auf keine Diskussion ein.

GESUNDHEIT

Apotheken
Apotheken (Farmacias) sind durch ein grünes Kreuz auf weißem Grund gekennzeichnet und Mo.–Fr. 9.30–14 und 17–20 sowie Sa. 10 bis 14 Uhr geöffnet. Apotheken, die außerhalb dieser Zeiten Dienstbereitschaft haben, werden in jeder Apotheke und auch in Zeitungen angezeigt.

Ärztliche Hilfe
In akuten Krankheitsfällen kann man sich direkt an die Notaufnahme (Urgencias) des nächsten Krankenhauses wenden.

Krankenversicherung
Behandlungen vor Ort müssen zunächst selbst bezahlt werden, es sei denn, man hat sich vor Reiseantritt bei der eigenen Krankenkasse die **Europäische Krankenversicherungskarte** besorgt. Meist ist die

normale Versicherungskarte heute auch für die Europäische Kran-
kenversicherung gültig. Für eine Kostenerstattung durch die Kran-
kenversicherung sollte man sich im Fall der Fälle eine detaillierte
Rechnung ausstellen lassen. Es empfiehlt sich, zudem eine private
Reisekrankenversicherung abzuschließen, die im Notfall auch die
Kosten für einen Rücktransport übernimmt.

KRANKENHÄUSER

HOSPITAL UNIVERSITARIO
DE LA PRINCESA
Diego de León 62
Tel. 9 15 20 22 00
Metro: Diego de León

HOSPITAL RAMÓN Y CAJAL
Carretera de El Colmenar Viejo
Km 9,1
Tel. 91 3 36 80 00
Metro: Parada Begoña

LESETIPPS

Allebrand, Raimund: Terror oder Toleranz? Spanien und der Islam,   Sachbücher
Horlemann, Bad Honnef 2004. Vor dem Hintergrund des Terroran-
schlags 2004 in Madrid erscheint die facettenreiche Beziehung zwischen Spaniern und Muslimen in ganz neuem Licht.

Bernecker, Walther: Spanische Geschichte vom 15. Jh. bis zur Gegenwart, C. H. Beck, München 2015. Kurz und bündig alles Wichtige
zu Gesellschaft, Politik und Wirtschaft.

Oehrlein, Josef: Madrid – Das Insider-Lexikon, C. H. Beck, München
2002. Attraktionen und Alltäglichkeiten.

Andersen, Hans Christian: In Spanien, Rotbuch-Verlag, Hamburg   Romane,
1998. Der Märchendichter war auch ein glänzender Beobachter.   Belletristik
1862 hat er Spanien bereist; höchst interessant!

Montalbán, Vázquez: Carvalho und der Mord im Zentralkomitee,
ein Kriminalroman aus Madrid, Wagenbach, Berlin 2014. Als Ex-Ge-
nosse soll Privatdetektiv Pepe Carvalho den mysteriösen Mord am
charismatischen KP-Chef Garrido aufklären.

Urra, Oscar: Harlekin sticht. Unionsverlag, Zürich 2012. Eine Mord-
serie in Madrid stellt die Polizei vor Rätsel. Immer wieder tauchen
Spielkarten im Zentrum des Geschehens auf. Der spielsüchtige Privatdetektiv, der eingeschaltet wird, kommt auch nicht weiter.

Leger, Klaus: So wie einst Real Madrid. Der Fußball-Europapokal 1955–1964, Agon-Verlag, Kassel 2003. Für Fußballfans.

Pérez-Reverte, Arturo: Das Geheimnis der schwarzen Dame, Insel, Berlin 2015. Um ihr Leben zu retten, muss die Restauratorin Julia die rätselhafte Inschrift in einem 500 Jahre alten Gemälde entschlüsseln. So spannend wie unterhaltsam.

Chirbes, Rafael: Der Fall von Madrid, Heyne-Verlag, München 2002. Familienepos über drei Generationen, in dem sich der Aufbruch Spaniens in eine neue Zeit widerspiegelt. **Ders.:** Am Ufer, Kunstmann, München 2014. Wuchtiges Familienepos über das Krisenland Spanien nach dem Platzen der Immobilienblase – sarkastisch, aber auch mit viel Humor.

Gómez de la Serna, Ramón: Madrid, Wagenbach, Berlin 1992. Des Dichters (1888 – 1963) ebenso eigenwillige wie aufschlussreiche Streifzüge durch die spanische Metropole.

PREISE · VERGÜNSTIGUNGEN

Preisniveau In Sachen Preise ist Madrid durchaus mit der deutschen Hauptstadt zu vergleichen. Zwar sind U-Bahn und Bus etwas billiger, aber für ein gutes Essen oder ein Konzert zahlt man nicht weniger als in Berlin. Das gilt auch fürs Shoppen. Auch innerhalb Spaniens gelten die beiden Großstädte Madrid und Barcelona als »teures Pflaster«.

Gut zu wissen Anders als in vielen anderen Städten gibt es keine Madrid Card mehr. Das Rathaus bietet verschiedene Kombinationstickets für diverse staatliche Museen an; Information und Verkauf an der Kasse von Prado, Reina Sofía, Sorolla, Arqueológico, América, Cerralbo, Traje, Artes Decorativas, Antropología y Romanticismo. Es lohnt sich auch, nach Ermäßigungen bei Tickets für Museen und Ausstellungen zu fragen. Jugendliche unter 18 Jahren, Studenten (Estudiantes), Behinderte (Minusválidos) und ältere Menschen über 60 bzw. 65 Jahre bzw. Rentner (nur EU-Bürger; Jubilados) erhalten mit entsprechendem Nachweis meist Vergünstigungen. Einige Museen gewähren an speziellen Tagen freien Eintritt für alle. Gut sparen lässt sich auch in der Metro: entweder mit Mehrfahrtenscheinen oder mit dem »Abono turístico« (▶ Verkehr S. 346).

REISEZEIT

Madrid ist **zu jeder Jahreszeit** reizvoll. Februar und Oktober warten meist mit stabilem, sonnigem Wetter auf. Im Frühling und Herbst sind die Temperaturen in Madrid am angenehmsten, in manchen Jahren gibt es aber anhaltende Regenfälle. Im Juli und August steigen die Temperaturen nicht selten auf 40 °C im Schatten, im Winter sinken sie oft unter null, anhaltender Frost ist aber nicht zu erwarten. Mai, Juni und September ist die Saison der Terrazas, der Freiluft- und Gartenlokale. Im August ist eine Vielzahl von Restaurants und Geschäften geschlossen.

Madrid liegt auf demselben Breitengrad wie Neapel oder Istanbul und zeigt eine deutlich kontinentale Ausprägung des Mittelmeerklimas. Die Sommer sind lang und heißer als an den Küsten. Durch das Azorenhoch, Wolkenlosigkeit und hohe Einstrahlung steigen die mittleren **Tagestemperaturen** vor allem im Juli, aber auch im August auf 30 °C an. Die jährliche Durchschnittstemperatur liegt bei 13,3 °C.
Während der **Sommermonate** lagert über den Zentrallandschaften die sogenannte **Calina**, eine trockene Dunstschicht, die aus Staubteilchen besteht, die die erhitzte, aufsteigende Luft vom trockenen Boden mitzieht. Da es keine atlantischen Tiefdruckausläufer gibt, bringen in dieser Jahreszeit nur Wärmegewitter, die von den Montes de Toledo oder der Sierra de Guadarrama nach Madrid kommen, Abkühlung.
Niederschläge fallen hauptsächlich im Frühjahr und Herbst. Die mittlere jährliche Niederschlagsmenge liegt in Madrid zwischen 400 und 500 mm. Die **Winter** sind ebenfalls kälter als im Küstenbereich, wenn auch nicht so hart wie auf der nördlichen Meseta. In den Gebirgen fällt der winterliche Niederschlag zu großen Teilen als Schnee, sodass in der nahen Sierra de Guadarrama Wintersport betrieben werden kann. Bei Madrid kann oberhalb 600 m mit jährlichem Schneefall gerechnet werden. Die Sierra de Guadarrama weist in 1350 m 56 Schneefalltage im Jahr auf.

Wann ist Madrid am schönsten?

Reisewetter

SPRACHE

Die spanische Sprache ist die Muttersprache von 570 Mio. Menschen und damit die wichtigste lebende romanische Sprache und nach Englisch die bedeutendste Verkehrssprache der Erde. Englisch wird längst nicht von allen Spaniern gesprochen. Außerdem sollte man nicht erwarten, sich in Madrid in deutscher Sprache verständigen zu

Spanisch

können. Das gilt auch für Hotels, Restaurants und Fremdenverkehrs-stellen – doch Ausnahmen bestätigen auch hier die Regel.

Kurz-grammatik

Es gibt zwei **Artikel** im Spanischen: Der männliche Artikel lautet »el« (pl. »los«), der weibliche »la« (pl. »las«). Das Neutrum »lo« wird nur in bestimmten Verbindungen gebraucht, z. B. »lo bueno«, »lo malo«, »lo mejor« = das Gute, das Schlechte, das Beste. Die Deklination geschieht mit Benutzung der Präposition »de« für den Genitiv und »a« für den Dativ, die im Singular des Maskulinums mit den Artikeln zu »del« und »al« zusammengezogen werden. Der Akkusativ wird bei Personen durch die Präposition »a« eingeleitet, z. B. »Veo a Juan.« = Ich sehe Juan.

Sprach-schulen

In Madrid kann man natürlich **Spanisch lernen**. Hier ist akzentfreies »Hochspanisch« verbreitet. Einige Sprachschulen haben sich auf Spanisch-Intensivkurse für Ausländer (»Cursos Intensivos de Español para Extranjeros«) spezialisiert. Dazu zählen Elemadrid, Acento Español und die Academia Carpe Diem.

Elemadrid: Calle Serrano 4 | Tel. 914 32 45 40 | www.elemadrid.com
Acento Español: Calle Mayor 4 | Tel. 915 21 36 76 | www.acentoespanol.com | **Academia Carpe Diem:** Calle Fuencarral 13 | Tel. 915 22 31 22 | www.carpemadrid.com

SPRACHFÜHRER SPANISCH

AUF EINEN BLICK

Ja.	**Sí.**
Nein.	**No.**
Vielleicht.	**Quizás./Tal vez.**
In Ordnung!/Einverstanden!	**¡De acuerdo!/¡Está bien!**
Bitte./Danke.	**Por favor./Gracias.**
Vielen Dank.	**Muchas gracias.**
Gern geschehen.	**No hay de qué./De nada.**
Entschuldigung!	**¡Perdón!**
Wie bitte?	**¿Cómo dice/dices?**
Ich verstehe Sie/dich nicht.	**No le/la/te entiendo.**
Ich spreche nur wenig ...	**Hablo sólo un poco de ...**
Können Sie mir bitte helfen?	**¿Puede usted ayudarme, por favor?**
Ich möchte ...	**Quiero .../Quisiera ...**
Das gefällt mir (nicht).	**(No) me gusta.**
Haben Sie ...?	**¿Tiene usted ...?**
Wie viel kostet es?	**¿Cuánto cuesta?**
Wie viel Uhr ist es?	**¿Qué hora es?**

KENNENLERNEN

Guten Morgen!	**¡Buenos días!**
Guten Tag!	**¡Buenos días!/¡Buenas tardes!**

Guten Abend!	¡Buenas tardes!/¡Buenas noches!
Hallo! Grüß dich!	¡Hola!
Ich heiße ...	Me llamo ...
Wie ist Ihr Name, bitte?	¿Cómo se llama usted, por favor?
Wie geht es Ihnen/dir?	¿Qué tal está usted?/¿Qué tal?
Gut, danke. Und Ihnen/dir?	Bien, gracias. ¿Y usted/tú?
Auf Wiedersehen!	¡Hasta la vista!/¡Adiós!
Tschüss!	¡Adiós!/¡Hasta luego!
Bis bald!	¡Hasta pronto!
Bis morgen!	¡Hasta mañana!

UNTERWEGS

links/rechts	a la izquierda/a la derecha
geradeaus	todo seguido/derecho
nah/weit	cerca/ lejos
Wie weit ist das?	¿A qué distancia está?
Ich möchte ... mieten.	Quisiera alquilar ...
... ein Auto	... un coche.
... ein Boot	... una barca/un bote/un barco.
Bitte, wo ist ...	Perdón, dónde está ...
... der Bahnhof?	... la estación (de trenes)?
... der Busbahnhof?	... la estación de autobuses/ la terminal?
... der Flughafen?	... el aeropuerto?

PANNE

Ich habe eine Panne.	Tengo una avería.
Würden Sie mir bitte einen Abschleppwagen schicken?	¿Puede usted enviarme un cochegrúa, por favor?
Gibt es in der Nähe eine Werkstatt?	¿Hay algún taller por aquí cerca?
Wo ist bitte die nächste Tankstelle?	Dónde está la estación de servicio/ a gasolinera más cercana, por favor?
Ich möchte ... Liter ...	Quisiera ... litros de ...
... Normalbenzin./... bleifrei.	... gasolina normal./... sin plomo.
... Super./...Diesel.	... súper./... diesel.
Volltanken, bitte.	Lleno, por favor.

UNFALL

Hilfe!	¡Ayuda!, ¡Socorro!
Achtung!	¡Atención!
Vorsicht!	¡Cuidado!
Rufen Sie bitte schnell ...	Llame enseguida ...
... einen Krankenwagen.	... una ambulancia.
... die Polizei.	... a la policía.
... die Feuerwehr.	... a los bomberos.
Haben Sie einen Verbandskasten?	¿Tiene usted un botiquín de urgencia?
Es war meine (Ihre) Schuld.	Ha sido por mi (su) culpa.
Könnten Sie mir Ihren Namen und Ihre Anschrift geben?	¿Puede usted darme su nombre y dirección?

EINKAUFEN

Wo finde ich ...	**Por favor, dónde hay ...**
... einen Markt?	**... un mercado?**
... eine Apotheke?	**... una farmacia?**
... einen Supermarkt?	**... un supermercado?**

ARZT

Können Sie mir einen guten Arzt empfehlen?	**¿Puede usted indicarme un buen médico?**
Ich habe ...	**Tengo ...**
... Durchfall.	**... diarrea.**
... Fieber.	**... fiebre.**
... Kopfschmerzen.	**... dolor de cabeza.**
... Halsschmerzen.	**... dolor de garganta.**
... Zahnschmerzen.	**... dolor de muelas.**

ÜBERNACHTUNG

Können Sie mir bitte ... empfehlen?	**¿Podría usted recomendarme ...**
... ein Hotel	**... un hotel?**
... eine Pension	**... una pensión?**
Ich habe ein Zimmer reserviert.	**He reservado una habitación.**
Haben Sie noch ...	**¿Tiene usted todavía ...**
... ein Einzel-/Doppelzimmer?	**... una habitación individual/ doble?**
... mit Dusche/Bad?	**... con ducha/baño?**
... für eine Nacht?	**... para una noche?**
... für eine Woche?	**... para una semana?**
Was kostet das Zimmer mit ...	**¿Cuánto cuesta la habitación con**
... Frühstück?	**... desayuno?**
... Halbpension?	**... media pensión?**

BANK

Wo ist hier bitte ...	**Por favor, dónde hay por aquí ...**
... eine Bank?	**... un banco?**
Ich möchte SFr in Euro wechseln.	**Quisiera cambiar francos suizos en euros.**

POST, TELEFON, INTERNET

Was kostet ein Brief ...	**¿Cuánto cuesta una carta ...**
... eine Postkarte ...	**... una postal ...**
nach Deutschland?	**para Alemania?**
Briefmarken	**sellos, estampillas**
Ich suche eine Prepaidkarte für mein Handy.	**Busco una tarjeta prepago para mi móvil.**
Internetanschluss	**conexión a internet**
Computer	**ordenador**
Ladegerät	**cargador**
Akku	**recargable**
Internetadresse	**dirección de internet**

E-Mail	correo electrónico
E-Mail-Adresse	**dirección de correo electrónico**
@-Zeichen	**arroba**
Gibt es WLan?	**Hay Wifi?**

ZAHLEN

0	cero	18	dieciocho
1	un, uno, una	19	diecinueve
2	dos	20	veinte
3	tres	21	veintiuno
4	cuatro	30	treinta
5	cinco	40	cuarenta
6	seis	50	cincuenta
7	siete	60	sesenta
8	ocho	70	setenta
9	nueve	80	ochenta
10	diez	90	noventa
11	once	100	cien, ciento
12	doce	200	doscientos, -as
13	trece	1000	mil
14	catorce	2000	dos mil
15	quince	10000	diez mil
16	dieciséis	½	medio
17	diecisiete	¼	un cuarto

RESTAURANTE/RESTAURANT

Wo gibt es hier ...	**¿Dónde hay por aquí cerca ...**
... ein gutes Restaurant?	**... un buen restaurante?**
... ein nicht zu teures Restaurant?	**... un restaurante no demasiado caro?**
Könnten Sie uns bitte für heute Abend einen Tisch für vier Personen reservieren?	**¿Puede reservarnos para esta noche una mesa para cuatro personas?**
Auf Ihr Wohl!	**¡Salud!**
Die Rechnung, bitte!	**¡La cuenta, por favor!**
Hat es (Ihnen) geschmeckt?	**¿Le/Les ha gustado la comida?**
Das Essen war ausgezeichnet.	**La comida estaba excelente.**
almuerzo, comida	**Mittagessen**
botella	**Flasche**
cena	**Abendessen**
camarero/mozo	**Kellner**
cubierto	**Gedeck, Besteck**
cuchara	**Löffel**
cucharita	**Kaffeelöffel**
cuchillo	**Messer**
desayuno	**Frühstück**
lista de comida, menú	**Speisekarte**
plato	**Teller**
sacacorchos	**Korkenzieher**
tenedor	**Gabel**
taza	**Tasse**

vaso	**Glas**
ahumado	**geräuchert**
a la plancha/parrilla	**gegrillt**
a punto	**medium**
bien hecho	**durchgebraten**
crudo	**roh**
empanado	**paniert**
frito	**frittiert**
hervido	**gekocht**
jugoso	**blutig**

DESAYUNO/FRÜHSTÜCK

café con leche	**Milchkaffee**
café solo/cortado	**Espresso/mit Milch**
café descafeinado	**koffeinfreier Kaffee**
chocolate	**Schokolade**
churros	**im Fett gebackene Hefekringel**
factura	**süßes Stückchen**
fiambre	**Aufschnitt**
huevo tibio	**weiches Ei**
huevos fritos	**Spiegeleier**
huevos revueltos	**Rührei**
jamón crudo/cocido	**roher/gekochter Schinken**
jugo de fruta	**Fruchtsaft**
mantequilla	**Butter**
medialuna	**Croissant**
mermelada	**Marmelade**
miel	**Honig**
pan/bolillo/pan tostado	**Brot/Brötchen/Toast**
queso	**Käse**
té con leche/limón	**Tee mit Milch/Zitrone**

ENTRADAS, SOPAS/VORSPEISEN, SUPPEN UND EINTÖPFE

caldo	**Brühe**
cazuela	**Eintopf**
empanada	**kleine Pastete**
ensalada mixta	**gemischter Salat**
menestra	**Gemüseeintopf**
puchero	**Eintopf**
	(Fleisch mit Gemüse, Kartoffeln)
sopa de fideos	**Nudelsuppe**
sopa de mariscos	**Meeresfrüchtesuppe**
sopa de pescado	**Fischsuppe**
sopa de verduras/sopa juliana	**Gemüsesuppe**

TAPAS

albóndigas	**Fleischbällchen**
boquerones en vinagre	**Sardellen in Essig-Knoblauch-Marinade**

calamar	**Kalamar**
caracoles	**Schnecken**
chipirones	**kleine Tintenfische**
chorizo	**Paprikawurst**
ensaladilla rusa	**russischer Salat**
jamón serrano	**getrockneter Schinken**
morcilla	**Blutwurst**
pulpo	**Oktopus, Krake**
tortilla de patatas	**Kartoffelomelette**

PESCADOS Y MARISCOS/FISCHE UND MEERESFRÜCHTE

anchoas	**Sardellen**
atún	**Thunfisch**
bacalao	**Kabeljau**
besugo	**Brasse**
centolla	**Königskrabbe**
dorado	**Goldmakrele**
langostinos	**Riesengarnelen**
lenguado	**Seezunge**
ostras	**Austern**
pulpo	**Oktopus, Krake**
salmón	**Lachs**
trucha	**Forelle**

CARNE Y AVES/FLEISCH UND GEFLÜGEL

bife	**Steak**
cabrito	**Zicklein**
carne picada	**Hackfleisch**
cerdo	**Schwein**
ciervo	**Wild**
cochinillo	**Milchferkel**
chorizo	**Grillwürstchen**
chuleta	**Kotelett**
conejo	**Kaninchen**
cordero	**Lamm**
criadillas	**Hoden**
escalope	**Schnitzel**
estofado	**Schmorfleisch**
hígado	**Leber**
lechón	**Spanferkel**
lengua	**Zunge**
lomo/filete	**Lenden- oder Rückenstück**
milanesa	**paniertes Schnitzel**
mollejas	**Bries**
morcilla	**Blutwurst**
parrillada	**Grillplatte (Fleisch)**
pato	**Ente**
pavo/guajolote	**Pute**
pollo/gallina	**Huhn/Henne**
riñones	**Nieren**

res	**Rind**
ternera	**Kalb**
vacio	**Hüftsteak**

ENSALADA Y VERDURAS/SALAT UND GEMÜSE

arroz	**Reis**
batata	**Süßkartoffel**
berenjenas	**Auberginen**
calabacitas	**Zucchini**
cebollas	**Zwiebeln**
espárragos	**Spargel**
espinaca	**Spinat**
guisantes	**Erbsen**
lechuga	**Kopfsalat**
patatas	**Kartoffeln**
patatas fritas	**Pommes frites**
pepinos	**Gurken**
perejil	**Petersilie**
pimientos	**Paprikaschoten**

POSTRES, PASTELES/NACHSPEISEN, GEBACKENES

copa de helado	**Eisbecher**
crema	**Sahne**
dulces	**Süßigkeiten, Desserts**
dulce de leche	**Karamellcreme**
dulce de membrillo	**Paste aus Quittenmus**
flan	**Pudding, Creme caramel**
frutas en almíbar	**Obst in Sirup**
galletitas	**Kekse**
natillas	**Cremespeise (sahnig)**
nieve	**Fruchteis, Sorbet**
pan dulce	**Kuchen, ähnlich dem italienischen Panettone**
pastel/tarta	**Kuchen/Torte**
queso	**Käse**
tocino del cielo	**Dessert aus Eiern, Zucker, Sahne**

FRUTAS/OBST

albaricoques	**Aprikosen**
cerezas	**Kirschen**
ciruelas	**Pflaumen**
frambuesa	**Himbeere**
fresa	**Erdbeere**
limón	**Zitrone**
manzana	**Apfel**
melocotón	**Pfirsich**
melón	**Honigmelone**
membrillo	**Quitte**
naranja	**Orange**

nectarina	**Nektarine**
nueces	**Nüsse**
pera	**Birne**
plátano	**Banane**
sandía	**Wassermelone**
uvas	**Weintrauben**

BEBIDAS/GETRÄNKE

aguardiente	**Schnaps**
agua mineral	**Mineralwasser**
con/sin gas	**mit/ohne Kohlensäure**
caña	**Glas Fassbier**
cerveza	**Bier**
gaseosa	**weiße Limonade**
horchata	**Erdmandelmilch**
jugo/exprimido de naranja	**Orangensaft**
leche	**Milch**
manzanilla	**Kamillentee**
té	**Tee**
vino	**Wein**
blanco/tinto/rosado	**weiß/rot/rosé**
seco/dulce	**trocken/süß**

TELEKOMMUNIKATION · POST

Die meisten Hotels, Cafés, Restaurants und Bars bieten WLAN-Zugang, in der Regel kostenlos. WLAN kennen die Spanier als WIFI (gesprochen wie geschrieben). Auch an vielen öffentlichen Stellen wie Bahnhöfen und am Flughafen gibt es WLAN-Hotspots (zona WiFi). Das gilt auch für Märkte und Kulturzentren wie das CentroCentro an der Plaza de la Cibeles oder für einige öffentliche Plätze wie Plaza Mayor, Plaza de Santo Domingo, Plaza de Santa Ana oder die Gegend um die Biblioteca Nacional. **WLAN**
PCs mit Gratis-Surfmöglichkeiten findet man im Fremdenverkehrsamt Plaza Mayor.

Mobiltelefone (span. móvil) wählen sich in das entsprechende spanische Partnernetz ein. Roaming-Gebühren fallen seit Juni 2017 bis zu einer bestimmten Obergrenze nicht mehr an. **Telefon**
Es gibt keine Telefonzellen mehr. Nur noch sehr vereinzelt Callcenter für Gespräche nach Übersee, die hauptsächlich von den vielen Lateinamerikanern, die in Madrid wohnen, genutzt werden.

Festnetznummern in Spanien sind neunstellig. Sie beginnen mit der Regionalvorwahl (in Madrid: 91), Nummern von Mobiltelefonen in ganz Spanien mit einer 6. Für Nummern, die mit 80 oder 90 beginnen, fallen gesonderte Gebühren an.

Wenn man sowohl Mobiltelefon als auch Portemonnaie verloren hat, kann ein **R-Gespräch** hilfreich sein. Man kann die kostenfreie Tel. 900 99 00 49 der Deutschen Telekom wählen und die Telefonnummer des gewünschten Gesprächspartners in Deutschland angeben. Die Verbindung wird hergestellt, sofern der Angerufene die Gesprächskosten übernimmt.

Post **Briefmarken** (sellos) bekommt man in Postämtern (correos) und in Tabakgeschäften (estancos), die an einem Schild mit einem stilisierten gelben Tabakblatt und einem »T« zu erkennen sind. Briefkästen in Spanien sind gelb mit einem roten Posthorn; Kästen mit der Aufschrift »extranjero« sind für Auslandspost.

Die großen **Postfilialen** haben täglich bis 21 (sonn- und feiertags) bzw. 22 Uhr (werktags) geöffnet, u. a. in der Calle Preciados 3 (beim Kaufhaus Corte Inglés nahe Gran Vía) oder im Paseo del Prado 1. Die zentrale Infonummer der Post ist Tel. *902 197 197.

VERKEHR

▎ Öffentliche Verkehrsmittel

Verkehrs-
mittel und
Tickets

Madrid hat ein gutes öffentliches Nahverkehrsnetz mit U-Bahn/
Metro, S-Bahn/Cercanías und Stadtbussen.

Ein **Einzelticket** für Metro, Cercanías und Busse kostet im Zentrum derzeit zwischen 1,50 und 2 €. Eine Zehnerkarte (10 Fahrten/viajes) kostet 12,20 €. In jedem Fall muss man zunächst eine Karte (multi tarjeta) für 2,50 € kaufen, auf die die gewählten Tickets gespeichert werden – möglich an Automaten in jeder U-Bahn Station oder in den meisten Tabakläden. Die Karte ist nicht personengebunden. Es reicht also auch für zwei Personen oder Gruppen eine Karte, die dann mehrmals an den Zugangsschranken entwertet wird.

Die personengebundene **Touristenkarte** (abono turístico) für einen Tag kostet 8,40 €, zwei Tage kosten 14,20 €, drei Tage 18,40 €, fünf Tage 26,80 € und eine Woche 35,40 €. Auch diese Option wird auf die Karte geladen, in dem Fall entfallen die 2,50 € Grundgebühr.

Die Metro ist das schnellste Verkehrsmittel. Sie wurde 1919 von Alfons XII. eingeweiht und gehört zu den ältesten Untergrundbahnen Europas (die Pariser Metro datiert von 1900). Insgesamt verkehren zwölf Linien plus drei Linien der Metro Ligero (ML) und eine mit »R« gekennzeichnete Verbindung zwischen den Stationen Ópera und Príncipe Pío, zwischen 6 Uhr bis Mitternacht, an den Wochenenden bis etwa 1.30 Uhr nachts. Das Metronetz wird ständig ausgebaut. Aktuelle Infos und den Metroplan findet man auf der Website der Metro; ein Linientzpaln ist in der hinteren Umschlagklappe dieses Reiseführers abgedruckt. — Metro

Die **roten EMT-Busse** (Empresa Municipal de Transportes de Madrid) befahren rund 190 Linien. Sie starten an der Plaza de Cibeles und verkehren täglich zwischen 6 und 23 Uhr. EMT betreibt auch **Nachtbusse**, Buhos (= Uhus) genannt, die sich alle an der Plaza de la Cibeles kreuzen. Diese mit »N« bezeichneten Busse sind bis 3 Uhr morgens alle 30 Minuten und danach bis 5 Uhr im Stundentakt im Einsatz (Fr., Sa. und So. alle 20 Min.). Im Bus gelten die gleichen **Fahrscheine** wie für die Metro (s.o.). — Stadtbusse (Autobús)

Die **grünen Busse** in die Region Madrid (Interurbanos) starten von den Bahnhöfen Moncloa (nach El Escorial), Plaza de Castilla (Richtung Norden), Avenida da América (Richtung Alcalá de Henares) und Estación Sur de Autobuses (nach Aranjuez) und Plaza Elíptica (nach Toledo). — Regionalbusse

Estación Sur de Autobuses im Süden Madrids, nicht weit vom Bahnhof Atocha entfernt, ist der wichtigste Busbahnhof der Landeshauptstadt (Metro: Méndez Álvaro/Linie 6, oder Nahverkehrszug ab Atocha-Renfe). Die wichtigsten Busgesellschaften unterhalten hier eigene Schalter. — Überlandbusse

Im Madrider **Nahverkehr** gibt es insgesamt 10 Linien (Cercanías Renfe, erkennbar an einem C und einer Nummer), die alle über die Station Atocha fahren. Die Nahverkehrszüge zwischen den Zugbahnhöfen Atocha und Chamartín (▶ Anreise · Reiseplanung) über die Zwischenstationen Recoletos und Nuevos Ministerios verkehren alle 10 Minuten. Über die Station Sol bei der Puerta del Sol fahren zwei Linien. Die Fahrpreise richten sich nach den Tarifzonen. — Bahn
Hochgeschwindigkeitszüge (AVANT, AVE) verkehren von den beiden Madrider Bahnhöfen Estación de Atocha und Estación de Chamartín aus (▶ S. 330).
Fahrkarten gibt es online, an den Bahnschaltern oder – meist wesentlich einfacher – in spanischen Vertragsreisebüros. Es besteht keine Reservierungspflicht, eine Reservierung empfiehlt sich aber besonders während der Hauptsaison oder vor Feiertagen.

▌Taxi

Taxi Taxis sind weiß, man erkennt sie an den Buchstaben SP (Servicio público) an der vorderen und hinteren Stoßstange, an ihren roten Streifen sowie am Madrider Bären auf den hinteren Türen. Freie Taxis zeigen ein grünes Licht auf dem Autodach und das Zeichen »libre« (frei) hinter der Windschutzscheibe. Taxis kann man durch Handzeichen heranwinken oder telefonisch bestellen. Die Grundgebühr bei Fahrtbeginn beträgt je nach Tageszeit 2,15 – 3,10 €. An Sonn- und Feiertagen, in der Nacht sowie bei Fahrten von und zu Busstationen, Bahnhöfen, zum Messegelände werden Aufschläge berechnet. Es wird empfohlen, sich eine Quittung (recibo) geben zu lassen.

▌Straßenverkehr

Autofahren in der Stadt
Auch wenn die Straßen in weitem Umkreis um die Hauptstadt autobahnmäßig ausgebaut sind und ein Teil des enormen Verkehrs auf Ring-Autobahnen und Umgehungsstraßen (M 30, M 40) umgeleitet wird, erstickt die Stadt beinahe an ihrem Verkehrsaufkommen. Autofahren in der Stadt ist nicht sinnvoll, auch zu den sehenswerten Zielen außerhalb Madrids kommt man mit öffentlichen Verkehrsmitteln.

Mietwagen
Die großen Autovermieter sind am Flughafen Barajas vertreten (Terminals 1–4) und haben auch Stationen in der City. Reisende aus Deutschland, Österreich und der Schweiz müssen den nationalen Führerschein und eine Kreditkarte vorlegen.

Verkehrsregeln
Es besteht Anschnallpflicht auf allen Sitzplätzen. Höchstgeschwindigkeiten sind auf Autobahnen 120 km/h, auf Landstraßen 90 km/h bzw. 100 km/h und innerorts 50 km/h (30 km/h, wenn die Straße nicht zweispurig ist). Radarkontrollen sind häufig und die Strafen für zu schnelles Fahren empfindlich. Die **Promillegrenze** liegt bei 0,5. Im Auto ist Telefonieren mit Mobiltelefonen nur mit Freisprecheinrichtung erlaubt. Beim Verlassen des Fahrzeugs etwa bei einer Panne muss eine reflektierende Sicherheitsweste getragen werden. Vorfahrt hat das von rechts kommende Fahrzeug; Autos im Kreisverkehr haben Vorfahrt vor einfahrenden Autos.

Parken
In der Innenstadt gibt es reichlich öffentliche **Parkgaragen** (Aparcamientos), u. a. in der Calle de San Andrés 36 (2,50 €/Std., 28 €/Tag), Garaje Piamonte, Calle Piamonte 16 (in Chueca; 3,80 €/Std., 28 €/ Tag; rund um die Uhr geöffnet), Plaza de Vázquez de Mella (Nähe Gran Vía; 0,04 €/Min. bis max. 11 Std.; 11. – 24. Std. 31,60 €). Ansonsten gibt es **Parkscheinautomaten**, Parkzonen sind blau oder grün markiert. An gelb bezeichneten Stellen ist Parken verboten.

INFORMATIONEN

ÖFFENTLICHE VERKEHRSMITTEL

www.crtm.es
Tel. 012 oder 91 5 80 42 60
Infos zu Metro, Stadt- und Regional-
bussen sowie Nahverkehrszügen
(auch auf Englisch)

METRO

www.metromadrid.es
Info-Hotline: Tel. 90 2 44 44 03

STADTBUSSE

www.emtmadrid.es
Tel. 90 2 50 78 50 oder
91 4 06 88 10

BAHN

www.renfe.com
Tel. 91 2 32 03 20 (spanisch und
englisch)

TAXIS

RADIO-TAXI

Tel. 91 4 47 32 32

RADIO TAXI INDEPENDIENTE

Tel. 91 4 05 12 13

AUTOVERMIETUNG IN MADRID

EMOV

https://emov.es

REGISTER

VERZEICHNIS DER KARTEN UND GRAFIKEN

BILDNACHWEIS

ATMOSFAIR

nachdenken • klimabewusst reisen

atmosfair

Reisen verbindet Menschen und Kulturen. Doch wer reist, erzeugt auch CO_2. Der Flugverkehr trägt mit bis zu 10% zur globalen Erwärmung bei. Wer das Klima schützen will, sollte sich nach Möglichkeit für die schonendere Reiseform entscheiden (wie z.B. die Bahn). Gibt es keine Alternative zum Fliegen, kann man mit atmosfair klimafördernde Projekte unterstützen.

atmosfair ist eine gemeinnützige Klimaschutzorganisation unter der Schirmherrschaft von Klaus Töpfer. Flugpassagiere spenden einen kilometerabhängigen Betrag und finanzieren damit Projekte in Entwicklungsländern, die den Ausstoß von Klimagasen verringern helfen. Dazu berechnet man mit dem Emissionsrechner auf **www.atmosfair.de** wieviel CO_2 der Flug produziert und was es kostet, eine vergleichbare Menge Klimagase einzusparen (z.B. Berlin – London – Berlin 13 €). atmosfair garantiert die sorgfältige Verwendung Ihres Beitrags. Alle Informationen dazu auf www.atmosfair.de. Auch der Karl Baedeker Verlag fliegt mit atmosfair.

IMPRESSUM

Ausstattung:
130 Abbildungen, 26 Karten und grafische Darstellungen, eine große Reisekarte

Text:
Reinhard Adel, Dr. Andreas Drouve, Thomas Hirsch, Dr. Eva Missler, Anja Schliebitz, Iris Schulz, Reinhard Strüber

Überarbeitung:
Iris Schulz

Bearbeitung:
Achim Bourmer

Kartografie:
Franz Huber, München
MAIRDUMONT Ostfildern
(Reisekarte)

3D-Illustrationen:
jangled nerves, Stuttgart

Infografiken:
Golden Section Graphics GmbH, Berlin

Gestalterisches Konzept:
RUPA GbR, München

15. Auflage 2023

© MAIRDUMONT GmbH & Co KG; Ostfildern

Trotz aller Sorgfalt von Redaktion und Autoren zeigt die Erfahrung, dass Fehler und Änderungen nach Drucklegung nicht ausgeschlossen werden können. Infolge der Corona-Pandemie kann es darüber hinaus zu kurzfristigen Geschäftsschließungen und anderen Änderungen vor Ort gekommen sein. Dafür kann der Verlag leider keine Haftung übernehmen. Jede Karte wird stets nach neuesten Unterlagen und unter Berücksichtigung der aktuellen politischen De-facto-Administrationen (oder Zugehörigkeiten) überarbeitet. Dies kann dazu führen, dass die Angaben von der völkerrechtlichen Lage abweichen. Irrtümer können trotzdem nie ganz ausgeschlossen werden. Kritik, Berichtigungen und Verbesserungsvorschläge sind jederzeit willkommen.
Schreiben Sie uns, mailen Sie oder rufen Sie an:

MairDumont: Baedeker Redaktion
Postfach 3162, D-73751 Ostfildern
Tel. 0711 4502-262
www.baedeker.com

Printed in Poland

FSC
www.fsc.org
MIX
Papier aus verantwortungsvollen Quellen
FSC® C018236

BAEDEKER VERLAGSPROGRAMM

Viele Baedeker-Titel sind als E-Book erhältlich.

A
Ägypten
Algarve
Allgäu
Amsterdam
Andalusien
Australien

B
Bali
Baltikum
Barcelona

Belgien
Berlin · Potsdam
Bodensee
Böhmen
Bretagne
Brüssel
Budapest
Burgund

C
China

D
Dänemark
Deutsche
  Nordseeküste
Deutschland
Dresden
Dubai · VAE

E
Elba
Elsass · Vogesen
England

F
Finnland
Florenz
Florida
Frankreich
Fuerteventura

G
Gardasee
Golf von Neapel
Gomera
Gran Canaria
Griechenland

H
Hamburg
Harz
Hongkong · Macao

I
Indien
Irland
Island
Israel · Palästina

BAEDEKER

F
FLORIDA

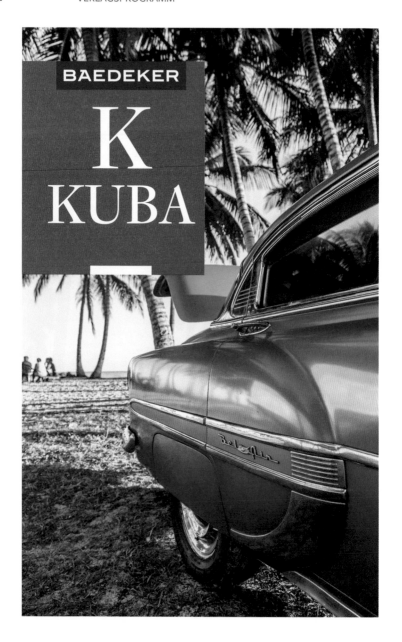

Meine persönlichen Notizen

Meine persönlichen Notizen

Meine persönlichen Notizen

Meine persönlichen Notizen

Meine persönlichen Notizen

Meine persönlichen Notizen